Uwe Carstens

Lieber Freund Ferdinand

Dieses Buch wurde freundlicherweise gefördert durch:

- Ede-Sörensen-Stiftung
- Ehemaligenverein der Hermann-Tast-Schule, Husum
- Gesellschaft für Husumer Stadtgeschichte
- Nospa Kulturstiftung Nordfriesland
- Stiftung Volksbank-Raiffeisenbank Husum
- Vermächtnis Johan van Wouwer

Detlev Auvermann
in Freundschaft gewidmet

„Wenn ich nicht mehr bin, halten Sie mir meine Lyrik hoch, lieber Ferdinand, das andere mag vergänglich sein, aber in meiner Lyrik ist ein gutes Stück von meinem Herzblut darin."

Theodor Storm

(F. Tönnies, Gedenkblätter 1917, S. 69)

Lieber Freund Ferdinand

Die bemerkenswerte Freundschaft

zwischen

Theodor Storm und Ferdinand Tönnies

Uwe Carstens

Bibliografische Information Der Deutschen Bibliothek:
Die Deutsche Bibliothek verzeichnet diese Publikation in der Deutschen Nationalbibliografie; detaillierte bibliografische Daten sind im Internet über http://dnb.ddb.de abrufbar.

Das Titelbild zeigt einen Brief Theodor Storms an Ferdinand Tönnies vom 9. Dezember 1885
(Siehe dazu auch die Seiten 14 und 109)

ISBN 978-3-8370-4762-2

Herstellung und Verlag: Books on Demand GmbH, Norderstedt

Inhalt

Vorwort	9
Ein Schüler aus Husum und ein „geweihter Abend“	15
Ein Dichter aus Husum	22
Der Dichter und der Schüler	28
Der Dichter und der Student	39
Von Husum nach Hanerau-Hademarschen	83
Ein Denkmal für Theodor Storm	158
Die Gedenkblätter	177
Persönliche Erinnerungen an Theodor Storm	191
Ein Denkmal für Ferdinand Tönnies	211
Die Arbeitstagung	222
Die „Ferdinand-Tönnies-Medaille“	226
Ein Fazit	230
Personenverzeichnis	234
Fußnoten	239
Literaturverzeichnis	289
Bildnachweis	295

Vorwort

Wer sich mit der Vita von Ferdinand Tönnies auseinandersetzt, stößt schon recht bald auf den Namen des großen deutschen Lyrikers und Novellisten Theodor Storm.[1] Diese Erfahrung machte ich bereits 2005, als ich meine „Tönnies-Biografie" schrieb und die Arbeit an diesem Buche längst beschlossene Sache war.[2] Die väterliche Freundlichkeit, mit der Theodor Storm dem jungen Tönnies begegnete, machte einen tiefen Eindruck auf den Pennäler und hinterließ deutliche Spuren in seinem Leben. Insbesondere Storms dogmenfreie religiöse Haltung ging derjenigen Tönnies' parallel. Er schrieb nach Storms Tod 1917 in den „Gedenkblättern", dieser sei „ein Freidenker gewesen, der grundsätzlich auf dem Boden wissenschaftlicher Erkenntnisse gestanden habe". Und so wie Storm in seinem Gedicht „Größer werden die Menschen nicht" hat auch Tönnies darin sein Credo gefunden:

„Größer werden die Menschen nicht;
Doch unter den Menschen
Größer und größer wächst
Die Welt des Gedankens.
Strengeres fordert jeglicher Tag
Von den Lebenden.
Und so sehen es alle,
Die zu sehen verstehn,
Aus dem seligen Glauben des Kreuzes
Bricht ein andrer hervor,
Selbstloser und größer.
Dessen Gebot wird sein:
Edel lebe und schön,
Ohne Hoffnung künftigen Seins
Und ohne Vergeltung,
Nur um der Schönheit des Lebens willen."[3]

Für Ferdinand Tönnies, an Lebensjahren um eine ganze Generation von Theodor Storm entfernt, war der geistige Gewinn, den er durch den lebensklugen Storm erfuhr, kaum zu überschätzen. Manche Gewohnheiten Storms, etwa das ständige Mitführen eines „Merkbuches", wird man bei dem „erwachsenen" Tönnies wieder finden. Aber auch stormsche sozialgeschichtliche Strukturzusammenhänge hinterlassen ihre Spuren bei Tönnies. Ein Blick in Tönnies' Gedankenwerkstatt zeigt auf sehr symptomatische Weise, wie z.B. eine Gedichtzeile von Storm in Tönnies' Überlegungen zu seinem Begriff des „Kürwillens" aus „Gemeinschaft und Gesellschaft" in seinen Merkbüchern nachwirkt: „Die Frage: Was kömmt danach? Was erreiche, gewinne ich dadurch? ist hier zurückgetreten."[4] [nämlich beim Handeln aus einer „wesenwilligen" Position heraus].[5] Die Verse von Storm, zu den „Sprüchen" gehörend, die Tönnies bei dieser Notiz im Ohr hatte, lauten: „Der eine fragt: Was kommt danach? / Der andere fragt nur: Ist es recht? / Und also unterscheiden sich / Der Freie von dem Knecht."[6]

Der 1855 bei Oldenswort geborene Ferdinand Tönnies siedelte bereits 1865 mit seiner Familie nach Husum über, und wohnte in dem Kavaliershaus gegenüber dem Schloss. Die Söhne des durch Viehhandel zu Wohlstand gekommenen Vaters August Tönnies, der 61jährig 1883 starb, konnten also das mit dem Ende der dänischen Herrschaft wiederhergestellte Husumer Gymnasium besuchen, wo der neunjährige Ferdinand in die Quinta aufgenommen wurde. Hier in Husum verlebte Tönnies seine weitere Kindheit und Jugend. Die aus einer Familie holsteinischer Geistlicher stammende Mutter blieb im Kavaliershaus in Husum, bis sie 1915, fast 90jährig, starb, und Tönnies ist in diese stille Heimat zu häufigen Besuchen zurückgekehrt, nicht nur während der Universitätsferien in den Studentenjahren und als Privatdozent in Kiel, sondern auch später. Einer der Gründe für die häufigen Besuche in Husum ist nicht zuletzt auch Theodor Storm gewesen.

Ganz anders ist der Werdegang des Stadtkindes Theodor Storm. Der 1817 in Husum geborene Sohn des Justizrats Johann Casimir Storm besuchte zwar ebenfalls die Husumer Gelehrtenschule, aber anschließend noch das Katharineum in Lübeck. Storm studierte in Kiel Jurisprudenz und eröffnete in Husum eine Anwaltskanzlei. Schon in jungen Jahren begann sich die „Stormsche Lyrik" zu rühren und zu entwickeln, bis sie später in die Novellistik mündete. Storm musste 1852 wegen seiner politischen Haltung das durch Dänemark besetzte Husum verlassen und kehrte erst nach der Niederlage Dänemarks im Deutsch-Dänischen Krieg 1864 nach Husum zurück.[7] In den Folgejahren beginnt und wächst nun die Freundschaft dieser kongenialen Schleswig-Holsteiner, die durch eine Wiedergabe gegenseitiger Charakterisierung eingeleitet werden soll:

„[...] Theodor Storm ist eine überaus erfreuliche Erscheinung, ist eben nicht bloß Poet mit der Feder, sondern seine ganze Seele ist von einem milden Abendsonnenschein beglänzt. Ich zweifle immer, ob solche Menschen in der plumpen und lärmenden Öffentlichkeit des heutigen (und wohl für lange zukünftigen) Lebens noch werden entstehen können." Dies schrieb der 23jährige Ferdinand Tönnies 1878 aus London an seinen ehemaligen Hochschullehrer und späteren Freund Friedrich Paulsen (1846-1908). Tönnies, der vor etwas mehr als einem Jahr im Juni 1877 in Tübingen bei Ludwig Schwabe (1835-1908) promoviert wurde, hielt sich für Forschungsarbeiten über den Philosophen und Staatstheoretiker Thomas Hobbes (1588-1679) in der englischen Hauptstadt auf. Später in den Gedenkblättern von 1917 wird Tönnies schreiben: „Der große Reiz, den Theodor Storm auch als Mensch für mich gehabt hat [ist], daß er ganz und gar eine dichterische Persönlichkeit war, von einer nicht gewöhnlichen Abrundung und Ganzheit. Er lebte und webte in seiner Kunst, deren Geist und Zauber auch sein Familienleben, sein Arbeits- und Berufsleben, sein Verhältnis zu den Mitmenschen durchdrang; sein Denken und seine Erkenntnis, seine milde, aber tatkräftige Lebensweisheit fanden darin ihr Ziel."[8]

Theodor Storm nannte Tönnies 1881 in einen Brief an Paul Heyse (1830-1914) einen der drei ihm herzlich ergebenen und lieben jungen Freunde, und er bezeichnete ihn im selben Brief als einen außerordentlich bedeutenden Menschen.[9] Im selben Jahr schrieb er an Gottfried Keller (1819-1890): „Nächst, seinerzeit, Theodor Mommsen, ist er der bedeutendste junge Mann, den ich in meinem Leben gefunden habe, und dabei ein Junge, ich weiß nicht, ob „nach dem Herzen Gottes", aber jedenfalls nach dem meinen; der Intimus meines Juristen [gemeint ist Ernst Storm, der zweitälteste Sohn, mit dem Tönnies ab 1878 in enger Freundschaft verbunden war] und voll treuer Liebe für mich."[10]

So also dachten sie voneinander. Dabei hatte ihre Bekanntschaft, die sich zu einer insbesondere für Ferdinand Tönnies charakterbildenden Freundschaft entwickeln und bis zum Tode Storms 1888 andauern sollte, bereits im Herbst 1869 begonnen. Am 29. April 1870 (der am 26. Juli 1855 geborene Ferdinand Tönnies zählte gerade 15 Jahre) schrieb der Husumer Dichter und Jurist Theodor Storm in einem Brief an seinen Sohn Ernst (1851-1913): „Gestern erhielt ich zur Ansicht eine sehr geschmackvolle Deckelzeichnung zum Hausbuch. Bei der Correctur werde ich wohl Ferd. Tönnies benutzen."[11]

Dies „benutzen" ist durchaus positiv zu verstehen, denn Tönnies hatte bereits 1869 erfreut und geehrt zugesagt, die Korrekturarbeiten an dem zitierten „Hausbuch" anstelle von Ernst Storm, der sein Studium beginnen wollte, zu übernehmen.

Die Gleichheit ihrer Interessen reichte weit über die klassische deutsche Bildung hinaus. Storm ist nachhaltig am Fortgang der Wissenschaften interessiert. Juristen wie Ärzte sind wiederkehrende Gestalten in seiner Verwandtschaft wie in seinem literarischen Werk. Aber das hindert ihn nicht, in seinen Novellen Fragen aufzuwerfen, die dem zeitgemäßen Erfolgsdenken nicht unbedingt entsprechen. Vor allem den nicht Erfolgreichen und Gestrauchelten gilt seine Aufmerksamkeit, wie in der Novelle „Ein Doppelgänger", die von einer scheiternden Resozialisierung handelt. Es war Storm jedenfalls eine merkwürdige Angelegenheit, als ein sozialdemokratischer Verehrer ihm eine kleine Schrift sandte, worin sein „wirkliches Volksverständnis" und sein Mitgefühl mit den „kleinen Leuten" gerühmt wurde.[12] Auch diesen Zug wird man später an Tönnies entdecken. Insbesondere Storms Einstellung zu Recht und Gerechtigkeit prägten den jungen Tönnies. Viele Züge, die den Charakter Storms ausmachten, findet man im erwachsenen Tönnies später wieder (ein Beispiel mag die spätere Absicht Tönnies, auf die Monarchie den Eid eines Beamten zu verweigern, ein fernes Echo auf Storms Verweigerung zu Revolutionszeiten gewesen sein; siehe den Brief an Friedrich Paulsen vom 15. 3. 1889). Aber noch ein weiterer Zug wird nun bei Tönnies deutlich: Die Neigung zur Kunst, die in ihm schlummerte und die Storm zu wecken verstand. Über die Korrekturen am Hausbuch hinaus vertiefte man sich recht bald in poetologische Diskussionen und eine Anzahl von Tönnies Gedichten, von denen sich einige erhalten haben, zeugen von nicht geringem Talent.

Die erste unmittelbare Begegnung 1864 in Husum bis hin zu Tönnies´ glänzend abgelegten Abitur 1872 förderte bereits die innigsten Freundschaftsbande, unverbrüchlich und beiderseits völlig ungetrübt bis ans Ende ihres gemeinsamen Weges und für den um eine Generation Jüngeren in verehrensvollem und verpflichtendem Rückerinnern darüber hinaus bis zum letzten Atemzug. Welchen Einfluss der um 38 Jahre ältere Storm auf Tönnies gehabt hat und was die Freunde verband, lässt sich an wenigen Beispielen, die ausführlich dargestellt werden sollen, ablesen: Storms Zustimmung, in Straßburg gleich wieder die Zelte abzubrechen und das Studium in Jena zu beginnen; seine väterlichen Ermahnungen, doch als Verbindungsstudent in Jena nicht dem leidigen Biertrinken zu verfallen; fürsorglicher Gedankenaustausch mit Tönnies' Angehörigen über dessen eingegangene Briefe aus der Ferne; stete Aufgeschlossenheit Storms den Studien wie auch den Ansichten und gewonnenen Einsichten des sich schnell Entfaltenden gegenüber; die stundenlangen gedankenschweren Spaziergänge auf dem Deich; das immer wiederholte, von Storm ganz besonders bei Geburtstagen und zu Weihnachten herbeigesehnte und -geführte tage- und wochenlange Beisammensein in Husum und später auch in Hademarschen bis ganz zuletzt; die Reise zur Tagung der Goethe-Gesellschaft in Weimar mit gemeinsamem Hotelzimmer, alles von Storm sorglich und umsichtig arrangiert; der Kuraufenthalt auf Sylt; der Abgesandte Storms bei Gottfried Keller in Zürich; Tönnies als Korrektor dichterischen Gestaltens, dem noch beim „Schimmelreiter" eine lange Liste von Ausdrücken zur Begutachtung zuging und der für die geplante „Armesünderglocke" in der Kgl. Bibliothek in Berlin ausführliche Erhebungen anstellte; nach Storms Ableben rührende Sorge um Frau Do und die Ihren; Festansprache bei der Einweihung des Brüttschen Stormdenkmals in Husum 1898; Würdigung des Dichters bei besonderen Gelegenheiten, vor allem zum 14. September 1917: wahrlich, über das Grab hinaus ein „lieber Freund Ferdinand!"

In der Literatur wird das Verhältnis zwischen Ferdinand Tönnies und Theodor Storm keinesfalls immer zutreffend beschrieben. In seinem Buch „Wanderer gegen Zeit und Welt" schreibt Paul Barz:

„Ein besonderer Fall ist Ferdinand Tönnies. Eine Freundschaft blüht auf, bald ist man, bei Storm keineswegs üblich, beim Du, während er sich weder mit Mommsen noch mit Fontane je duzt und in aller Unbefangenheit spricht Tönnies anderen gegenüber nur vom Theodor."[13]

Es mag ja durchaus sein, dass Tönnies anderen gegenüber einmal „unbefangen" vom „Theodor" gesprochen hat, geduzt haben sich Storm und Tönnies jedenfalls nie. Die Freundschaft mit Storm war für Ferdinand Tönnies zu kostbar und die Achtung vor dem Dichter zu groß, als dass sie dieser Intimität bedurft hätte. Mit einem Minimum an Aufwand hätte Barz durch den Einblick in den Tönnies-Storm-Briefwechsel seinen Irrtum selbst erkennen und korrigieren können.

Überhaupt ist neben den Tönniesschen Gedenkblättern von 1917 der Tönnies-Storm-Briefwechsel ein wesentlicher Bestandteil des Buches.[14] Als Johann Wolfgang von Goethe im Jahre 1804 zum ersten Mal gedruckte Briefe Johann Joachim Winckelmanns rezensierte, leitete er die Besprechung mit dem Satz ein: „Von bedeutenden Männern nachgelassene Briefe haben immer einen großen Reiz für die Nachwelt, sie sind gleichsam die einzelnen Belege der großen Lebensrechnung, wovon Thaten und Schriften die vollen Hauptsummen vorstellen."[15] Goethe selbst, der diese Worte wohl aus dem Wissen um den Wert des eigenen, zum Teil bereits als historisch empfundenen, reichhaltigen brieflichen Austauschs mit wesentlichen Zeitgenossen äußerte, hat durch die Herausgabe seines Briefwechsels mit Schiller die Bedeutung und die Notwendigkeit ähnlicher Sammlungen ausdrücklich bestätigt.[16] Heute gibt es keine wissenschaftliche Einzeldisziplin mehr, die ohne Einbeziehung der Korrespondenz der Persönlichkeiten, mit denen sie sich zu beschäftigen hat, ein umfassendes und wahrheitsgetreues Bild der Geschichte ihres Gegenstandes wie der Entwicklung ihres Faches zu geben imstande wäre.

Der Tönnies-Storm-Briefwechsel ist allein schon deswegen als Dokument von historischem Quellenwert anzusehen, weil er Aussagen und Kommentare zu bestimmten Werken Storms enthält. Allerdings bewerten Tönnies und Storm ihren Briefwechsel unterschiedlich: Während Tönnies die an ihn gerichteten Briefe sorgfältig aufbewahrte und für eine später beabsichtigte Veröffentlichung mit Erläuterungen versah, sind die Briefe von Tönnies an Storm nur lückenhaft vorhanden.[17] Offensichtlich maß Storm den Tönnies-Briefen nicht die Bedeutung zu, die er beispielsweise den Briefen Paul Heyses zumaß und die er sorgfältig (für eine spätere Veröffentlichung) aufbewahrte.

Das Zustandekommen dieses Buches lastete zum Glück auf mehreren Schultern. So bin ich Herrn Werner Stiebeling (Husum) herzlich verpflichtet, der nicht zum ersten Mal alle einschlägigen Korrekturarbeiten mit technischer Sorgfalt und innerer Anteilnahme ausführte. Da meine Darstellung auch auf unveröffentlichtem Quellenmaterial basiert, möchte ich besonders den Archiven und ihren Verantwortlichen herzlich danken: der Landesbibliothek Schleswig-Holstein und hier der vorzüglichen Betreuerin der Handschriftenabteilung Frau Dr. Kornelia Küchmeister, vom Theodor-Storm-Zentrum der stets hilfsbereiten Frau Diplombibliothekarin Elke Jacobsen und dem nicht minder hilfsbereiten Herrn Werner Feddersen vom NordseeMuseum Husum (Nissenhaus). Frau Ruth Judt-Stock danke ich für die Übersetzung von Tönnies Briefen und der Genealogin Frau Trude Tönnies für die Auskünfte aus ihrem unerschöpflichen Fundus. Mein Dank gilt auch der Ferdinand-Tönnies-Gesellschaft, die wie stets meine Arbeit wohlwollend begleitete.

Eine bedeutende, ja unverzichtbare Hilfe waren mir bei der technischen Erstellung der vorliegenden Arbeit meine Frau Bärbel und mein Sohn John. Beiden sei hierfür herzlich gedankt.

Kiel, im Herbst 2008 Uwe Carstens

Segui il tuo corso, e lascia dir le genti[18]
(Dante Alighieri)

Der 51jährige Theodor Storm und der 14jährige Ferdinand Tönnies
1868/69

Ein Schüler aus Husum und ein „geweihter Abend“

„Landvogt Storm“ – so hieß er in den ersten Jahren, als ich seinen Namen vernahm (1865-1867).“[19] So beginnt Ferdinand Tönnies das Kapitel „Persönliche Erinnerungen an Theodor Storm“ in seinen „Storm-Gedenkblättern“ von 1917.

In der Tat war Theodor Storm, der seit September1856 als Kreisrichter in Heiligenstadt tätig war, am 9. Februar 1864 in Caspersens Saal (später „Stadt Hamburg“) vom Husumer Volk per Akklamation zum Landvogt bestimmt worden. Tönnies schildert diesen Vorgang, der sich natürlich in der plattdeutschen Sprache vollzog, recht plastisch: „Wer schall unse Landvagt sin? – Störm schall unse Landvagt sin!“[20] Und Tönnies fährt fort: „ [...] dann wurde durch den Vorsitzenden, Schneider Adolph Mangels, der Name Storm an die Wandtafel geschrieben. Ich habe es aber nicht erlebt, sondern nur sagen hören.“[21]

Der am 26. Juli 1855 als drittes Kind des Kirchenvorstehers, Landwirtes und Hofbesitzers August Ferdinand Tönnies und dessen Ehefrau Ida Friederica Tönnies, geb. Mau auf dem Marschhof „De Riep“ nahe Oldenswort im noch dänischen Herzogtum Schleswig geborene Ferdinand Julius Tönnies besuchte seit 1865 die Husumer Gelehrtenschule. Der auf eine gute Schulbildung drängende Vater Tönnies hatte die profitable Ochsenmast aufgegeben und den „Haubarg“ verpachtet. Das standesgemäße „Kavaliershaus“ beim Husumer Schloss war fortan Wohnsitz der vielköpfigen Familie Tönnies, die sich schon recht bald in der norddeutschen Kleinstadt etabliert hatte und sich im „Tönnies-Haus“, wie die Husumer das Kavaliershaus bald nannten, wohl fühlten.

In einer so kleinen Stadt wie Husum ergaben sich natürlich sehr bald Berührungspunkte der Familie Tönnies mit der Familie Storm. Sowohl die Söhne Theodor Storms, Ernst (1851-1913) und Karl (1853-1899), als auch dessen Neffe Hans (1852-1913)[22] besuchten die Gelehrtenschule in Husum. Die Pennäler kannten sich „vom Sehen“, waren aber (noch) nicht miteinander befreundet.

Ein weiterer Berührungspunkt war die Tanzstunde in Husum, die sowohl die Tönniesschen als auch die Stormschen Kinder ab 1866 besuchten. Hier nun freundeten sich Ferdinand Tönnies´ um zwei Jahre jüngere Schwester Elisabeth (1857-1949) und Theodor Storms älteste Tochter Lisbeth (1855-1899) an und die beiden „Lisbeths“, wie sie genannt wurden, besuchten sich regelmäßig.

Storm zog 1864 zunächst in das alte Predigerwitwenhaus[23] in der Süderstraße 12. Das Amtszimmer des Landvogtes Storm befand sich in einem im Hof gelegenem Waschhaus

Theodor Storm 1866 mit seinen Kindern
v.l. hinten: Karl, Ernst und Hans Storm
v.l. vorne: Lucie, Elsabe, Lisbeth Storm

Ferdinand Tönnies

Elisabeth Tönnies

Ferdinand Tönnies hat diese Zeit in seinen persönlichen Erinnerungen an Theodor Storm festgehalten:

„Mit Ernst und Karl Storm war ich in der Tanzstunde 1866; damals ging ihr Vater seine zweite Ehe ein, mit „Tante Do".[24] Die Brüder waren älter als ich, und wir waren niemals in der gleichen Schulklasse, so daß unsere Freundschaften sich erst später entwickelt haben. Meine Verbindung mit der „Wasserreihe" – der auf den Deich hinausführenden Straße, in der Storms Haus und Garten zu eigen hatten, und bis zur Übersiedelung nach Hademarschen (1880) bewohnten – entstand zuerst durch Mädchenfreundschaft: meiner Schwester Elisabeth mit der gleichnamigen ältesten Tochter Storms, die schon als Kind das charaktervolle Wesen hatte, das sich später in harten Lebenskämpfen bewährte. Die beiden Lisbeths brachten damals (1868-1869) einander noch ihre Puppen mit; ich nahm wohl einmal die Gelegenheit wahr, meine Schwester abends abzuholen, weil mir das Dichterhaus geheimnisvoll interessant war. Als 14 jähriger Knabe wurde ich frühreif in die Prima versetzt. Zu gleicher Zeit – es war im Herbst 1869 – stand Ernst Storm im Abiturientenexamen. Vermutlich bin ich auf den Ausgang deshalb gespannt gewesen, weil ich im günstigen Falle einige von seinen Büchern kaufen wollte, wie es unter Schülern in solchem Falle üblich war; auch besitze ich noch seinen Horaz.[25] Denn als ich am Abend der mündlichen Prüfung hinging, begegnete mir Ernst auf der Treppe, zum Ausgehen gerüstet; er war „durchgekommen" und wollte den Abend mit seinen Gefährten verleben. Ich wollte gleich wieder nach Hause gehen, und mit ihm umkehren, aber Vater Storm lud mich ein, bei ihnen zum Abendbrot zu bleiben, wodurch ich mich stark geehrt fühlte. Es wurde ein geweihter Abend für mich. Storm hatte eben den ersten Korrekturbogen des „Hausbuchs aus deutschen Dichtern seit Claudius" empfangen, und las Stücke aus Claudius, den er ganz persönlich liebte, und die düstere „Edward-Ballade" aus Herders „Stimmen der Völker" vor.[26] Alles machte tiefen Eindruck auf mich, weil der Dichter selbst tief bewegt davon war. Er klagte über den Verlust, den er durch Ernstens Abgang auf die Hochschule erleiden werde, da er mit ihm die Auswahl der Gedichte für das Hausbuch immer durchgesprochen habe. Ich glaube, er sagte dann von selber – ohne daß ich mich erboten hatte – „Sie, lieber Ferdinand, könnten eigentlich seine Stelle vertreten, und die Korrektur des Hausbuchs übernehmen". Natürlich schlug ich mit Stolz und Freude ein, obgleich ich wohl kaum schon wußte, was eine Korrektur sei. Ich kam aber, seit diesem Abend, regelmäßig nach der Wasserreihe, die Bogen abzuholen und wiederzubringen, und meistens gab es dann eine kleine Unterweisung – nicht über das Korrigieren, die ich wohl auch nötig gehabt hätte, sondern – über die Dichter und die Auswahl der Poeme, wodurch mir das ganze Gebiet der deutschen Lyrik in anmutigster Weise erschlossen wurde."[27]

Das „Hausbuch“ von 1870 erlebte vier Auflagen und wurde von dem erst 14jährigen Tönnies „Korrektur gelesen“

In einem Brief an seinen Sohn Ernst schrieb Storm u.a.: „Gestern erhielt ich zur Ansicht eine sehr geschmackvolle Deckelzeichnung zum Hausbuch. Bei der Correktur werde ich wohl Ferd. Tönnies benutzen.“[28]

Auch über den Fortgang der Arbeit hielt Storm seinen Sohn Ernst auf dem Laufenden: „Im Hausbuch ist mein Korrektor – Du weißt Ferdinand Tönnies – bei Rückert. Ich sehe übrigens die Bogen und streiche noch manches [...] Daß Du bei Mörike gewesen, hat mir große Freude gemacht [...] Der alte Bursche – weshalb er wohl von Stuttgart fortzog? – Ich werde ihm demnächst das Hausbuch schicken, dessen 23. Bogen unter Ferd. Tönnies Korrektur jetzt gedruckt ist.“[29]

Theodor Storm, der über seine „Sammeltätigkeit“ beim Hausbuch meinte, das Buch sei eine Lebensleistung und „mit dem sichern Behagens des Könnens abgefaßt“, war sich durchaus darüber im klaren, dass die mit Ferdinand Tönnies und anderen getroffene Auswahl zu Verstimmungen bei den Aussortierten führen konnte. Trotzdem verteidigte er nachhaltig seine Anthologie:

„Meine Arbeit nimmt den rein kritischen Standpunkt ein, aber keineswegs [...] einen subjektiv Stormschen [...] Ich darf behaupten, daß ich für die deutsche Lyrik urtheilsfähiger bin, als diejenigen, die sich bis jetzt mit Redaction solcher kritischen Sammlung befaßt haben."[30]

Dass Theodor Storm ein nachsichtiger „Arbeitgeber" für Ferdinand Tönnies war, lässt sich an zahlreichen Beispielen nachweisen. Zwei davon erwähnt Tönnies selber:

„Ich hatte es recht wichtig mit meiner Aufgabe und machte die Korrekturen schlecht und recht. Die Originalausgaben der Dichter – manche seltene schöne Drucke – pflegte er mir nach Hause mitzugeben, und ich vertiefte mich zuweilen wohl mehr darin, als der Korrektor durfte. Storm setzte vielleicht zu großes Vertrauen in die Sorgfalt des Primaners, einige Satzfehler, die stehen blieben, bekümmerten ihn nachher, besonders das „tönt noch in dem kristallenen Grunde, anstatt: tönt nach" in dem Liede Justinus Kerners „An das Trinkglas eines verstorbenen Freundes", das Storm sehr liebte. Wenn ich nicht irre, empfingen wir nur eine einzige Korrektur.[31] Es war eine üble Vorbedeutung für die schöne Sammlung, ein rechtes Liebewerk des Dichters, daß es einer im Verfall befindlichen Verlagsbuchhandlung, der ehemals berühmten Firma Perthes, Besser und Mauke, anheim fiel.[32] Manchmal zog mich Storm zu einer Beratung heran, z.B. wenn mehrere Fassungen eines Gedichtes vorlagen, um zu entscheiden, welche vorzuziehen sei. Er ließ mich dann vorlesen, und lobte wohl mein Lesen, riet aber, den Rhythmus des Verses noch mehr hervortreten zu lassen."[33]

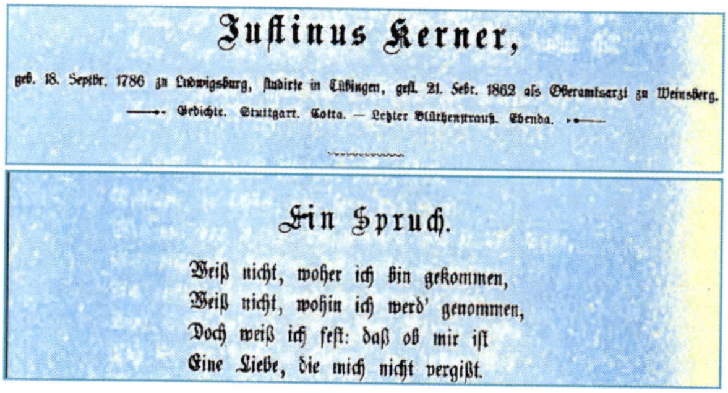

Justinus Kerner,

geb. 18. Septbr. 1786 zu Ludwigsburg, studirte in Tübingen, gest. 21. Febr. 1862 als Oberamtsarzt zu Weinsberg.

Gedichte. Stuttgart. Cotta. — Letzter Blüthenstrauß. Ebenda.

Ein Spruch.

Weiß nicht, woher ich bin gekommen,
Weiß nicht, wohin ich werd' genommen,
Doch weiß ich fest: daß ob mir ist
Eine Liebe, die mich nicht vergißt.

Ein Gedicht von Justinus Kerner, das im Hausbuch abgedruckt wurde, blieb Tönnies im Gedächtnis. 1936 wird der Spruch auf seinem Grabstein stehen (Hausbuch, S. 120)

Im Vorwort zum Hausbuch schreibt Storm u.a.:

„Das vorliegende Buch ist eine Recapitulation aus einer mehr als dreißigjährigen Lebenserfahrung; zunächst dem Wunsche entsprungen, für mich und die Meinigen aus den neueren deutschen Dichtungen geringeren Umfangs das zusammenzustellen, was daraus während jenes langen Zeitraumes meine besondere Theilnahme erregt hat und derart in mir haften geblieben ist, daß ich jezuweilen dahin zurückgekehrt bin. Es ist dies nicht immer das Schöne, sondern ebenso sehr das Charakteristische; das Häßliche nicht ausgeschlossen [...] Möge nun dies Buch dazu helfen, eines Theils auch dem größeren Publicum einen Maaßstab für poetische Leistungen in die Hand zu geben; anderen Theils diejenigen mit unserer Lyrik wieder zu befreunden, welche der ungeheure Wust des Nichtigen von dieser Dichtungsart zurück geschreckt hat; und möge endlich nicht verkannt werden, daß wie die Arbeit, so auch das Verdienst dieses Buches [...] zum großen Theil in dem zu suchen ist, was dasselbe nicht enthält."[34]

Einer der „Nichtgenannten" war der Dramatiker und Literaturhistoriker Rudolf Gottschall, der eine Reihe von dramatischen Gedichten verfasst hatte.[35] Ferdinand Tönnies schreibt über Gottschall in den Gedenkblättern:

„Ich erinnere mich, daß wir in der Korrektur auch ein Gedicht Rudolph [Rudolf] Gottschalls, des damals hochberühmten Poeten [...] vor uns hatten. Nach einer Besprechung mit mir machte Storm einen entschlossenen Strich darüber. Gottschall war auch ein sehr einflussreicher Literaturkritiker, besonders durch seine „Blätter für literarische Unterhaltung"[36], und in einer Geschichte der neueren Literatur hatte er mit überlegenem Wohlwollen von den „artigen Sächelchen" Storms geredet [...] Daß die Kritik Storm sehr kränkte, ist mir genau erinnerlich; auch daß er ihr hauptsächlich den unbefriedigenden äußeren Erfolg des „Hausbuches" zuschrieb [...] Wenn ich nicht irre, kam das „Hausbuch" im Juni 1870, also kurz vor Ausbruch des Krieges heraus. Dieser Umstand dürfte auch ungünstig gewirkt haben"[37]

In einem Brief an Paul Heyse wird Storms Enttäuschung deutlich:

„Meinen Trüffelhund-Instikt, aus unbedeutenden Sammlungen oder sonstwie einzelne Perlen gefunden zu haben, denke ich dokumentiert zu haben [...] Übrigens hat das Buch Unglück gehabt; einmal fiel es in das Kriegsjahr. Dann – es ist ohne alle Rücksicht abgefaßt, sogar den großen Gottsched oder -schall (wie er ja in dieser neuen Menschwerdung heißt) habe ich trotz kniefälligen Flehens meines Verlegers nicht aufnehmen wollen, obgleich doch in der Gottschallschen Poetik die wesentlichsten Beispiele aus den Gottschallschen Gedichten stehen sollen. In Nr. 1 der Blätter für literarische Unterhaltung d.J. platzte denn auch die Bombe, und indem er in einigen Zwischensätzen meine eigne Vernichtung vollzieht (Lyrik für den Nipptisch) – faßte er schließlich sein Urteil darin zusammen, daß dies eine Anthologie für Geistesarme und – als solche ja ganz berechtigt sei; übrigens fehlten bedeutende Dichter. Soll wohl heißen: einer – Gottschall –; der nichts Unmittelbares schaffen kann, haßt natürlich den im Vorwort aufgestellten Standpunkt. Er ist der Fuchs ohne Schwanz, der die schwanzlose Poesie als die alleinseligmachende proklamiert. Das Schlimmste ist, daß Gottschall das Orakel der Sortimentsbuchhändler ist, die es wieder dem größten Teil des Publikums nach Belieben in die Hand stecken. Ich erfahre das sogar an dem Husumer, der seit jener Kritik nur Elise Polkons [Polkos] Dichtergrüße verkauft.

So sind denn z.B. von den bis jetzt ca. 800 verkauften Exemplaren nur 8 in Berlin geblieben."[38]

Über das Hausbuch ist später oft spekuliert worden. Heinrich Meyer schreibt z.B. in seinem Vorwort zum „Tönnies-Storm-Briefwechsel": „Die bei Tönnies folgenden Stellen gehören zu den wichtigsten über jenes geheimnisvoll eigenartige Buch, das Hausbuch, über das die Meinungen hin- und hergehen, und zwar meist oberflächliche Meinungen, dessen Bibliographie so kompliziert ist, daß man wohl kaum je genau herausfinden wird, was da alles vorging."[39] Jedenfalls ist der Wert des Hausbuches in Storms Werk häufig unterschätzt worden. Es war für ihn mehr als ein bloßes „Herstellen einer lyrischen Anthologie", wie der Storm-Herausgeber Albert Köster einmal meinte.[40] Aber auch für Ferdinand Tönnies war das Hausbuch mehr als nur eine wertvolle Erinnerung an die für ihn so entscheidende Begegnung mit Theodor Storm. Tönnies trug später dafür Sorge, dass seine Kinder ebenfalls durch das Stormsche Hausbuch in die Lyrik eingeführt wurden.

Das Hausbuch mag nicht den Erfolg gehabt haben, den Storm sich gewünscht hatte; es war in jedem Falle aber der äußere Anlass für die erste engere Beziehung zwischen Ferdinand Tönnies und Theodor Storm. Zwar verzichtete Storm darauf, den Pennäler im Vorwort zu erwähnen – die Freundschaft aber, die im Herbst 1869 an einem „geweihten Abend" begann, sollte erst 1888 mit dem Tode Storms enden.

Hans Theodor Woldsen Storm kam als erstes Kind von Johann Casimir Storm und Lucie Storm, geb. Woldsen, „Am Markt 9" in Husum[41] zur Welt:

„In der Mitternachtsstunde zwischen dem 14. und 15. September 1817 war ein stark Gewitter über Husum. Das war meine Geburtsstunde" (Theodor Storm)

Im Haubarg „Op de Riep" bei Oldenswort verbrachte Ferdinand Tönnies die ersten neun Jahre seines Lebens in engster Verbundenheit mit seiner Familie und der Dorfgemeinschaft. Er mag hier die ersten Impulse, die fern hin auf die spätere Konzipierung seines Grundtheorems wirkten, durch das dörfliche Leben in seiner traditionalen Gebundenheit und Geborgenheit empfangen haben

Ein Dichter aus Husum

Der am 14. September 1817 in dem Haus Markt 9 in Husum geborene Hans Theodor Woldsen Storm war das erste Kind des Justizrats Johann Casimir Storm und seiner Frau, der Patriziertochter Lucie Woldsen. Theodor Storm wurde Ostern 1826 mit neun Jahren in die Quarta der traditionsreichen Husumer Gelehrtenschule aufgenommen, die Ferdinand Tönnies 39 Jahre später ebenfalls besuchen sollte.[42]

Die Gelehrtenschule war 1527 in der Zeit der Reformation als eine der humanistischen Bildungsanstalten im Herzogtum Schleswig gegründet worden und konnte also 1827 bereits auf eine dreihundertjährige Tradition zurückblicken. Allerdings war das vom Reformator Hermann Tast[43] als „Lateinschule" konzipierte Haus trotz Erweiterung und Modernisierung viel zu klein und so wurde ein neues Gebäude errichtet. Das 1866/67 im neogotischen Stil in der Husumer Süderstraße errichtete königlich Preußische Gymnasium nahm die alte „Gelehrtenschule" auf und erhielt 1870 konsequenter Weise den Namen „Königliches Gymnasium". Erst 1914 besann man sich wieder auf den Begründer und nannte die Schule „Königliches Hermann-Tast-Gymnasium".[44]

Das vom preußischen Regierungsbaumeister Johann Friedrich Holm konzipierte neue Schulgebäude der Husumer Gelehrtenschule wurde am 18. Oktober 1867 eingeweiht

Da mit dem Ende des Ersten Weltkrieges die Monarchie verschwand, beließ man es beim „Hermann-Tast-Gymnasium". Aus dem pädagogischen Anstaltsbetrieb gingen neben

Theodor Storm und Ferdinand Tönnies der Dichter und Kritiker Heinrich Wilhelm von Gerstenberg und der Gehirnforscher Oskar Vogt hervor. Der Literatur-Nobelpreisträger Rudolf Eucken war als Lehrer am „Königlichen Gymnasium" tätig.[45] Allerdings war die Schule der steigenden Schülerzahl in Husum nicht gewachsen und so wurde „Am Bahndamm" eine neue „Hermann-Tast-Schule" gebaut, die 1974 bezogen werden konnte. Nachdem in das alte Gebäude eine Realschule eingezogen war, stand die alte „Gelehrtenschule" ab 1992 leer und verfiel zusehends. Erst als der ehemalige Schüler Johann Max Böttcher, der hier 1939 sein Abitur abgelegt hatte, das Gebäude kaufte und zwischen 1995 und 1996 die Schule in das Hotel „Altes Gymnasium" umbauen ließ, war die ehemalige Gelehrtenschule gerettet.[46]

Im Sommer 1835 wechselte Storm zur Ergänzung seiner Schulbildung von der Husumer Gelehrtenschule an das Lübecker Katharineum, das er im April 1837 mit dem Zeugnis der Reife verließ. Im selben Monat immatrikulierte sich Storm an der Kieler Christian-Albrechts-Universität und begann auf Wunsch seines Vaters (Storm wollte ursprünglich Medizin studieren) das Studium der Jurisprudenz. „Warum ich mich der Jurisprudenz ergab", schrieb der Dichter später an Emil Kuh, „es ist das Studium, das man ohne besondere Neigung studieren kann. Auch mein Vater war Jurist. Da es das Studium des gesunden Menschenverstandes ist, so wurde ich auch leidlich mit meinem Richteramte fertig. Mein richterlicher und poetischer Beruf sind meistens in gutem Einvernehmen gewesen, ja, ich habe sogar oft als Erfrischung empfunden, aus der Welt der Phantasie in die praktische des reinen Verstandes einzukehren und umgekehrt."[47] Bereits als Schüler hatte Storm wie viele seiner Altersgenossen angefangen, Gedichte zu schreiben,[48] allerdings mit einem Unterschied: Während es bei den einen reiner Dilettantismus war und blieb, zeigten bereits die ersten lyrischen Versuche Storms eine erstaunliche Qualität. Auch in der Dichtkunst wird der junge Tönnies versuchen, es seinem Mentor gleichzutun.

Im September/Oktober 1842 legte Storm, der drei Semester in Berlin an der Friedrich-Wilhelm-Universität studierte, beim „Königlich Schleswig-Holstein-Lauenburgischen Oberappellationsgericht" in Kiel das juristische Staatsexamen ab. Storm bestand mit den Noten „gut" und „größten Teils gut". Insgesamt erhält er die zweithöchste Note.[49] Nachdem der frisch Examinierte als „Candidad" in der Kanzlei seines Vaters die ersten Schritte seiner juristischen Laufbahn hinter sich gebracht hatte, erhielt Storm Anfang 1843 durch den dänischen König die Ernennung zum Advokaten.[50] Im April eröffnete Storm in der Großstraße in Husum eine Anwaltskanzlei.[51] Ebenfalls in diesem Jahr erschien das „Liederbuch dreier Freunde", das Storm gemeinsam mit Theodor und Tycho Mommsen veröffentlichte und das mehr als 120 Gedichte der Gebrüder Mommsen und Storm enthält.[52] Überraschend für seine Familie verlobte sich Storm 1844 mit seiner 18jährigen Cousine Constanze Esmarch aus Segeberg; zwei Jahre später, am 15. September 1846, fand die Hochzeit auf Wunsch des Bräutigams ohne kirchliche Zeremonie statt. Während der Verlobungszeit entstanden zahlreiche Gedichte, die Storm seiner Braut widmete.[53]

Am 15. September 1846 war die Hochzeit mit Constanze Helene Cäcilie Wiebke Esmarch. Die Braut wurde am 5. Mai 1825 in Segeberg geboren. Sie war die älteste Tochter des Bürgermeisters Ernst Esmarch und dessen Gattin Elsabe Esmarch, geb. Woldsen

Die Geburt des ersten Sohnes Hans im Dezember 1848 wurde durch ein Verhältnis Storms mit der 18jährigen Dorothea Jensen, einer Bekannten von Storms Schwester Cäcilie, überschattet. Obwohl Constanze, die über die Liebschaft wohl informiert ist, schweigt, ist eine „ménage à trois“ [Dreiecksbeziehung][54] in der Kleinstadt nicht möglich. Ende 1848 verlässt Dorothea Husum.

Inzwischen waren mit den Novellen „Marthe und ihre Uhr“ und „Im Saal“ die ersten Prosaarbeiten Storms entstanden. Darüber hinaus hatte Storm, der eine schöne Gesangsstimme besaß, im Frühjahr 1843 einen gemischten Gesangsverein („Singverein“) gegründet, der in Husum bis auf dem heutigen Tag besteht und Konzerte gibt.[55]

Politische Ereignisse bestimmten in den nächsten Jahren das Leben von Theodor Storm. Da er sich bereits 1840 in Kiel der schleswig-holsteinischen Volksbewegung gegen die dänische Vorherrschaft angeschlossen hatte, war seine Haltung auch nach dem Friedensschluss von 1850 zwischen Preußen und Dänemark unversöhnlich.[56] Wegen seiner politischen Einstellung wurde Storm 1852 vom dänischen „Schleswigminister“ Frederik Ferdinand Tillisch die Advokatur entzogen.[57]

Frederik Tillisch sorgte als Angehöriger der dänischen Regierungskommission dafür, dass Storm seine Bestallung als Anwalt verlor

Dabei hatte Storm mit der stimmungsvollen Erinnerungsnovelle „Immensee“ um eine verlorene Jugendliebe, die er 1849 verfasste und in der deutlich wird, wie sich Storms

Novellistik aus der Lyrik entwickelt hat, in ganz Deutschland auf sich aufmerksam gemacht.[58]

Storm, der sicher kein Revolutionär war (obwohl er sich mehrfach schriftlich gegen die „dänische Besetzung“ wendete, patriotische Gedichte schrieb und unerschrocken insbesondere den Bauern der Umgebung gegen die Willkür der dänischen Behörden half), sah sich gezwungen, außerhalb seiner Heimat nach einer Anstellung zu suchen.[59] Aber sowohl die Bewerbung um eine Bürgermeisterstelle in Buxtehude als auch der Versuch, eine richterliche Anstellung im Herzogtum Gotha zu erlangen, schlugen fehl. Schließlich erhielt er die Zusage für eine Anstellung im preußischen Justizdienst. Im Dezember 1853 trat Storm die vorerst unbezahlte Stellung eines Assessors beim Kreisgericht in Potsdam an. Das preußische Recht war Storm zunächst völlig fremd und so kamen zu den beruflichen Sorgen bald auch handfeste materielle, da er ganz auf seine schriftstellerischen Einkünfte angewiesen war, die damals eher gering waren. Eine Hoffnung stellten allerdings die neuen Freunde dar, die er in Berlin fand und mit denen er bis zu seinem Tode in lebhaften Briefwechsel blieb. „ [...] die liebsten Freunde, die ihnen am meisten geistige Anregung boten, hatten Theodor und Constanze in Berlin. Es waren dies: der Kunsthistoriker Franz Kugler, der Maler Adolph Menzel, Theodor Fontane und der junge Poet Paul Heyse.“[60]

Für Storm, der zeitweilig seinen Vater um Geld bitten musste, hatte mit der Ernennung zum Kreisrichter in Heiligenstadt die finanzielle Misere zunächst ein Ende. Die Arbeit ließ ihm nun genügend Zeit für sein dichterisches Schaffen, wobei die Novellistik mehr und mehr in den Vordergrund trat. Während der Heiligenstädter Zeit entstanden die Werke „Auf dem Staatshof“, „Späte Rosen“, „Drüben am Markt“, „Veronica“, „Im Schloß“, „Auf der Universität“, „Von jenseits des Meeres“ und die Gespenstergeschichten „Am Kamin“.

Auch das Familienleben der Storms hatte seine Erfüllung gefunden: Nach Hans (Hannemann) wurde 1851 Ernst (Ernemann), 1853 Karl (Losche), 1855 Lisbeth (Lite), 1860 Lucie (Lute) und 1863 Elsabe (Ebbe) geboren.[61]

Am 1. Februar 1864 erklärten Preußen und Österreich dem Dänischen Königreich den Krieg. Anlass war ein recht überraschendes Ultimatum Bismarcks. Er forderte Dänemark auf, die Novemberverfassung zurückzunehmen, da sie im Widerspruch zum Londoner Protokoll stand. Der dänische König verweigerte sich diesem Ansinnen, Im Ergebnis des daraufhin folgenden Krieges mussten sich die Dänen aus Schleswig-Holstein zurückziehen. Nach der preußisch-österreichischen Besetzung der norddeutschen Herzogtümer wurde auch der dänisch gesinnte Landvogt von Husum abgesetzt. („Wer schall unse Landvagt sin? – Störm schall unse Landvagt sin!“) Am 8. März 1864 bestätigte die oberste Zivilbehörde Storms demokratische Wahl zum Landvogt. Am 18. März trat Storm sein Amt an. Damit war Storms Zeit im Exil beendet.[62]

Die Familie Storm traf im Frühling 1864 in Husum ein und bezog zunächst das alte Predigerwitwenhaus in der Husumer Süderstraße 12. (das Amtszimmer des „Vogtes“ wurde im zum Garten gehörenden „Waschhaus“ untergebracht).[63] Nach der Etablierung fand Storm sogar Zeit, seinen Singverein wiederzubegründen. Im § 1 der Statuten des Vereins heißt es u.a.: „Grund des Singvereins ist die Einübung und zeitweilige öffentliche Aufführrung gediegener Gesangswerke für gemischten Chor [...] Husum im Febr. 1865."[64] Und schon bald erklang das gediegene Gesangswerk „Am grauen Strand, am grauen Meer" des vertonten Storm-Gedichtes „Die Stadt" von 1852 durch die Aula des Husumer Gymnasiums.[65] Allerdings erwartete den neuen Landvogt kein sorgenfreies Leben. Wieder musste Storm sich in die neue Materie einarbeiten und manchmal half nur der gesunde Menschenverstand, über den Storm zum Glück in reichem Maße verfügte. In einem Brief an seine Schwiegereltern in Segeberg gibt Storm einen anschaulichen Bericht über seine Arbeit:

„Gestern habe ich von morgens zehn bis abends acht Uhr inquiriert. Ich plätschere nur so in Kriminalsachen: zwiefache Brandstiftung durch ein dreizehnjähriges Mädchen, Schwindel, Betrug, versuchter Giftmord, Holzdiebstähle. Dazu sollen sie einen Bauern in Schwabstedt halbtot geschlagen haben. Alles das muß ich ausfegen."[66]

Das Jahr 1865, das im Mai mit der Geburt der vierten Tochter Gertrud (Dette) so hoffnungsvoll begann, sollte im selben Monat seinen tragischen Höhepunkt erfahren: Am 20. Mai stirbt Storms geliebte Frau Constanze infolge eines grassierenden Kindbettfiebers:

„In Husum und dessen Umgebung herrschte das Kindbettfieber. Nach 14 Tagen wurde die Wartefrau gewechselt. Die neu Eintretende hatte zuletzt eine junge Frau gepflegt, die am Kindbettfieber gestorben war, und sie übertrug die Ansteckung auf Constanze."[67]

Ohne Glockengeläut und ohne Pastorensegen lässt Storm den Sarg, nur begleitet von den drei Söhnen und seinem Bruder, dem Arzt Aemil Storm, um vier Uhr früh zu Grabe tragen.

Storms Schaffenskraft scheint mit dem Tode seiner Frau ebenfalls gestorben zu sein. Im Juni 1866 schreibt er an Elsabe Esmarch:

„[...] bis jetzt scheint es, als sei mit Constanze auch meine Poesie schlafen gegangen; ich habe nicht den leisesten Drang mehr dahin, ja ich begreife nicht, wie ich alle diese Dinge habe machen können; und mir ist, als hätte ich alles, was ich schrieb, doch nur für sie geschrieben."[68]

Doch Storm ist nicht dafür geschaffen, ohne Frau durchs Leben zu gehen. Bereits im Juni 1866 ehelicht er in Hattstedt seine „alte Liebe" Dorothea Jensen [Tante Do]. Trauzeugen sind Hermann Esmarch, Bruder von Storms erster Frau, und der älteste Sohn Hans Storm.

Aber damit war es mit den Veränderungen noch nicht genug: Im Oktober zog die Familie Storm in das um 1730 erbaute Bürgerhaus in der Wasserreihe 31 in Husum. Hier nun, im „Stormhaus", entstanden über 20 Novellen und zahlreiche Gedichte. Hier wurde 1868 auch als achtes Kind der Familie Storm die Tochter Friederike (Dodo) geboren. Aber zunächst stand 1866 für Storm auch ein beruflicher Wechsel bevor.

Das von Storm zitierte Ausfegen dauerte nämlich nur eine begrenzte Zeit. Bald schon mussten Preußen und Österreich konstatieren, dass man eher gegen als miteinander agierte. Nach vielem diplomatischen Hin und Her kam es zum Krieg 1866 zwischen Preußen und Österreich. Im „Prager Friedensvertrag" musste das Alpenland seine Niederlage eingestehen. Die von Theodor Storm befürchtete preußische Annexion Schleswig-Holsteins wurde endgültig. Damit war Berlin an die Stelle von Kopenhagen getreten.

Im Zuge der preußischen Verwaltungsreform wurde das Amt des Landvogtes aufgehoben. Storm hatte nun die Wahl, Amtmann in der Verwaltung oder Amtsrichter in der Rechtssprechung zu werden. In ersterer Funktion wäre er zwar finanziell besser gestellt gewesen, hätte sich aber politisch exponieren müssen. Um das zu vermeiden, entschied sich Storm dafür Amtsrichter zu werden, obwohl er künftig mit zwei Dritteln seines bisherigen Einkommens auskommen musste. Im September 1867 wird Storm zum Amtsrichter vereidigt.[69]

Nachdem bei Westermann Ende Oktober 1868 eine „Storm-Gesamtausgabe" in sechs Bänden erschienen war, Storm einen Protest der weiblichen Mitglieder des „Singvereines" gegen das Lied „Als wir jüngst in Regensburg waren" abwenden konnte und der Deichaufseher Trede in das Erdgeschoß des „Storm-Hauses" in der Wasserreihe 31 gezogen war, nähern wir uns dem Herbst 1869 und damit dem am Anfang beschriebenen „geweihten Abend"; jener Herbstabend also, der den Beginn der Freundschaft zwischen dem 14jährigen Pennäler Ferdinand Tönnies und dem 52-jährigen Dichter (und Juristen) Theodor Storm symbolisiert.

Das Stormhaus in der Wasserreihe 31 in Husum bildet gemeinsam mit dem benachbarten Archiv das heutige „Theodor-Storm-Zentrum"[70]

Der Dichter und der Schüler

Ferdinand Tönnies, der im Herbst 1869, gegen die Stimmen einiger Lehrer, die ihn für zu jung hielten, mit 14 Jahren in die Prima der Gelehrtenschule versetzt worden war, hatte mit Dr. Otto Kallsen einen bemerkenswerten Klassenlehrer und mit Direktor Hofrat Dr. Wilhelm Gidionsen einen nicht weniger bemerkenswerten Schulleiter. Über Gidionsen schrieb Tönnies:

„Kaum vierzehnjährig wurde ich Primaner und als solcher Schüler unseres „Rektors" Wilhelm Gidionsen, eines philosophischen Mannes, der daher dem Publikum als ein Sonderling galt. Seine Unterweisung machte einen tiefen Eindruck auf mich [...] es erschütterte mich, als Gidionsen einmal ausrief: „Der Geist hat zwei Sinne" und dann an die Wandtafel schrieb: „Tiefsinn – Scharfsinn" [...] oder als wir Platons „Phaidon" lasen: „Mit dem Verstand bemächtigen wir uns des Realen. Mit der Vernunft vernehmen wir das Ideale. Verstand scheidet, zieht Grenzen. Vernunft sieht die Einheit in den Dingen."[71]

Die Prima der Gelehrtenschule im 2. Quartal 1870:
v.l.:
- F. Tönnies
- C.F. Großkreutz
- H. Maß
- J. Franzen
- F. Krey
- H. Kühlbrandt[72]

Die Erschütterung, die diese beiden Äußerungen von Gidionsen bei Tönnies hervorruft, deutet Dieter Andresen sehr weit in die Zukunft:

„Was ist das Bemerkenswerte an diesen Sätzen? Warum erschüttert sie den jungen, frühreifen Tönnies? Wohl, weil in ihnen schon das Lebensthema anklingt, das ihn später beherrschen wird: Gemeinschaft und Gesellschaft. Jedenfalls im Rückblick sieht er es so:

Verstand und Scharfsinn, mit denen wir das Reale zergliedern, analysieren – das sind Instrumente gesellschaftlichen Daseins. Vernunft und Tiefsinn sehen die Einheit in den Dingen, also das, wo wir herkommen und wohin wir wieder wollen: das Ganze, das Heile, die Gemeinschaft."[73]

Tönnies´ anderes Vorbild: der Klassenlehrer Dr. Otto Kallsen. Ihm widmete Tönnies 1901 aus Anlass des Todes seines alten Lehrers einen würdevollen Nachruf in der Hamburger Zeitschrift „Der Lotse". Tönnies schrieb dort u.a.:

„Die Dichtung steht ihm obenan. Sie war ihm treue, holde Begleiterin durch das Leben [...] er war ein Humanist im rechten Sinne: Denken und Wissen, Forschen und Lernen standen für ihn im Dienst der menschlichen Veredelung."[74]

Das Lehrerkollegium der Gelehrtenschule von 1871 vor dem „Tönnies-Haus" in Husum[75]

Wilhelm Gidionsen
(1825-1898)

Otto Kallsen
(1822-1901)

„Unser Klassenlehrer Otto Kallsen war ein kundiger und in seiner ruhigen Art enthusiastischer Lehrer der Geschichte. Es wurde damals der Grund einer Freundschaft zwischen uns gelegt, die bis zu seinem Lebensende im Januar 1901 gedauert hat.“[76]

Zu diesen von Tönnies so geschätzten Pädagogen trat nun eine Persönlichkeit hinzu, die sein Denken maßgeblich bestimmte und dessen Einfluss auf den frühreifen Knaben kaum überschätzt werden kann: Theodor Storm.

Storm, der, wie erwähnt, von 1826 bis 1835 die Husumer Gelehrtenschule besucht hatte, war sowohl mit den Räumlichkeiten als auch mit den „Ritualen“ der Schule vertraut. Darüber hinaus hatte er auch später durch den Schulbesuch seiner Kinder nie völlig den Kontakt mit der Husumer Schule verloren. So ist es wenig verwunderlich, dass auch dieses Thema ein Anknüpfungspunkt für Storm und Tönnies war. Eines dieser Rituale der Gelehrtenschule war der alljährliche „Redeactus“. Zum Abschluss eines jeden Schuljahres pflegten sich die „Gelehrtenschüler“ im Husumer Rathaussaal oder in der Aula der Schule zu versammeln; außer feierlichen Ansprachen der Lehrer standen dabei „Redeübungen“ mehrerer Schüler der oberen Klassen auf dem Programm. Auch Theodor Storm zählte kurz vor seinem Wechsel 1935 nach Lübeck zu den Vortragenden. Sein Beitrag waren allerdings in Jamben vorgetragene Verse:

„Mattathias, der Befreier der Juden“, so hieß meine Dichtung, welche der Rektor mir ohne Korrektur und mit den lächelnd beigefügten Worten zurückgab, er sei kein Dichter. Ich will nicht leugnen, es überrieselte mich so etwas von einer exklusiven Lebensstellung, und ich mag in jenem Augenblick meinen Knabenkopf wohl um einige Linien höher getragen haben.“[77]

Auch Ferdinand Tönnies hatte zweimal die Ehre, an diesem Redeactus aktiv teilzunehmen. Selbstverständlich war das Datum, an dem die „öffentlichen Klassenprüfungen und der „Schluß-Redeactus“ stattfanden, kein Zufall: am 22. März feierte seine Majestät, der König von Preußen und Deutscher Kaiser Wilhelm I., seinen Geburtstag! Hatte Tönnies 1871 noch als Primaner „Aus der griechischen Geschichte: Perikles und seine Zeit, besonders seit 445“ gesprochen, so stand er 1872 als Abiturient erneut vor der erlauchten Gesellschaft und hielt einen Vortrag „Über die Reformation im Elsass“.[78] Ausgewählt worden war Tönnies von dem neuen Rektor der Gelehrtenschule Karl-Heinrich Keck, der ab 1870 als Nachfolger von Gidionsen die Geschicke der Gelehrtenschule lenkte.[79]

Die Postkarte nennt drei Husumer Dichter v.l.: Bürgermeister Emanuel Gurlitt, Theodor Storm und Rektor Karl Heinrich Keck[80]

Königliches Gymnasium und Höhere Bürgerschule
zu Husum.
Ostern 1872.

Jahresbericht,

womit zu der

Feier des Geburtstages Sr. Majestät des Kaisers und Königs,

sowie

zu den öffentlichen Klassenprüfungen

und

dem Schluß-Redeactus

Namens des Lehrer-Collegiums
einlädt
der Director Dr. H. Keck.

Voran:

Einige Bilder und Personificationen aus Shakspere.

Von Gymnasiallehrer Dr. Hoburg.

Husum.
Gedruckt in der Buchdruckerei von J. G. Jebens.

Endlich wird am **Sonnabend, den 23. März**, Morgens 10 Uhr, der öffentliche Schlußaktus dieses Schuljahres stattfinden. Programm: Gesang. Declamationen jüngerer Schüler. Rede des Abiturienten Ferdinand Tönnies über die Reformation im Elsaß und des Abiturienten Heinrich Maß über Blüte und Verfall des Ritterthums. Gesang. Entlassung der Abiturienten durch den Director.

Zu diesen drei Feierlichkeiten werden hierdurch die Königlichen und die Städtischen Behörden, die Geistlichkeit, die öffentlichen Lehrer, alle Freunde und Gönner der Schule, besonders aber die Eltern der Schüler, ehrerbietigst eingeladen.

Anfang des neuen Semesters Montag, den 8. April. Alsdann findet von 9 Uhr Morgens an im Schulgebäude die Aufnahmeprüfung statt. — Anmeldungen neuer Schüler nimmt der Unterzeichnete Montag, den 25. März, Vormittags 8—12 Uhr, entgegen. Es wird dabei Folgendes in Erinnerung gebracht: 1) Aufnahme in Sexta kann nur vor vollendetem 12., in Quinta nur vor vollendetem 13., in Quarta nur vor vollendetem 15. Lebensjahr stattfinden. 2) Bei der Meldung ist ein Geburts- und ein Vaccinationsschein nöthig. 3) Auswärtige dürfen nur mit Genehmigung des Directors ihre Wohnung nehmen.

Husum, 12. März 1872.

H. Keck.

Ankündigung des Redeactus im Jahresbericht des „Königlichen Gymnasiums“

Der ehemalige Direktor der Domschule Schleswig Karl Heinrich Keck war mit Erlass vom 11. Juli 1870 zur Husumer Gelehrtenschule versetzt worden.[81] Keck wurde am 20. März 1824 als Sohn eines Handwerksmeisters in Schleswig geboren und hatte in Kiel bei Georg Wilhelm Nitsch und in Bonn bei Friedrich Ritschl, bei dem auch Friedrich Nietzsche und später Ferdinand Tönnies studierten, Klassische Philologie studiert. Er wurde 1853 in Kiel promoviert und kam dann über Glückstadt und Plön 1864 nach Schleswig. „Karl Heinrich", wie ihn seine Schüler nannten, war neben seiner pädagogischen Arbeit ein außerordentlich fleißiger Schriftsteller. Er veröffentlichte philologische Arbeiten zu den Chorliedern des Aischylos, schrieb satirische Komödien (z.B. „Die Kaiserwahl in Frankfurt") und den Gedichtband „Gedenkbuch eines Schleswig-Holsteiners". Darüber hinaus war Keck Schriftleiter des Rezensionsorgans des „Deutschen Litteraturblattes". Seinen Schülern war er allerdings mehr als Herausgeber der Lesebücher für Deutsch an Höheren Schulen bekannt. Bedingt durch die schriftstellerischen Tätigkeiten kannten sich Keck und Storm; allerdings kam diese Bekanntschaft über eine gegenseitige Achtung nicht hinaus.

Direktor der Gelehrtenschule in Husum
von 1870 bis 1887
Dr. Karl Heinrich Christian Keck
(1824-1895)

Die anfänglichen Schwierigkeiten, die Tönnies mit dem neuen Rektor Karl Heinrich Keck nach dem Fortgang von Gidionsen hatte, glätteten sich allmählich, weil, wie Tönnies schreibt, „er ein lebhaftes und heiteres Wesen hatte, und mir entgegenkam [...] Karl Heinrich, wie wir ihn oft nannten (er hatte unter diesem Namen gedichtet), wußte uns die griechische Tragödie interessant zu machen".[82]

Während Storm im Reifezeugnis eher durchschnittliche Noten aufzuweisen hat (Französisch und Mathematik „mittelmäßig"), gehört das Zeugnis von Tönnies zu denen, die man „einrahmen" müsste. In der Rubrik „Betragen und Fleiß" heißt es u.a. bei Tönnies:

„Die unterzeichnete Prüfungs-Commission hat ihm hiernach, da er jetzt das Gymnasium verläßt, um Philologie zu studieren, das Zeugnis der Reife erteilt, und entläßt diesen hoffnungsvollen und ihr sehr werth gewordenen Schüler, der beherzigen wird, daß von dem, welchem viel gegeben ist, auch viel gefordert wird, mit ihren wärmsten Segenswünschen."

Am Sonnabend, dem 23. März 1872 fand nun der „öffentliche Schlußredeactus" statt und Ferdinand Tönnies hätte es sich sehr gewünscht, dass Theodor Storm dabei gewesen wäre.

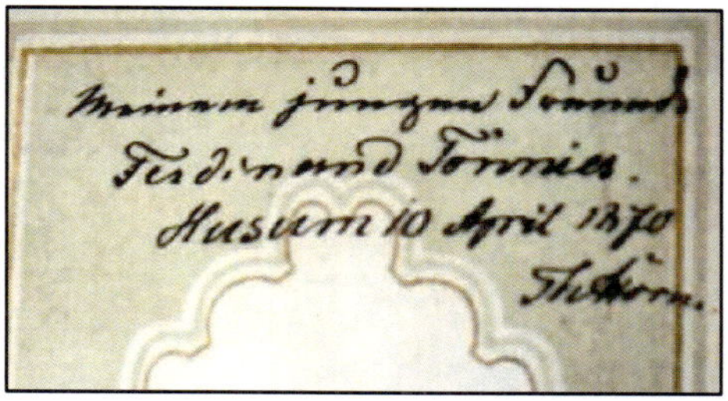

„Meinem jungen Freunde
Ferdinand Tönnies.
Husum 10. April 1870
Theodor Storm"
(Rückseite des Bildes)

Aber Theodor Storm hatte seine Abneigung gegen die „Sonntagsreden" des Rektors Keck nicht überwinden können und schickte stattdessen eine „Entschuldigung":

„Lieber Ferdinand! H. 23/3 72.
Sie werden mich hoffentlich heute vormittag in der Aula vermißt haben: ich fand aber so viel Arbeit auf dem Gerichte vor, daß ich in einem Strich bis ½ 2 Uhr festgehalten wurde. Angenehm ist mir dabei nur, daß ich Kecks Reden nicht gehört habe, wovon mir College Nissen bei seiner Rückkehr auf's Gericht berichtete. Uebrigens drücke ich Ihnen die Hand. Ihr alter Freund Th. Storm"[83]

Dabei war die Freundschaft zwischen Ferdinand Tönnies und Theodor Storm längst über die Arbeit am Hausbuch, das 1870 veröffentlicht wurde, hinausgewachsen und wurde bei Spaziergängen auf dem Deich und langen Gesprächen, insbesondere im „Poetenstübchen", wie Tönnies das Arbeitszimmer von Storm getauft hatte, vertieft. Es war selbstverständlich, dass Tönnies auch im „Storm-Chor" sang:

„Das gesellige Leben war übrigens ziemlich lebhaft und heiter. In ziemlich weitem Kreise bewegte es sich durch die Konzerte des von Theodor Storm geleiteten Gesangvereins. An diesem habe ich auch mit meinem jugendlichen Tenor im Kriegswinter 1870/71 teilnehmen dürfen. Wir sangen unter anderem: „Kein schön'rer Tod ist in der Welt als der vom Feind erschlagen [...]". Auch das siebenbürgische Jagdlied, das ich später als Student von neuem kennenlernte, wurde von uns gesungen."[84]

Könnte man bei der Auswahl der Lieder noch von einer nationalistischen Einstellung Storms in der ersten imperialistischen Auseinandersetzung in Europa durch den Deutsch-Französischen Krieg sprechen, so trat im Verlaufe des Krieges eher eine Ernüchterung bei ihm ein, die den Krieg als Raubzug und den Sieg als gloriose Machtdemonstration entlarvten. Jedenfalls sang Tönnies bis zu seinem Abitur 1872 in „Storms-Singverein" eben auch patriotische Lieder.

Allerdings war Ferdinand Tönnies nicht das einzige Familienmitglied, das bei Storm im Chor vertreten war. Neben seinem Bruder, dem späteren Rechtsanwalt August Karl Christian Tönnies, war es ganz besonders Emma Catharina Elisabeth Tönnies, die „Lite" genannt wurde, die ein besonderer „Liebling" des Chorleiters war:

„Lite Tönnies ist ein Mitglied, wie es im Buch steht, sie bebt vor Freude, wenn's losgeht, und ist schon jetzt mit ihrer klaren, reinen Stimme bestimmend für den Chor, sie setzt förmlich ein silbernes Licht auf den Sopran."[85]

Elisabeth (Lite) Tönnies blieb dem Chor am längsten treu und nahm auch später gemeinsam mit ihrem Bruder August als Solistin an Musikfesten teil.

Postkarte vom 2. Musikfest der Westküste in Hensens Garten in Husum am 28. Mai 1905 zusammen mit den gemischten Chören von Friedrichstadt, Hanerau, Marne und Meldorf. Die Solisten *Frl. Elisabeth Tönnies* und *Rechtsanwalt August Tönnies, Husum*

„Hensens Garten"

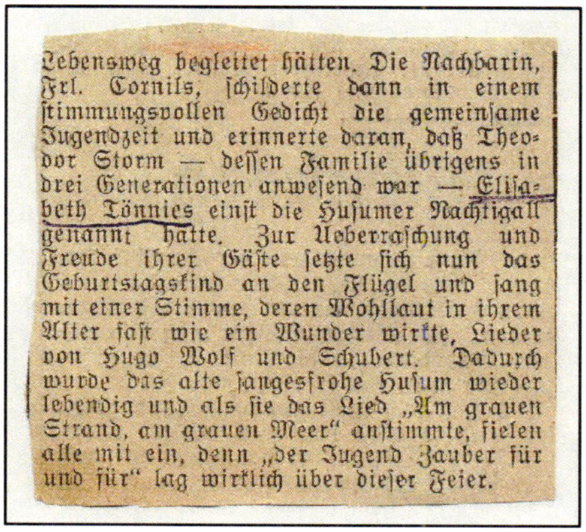

Lebensweg begleitet hätten. Die Nachbarin, Frl. Cornils, schilderte dann in einem stimmungsvollen Gedicht die gemeinsame Jugendzeit und erinnerte daran, daß Theodor Storm — dessen Familie übrigens in drei Generationen anwesend war — Elisabeth Tönnies einst die Husumer Nachtigall genannt hatte. Zur Ueberraschung und Freude ihrer Gäste setzte sich nun das Geburtstagskind an den Flügel und sang mit einer Stimme, deren Wohllaut in ihrem Alter fast wie ein Wunder wirkte, Lieder von Hugo Wolf und Schubert. Dadurch wurde das alte sangesfrohe Husum wieder lebendig und als sie das Lied „Am grauen Strand, am grauen Meer" anstimmte, fielen alle mit ein, denn „der Jugend Zauber für und für" lag wirklich über dieser Feier.

Zeitungsausschnitt der „Husumer Nachrichten" vom 70. Geburtstag am 13. September 1927 von Elisabeth „Lite" Tönnies. Theodor Storm hatte sie die „Husumer Nachtigall" genannt

Welche Gedanken Storm zum Deutsch-Französischen Krieg gehabt haben mag, beschreibt Tönnies in den Gedenkblättern:

„Lebhaft ist mir im Gedächtnis geblieben, wie Storm zur Eröffnung des Krieges sich verhielt. Als Deutscher hatte er immer gefühlt, und hatte dafür gelitten. So ließ denn auch die „frevelhafte Kriegserklärung", vermöge deren der böse Nachbar Deutschland zu zertreten gedenke, „ehe es ganz ausgewachsen ist" [...] seine Seele erbeben, und von seiner Abneigung gegen das preußische Regiment, das sich unliebenswürdig genug, in unserem Heimatlande eingeführt hatte, dürften seitdem kaum noch Spuren zu finden sein. Seine dichterische Stimmung konnte aber durch den Krieg nicht geweckt werden."[86]

Storm, der in den ersten Jahren nach dem Tode Constanzes nicht mehr glaubte, dass ihm eine große dichterische Produktivität beschieden sei, hatte seine gesammelten Schriften im Braunschweiger Verlag Georg Westermann erscheinen lassen. Aber mit seiner zweiten Frau kehrte auch die lyrische Kraft wieder zurück und so lautet die letzte Strophe in „Die neuen Fiedellieder" passend zum Ende des Krieges:

„Herr Gott, die Staaten segne
Mit deiner reichen Hand
Und gib uns Frieden, Frieden
Im lieben deutschen Land."

Zwar fanden die „Fiedellieder" nicht den Beifall des Sohnes Ernst Storm („Ernst ist mein schärfster Kritiker", pflege Storm zu sagen), aber Tönnies erinnert sich lebhaft an dieses Gedicht:

„Die Schlußzeilen der letzten Nummer (10) lassen wir uns heute wieder gern gesagt sein. Storm hat (offenbar später) darunter geschrieben: Husum, im Juli 1871. Damals war der Friede schon geschlossen [Der „Friede von Frankfurt" wurde am 10. Mai 1871 in Frankfurt am Main unterzeichnet und beendete den Deutsch-Französischen Krieg endgültig]. Die Verse sind aber, wie ich mich mit Sicherheit erinnere, schon im April, spätestens im Mai, verfaßt worden. Damals ging ich eines Nachmittags mit ihm [Storm] auf der „Bredstedter" Landstraße, er war sehr erfüllt von seiner Dichtung, und sagte mir die letzten Verse aus dem Gedächtnis."[87]

Für Ferdinand Tönnies war es zur Gewohnheit geworden, Theodor Storm in seinem Haus in der Wasserreihe 31 aufzusuchen, wann immer es ihm möglich war. Aber auch Storm scheute nicht den Weg zum Kavaliershaus, wohnte doch im Husumer Schloss, das nur einen Steinwurf davon entfernt liegt, die ebenfalls mit Storm befreundete Familie des preußischen Landrates Ludwig Graf zu Reventlow.

„In den ersten erregten Tagen [des Krieges] – es war am 26. Juli – verlebte ich auch einen schönen Sommerabend mit dem Dichter im Garten meines elterlichen Hauses auf dem „Schloßgrunde". Wir saßen lange bei einer Bowle in der gedeckten Glasveranda, die vom Laub einer mächtigen Rebe beschattet war. Es wurde – was bei den alle bewegenden Gedanken nahelag – über den Wert des Lebens gesprochen. Storm sagte – und ich sehe noch, wie seine Augen leuchteten: „Ich liebe das Leben grenzenlos. Ich möchte immer leben."[88]

Die Begegnungen der beiden Freunde waren so regelmäßig geworden, dass jede Abweichung Protest bei Storm hervorrief:

„In meinem letzten Schuljahr [...] bin ich zu sehr mit Latein, Griechisch, Mathematik und Geschichte beschäftigt gewesen, und wurde von Storm, wenn er mich sah, öfters gescholten, weil ich so selten kam. Er nannte mich dann wohl, nach einem Grimmschen Märchen (einem der wenigen plattdeutschen) „Ferenand ungetrü" [...] im Frühling 1872 machte ich mein Abiturientenexamen."[89]

„Haus Tönnies" das Kavaliershaus[90] beim Husumer Schloss 1872

„Haus Tönnies" das Kavaliershaus beim Husumer Schloss 2008

Das von 1577 bis 1582 im Auftrag des Herzogs Adolf von Schleswig-Holstein-Gottorf im niederländischen Renaissance erbaute Husumer Schloss lag früher außerhalb der Stadtgrenze

Sowohl für die Familie Tönnies als auch für die Familie Storm hatte das Husumer Schloss nicht nur als Kommunikationsstätte eine herausragende Bedeutung. Sowohl Storm als auch der befreundete Landrat Ludwig Graf zu Reventlow (1824-1893) nutzten das Schloss dienstlich.[91] Das Husumer Schloss wurde als Dreiflügelanlage mit „markantem zentralen Treppenturm" seit 1577 auf dem Gelände eines niedergelegten Franziskanerklosters errichtet. Neuere Forschungen heben den Ausbau der Anlage auf der Schlossinsel und des Vorwerkbereiches seit dem 16. und im 17. Jh. anhand schriftlicher und bildlicher Quellen untersucht, so auch die Bautätigkeit der Herzoginnen Augusta (1580-1639), Gemahlin Johann Adolfs von Gottorf, und Maria Elisabeth (1610-1684), vermählt mit Friedrich III. von Gottorf (1597-1659), denen das Schloss als Witwensitz diente. Die Gebäude des westlich der Schlossinsel gelegenen Platzes gingen 1753 in Privatbesitz über, zum Teil wurden sie zum Abbruch verkauft. Erhalten sind heute lediglich das Torhaus am Südrand des äußeren Schlossplatzes und im Westen das „Neue Gebäude", das heute „Kavaliershaus" genannt wird. Im Jahre 1872 wurde das Amtsgericht aus der Stadt in das Schloss verlegt. Der Amtsrichter Storm residierte im Südflügel, „offenbar in einem zum Garten und Schloßgraben hinausliegenden Zimmer", wie Karl Ernst Laage schreibt.[92]

Der Dichter und der Student

Es mag niemanden verwundern, dass Ferdinand Tönnies, fasziniert von der Persönlichkeit Storms und berauscht von dessen Lyrik und Prosa, ernsthaft darüber nachzudenken begann, es dem Freunde gleichzutun und sich ganz einem Poetenleben hinzugeben. Erste Versuche in der Lyrik hatte es, dem Zeitgeist entsprechend, bereits in seiner frühesten Jugend gegeben. Aber bald schon wird Tönnies gewusst haben, dass zu einem erfolgreichen Künstlerleben eine strenge Selbstdisziplin und eine bis zur Askese reichende Hingabe an die Kunst gehört, wie er sie bei Storm erlebte und bei ihm zweifellos das Interesse am wissenschaftlichen philologischen Forschen überwog. So blieb es bei „Gelegenheitsgedichten", von denen eines hier wiedergegeben werden soll:

Durch meine Seele bebt in leisen Tönen
Ein Sang von altem wunderbarem Glück,
Von Liebesfrühlingstagen und von schönen
Verträumten Stunden, jähem Missgeschick.

Du schwandest wie im Traumbild meinen Sinnen,
Und nun, seit lange kannt´ ich Dich nicht mehr,
Doch heut ist mir, als sollt´ ich wieder minnen
Um meiner Sehnsucht liebende Gewähr.

Geheimnisvoll erwachen die Gedanken,
Die leidenschaftlich rangen einst um Dich,
Die dann zu langem Schlummer wieder fanden
Ermattet, als ich mußte lassen Dich.

Ich seh´ es wohl, es mußte so geschehen,
Und ich kann nimmer Dein vergessen doch,
Durch meine Seele heimlich, ungesehen
Weht Deiner Schönheit voller Zauber noch.

Husum, den 11. Juni 1872 Ferd. Tönnies[93]

Mit einem glänzenden Abiturzeugnis in der Tasche sah sich Tönnies vor das Problem gestellt, „wo studiere ich?" Dass er Philologie, also „Sprach- und Literaturwissenschaft" studieren wollte, stand für ihn fest.[94] Tönnies, der sich als Thema für seine Abschlussrede nicht von ungefähr das „Elsass" ausgesucht hatte, handelte konsequent, als er nun Straßburg, die Hauptstadt des Reichslandes Elsass-Lothringen, zum Studienort wählte.[95]

In seiner fragmentarisch gebliebenen Autobiografie schreibt Tönnies:

„Die Hauptsache war mir zunächst Straßburg – dahin rief mich meine Gesinnung, und diese hatte ich nach dem Geiste des Tages gebildet, so daß ich mir damit wichtig vorkam. Übrigens schien es sich von selbst zu verstehen, daß ich klassische Philologie mit dem Hauptgewicht der griechischen Dichtung studieren wollte."[96]

Selbstverständlich hatte sich Tönnies mit seinem väterlichen Freund Theodor Storm beraten und wird nicht wenig enttäuscht gewesen sein, als ihn dieser von Straßburg abriet. Tönnies aber, der, wie er selber schrieb „auf einer Höhe stand, die für sein Alter zu hoch war", schlug alle Warnungen in den Wind und setzte seinen Willen durch: Der Weg sollte nach Straßburg gehen, auch wenn „ganz Husum dagegen sei".

Der wohlmeinende Storm war wegen dieses Eigensinns nicht gekränkt und gab Tönnies eine Empfehlung an den als Gastprofessor in Straßburg lehrenden Max Müller mit.[97]

„Lieber und verehrter Max Müller! Husum, 17. April 1872
Es ist schon eine geraume Zeit her, daß wir in der Jagd des Lebens eine Weile bei einander anhielten und uns im Vorübergehen die Hände drückten. Gestatten Sie nun, mich bei Ihnen dadurch in Erinnerung zu bringen, daß ich Ihnen in dem Ueberbringer meinen jungen Freund Ferdinand Tönnies, einen jungen Mann von gleich seltener Begabung, wie Bescheidenheit vorstelle, der als junger studiosus phil. an seinem Teil die Straßburger Universität mit auferbauen will und durch ein freundliches Wort an Sie empfohlen sein möchte.
Ich und die Meinen grüßen Sie und die Ihren herzlich.
Deutschland hoch! Ihr Theodor Storm"[98]

Während des Krieges war Straßburg von deutschen Truppen belagert und heftig beschossen worden. Sowohl die Staatsbibliothek mit dem Großteil ihrer wertvollen Bestände als auch das städtische Kunstmuseum waren vernichtet worden. Zwar wurde die Universität als „Kaiser-Wilhelm-Universität" 1872 neu gegründet und entwickelte sich in den folgenden Jahren zu einer der bedeutendsten Hochschulen im Deutschen Reich, aber so kurz nach dem Kriege waren die Schäden längst nicht behoben und es herrschte in vielen Bereichen das nackte Chaos.

Das war es, wovor Storm den unerfahrenen Tönnies bewahren wollte. Aber der frischgebackene Abiturient hatte sich von der allgemeinen Begeisterung anstecken lassen und wollte nun „die Universität Straßburg mit aufbauen". Sorgen machten sich die Zurückbleibenden, insbesondere aber seine Mutter:

„Ferdinand ist ja in gewisser Beziehung recht selbständig, aber noch so unerfahren und jung. Hier [in Husum] hat er sich die Liebe aller Lehrer erworben, und so wird er sich auch dort seinen Weg bahnen. Empfehlungen hat er mehrere, unter anderem eine von Dichter Storm an den Professor Max Müller, aus Oxford nach Straßburg gegangen. Es ist nicht leicht und macht dem Mutterherzen viel Sorge, einen so jungen Menschen von sechzehneinhalb Jahren so weit in das Studentenleben gehen zu lassen.“[99]

Tönnies teilte diese Bedenken nicht. Ihn schützte seine Jugend vor solchen Überlegungen. Rückblickend schreibt er:

„Von diesen Sorgen ist damals nichts an mich herangetreten, und ich hätte sie schwerlich auf mich wirken lassen. Andererseits darf ich sagen, daß ich nicht geschwollen war; das Kritische und Skeptische in meiner Natur war schon angelegt, wenn auch noch wenig entwickelt; ich dachte überhaupt kaum darüber nach, so daß auch das glänzende Abiturientenzeugnis, das ich erhielt – „vorzüglich“ in vier Hauptfächern und „gut“ in allen übrigen –, mir keinen großen Eindruck machte [...] Ich könnte sagen, daß ich mit tausend Masten in die Welt hinausgefahren sei, denn Deutschland war damals für uns noch die Welt und fing erst mit Hamburg an.“[100]

Ida Friederica Tönnies, geb. Mau,
und August Ferdinand Tönnies,
die Eltern von Ferdinand Tönnies (oben)

Lucie Storm, geb. Woldsen, die Mutter des Dichters. Eine Fotografie des Vaters hat sich nicht erhalten

Nach einer abenteuerlichen Reise in einem damals recht unbequemen zweiter Klasse Coupé der Reichsbahn über Kassel und Frankfurt gelangte Tönnies über Heidelberg nach Straßburg.

„In Straßburg suchte ich den einzigen deutschen Gasthof auf und hatte noch eine kurze Weile vor dem Feste[101] Muße genug, den Münster zu besteigen, um die damals nicht gerade anmutige Stadt – sie trug überall noch die Spuren der langen Belagerung – neugierig zu betrachten. Die Feier des ersten Mai war höchst würdig und verfehlte ihres Eindrucks auf mich nicht. Es waren auch einige Professoren der ehemaligen französischen Hochschule geblieben und nahmen an der Feier teil. Die Studentenschaft des gesamten neuen Reiches hatte eine Auslese gesandt, in der ich einige Bekannte wiederfand, andere bald kennenlernte: Mitglieder von Burschenschaften, Corps und anderen Verbindungen. Nachdem die Feier vorüber war, bemühte ich mich zunächst um eine neue Bude [...] ich hatte aber keinen Erfolg. Ich quartierte mich zunächst in einem der Zelte ein, die für die Studenten hergerichtet waren, und habe dort noch mehrere Nächte geschlafen. Inzwischen wuchs mein Entschluß rasch, Straßburg, noch ehe das Semester im Gange war, mit einer anderen Universität zu vertauschen."[102]

Die Wahl des neuen Studienortes ergab sich für Tönnies beinahe von selbst. Unter den abgeordneten Korporationen der Burschenschaften für das Einweihungsfest in Straßburg hatte Tönnies seinen die Burschenschaft „Teutonia" repräsentierenden Vetter Friedrich Mau entdeckt. Mau, der in Jena Theologie studierte, schwärmte von dem lieblichen Studienort in Ostthüringen und schon bald stand für Tönnies der Entschluss fest: Ich studiere in Jena.

Die Befürchtungen Storms den Studienort Straßburg betreffend waren also voll und ganz eingetroffen. Etwas zerknirscht hatte Tönnies dem Freunde den Ortswechsel mitgeteilt. Trotzdem war Storm weit davon entfernt, dem jungen Mann Vorwürfe zu machen. Ganz im Gegenteil:

„Lieber Ferdinand! Husum, 15. Mai 1872.

Ich muß Ihnen wohl nur eine kleine Zustimmungsadresse senden, wenn auch nicht zur Wahl von Jena, so doch zu dem Verlassen Straßburg´s; ich meine mit Ihnen, daß die Bevölkerung dieser neuen alma mater Sache älterer und erfahrener Studenten ist. Ihre Mutter war gestern nachmittag bei uns, um Dette [Gertrud Storm], die schwer, aber doch genesend, an der Diphtheritis daniederliegt, einen Krankenbesuch zu machen, da las sie uns Ihren letzten Brief vor. Glauben Sie übrigens nicht, daß ich gegen Jena bin, ich habe nur kein Urteil darüber. Genießen Sie dort nur frisch weg Ihr junges Leben unter guten Genossen; aber eine herzliche Bitte! Gewöhnen Sie sich nicht an das verdammte Bier saufen. Sehen Sie sich immerhin nur die auf solchen Bieruniversitäten sich umtreibenden fetten Alkohol-Gestalten an, und schaudern Sie ein wenig dazu. Ich kann diese meine Bierpredigt, wie gegen meine Jungens, so auch gegen Sie, lieber Ferdinand, nicht zurückhalten. Von Ernst habe ich wiederholt Briefe gehabt, er hat in Göttingen ein angenehmes Quartier und intelligente juristische Bekannte, die, wie er das Examen im Auge haben, und fühlt sich dort ganz behaglich. Karl und Hans, letzterer in Kiel, haben lange nicht geschrieben. Mir selbst geht es nicht allzu gut; ich bin noch immer nicht fertig mit den aufregenden Arbeiten, welche die D.sche Geschichte veranlaßt hat; außerdem liegt seit einigen Tagen auch das Amtsgericht I auf meinen Schultern; denn mein armer Nissen hat wieder Blut aufgegeben; doch scheint es diesmal gnädig vorüberzugehen. Wann ich nun aber an meine, mir so sehr nötige Erholungsreise denken kann, *das* ist ja dann sehr dahin gestellt. Mit herzlichen Grüßen von mir und den Meinen

Ihr alter Freund Th. Storm[103]

Später, Mittags Mit Nissen geht´s besser. Eben Brief von Ernst, er schreit auch nach Geld, sonst munter."

Dieser Brief muss für Tönnies eine große Erleichterung gewesen sein, denn seine Antwort, insbesondere was das Trinken angeht, liest sich so, als ob jemandem gerade die Absolution erteilt worden ist:

„Lieber, hochverehrter Herr Storm, Jena, den 9ten Juni 1872.
Meinen Dank für das freundliche Trostschreiben, welches mir gerade von Ihrer Seite die Befriedigung eines wahrhaften Bedürfnisses gewährte, hätte ich eigentlich nur durch alsbaldiges Antworten beweisen können. Aber ein Tag folgte dem anderen, mit Collegienbesuch, Fechten und Vergnügungen zugebracht, und erst heute Abend, von dem Sonntagsbummel nach dem ¾ Stunden entfernten Zwätzen zurückgekehrt, fasse ich den kühnen Entschluß, *nicht* auf den Burgkeller zu gehen, sondern solide zu Haus an meinen alten Freund in der Heimat einige vertraute Worte zu senden. So sage ich Ihnen denn, daß ich mich hier sehr glücklich fühle und jetzt erst recht empfinde, wie elend ich in Straßburg gewesen wäre; daß ich auch keinen Augenblick meinen raschen Entschluß, jenes illusorische Vorhaben aufzugeben, bereue und nun mein ganzes Lebelang von diesem freien und fröhlichen ersten Semester in Jena gut haben werde. Denn es herrscht hier in unserer Burschenschaft wirklich eine Frische und Regsamkeit, wie man sie eben nur auf so kleinen Universitäten in flotten Jugendgenossenschaften findet. Wenn ich das sage, so werden Sie mir schon glauben, daß hier auf starkes Trinken absolut kein Wert gelegt wird, sondern trotz Vor- und Nachtrinkens jedem völlig überlassen bleibt, durch welches Quantum des übrigens sehr gesunden u. kräftigen Burgkellerbieres – und es kann ein sehr geringes, wenn auch mit „Verstand" genossenes sein – er seine Lebensgeister wecken und erregen will. Dabei ist denn auch ein so gesunder Geist und reiner Ton in unserem Verkehr, daß zum unbeschränkten Gedankenaustausch über alles, was den Geist des denkenden Menschen beschäftigt, vielfache Gelegenheit, und am meisten gerade auf der Kneipe, da ist. Und da ich nun unter denjenigen von unseren Leuten, welchen ich näher getreten bin, eine Anzahl in allgemeinerer Weise strebsamer Jünglinge gefunden habe, so bin ich hier nicht in Gefahr, über den geselligen Vergnügungen mein wissenschaftliches und literarisches Inter-

esse stumpf werden zu lassen. Es wundert mich nicht, wenn Sie einen solchen Einfluß des Jenaer Studentenlebens zu fürchten scheinen, aber ich kann mit bestem Gewissen versichern, daß man eben „dabei“ gewesen sein muß, um zu sehen, daß die Meinungen derer, die es nicht kennen, darüber meistens vorgefaßte sind. Von „fetten Alkoholgestalten“ gibt es hier in Jena übrigens zwei wahrhafte Exemplare bei dem Corps Thuringia, die wirklich in den zoologischen Garten gehören; unter unsern Leuten ist glücklicherweise kein einziges solches Schw..n.“[104]

Dass Storm seinen studierenden Söhnen und nun auch Ferdinand Tönnies diese Ermahnungen mit auf den Weg gab, ist sicher auch mit seinen eigenen Erfahrungen, die er an der Kieler Universität machte, begründet. Jedenfalls konnte Storm der „Burschenherrlichkeit“ der studentischen Verbindungen keinen Geschmack abgewinnen. In einer – zwar später relativierten – Tagebuchnotiz („Aus der Studienzeit“) von 1837 heißt es u.a.:

„Da bin ich nun seit einem viertel Jahr unter deutschen Studenten, selbst Student. Ich hatte mir den Studenten anders gedacht: ein Gemisch aus ritterlicher Galanterie, traulicher Heiterkeit, Begeisterung für seinen freien Stand, Geist, Herz und Gefühl für alles Schöne. Aber, was fand ich von alledem? [...] Ich möchte sagen, der Kieler, und ich glaube sagen zu können, der deutsche Student, ist entweder ein Mensch, der viel kneipt und trinkt, alle naselang auf der Mensur liegt, sich in Gemeinheiten gefällt, eben von nichts anderem redet als von Kneipereien und Paukereien, sich irgend ein schmuckes Dienstmädchen an der Hand hält, die Farben einer Verbindung und, wenn er ihn hat, einen Schnauzbart trägt und nebenbei etwas ins Kolleg geht. Oder er ist arbeitsam, eingezogen, einseitig oder einfältig. Ich mag die rechten vielleicht noch nicht finden können.“[105]

Studentenleben in Jena
der „Burgkeller“

Storm hat diesen Tagebucheintrag später zwar als „dummes Zeug“ bezeichnet, aber zum Zeitpunkt des Verfassens sicher so gedacht. Denn die studentische Wirklichkeit der damals kleinen Kieler Universität, deren Matrikel nicht wesentlich mehr als 200 Studenten aufzuweisen gehabt haben dürfte, stand im krassen Widerspruch zu den poetischen Wunschvorstellungen Storms. Der Eintrag gipfelt in dem Seufzer: „Wie schmerzlich entbehr ich einen Gleichgestimmten, der den Klang und die Dichtung meiner Seele verstehen und erwidern mag“. Zwar kommt die überschaubare Kieler Universität dem Naturell Storms entgegen, aber erst nach der Rückkehr von Berlin finden sich die „Gleichgestimmten“ in der „Kieler-Clique“, zu der neben Storm Tycho und Theodor Mommsen gehören. So entsteht 1843 als eine Art „Poesie-Bilanz“ der Studentenjahre das „Liederbuch dreier Freunde“.[106]

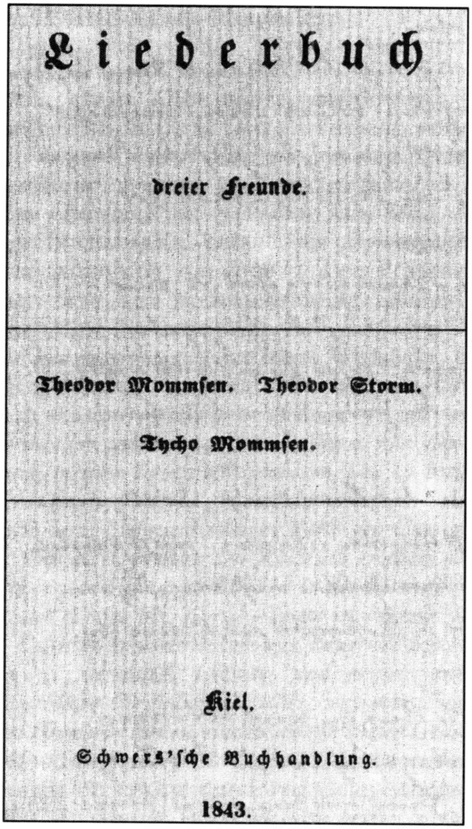

Liederbuch

dreier Freunde.

Theodor Mommsen. Theodor Storm.

Tycho Mommsen.

Kiel.

Schwers'sche Buchhandlung.

1843.

Theodor Mommsen

Theodor Storm

Tycho Mommsen

Die „Kieler-Clique“

Eines aber kann man mit Sicherheit sagen: Theodor Storm ist als Student nie dem „Corps Holsatia" beigetreten, wie in dem Buch „Kiel zu Fuß" behauptet wird (obwohl im 19. Jahrhundert der Anteil der Korporierten häufig mehr als die Hälfte der Studenten ausmachte und ihnen dementsprechend die Repräsentation der Studenten bei Universitätsfeiern, aber auch deren Vertretung gegenüber den Universitätsbehörden und den staatlichen Behörden überhaupt oblag. Bevor Ende der Weimarer Zeit die politischen Studentengruppen an Mitgliedern zunahmen, waren die studentischen Korporationen der einzige organisierte Teil der Studentenschaft).[107]

Hätte Ferdinand Tönnies Kenntnisse von den Studentenjahren seines Freundes gehabt, wäre er sicher weniger enthusiastisch in der Schilderung seiner studentischen Gegenwart gewesen. Aber auch Storm hält sich, bis auf die „Bierpredigt", mit Kritik zurück, hat er doch studierende Söhne, die, entsprechend dem Zeitgeist, ebenfalls ihr studentisches Dasein in vollen Zügen „genießen". Außerdem dürfte sein Urteil über das jugendliche Treiben mit dem Alter milder geworden sein.

Der Brief, den Ferdinand Tönnies im Juni 1872 an Theodor Storm schreibt, beginnt am 9. Juni und zieht sich bis zum 17. Juni hin. Er gibt nicht nur Einblicke in das Treiben der „Arminia auf dem Burgkeller", wie die Verbindung heißt, der Tönnies sich zugewandt hatte, sondern offenbart auch die tiefe Zuneigung, die der jungen Tönnies zu dem Dichter hegt:

„ [...] Wenn ich nun immer von mir und meinen Angelegenheiten gesprochen habe, so müssen Sie das nicht für ungut nehmen und es vielmehr als ein Zeichen ansehen, wie unendlich viel mir daran gelegen ist, daß Sie über mein Tun und Treiben und meine Gedanken unterrichtet sind, Sie, der Sie mir, damals dem halben Knaben, Freundschaftlichkeit und Liebenswürdigkeit entgegengetragen haben, der ich für meine Bildung so viel verdanke und für die ich Ihnen mein Leben lang dankbar sein werde. Ich wünsche nun von Herzen, daß Sie in diesem Sommer Körper und Geist durch eine schöne Reise erquicken mögen, um auch Ihre sonst so jugendliche Seele von dem Actenstaub, der etwa in der letzten Zeit daran haften geblieben ist, zu befreien und nun mit frischen poetischen Eindrücken sie zu tränken, die dann der Winter unserer Literatur zu gute kommen lassen muß. So denke ich und ich hoffe nun zunächst, daß Ihre kleine Gertrud im Laufe der Zeit, seit Sie mir schrieben, völlig wieder genesen ist und bitte, einen herzlichen Gruß an Ihre Frau und Kinder zu sagen; von den letzteren hoffe ich denn nun auch recht bald eine Photographie zu bekommen, Sie wollten damals einige nachbestellen. Es freut mich sehr, daß es Ernst gut geht; seine Verbindung habe ich von mehreren Leuten als aus sehr feinen und tüchtigen Leuten bestehend rühmen hören, ebenso den Erlanger Wels, in welchem Friedr. Caspers ist.[108] [...] Meine Photographie anbei! Ich bitte Sie nun Ihre Frau und Kinder herzlich zu grüßen! Wir sind mitten in den Festlichkeiten jetzt, viele Gäste. Ich trinke heut´ Abend eine Halbe auf Ihr Specielles. Dat et us woll gaa op unse ollen Dage!

In inniger Verehrung und Freundschaft Ihr F. Tönnies"[109]

Unschwer ist dem Briefe zu entnehmen, dass Tönnies mit Leib und Seele Verbindungsstudent geworden war. Bereits der Einzug in Jena zeugt von seiner Begeisterung:

„Um nach Jena zu kommen, mußte man noch in Apolda [Apolda ist heute die Kreisstadt des mittelthüringischen Landkreises Weimarer Land] aussteigen, um sich dann in den „Bummler", einen etwas gebrechlichen Omnibus, verladen zu lassen, der in etwa zweieinhalb Stunden uns, wenn meine Erinnerung richtig ist, durch das Johannistor [Stadttor von Jena] führte. Jedenfalls sah ich bald die roten Mützen und schwarz-rot-goldenen Bänder, die mich lockten. Es war ein schöner Sommerabend, dieser Tag meiner Ankunft."[110]

Ferdinand Tönnies 1872
als „Armine" in Jena

Bald schon sah man den „Fuchs" der Arminia beim Bummel um den Jenaer Fürstengraben. Noch aber musste eine weitere Person für den Wechsel nach Jena und vor allen Dingen für den Eintritt in eine „schlagende Verbindung" gewonnen werden: der Vater! Nachdem Storm bereits zugestimmt hatte, galt es nun, weitere Truppen zu sammeln. Eine gute Gelegenheit bot da der 21. Geburtstag des ältesten Bruders Johannes, der nach dem Besuch der Husumer Gelehrtenschule eine kaufmännische Lehre bei einer Hamburger Firma angetreten hatte. Ferdinand Tönnies schrieb seinem Bruder einen ausführlichen Geburtstagsbrief, in dem es heißt:

„Lieber Johannes,

Jena d. 13t. Mai 1872
5-6 Uhr

Noch gerade zur rechten Zeit fällt es mir ein, daß ja übermorgen Dein Geburtstag und weil es der zwei und zwanzigste ist, [tatsächlich war es der 21. Geburtstag – unter Brüdern nahm man es nicht so genau] ein wichtiger Tag für Dein Leben eintritt; ich wünsche

Dir von ganzem treuen Herzen Glück zu diesem Tag, wünsche Dir vor allen Dingen Gesundheit und guten Mut – der letztere wenigstens sollte Dir bei Deiner so höchst angenehmen Lebensstellung nicht abhanden kommen und gewiß, er macht eine bedeutende Seite für Deine, wie für eines jeden Wohlbefinden aus. Glück auf!
Es ist für mich wahrhaftig eine schwere Sache gewesen, aus Straßburg fort zu gehen, nicht als ob mich irgendwas dort noch festgehalten hätte, sondern weil ich mich der Moquanterie [Neigung andere zu beschämen, Spottsucht] aller meiner Bekannten in der Heimat im höchsten Maße dadurch ausgesetzt habe. Meine Gründe, weßhalb ich so schleunigst davon gegangen, wirst Du teilweise schon kennen oder wirst sie doch aus dem Briefe, den ich nach Husum geschickt und von dort auch Dir zukommen ließ, bald kennen lernen. In der Sache freut es mich außerordentlich, so rasch den entschiedenen richtigen Entschluß gefaßt zu haben, aber, wie ich auch schon unseren lieben Eltern schrieb, leid ist es mir, mit einer gewissen Arroganz stets mein Vorhaben, die neue Universität zu besuchen, hervorgehoben zu haben. Du hast auch zu den Besonnenen, Vernünftigen gehört, die mir von vornherein abrieten; ich habe auch Dich zu widerlegen gesucht, ich bitte auch Dich deßwegen um Verzeihung. Näheres ist aus meinem Brief nach Husum; wahrlich, ich bin es nunmehr auch schon übersatt, immer wieder darauf zurückzukommen; ich bin überzeugt, daß Du mich vollkommen verstehen, meinen Irrtum, so gut es geht, auch in Hamburg denen, die ich dort habe kennen gelernt, gegenüber, rechtfertigen, und womöglich mir recht bald Worte der Beruhigung, wieder schreiben wirst. Über das Straßburger Fest wirst Du genug in den Zeitungen gelesen haben; ich habe in einem kleinen Aufsatz meine Eindrücke wiederzugeben versucht, den ich vielleicht später in die Heimat senden, vielleicht aber auch als unnütz verbrennen werde [Letzteres hat Tönnies wohl gemacht, denn der Aufsatz tauchte nie auf]; Einzelheiten werde ich später noch in lieber Erinnerung unendlich genug erzählen können. Von hier aus werde ich höchst wahrscheinlich schon in den Sommerferien nach Hause kommen, da alle Bekannte dann Jena verlassen und ich hier im Ganzen eben so viel oder mehr Geld brauchen werde, als die Reise hin und zurück kostet und ich daneben im Falle daß ich reisen würde, die große Annehmlichkeit hätte, alle die lieben Angehörigen wiederzusehen, wonach man sich in meiner Jugend natürlich immerhin sehnt. In Straßburg werde ich übrigens allmählich in die fürchterlichste Hypochondrie verfallen sein, denn ich hatte dort während des ganzen Semesters keinen Umgang gefunden, der irgend anregend auf mich hätte wirken können, hätte durchaus keinen Anhalt, keine Befriedigung, nichts Anheimelndes, kurz gesagt, gefunden und das wäre bei meiner großen praktischen Unselbständigkeit so schlimm für mich gewesen, wie nur etwas sein kann.
Hier in dem heiteren, gemütlichen, lebensfrohen Jena ist das gerade umgekehrt. Der Kreis, in dem ich verkehre, die Burschenschaft der Arminen, besteht fast aus lauter geistig tüchtigen, regsamen Leuten, die einen immer in Stimmung erhalten, so daß einer seinen guten Humor wahrhaftig nicht leicht verliert. Ich bin auch bereits in diese Verbindung als Fuchs eingesprungen und fühle mich vollständig befriedigt. Man kommt freilich fast alle Abende 2-3 Stunden auf dem alten Burgkeller zusammen, es ist aber, was mir besonders gefällt,

durchaus kein forcirtes Trinken dort an der Sitte, sondern jeder trinkt, so viel ihm beliebt. Gute Lieder werden gesungen, ernste und humoristische Unterhaltung findet statt und es herrscht ein so starkes Bewußtsein der Einigkeit, wie es gewiß in einer Gesellschaft selten sich findet. Daß ich bereits eingetreten bin, teile ich Dir vorläufig noch im Vertrauen mit, da ich formell den Alten noch um Erlaubnis gefragt habe; ich hatte auch nicht die Absicht, seine, jedenfalls zustimmende Antwort (ich weiß, daß wenn ich früher meine Absicht, in eine Verbindung einzuspringen, aussprach, er nie etwas dagegen hatte) abzuwarten; da aber gerade eine sogenannte Antrittskneipe – für Eröffnung des Semesters stattfand, wollte ich an dieser gern in Couleur teilnehmen. – Ich habe täglich eine Fechtstunde, komme eben daher. – Wenn Du mir recht ausführlich antwortest, werde ich Dir, so denke ich, auch bald einmal wieder schreiben. Wann kommt Ihr, Du und Hugo M., nach Husum? Ich werde Anfang oder Mitte August zunächst eine kleine Reise durch den Thüringer Wald – zu Fuß, keine größere, da ich natürlich durch die Straßburger Episode heidenmäßig viel Geld verbraucht habe – machen und dann hoffentlich in die liebe Heimat die mich auslacht, doch das schadet nichts [...] Nochmals meinen herzlichen Glückwunsch und brüderlichen Gruß an Dich

Dein treuer Bruder Ferdinand Tönnies, st.ph.

Ehre, Freiheit, Vaterland! Ferdinand Tönnies, stud. phil. et theol.
Adr. Her. Seilermeister Artus Saalgasse Jena"[111]

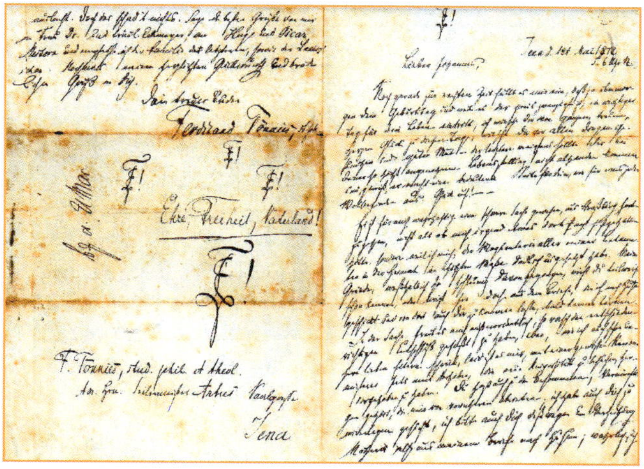
Ehre, Freiheit, Vaterland!
F. Tönnies, stud. phil. et theol.
Jena

Vorder- und Rückseite des Geburtstagsbriefes an den Bruder Johannes vom 13. Mai 1872. Interessant ist die Rückseite des Briefes. Tönnies hat, wie viele seiner Kommilitonen, mehrfach den so genannten „Zirkel" auf den Brief gemalt: Ehre (E), Freiheit (F), Vaterland (V). Aber auch der Nachtrag enthüllt etwas: Tönnies schreibt „stud. phil.", also: „Student der Philosophie. Aber dann kommt ein interessanter Zusatz: „et theol.", also: „und Theologie"

Tönnies hatte richtig kalkuliert, auch der Vater gab seinen Segen zum Wechsel nach Jena. Der Eintritt in die Verbindung allerdings wurde dem Familienoberhaupt erst später gebeichtet. Aber auch in diesem Fall gab er seine Absolution. Interessant ist der Antwortbrief an den Vater. Von der Verbindung ist darin allerdings (noch) nichts zu lesen:

„Mein lieber Papa,
wie sehr ich dir dankbar bin, daß Du in betreff meines Fortganges von Straßburg alles meiner eigenen Wahl überlassen hast, kann ich Dir gar nicht sagen. Es waren große, herrliche Tage, die ich dort noch verlebte. Ein großer Irrtum war es, daß ich im eigenen ersten Universitätssemester die neue Universität in ihrem ersten Semester besuchen wollte; es ist nicht allein die miserable Wohnung und die große Schwierigkeit, eine gute noch zu bekommen – wie schlimm das auch war – nicht dieses allein ist es gewesen, was mich vertrieben hat – auch sonst sind dort die Verhältnisse so unbeschreiblich unbehaglich und unheimlich, daß für einen Studenten, der nicht große Erfahrung besitzt, sich in schwierigen Verhältnissen zu bewegen. [...] Zweierlei nur ist mir leid dabei, daß ich dort gewesen und wieder fortgegangen bin: die üble Nachrede eines wankelmütigen, unkonsequenten Menschen, welcher ich eine Zeit lang bei Leuten haben werde, auf deren Urteil über mich ich etwas gebe: Ihr werdet das nicht so scharf sagen, aber gewiß manche der uns nahe stehenden Husumer – und mit einem gewissen Rechte. Eins aber möchte ich zu meiner Rechtfertigung so stark wie nur möglich hervorheben, daß nämlich von der grauen Stadt am Meer aus und nach Zeitungsberichten derartige Verhältnisse sich sehr wenig beurteilen lassen, ich selber habe mir die größten Illusionen gemacht und sehe mich enttäuscht, sowie ich einige Tage dort gewesen bin, was wirklich schwer dabei auf mir lastet ist dieses, daß ich in Husum stets meine Neigung nach Straßburg zu gehen, höchst begeistert begründet habe, daß ich die Einrede erfahrener, lebenskluger Männer, wie die Deinen, die vom Amtsrichter Storm, Simon Lorenzen – auch Keck riet mir ja ab – naseweis zu widerlegen gesucht habe; Euch alle bitte ich deswegen von ganzem Herzen um Verzeihung. Was das zweite ist, das mich drückt, wirst Du Dir schon denken können: der leidige Geldpunkt. Es war in Straßburg alles so coloßal teuer, ich war so coloßal unerfahren, die Umstände, in denen ich jene Tage dort lebte, waren so coloßal ungünstig.“[112]

Tönnies litt in der Tat unter akutem Geldmangel. Wohlweißlich verschwieg er dem Vater allerdings den wahren Grund für diese Misere, die keineswegs ausschließlich im „coloßal“ teuren Straßburg zu suchen war. Bereits auf der Hinfahrt hatte sich der unerfahrene junge Mann bei einem Aufenthalt in Frankfurt von Gaunern zu einem „Spielchen“ überreden lassen, das gemeinhin als „Gimmel- oder Kümmelblättchen“ bekannt ist.[113] Der Jungstudent musste diese Lektion mit einem „ganzen Bündel Talerscheine“ bezahlen, und natürlich schämte er sich, diese zusätzliche Niederlage einzugestehen. So war in Jena im ersten Semester des Studenten Tönnies „Schmalhans Küchenmeister“, bis der Vater das Loch stopfte und Tönnies, wieder mit Talerscheinen versehen, im Neubau des Seilers

Artus in der Saalgasse in Jena eine für Studenten stattliche Stube mit Kammer mieten konnte.[114]

Traditionsgemäß war das so genannte „Fuchssemester" größtenteils dem Vergnügen gewidmet. Es wäre aber wider die Natur von Tönnies gewesen, wenn die Kneipe seinem Studium im Wege gestanden hätte.

Die Burschenschaft „Arminia auf dem Burgkeller"
(Ferdinand Tönnies rechts neben der Fahne)

Tönnies hatte sich für das Sommersemester 1872 (sein erstes Semester überhaupt) sowohl in der philosophischen als auch in der theologischen Fakultät der 1558 gegründeten Alma Mater Jenensis, die sich erst seit 1934 „Friedrich-Schiller-Universität" nennt, immatrikulieren lassen[115], letzteres wohl nur aus einer gewissen Anhänglichkeit seinen Vorfahren mütterlicherseits gegenüber, denn zwei Aussagen stehen dem entgegen: „[...] ich hatte keine Neigung, die Theologie näher kennen zu lernen"[116] und „Für Theologie war ich negativ stark interessiert."[117] Das besagt, dass Tönnies sich primär mit den kritischen Schriften auseinander setzte; denn eine Eigenschaft hatte er sich bewahrt, er las nahezu ununterbrochen und nutzte – wohl als einziger Armine, obwohl diese dort abonniert waren – den Leseraum der Bibliothek.

Ferdinand Tönnies, der im ersten Jenaer Jahr bei dem Philosophen und Anhänger des Neukantianismus Kuno Fischer[118] „Logik und Metaphysik", bei dem Historiker Wilhelm Schmidt[119] „Geschichte der Französischen Revolution" und bei dem Sprachwissenschaftler

Berthold Delbrück[120] „Lateinische Grammatik" belegt hatte, also zunächst ein klassisches Philologiestudium absolvierte, fühlte sich in Jena bei seinen „Bundesgenossen", die ihn abwechselnd „Lütter", „Minimum" oder zuweilen auch „Martin Luther" riefen, sehr wohl. Die Semesterferien allerdings verbrachte Tönnies in Husum, so dass auch der persönliche Kontakt zu Storm nie abriss.

In der „Saalgasse" (heute Saalstraße) in Jena wohnte Ferdinand Tönnies beim Seiler Artus (die Hausnummer ist nicht bekannt)

Insgesamt verbrachte Tönnies die ersten drei Semester seines Studiums in Jena (SS 1872; WS 72/73; SS 73. Erst das Wintersemester 1874/75 wird ihn wieder an der Saale sehen), und ganz allmählich verschiebt sich sein Studieninteresse von der Philologie zur Philosophie. Er selbst kommt allerdings zu einem ganz eigenartigen Urteil:

„Mein Studium war von vornherein planlos. Gegen die klassischen Philologen war ich als Adepte Schmidts stark eingenommen. Neigung hatte ich für die Sprachwissenschaft und hörte bei Berthold Delbrück, mit dem ich viele Jahre später Freundschaft geschlossen habe. Auch hatte ich Logik und Metaphysik bei Kuno Fischer belegt, besuchte aber öfter (unberechtigt) seine Nachmittagsvorlesung über Geschichte der neueren Philosophie; auch nahm mich zuweilen Ludolph Weidemann in Karl Hases Kirchengeschichte, die dieser nach alter Weise im Auditorium seines Hauses las, in Anspruch."[121]

Berthold Delbrück
(1842-1922)

Kuno Fischer
(1824-1907)

Wilhelm Schmidt
(1812-1887)

Die von Tönnies beklagte „Planlosigkeit" seines Studiums drückte sich auch im häufigen Wechsel seines Studienortes aus. Nach Beendigung des Grundstudiums ging Tönnies 1873 von Jena nach Leipzig und von dort 1874 nach Bonn. Aber sobald seine Zeit es zuließ, fuhr er nach Husum ins elterliche Kavaliershaus zu den ihm vertrauten Gesichtern. Hier nun gibt ihm eines Tages Theodor Storms Bruder, der Arzt Dr. Aemil Storm, den Rat, seinen „einjährigen Dienst" so schnell wie möglich abzumachen. Dr. Storm war Hausarzt bei der Familie Tönnies und gerade Ferdinand Tönnies hatte eine besondere Beziehung zu dem Husumer Arzt, der seine Praxis in der Süderstraße in Husum hatte und seit 1859 mit Charlotte Esmarch, einer jüngeren Schwester Constanze Storms, verheiratet war.[122]

Der Arzt Dr. Aemil Storm, der jüngste Bruder Theodor Storms. Über ihn sagte Theodor Storm: „Wir beide bilden, uns gegenseitig ergänzend, doch die wesentlichste geistige und sittliche Kraft der Familie [...]"[123]

Diese besondere Beziehung rührte von einem Unfall her, den der zwölfjährige Pennäler nicht unverschuldet erlitten hatte. Tönnies hat in seinen „Lebenserinnerungen" selbst darüber berichtet:

„Am 18. Oktober 1867 fand die festliche Einweihung unseres neuen Schulgebäudes [gemeint ist die Gelehrtenschule in Husum] statt. Am Vorabend fand so etwas wie ein Kommers der ehemaligen Schüler statt, und die beiden Klassen Prima und Sekunda waren dazu geladen. Ich als neugebackener und zwölfjähriger Sekundaner erreichte durch Bitten von meinem Vater, daß ich teilnehmen durfte, worauf ich stolz war. Mir gegenüber saßen zwei reifere Primaner, und ich glaube, daß mein Vater, der selbst gegenwärtig war (obwohl kein alter Schüler), diesen einen Wink gegeben hatte, auf mich zu achten. Denn ich merkte bald, daß sie mich beobachteten, und es war ihnen wohl mein mutiges und heftiges Biertrinken aufgefallen. Sie gaben mir also einen Wink, ich solle zu ihnen hinüberkommen. Ich ging um den Tisch herum und stellte mich hinter ihnen auf, wollte über die hohe Banklehne klettern. Sie faßten mich an, um mich hinüberzuheben. Als sie mich hochgehoben hatten, bekam wohl mein Oberkörper das Übergewicht, und ich fiel von oben in ein Bierglas, das in viele Stücke zersprang und mir eine Wunde in der linken Augenbraue verursachte, die stark blutete. Mein Vater war bald zugegen mit seinem Jugendfreund Pastor [Harro] Feddersen von Drelsdorf [einem Schwager Theodor Storms] und mit dem trefflichen Dr. Aemil Storm. So wurde ich nach Hause geschafft, und Dr. Storm legte mir drei Nadeln in die Wunde. Man scherzte über meinen ersten „Schmiß"."[124]

Ferdinand Tönnies folgte dem Rat Dr. Storms und rückte im Oktober 1874 als „Einjährig-Freiwilliger" beim „Füsilier Bataillon im 94. Regiment Großherzog von Sachsen" in Jena ein.[125]

Der „Einjährig-Freiwillige"
Ferdinand Tönnies 1874

Schon bald wird Tönnies festgestellt haben, dass ihm der „bunte Rock" des Militärs nicht für die Dauer angemessen war und, obwohl er 1875 etatmäßig zum Gefreiten „avanciert", wird er im Sommer 1875 „zur Disposition", wie es in den Entlassungspapieren heißt, entlassen. Eingezogen hat man ihn nicht wieder.

Tönnies nahm nun verstärkt sein Studium wieder auf, allerdings nicht in Jena, sondern in Berlin. Das Wintersemester 1875/76 sieht ihn an der „Königlichen Friedrich Wilhelm Universität" und hier begegnet ihm die für seine Entwicklung wichtigste Persönlichkeit neben Theodor Storm: Friedrich Paulsen.

Obwohl der Altersunterschied von neun Jahren nicht so beträchtlich war wie der zu Storm, machte er sich doch in der Lebensklugheit des nordfriesischen Bauernsohnes aus Langenhorn bemerkbar. Der einzige Sohn des Bauern Paul Frerck Paulsen und dessen Ehefrau Christine, geb. Ketelsen, hatte zunächst in Erlangen Theologie studiert, wechselte aber nach drei Semestern zur Philosophie an die Universität Berlin. Hier schloss er das Studium mit einer Dissertation über „Aristoteles´ Ethik" bei dem aus Eutin gebürtigen Professor Friedrich Adolf Trendelenburg ab. Als Tönnies an die Berliner Universität kam, hatte sich Paulsen gerade 1875 mit einer historisch-epistemologischen Arbeit, die zu Kant führte, habilitiert und bot im Wintersemester 1875/76 als Privatdozent „Kants Kritik der reinen Vernunft" und die „Erkenntnislehre" als „Übungen" an. Tönnies belegte beides.[126]

Friedrich Paulsen[127]
(1846-1908)

Dabei war die erste Begegnung zwischen Tönnies, der stets die Nähe von „Landsleuten", sprich Schleswig-Holsteinern, suchte, und Paulsen gar nicht so beeindruckend. In Paulsens „Erinnerungen" heißt es:

„Als ich ihn [Tönnies] kennenlernte, war er ein schwächlicher und ziemlich kränklich aussehender junger Student. Mein erster Eindruck war nicht allzu günstig, aber nähere Bekanntschaft erwies ihn als einen ungewöhnlich begabten jungen Menschen mit vorwiegend geistigen Interessen. Die in jenen Stunden angeknüpfte Bekanntschaft, die übrigens bald zu anderweiter Begegnung im Hause und auf Spaziergängen führte, hat sich zu dauernder Freundschaft ausgewachsen.“ [128]

Unter dem Einfluss von Friedrich Paulsen verlagerte sich Tönnies´ Interesse mehr und mehr von der klassischen Philologie zur Philosophie. Auch die zeitweilige Hinwendung zur Archäologie dauerte nicht lange und, obwohl er seinem Lehrer seine Begeisterung für Friedrich Nietzsche, dessen „Geburt der Tragödie aus dem Geiste der Musik“ er bereits 1872 gelesen hatte, ebenso wenig „gestehen“ mochte wie seine Nähe zu Arthur Schopenhauer, vertiefte sich Tönnies, der wenig mit seinen Kräften hauszuhalten wusste, mit Begeisterung in die Kant-Studien.

Ferdinand Tönnies, der, den Berliner Sommer fürchtend, sein Studium in Kiel fortsetzte, berichtete seinem Freunde Paulsen regelmäßig über den Fortgang seines Studiums, aber auch über seine Freundschaft mit Theodor Storm. In einem Brief an Paulsen vom Januar 1878 heißt es am Schluss:

„Ihrer Frau Gemahlin darf ich das Geheimnis anvertrauen, daß Th. Storm eben an einem sehr interessanten Stoff aus dem 17ten Jahrhundert arbeitet, der auch auf Ihre Teilnahme rechnen kann.“[129]

Tatsächlich hatte Theodor Storm die Angewohnheit beibehalten, mit seinem „Hausbuch-Korrektor“ auch weiterhin den ihn bewegenden Stoff zu diskutieren, und zwar sowohl persönlich bei Spaziergängen als auch in den zahlreichen Briefen, die die beiden Freunde wechselten. Über seine „Renate“, dem Stoff aus dem 17ten Jahrhundert, schrieb Storm im April 1878 an Tönnies:

„Meine Renate“ fährt fort allerlei Urteil zu erfahren. Uebrigens nennt die große Londoner „The Academie“ (Literaturzeitung) sie ein true work of art (wobei sie sehr seltsam die German love darin hervorhebt) und Heyse[130] schreibt mir dieser Tage aus Rom: „Ich habe Deine Renate gelesen, mit großer Bewunderung Deiner Kunst und der wundersamen Welt, die sie von den Toten auferweckt. Doch ein paar Stimmen contra, Cornils, der mit Pathos deklamierte (Sie kennen seinen Ton dabei)

„Renate, hast Du uns nur skizzirt;
Wir wollen ein ganzes Bildniß!
Der arme Pastorsohn verliert
Sich in theologische Wildniß!“

Nun - transeat cum ceteris! [Mag es mit den übrigen [Werken] untergehen!][131] Von den Ihren weiß ich so viel, daß dort Alles gut steht, u. daß Ernst eben zur Eisenbahn ist, um Wilhelm abzuholen. Sehen Sie Erich Schmidt, so grüßen Sie ihn herzlich.
Ihr alter Th. Storm.“[132]

Später, in seinen „Gedenkblättern", wird sich Tönnies insbesondere an die langen Spaziergänge mit Storm erinnern:

„In den folgenden Jahren, bis Storm mit seiner Familie 1880 nach Hademarschen übersiedelte, habe ich dann nur während der Studentenferien, und auch nach der Studentenzeit, wenn ich vorübergehend im elterlichen Hause verweilte, mit dem Dichter in Verkehr gestanden [...] Ich erlebte das Wiedererwachen seiner Schaffenskraft, dem wir die lange Reihe von Prosadichtungen verdanken, die seine Tochter aufzählt. Über mehrere davon und ihre Entstehung hat er mir in Gesprächen Aufschluß gegeben. Manchmal bin ich im alten Schloßgarten mit ihm gewandelt; manchmal habe ich ihn in dem stillen Poetenstübchen tätig gefunden, das er in Hademarschen mit einem geräumigeren, aber trotz der schönen Aussicht ins holsteinische Land nicht so traulich vertauschte. Im Schloßgarten erzählte er mir – ich war damals etwa 20jährig – von einem Besuche bei seinem Schwager, dem Pastor Feddersen[133] in Drelsdorf, einem nordfriesischen Kirchdorf, etwa 16 km nördlich von Husum. Die Inschrift auf dem Bilde des toten Knaben, *Incuria servi aquis submersus*, (durch Schuld des Knechtes ertrunken) in der Kirche dünkte ihm grausam und hart. Wir sprachen lange über das Recht oder Unrecht, solche Schuld zu verewigen. Storm glaubte daraus den Zorn eines cholerischen, über den Sünden seiner Mitmenschen fluchenden Pfarrers aus dem 17. Jahrhundert zu vernehmen. So entsprang in ihm der Gedanke, die erste seiner Chroniknovellen zu schreiben, die ihm vielen ermutigenden Beifall eintrug, und auch heute noch ihres tiefen Eindrucks gewiß ist."[134]

Der „Bonnix-Epitaph" in der Kirche zu Drelsdorf März 2008

Das Jahr 1877 stellte sowohl für Ferdinand Tönnies als auch für Theodor Storm in gewisser Hinsicht eine Zäsur dar. Storm, der auf einer Reise nach Würzburg den schon genannten damals 24jährigen Literaturprofessor Erich Schmidt kennen und schätzen lernte, erfährt, dass sein ältester Sohn, das „Sorgenkind" Hans, endlich nach 23 Semestern das Examen bestanden hat. An seinen Freund Georg Lorenzen schreibt er im Juli 1877:

„ [...] mein böser Bube Hans ist mit seinem Staatsexamen fertig u. hat schon ein festes Engagement [...] So geh ich denn dies Mal viel leichter in die Ferien, als mir seit manchem Jahr vergönnt war."[135]

Auch Ferdinand Tönnies schloss sein Studium ab. Nachdem er 1876 von Kiel wieder nach Berlin gegangen war, reichte Tönnies 1877 unter dem sanften Druck von Friedrich Paulsen in Tübingen nach 10 Semestern bei seinem „Doktorvater" Ludwig Schwabe die in lateinischer Sprache abgefasste klassisch-philologische Dissertation „De Jove Ammone quaestionum specimen" ein und erhielt die Note „bene", also „gut". Damit hatte Ferdinand Tönnies mit knapp 22 Jahren die erste konventionelle Phase seines Studiums erfolgreich abgeschlossen. Sie brachte allerdings für den jungen Akademiker keine spezifischen Anregungen, die ihm für die spätere Hauptrichtung seines Denkens erkennbare Impulse gegeben hätten. Mit überraschend klaren Worten kennzeichnete Tönnies seine Situation:

Mit knapp 22 Jahren Dr. phil. mit einer Dissertation über den „Gott Jupiter Ammon"
Ferdinand Tönnies 1877

„Meine Jugend – ich war als Dr. phil. noch unter 22 – schützte mich wohl davor, mein ganzes bisheriges Studium als verfehlt, meine Zeit als verloren zu schätzen."[136]

Diese Selbstreflektion führte dazu, dass Tönnies seinen Studien eine andere Richtung gab. Sein wissenschaftlicher Sinn hatte sich vom Altertum dem gegenwärtigen Zeitalter zugewandt. Die großen sozialen, politischen und philosophischen Probleme bemächtigten sich unwiderstehlich seines Gemütes. Daher stand sein Entschluss fest, das philologische Studium „an den Nagel zu hängen" und mit allem Ernst das philosophische Studium, mit besonderer Richtung auf die ökonomischen und sozialwissenschaftlichen Belange, aufzunehmen.

Auch das Studienziel wurde nun schärfer ins Auge gefasst. Nicht der „Gymnasiallehrer", der zeitweilig unter Paulsens Einfluss erwogen wurde, sondern die Universitätskarriere war das erklärte Ziel. In einem Brief an Paulsen vom November 1877 heißt es u.a.:

„Sie hatten gewiß recht, dieselbe [gemeint ist die Universitätskarriere] als dornig zu bezeichnen; ob ich dennoch wagen kann, den Weg zu betreten? Mein Vater sagt: ja, d.h. er kann und will mich auf unbestimmte Zeit auf seine Kosten erhalten; und da er erst 55 Jahre alt, kräftig und gesund ist, darf ich hoffen, daß wir uns noch lange seines Daseins erfreuen werden. Wie groß einmal mein Erbteil sein wird, kann mein Vater wohl selbst nicht beurteilen; wir sind 7 Geschwister, doch beerben wir außerdem je zu einem Dreizehnten einen wohlhabenden Oheim, so daß ich wohl auf eine Rente rechnen kann, die, wenn etwa ein kleiner literarischer Nebenverdienst hinzukäme, genügen würde, mich als Garçon anständig leben zu lassen; die Gründung eines eigenen Herdes muss ich dann natürlich von dem guten Erfolg meiner Reise ins unbekannte Land abhängig machen [...] ich gedenke neben gründlichem Studium der wichtigen Philosophen hauptsächlich den Staatswissenschaften mich zu widmen, soweit dazu erforderlich also auch in der Jurisprudenz mich umzusehen; jedoch in der Absicht, mich für „Philosophie" zu habilitieren [...] ich habe mich nun zunächst, infolge Ihrer früheren Anregungen, an Hobbes herangemacht."[137]

Tönnies, der das autodidaktische Studium dem förmlichen Studium an einer Universität vorzog (was er später als Fehler erkannte, denn er unterschätzte den Wert, den der Anschluss an angesehene akademische Lehrer und den ihrer Würdigung bedeutet), hatte sich für den Winter 1877/78 nach Husum begeben, um im Elternhaus seine Studien fortzusetzen. Hier im vertrauten Kreise mit seinem Freund Theodor Storm und dessen Sohn Ernst, der als Referendar ebenfalls bei seinen Eltern lebte, fand Tönnies die Ruhe, die er zum Selbststudium brauchte. Und obwohl Tönnies eifrig mit dem Studium des Hobbes begann (zur Hand waren „De Cive", „Leviathan" und „The moral and political works") und auch das Studium der Nationalökonomie forcierte und „Wealth of Nations" von Adam Smith (1725-1790) im Original las, blieb Zeit übrig, mit einem kleinen Zirkel junger Leute, zu denen auch Ernst Storm gehörte, im Husumer Nachbarort Mildstedt ein „solides Whistspiel zu absolvieren".[138]

Um sich zu disziplinieren, behielt Tönnies die Aufteilung des Jahres in Semestern auch in seinem Privatstudium bei. Im Sommersemester 1878 setzte Tönnies seine intensiven Studien in Husum fort. Er las David Ricardo (1772-1823), Johann Karl Rodbertus (1805-1875), Wilhelm Roscher (1817-1894), James Mill (1773-1836) und den damals noch einzigen ersten Band „Das Kapital" von Karl Marx (1818-1883). Er habe von den grundlegenden Kapiteln damals nicht viel verstanden, bekennt er später, „aber", so fügte er hinzu, „die starken Seiten des Werkes und seine Diktion erfüllten mich mit Staunen".[139]

Die Mußestunden aber nutzte Tönnies für ausgedehnte Spaziergänge mit seinem väterlichen Freunde Theodor Storm. In Tönnies' Gedenkblättern findet man so manche Entstehungsgeschichte Stormscher Werke und, obwohl nicht datiert, spiegeln sie fast immer den Gemütszustand des Dichters wider:

„Mehrere andere seiner Meisterstücke sind damals entstanden. Den Schlüssel zu seiner erhöhten dichterischen Fähigkeit gibt uns das früheste: Viola tricolor, die poetisch umgestaltete Befreiung von dem Banne, den der Verlust seiner Konstanze, der Mutter seiner Kinder, auf seine Seele gelegt hatte.[140] Wenn ich nicht irre, war es die Freude an der Anmut des Kindes, das ihm Frau Do geboren hatte, – er hatte die Kleine damals oft um sich, die frühes Interesse für Bücher kundgab, und durch drollige Fragen und Antworten ihn ergötzte – was ihm seine zweite Ehe und damit sein Leben neu vergoldete. Dies trotz der immer neuen Sorge um den ältesten Sohn, den begabten, aber an heilloser Willensschwäche leidenden Hans. Storm war eine elastische Natur. Seine Freunde bewunderten oft, wie rasch er seinen schweren Kummer abzuschütteln wußte. Dazu half ihm seine

Muse und die Arbeit mit ihr. Berühmt geworden ist in späterer Zeit die anspruchslose Kindererzählung „Pole Poppenspäler"[141], dank einem Jugendschriftenverein und der verdienstvollen Tätigkeit Heinrich Wolgasts[142] für Verbesserung der Jugendliteratur. Das Wort, das Storm damals an Julius Lohmeyer schrieb, sprach er auch mir aus, als er die Arbeit kaum begonnen hatte: „Wenn ich für die Jugend schreiben soll, so muß ich nicht für die Jugend schreiben." Und er schrieb es mit innerem Vergnügen, wenngleich er wegen der Geringfügigkeit des Beitrages meinte um Entschuldigung bitten zu müssen. Er hatte ein Herz voll von Liebe und Verständnis für die Kinderseele. – Eines Abends – es war noch in Husum und im Poetenstübchen – klagte mir Storm über seine Schlaflosigkeit und über nervöse Störungen im Gehörsorgan. Immer sei ihm, als ob man ihm etwas zuflüstern wolle. Sollte man denken können, daß geliebte Verstorbene von irgendwoher aus dem Unraume zu uns sprechen möchten? Ich war damals von aufgeschlossener Erkenntnis der Idealität von Raum und Zeit ergriffen und knüpfte, indem ich mich darüber ausließ, die Bemerkung daran, auch das Zukünftige sei ja ebenso wirklich wie das Vergangene, und ein Gegenwärtiges gebe es nicht. Er gab seine Verwunderung über diese Ansicht zu erkennen. Ich möchte glauben, daß der Dichter noch am selbigen Abend, nachdem ich ihn verlassen, die Verse niedergeschrieben hat:

Es ist ein Flüstern in der Nacht
Es hat mich ganz um den Schlaf gebracht
Ich fühls, es will sich was verkünden
Und kann den Weg nicht zu mir finden.

Sind´s Liebesworte, vertrauet dem Wind,
Die unterwegs verwehet sind?
Oder ist´s Unheil aus künftigen Tagen,
Das emsig drängt sich anzusagen?

Denn eben dieses Ansagen, daß die Zukunft ihre Schatten vorauswerfe, und ob dergleichen möglich sei, hatten wir dann lange erörtert. Auch sonst sprach Storm gern mit mir über geheimnisvolle Dinge. Storm war durchaus ein Freidenker und stand grundsätzlich auf dem Boden wissenschaftlicher Erkenntnis. Aber das Geister- und Gespensterwesen, der Spuk und Aberglaube hatte nicht nur seinen poetischen Reiz für ihn, dessen er sich voll bewußt war. Er neigte auch der Ansicht zu, daß es noch unerkannte Kräfte der menschlichen Seele gebe, die hin und wieder in solchen Geschichten und Einbildungen ihr verborgenes Dasein offenbaren möchten; er sprach mir oft die Erwartung aus, daß „die Wissenschaft" noch einmal dahinter kommen müsse. (Wirklich hat seitdem die Erkenntnis des Nerven- und Seelenlebens große Vermehrung erfahren.) – Ich war auch an dem Abend in Storms Gesellschaft, den das von Brahms so schön in Musik gesetzte Gedicht „Begrabe nur dein Liebstes" verewigt hat. Und ich erinnere mich, wie in dem lebhaften Gespräch – „So jüngst im Kreis der Freunde war es, wo Hinreißend Wort zu lauter Rede schwoll. Und nicht der Stillsten einer war sich selbst" –, das sich wohl auf politische Dinge bezog, der Dichter plötzlich schwieg und in seinen Sessel zurücksank, die Augen fast in Verzückung emporgerichtet. Es war nur ein Augenblick – „Aus weiter Ferne hört ich eine Stille: und einer Stimme Laut, wie mühsam zu mir ringend [...]"[143]

Begrabe nur dein Liebstes! Dennoch gilt´s
Nun weiterleben; – und im Drang des Tages,
Dein Ich behauptend, stehst bald wieder du.
So jüngst im Kreis der Freunde war es, wo
Hinreißend Wort zu lauter Rede schwoll;
Und nicht der Stillsten einer war ich selbst.
Der Wein schoß Perlen im kristallnen Glas,
Und in den Schläfen hämmerte das Blut;
Da plötzlich in dem hellen Tosen hört ich
Nicht Täuschung war´s, doch wunderbar zu sagen,
Aus weiter Ferne hört ich eine Stille;
Und einer Stimme Laut, wie mühsam zu mir ringend,
Sprach todesmüd, doch süß, daß ich erbebte:
„Was lärmst du so, und weißt doch, daß ich schlafe!“[144]

Ferdinand Tönnies hatte sich 1878 entschlossen, seine von Paulsen angeregten „Hobbes-Studien“ in England zu vertiefen. Kurz nach Tönnies´ Abreise nutzte Paulsen den Besuch seiner Eltern in Langenhorn für einen Abstecher nach Husum. Hier kam es zu einer von Tönnies vermittelten Begegnung Paulsens mit dem Husumer Dichter, von der Paulsen begeistert in einem Brief an Tönnies berichtete:

„Liebster Tönnies!
Den ersten Regentag an unserem neuen Aufenthaltsorte benutze ich, um Briefschulden zu tilgen. Ich zähle Sie unter meine Gläubiger. Sie haben uns in Husum [einen] so schönen Empfang bereitet, daß wir den dort verbrachten Tag dauernd in liebem Andenken halten werden. Von Ihrem Elternhaus gingen wir am Nachmittag zu Storm; er nahm uns freundlich auf, wir saßen wohl eine Stunde plaudernd oben in seinem kleinen heimlichen Stübchen. Der Mann erfüllt alle Erwartungen, die der Schriftsteller erregt hatte, ein seltener Fall. Wie klar und sinnig sehen seine hellen blauen Augen in die Welt hinaus. Wie sicher und klar klingt die freundliche Rede! Ich freue mich, daß mein Menschheitsbild um diese typische Erscheinung bereichert ist. Wir sahen ihn nochmals am Abend, wo Ihre Eltern so freundlich gewesen waren, uns zusammenzuführen. Ich glaube nicht, daß ich viel Gescheites zu ihm gesagt habe, es geht mir meist so, wenn ich es wünsche; aber es kränkt mich nicht, wenn ich denke, daß er die Empfindung gehabt hat, daß uns in seiner Gesellschaft sehr wohl gewesen sei, besonders auf seinem Arbeitszimmer. Am Abend sang uns Ihre Schwester einige Lieder, mit herrlich reiner, leichter Stimme und mit tiefem Ausdruck. Bitte, sagen Sie allen, die gegen uns so freundlich gewesen sind, unseren herzlichsten Dank!“[145]

Ferdinand Tönnies antwortete aus London:

„Herzlichen Dank für Ihren Brief. Es freut mich, daß Sie einen angenehmen Eindruck von Husum mitgenommen haben [...] Sie haben Recht, Theodor Storm ist eine überaus erfreuliche Erscheinung; ist eben nicht bloß Poet mit der Feder, sondern seine ganze Seele ist von einem milden Abendsonnenschein beglänzt. Ich zweifle immer, ob solche Menschen in der plumpen und lärmenden Öffentlichkeit des heutigen (und wohl für lange zukünftigen) Lebens noch werden entstehen können."[146]

Der eingedenk des „Straßburger-Chaos" sorgfältig vorbereitete Ausflug in die große Welt wurde von Tönnies´ Mutter als nicht mehr ganz so aufregend empfunden, da ihr Sohn keine sechzehn Jahre mehr war und außerdem bei seinem Bruder in London wohnen konnte, also in der Weltstadt nicht allein sein würde.

Leseraum des „British-Museums". Hier saßen Ferdinand Tönnies und Karl Marx in ihre Studien vertieft

Gert Cornils Johannes Tönnies (1851-1928), der älteste Bruder von Ferdinand Tönnies, arbeitete von 1874 bis 1883 nach dem Besuch der Husumer Gelehrtenschule und einer kaufmännischen Lehre bei einer Hamburger Firma und Ableistung seiner Dienstpflicht im Husarenregiment Nr. 16 in Schleswig anfangs als Korrespondent, später als Leiter des Korrespondenzbüros in London bei der Firma „Kleinwort Cohen u. Co". Ferdinand Tönnies hatte von seinen Eltern die Erlaubnis erhalten, zum einen den „City Gentleman" in London zu besuchen und zum anderen in der Bibliothek des „British Museum" Quellenstudien zu betreiben.

Im Übrigen hatte er seinem Onkel, dem Ratmann Adolf Theodor Thomsen aus Oldenswort, versprechen müssen, sich im „British Museum" nicht ablenken zu lassen und auf keinen Fall die Bekanntschaft des im Londoner Exil lebenden Karl Marx zu suchen. (Der Onkel hätte beruhigt sein können, denn es war bestenfalls der nationalökonomische Denker und nicht der Parteimann des „Kommunistischen Manifestes", der Eindruck auf Tönnies gemacht hatte).

Mit einem kleinen Frachter ging die Fahrt vom Tönninger Hafen an der Eidermündung zur Themsestadt, dem Zentrum des Empire und der Weltwirtschaft. War der erste Eindruck auch überwältigend, so fällt sein Bericht darüber doch sehr nüchtern aus und sein waches Auge entdeckt auch anderes:

„Hier ist es ganz interessant zu leben, manches macht einem Freude, manches ärgert, anderes betrübt einen. Im ganzen ist aber London wie jede große Stadt, nur eben noch größer und geräuschvoller [...] halb mit Ingrimm, halb mit mitleidiger Wehmut sehe ich immer des Morgens von erhabener Omnibusbank auf die kleinen schmutzigen Knaben herab, welche stumpfsinnig geschäftig, in beständiger Gefahr von den rasselnden Wagen zermalmt zu werden, den Pferdedünger aufschaufeln."[147]

Tönnies, der sich ca. zehn Wochen in England aufhalten sollte, nahm unverzüglich im „Reading-Room des British-Museum" die Arbeit auf. Nur wenige Plätze von ihm entfernt saß Karl Marx – in seine Studien vertieft. Aber Tönnies hielt sein Versprechen, er sprach ihn nicht an.

Gleich in den ersten Wochen machte Tönnies, dem eine Empfehlung an Sir Maunde Thompson, dem „Keeper of Manuscripts", den Zugang zu den reichen Handschriftensammlungen des Museums öffnete, zwei wichtige Entdeckungen. In den Hobbes-Beständen, die seit Sir William Molesworth[148] kaum jemand angesehen hatte (und dieser war ohne philologische Schulung), fand Tönnies die erhaltenen Handschriften der „Elements of law natural and politic" (1640), ein bis dahin nur aus zwei 1650 erschienenen Nachdrucken mit den Titeln „Human Nature" und „De Corpore Politico" bekanntes Buch, die früheste Fassung der Staatslehre des Hobbes enthaltend, und den bis dahin völlig unbekannten frühesten Traktat des Hobbes, den er „Short tract of first principles" nannte und auf etwa zehn Jahre früher als die „Elements" datieren (dies sollte wesentlich zur Klärung des Verhältnisses von Thomes Hobbes (1588-1679) und René Descartes (1596-1650) beitragen). Weitere Suche brachte im St. John´s College in Oxford die Originalhandschrift des in Titel und Text der ersten Publikation (1682) zeitgeschichtlichen Kommentars „Behemoth, or the long Parliament" ans Licht.

Thomas Hobbes (1588-1679)
der „Weise von Malmesbury"

Mit diesen Funden trug Ferdinand Tönnies sich nachhaltig in die Annalen der Philosophiegeschichte ein. An Paulsen schrieb er voller Ironie:

„Es ist schade. Wäre Hobbes so berühmt, wie z.B. Bacon, welches Aufsehen, ja welches „Geschäft" könnte ich damit machen! Freilich dann wäre solche Entdeckung weniger wahrscheinlich."[149]

Aber auch das kulturelle Programm wurde in England nicht vernachlässigt. Der Besuch von Johannes Heller (1851-1880), dem Sohn eines Pfarrers aus Travemünde, wurde genutzt, gemeinsam mit dem Bruder Johannes Tönnies eine Fahrt zum dreizehn Meilen südwestlich von London gelegenen Schloss „Hampton Court" zu unternehmen. Die ehemalige königliche Residenz des Tudors Heinrich VIII. machte keinen großen Eindruck auf Ferdinand Tönnies, der der Monarchie durchaus kritisch gegenüberstand:

„Meine Meinung ist dadurch befestigt: Der Monarchismus hat ausgespielt, er mag an sich wert sein, was er will, jetzt klebt er nur mit allen halbtoten fratzenhaften Institutionen zusammen, und zusammen mit jenen wird man ihn begraben müssen. Die Demokratie mag an sich wert sein, was sie will, sie ist die einzig mögliche Regierung für einen künftigen Kulturstaat. Wenn man sich in den Kampf begibt für die Demokratie, so ist man nicht mehr Rebell, als der Logos gebietet, daß man es sei [...] Monarchisten sind die Revolutionäre zu Gunsten des Alten, Demokraten zu Gunsten des Neuen. Und das Neue wird geschehen; auf die Morgendämmerung folgt der Tag und nicht die Nacht. Praktisch gesprochen: Die politische Aufgabe der kommenden Zeit – und die Sozial-Demokraten haben (wie fast immer) recht, ohne diese läßt keine soziale [Aufgabe] sich lösen – ist dies: die Monarchisten zu veranlassen, auf ihre „Souveränitätsrechte" gutwillig, aber völlig zu verzichten. Mit der nötigen Energie wäre das schon 1848 ohne Blutvergießen möglich gewesen."[150]

Zu diesem Brief an Paulsen sei angemerkt, dass Paulsen Tönnies´ Kritik an der Monarchie nicht teilte. In seinem Antwortbrief schreibt dieser: „Der Wegfall des Königtums würde uns jetzt vor ungeheure und fast unüberwindliche Schwierigkeiten stellen".[151]

Da Ferdinand Tönnies vermutete, dass noch unentdeckte Handschriften auf dem Landsitz des Grafen von Devonshire „Hardwick Hall" (Derbyshire) – trotz der Suche des Sir W. Molesworth – vorhanden sein könnten (Thomas Hobbes, der 1655 nach England zurückgekehrt war, lebte bis zu seinem Tode auf dem Landsitz des Grafen von Devonshire), fuhr er nach Oxford, um mit Hilfe von Friedrich Max Müller Kontakt mit dem Grafen aufzunehmen.[152]

Für einen Engländer bietet sich die Gelegenheit weit leichter, zu den ungedruckten Quellen zu gelangen als für einen ausländischen Gelehrten. In den wichtigsten Bibliotheken des Inselreichs war Tönnies zwar sehr bald heimisch, was ihm aber noch fehlte, war Einsichtnahme in die im Privatbesitz befindlichen Akten, besonders in die „Hardwick Papers". Da ist es der berühmte Sprachforscher Professor Max Müller in Oxford gewesen, der dem jungen Landsmann seine Hilfe anbot. Da Müller im August 1878 in Whitby weilte, konnte der Kontakt nur brieflich hergestellt werden. Auf eine entsprechende Anfrage erhielt Tönnies folgenden Brief von Müller:

„Verehrter Herr Doctor, Whitby, 7 Esk Terrace, 27. Aug. 78
Ihre Arbeit interessiert mich sehr. Hobbes ist einer der klarsten Denker, die ich kenne. Man lernt von ihm, auch wo man ihm entgegensteht. Eine Darstellung seines Systems wäre gewiß, namentlich jetzt, für Deutschland sehr zeitgemäß. Was sein Leben betrifft, so bezweifle ich, ob Sie nach Molesworth Neues finden werden. Ich erinnere mich nicht genau, aber ich glaube, er hatte Zutritt zu den Devonshire Archives. Ich wüßte kaum, wo noch viel Neues zu erwarten wäre, und das wahre Interesse des Mannes liegt ja nicht in seinem äußeren Leben, wo er oft in einer schiefen Stellung war, sondern in seinem inneren Leben. Dazu kommt, daß die Schwierigkeiten zu Familien-Archiven Zutritt zu erhalten, meist groß sind. Es wird dabei viel Zeit vergeudet – und was für Ergebnisse haben Sie zu erwarten? Dies nur im allgemeinen. Haben Sie ganz bestimmte biographische Nachforschungen vor und haben Sie viel Zeit übrig, so will ich sehn, was sich tun läßt. Ich kenne den Duke of Devonshire nicht persönlich und müsste erst durch zweite Hand mich an ihn wenden. Er ist jetzt wahrscheinlich in Schottland, sein Archiv auf einem seiner Landsitze. Schließlich kommt bei solcher Anfrage meist die Antwort, man könne nichts tun, ehe man selbst an Ort und Stelle sei. Überlegen Sie das alles, und wenn Sie schon Entschluß gefasst, schreiben Sie mir eine Zeile, und ich will dann sehr gern, sowohl um Storms willen als um Hobbes willen, alles tun, was ich tun kann. Nur darf ich Ihnen keine zu großen Hoffnungen machen. Sehn Sie doch auf der Bodleiana nach [die „Bodleiana" ist die Bibliothek der Universität Oxford und mit mehr als sechs Millionen Bänden die zweitgrößte Englands], dann auch auf dem British Museum. Möglicherweise ist in Cambridge etwas zu finden. Hobbes ist zwar nicht populär in England, aber alle philosophischen und politischen Köpfe kennen ihn und verehren ihn. Es tut mir leid, Sie in Oxford verfehlt zu haben. Bitte grüßen

Sie Th. Storm recht herzlich von mir. Es war ein grauer Tag in Husum, ich habe seitdem noch grauere erlebt, aber in der Erinnerung lebt der Tag in Husum wie heller, warmer Sonnenschein. Hochachtungsvoll ergebenst F. Max Müller."[153]

Müller stellte einen Kontakt mit dem Sekretär des Herzogs von Devonshire, einem Mr. J. G. Cottingham, her, der seinerseits mit britischem Understatement mitteilte, es wären „very few papers" in Hardwick.

Aber Tönnies ließ sich nicht entmutigen, und der Erfolg gab ihm Recht. Als wichtigstes Ergebnis seiner Forschung auf Hardwick konnte Tönnies die erfolgreiche Zuhilfenahme einer Abschrift der „Elements of Law" von Hobbes ansehen, die ihm den korrekten Neudruck des nur in ungenügenden und nicht einmal zusammenhängenden Ausgaben des berühmten Werkes ermöglichte. Es gab verschiedene Abschriften, die Tönnies mit den mangelhaften Drucken verglich, die sich aus dem 17. Jh., dem 18. und dem 19. Jh. vorfanden, und schließlich konnte festgestellt werden, dass unter dem Titel „Human Nature" veröffentlichte Buch mit dem Abriss „De Corpore Politico" zusammengehörte, was Sir William Molesworth nicht erkannt hatte, und dass diese Stücke eben den „little treatise" ausmachten, den Hobbes im Jahre 1640 verfasst und verschiedenen Kavalieren zur Einsicht „upon the power and rigths of souvereignty" unterbreitet hatte. Tönnies prüfte vier im British Museum aufbewahrte Abschriften und verglich sie mit der in den Hardwick Papers vorhandenen. Diese stammen aus Hobbes´ eigenem Besitz und weisen Züge der Entstehung und Entwicklung des Werkes auf. Die Abweichungen waren in den Anmerkungen sorgfältig berücksichtigt worden, so dass es eine kritische Ausgabe allerersten Ranges war.

Man hätte jetzt vermuten können, Tönnies hätte sich ohne zu Zögern an eine gründliche Auswertung der gefundenen Schätze gemacht, um womöglich eine Monographie über den Philosophen von Malmsbury zu veröffentlichen. Sein Vorsprung gegenüber späteren „Hobbes-Forschern" wäre beträchtlich gewesen. Aber nichts dergleichen geschah. Es scheint ein merkwürdiger Zug seines Charakters zu sein, dass er wie in seinen Studienjahren seinen umfassenden und immer wachen Interessen nachzugehen, um den unersättlichen Hunger nach vertieften Kenntnissen und gründlicherem Verstehen zu stillen. Unter dieser Ausschließlichkeit war jeder Plan, eine bestimmte Arbeit zu Ende zu führen, in Gefahr, nicht vollendet zu werden. War das Ende erreicht, wenn er seinen Besitz gesichert hatte? Wollte er nur verstehen, wollte er nicht erklären? Wollte er nicht nach außen wirken? Was immer die Erklärung ist, so scheint eines der Elemente seines Verhaltens eine gewisse Gleichgültigkeit gegenüber äußeren Dingen gewesen zu sein als Folge einer selten tiefen Innerlichkeit. Geltungsbedürfnis stachelte ihn nicht an. Dazu kam eine Schüchternheit, sich vorzudrängeln, der sein Selbstvertrauen erst allmählich die Waage hielt, als er seiner Leistung sicherer wurde. Später wird er schreiben:

„Ich habe es als einen der vielen Fehler meines Lebens erkannt, daß ich damals nicht 1. unter kundiger Leitung nach einem Verleger für diese Schriften mich umsah; und 2. daß ich nicht sogleich mich daran machte, eine Monographie über den Philosophen von Malmesbury zu verfassen und womöglich noch auf englischem Boden fertigzustellen; neues Material hatte ich in Fülle. Aber teils fehlte mir hier, wie später allzu oft, das Selbstvertrauen, teils bewegten mich andere Sorgen und Pläne"[154]

Tönnies' Monographie über Thomas Hobbes war zu diesem Zeitpunkt also noch in weiter Ferne.

Nach seiner Rückkehr aus England verbrachte Tönnies das Wintersemester 1878/79 in Berlin und wurde dort Mitglied des „Statistischen Seminars". Er nahm an Übungen bei Adolph Wagner (1835-1917) teil, der Professor der Nationalökonomie und Statistik an der Berliner Universität war, hörte Vorlesungen bei Ernst Engel (1821-1896), der von 1860 bis 1882 Direktor des „Preußischen Statistischen Bureaus" war, und Richard Boeckh (1824-1907), der als Leiter des Statistischen Büros der Stadt Berlin verantwortlich für die Aufstellung einer Sterblichkeitstafel für Preußen war. Gesprächsstoff gab es reichlich, denn das Interesse für die soziale Frage war durch das „Sozialistengesetz" aufs höchste gespannt. Nach zwei Attentaten auf Kaiser Wilhelm I. und aus Furcht vor einer Revolution infolge der wirtschaftlichen Depression setzte Reichskanzler Otto von Bismarck am 21.10.1878 im Reichstag das „Gesetz gegen die gemeingefährlichen Bestrebungen der Sozialdemokratie" (Sozialistengesetz) durch. Das „Ausnahmegesetz" war zunächst auf zweieinhalb Jahre befristet, wurde jedoch bis 1890 mehrmals verlängert.[155]

Tönnies beschäftigte sich lebhaft mit der Sozial- und Moralstatistik Berlins und des (damaligen) Königreiches Sachsen, wodurch sich seine Kenntnisse der sozialen Lage des Proletariats stark vertieften. Gerade die „soziale Frage" war oft Gegenstand von Gesprächen mit Theodor Storm:

„Auch den sozialen Fragen wandte Storm gern seine Aufmerksamkeit zu; es war ihm eine merkwürdige Angelegenheit, als gegen Ende seines Lebens ein sozialdemokratischer Verehrer ihm eine Schrift sandte, worin sein „wirkliches Volksverständnis" und sein Mitgefühl mit den „kleinen Leuten" gerühmt wurde. (Anmerkung von Tönnies: Jonannes Wedde (1843-1890) war ein feinsinniger Dichter und Gelehrter, der sich als Schriftsteller und besonders auch als Theaterkritiker (Dramaturgische Späne, Hamburgische Theaterberichte 1876 bis 1879) einen Namen machte, und als sozialdemokratischer Redakteur vom Jahre 1880 an einen bitteren Kampf mit der Polizeibehörde in Hamburg führte. Die kleine Schrift „Theodor Storm, einige Züge zu seinem Bilde" (Zum Preise von 40 Pf. durch Frau A. Wedde, Hamburg 21, Heinrich Hertzstraße 43, beziehbar. Auch die übrigen Schriften Weddes sind in den Verlag der Witwe übergegangen und können unmittelbar daher erhalten werden.) (31 S.), Hamburg 1888, hat dem Dichter nicht geringe Freude gemacht. Wenn ich nicht irre, hatte der Verfasser sich in einem Begleitschreiben als Sozialdemokraten vorgestellt, was Storm lebhaft interessierte.[156] Da er wußte, daß ich, wenn auch kein Genosse, so doch ein Verteidiger der vielgeschmähten Partei war, so hat er, schon früher zuweilen, und auch bei dieser Gelegenheit eingehend mit mir über Demokratie und über Sozialismus gesprochen, und zwar mit der Sympathie eines Menschenfreundes, der kein

Politiker sein wollte. Laut Vorrede wollte Wedde besonders auf das hingewiesen haben, „freilich nur in ganz kurzer Andeutung", was Storm als Vorläufer künftiger Sonnentage unseres Volkes auszeichne, und am Schlusse heißt es: „Daß Storm bis in die Gegenwart hinein ständig weiter vordringen konnte mit seinem Dichten und Schaffen, erklärt sich allein aus dem Bewußtsein des Mannes, trotz aller Anlehnung an die Vorgänger doch kein Nachzügler zu sein, sondern ein Pfadweiser. Echte Poesie steht immer, und so auch bei ihm, in innigster Beziehung zum Gesamtleben der Nation. Wird dieses gesunden, dann wird auch in unserer Dichtung sich wieder ein kräftigerer Flügelschlag regen, und dann wird Storm zu denen gehören, welchen die neue Blüte ihr Keimen verdankt." Den Schluß bildet das abgedruckte Gedicht Theodor Storms „Ein Epilog (1850)". Gerühmt wird (S. 10), daß man nirgendwo eine Krisis in Storms dichterischer Entwicklung, nirgendwo ein Experimentieren auf fremden Bahnen bemerke. – Diese Stellen aus der kleinen Schrift werden Storms Dankbrief verständlicher machen, den er wenige Wochen vor seinem Hinscheiden an Johannes Wedde gerichtet hat. Der Absatz über Novelle und Drama ist jedoch nicht unmittelbar durch Weddes Schrift veranlaßt.
Der Brief lautet:

Hademarschen, den 15. Mai 1888.
Sehr geehrter Herr!
Eine stete Kränklichkeit oder vielmehr ein stetes Mißglücken des Wieder-Zurechtlebens nach einem fünfmonatlichen Krankenlager 1886/87 hat mich bis jetzt verhindert, Ihnen Dank und Anerkennung für „einige Züge zu meinem Bilde" auszusprechen. Wollen Sie diese, wenn auch etwas verspätet, nicht verschmähen. Zwar kann ich nicht überall mit Ihnen gehen, und darf auch nicht zu hoffen wagen, was Sie als eine spätere Wirkung meiner Dichtung aufstellen; aber Sie haben einzelnes, was auch mir von Bedeutung erschienen, hervorgehoben, an dem man bisher vorbeigegangen ist, und die Freude und der Mut, mit dem Sie, was ich in dem langen Leben habe ausgehen lassen, betrachten und sich darin versenken, das tut wohl, wenn man fühlt, daß nun doch endlich die Zeit des Kräfteverfalls und Greisentums gekommen ist. Wenn ich einmal gesagt habe, daß die Novelle die Schwester des Dramas sei, so habe ich dadurch nur mehr die Stellung der ersteren in der Prosa- mit der des letzteren in der Versdichtung vergleichen wollen, und daß beide zu ihrer Vollendung der Knappheit und eines im Mittelpunkt stehenden Konfliktes bedürfen, von dem aus sich das Ganze organisiert. Im übrigen gehört der Epik – cum grano salis [mit einem Korn Salz] – doch wohl mehr das Leiden, der Dramatik die Handlung an. Daß ich allzeit meinen eignen Weg gegangen bin, dies gute Zeugnis habe ich wohl verdient, wie oft hat man mich zu anderen Wegen verlocken wollen; ich bin nie auch nur in Versuchung geraten. Also noch einmal meinen Dank und meinen herzlichen Gruß.
Ihr ergebener Th. Storm.

Er hat sich gegen mich mit Rührung darüber ausgesprochen. Storm war Demokrat in dem Sinne, wie heute selten ein Denkender es nicht sein will; man möchte sagen mehr im ethischen als im politischen Verstande, und das bedeutet auch, daß ihm weniger an der Staatsform als am Staatsinhalt gelegen war, d.h. an volkstümlicher Gesinnung der Regierenden und an volkstümlich wirksamer Gesetzgebung. Man wird in den letzten Werken des Dichters manche Spuren dieser Gedanken und Stimmungen, wie auch der Beschäftigung mit dem Problem der Vererbung, wiederfinden."[157]

Die Novelle „Ein Doppelgänger" wurde 1975 unter der Regie Ulf Miehes mit Dieter Laser (John Hansen „Glückstadt") und Marie-Christine Barrault (Hanna Hansen) unter dem Titel „John Glückstadt" verfilmt

In der Zusammenfassung „Der politische Storm zwischen Bürgertum und Sozialdemokratie" schreibt Wedde 1888:

„Vom Frühwerk bis zu den späten historischen Novellen behandelt Storm in politischer Wirkungsabsicht die (historische und fortdauernde) Selbstbehauptung des Bürgertums gegen die Aristokratie und ihr Bündnis mit der Kirche (Thron und Altar). Das geschieht am markantesten in den politischen Gedichten seit 1847/48. Seit 1848 verquicken sich für den bürgerlichen Schleswig-Holsteiner Storm soziale und nationale Fragen. (Storm ist zunächst loyaler Bürger des „Gesamtstaates" und in seiner Sprache deutsch, in seiner Ausbildung aber ebenso dänisch geprägt wie der Gesamtstaat selbst mitsamt seiner zweiten Universitätsstadt Kiel). Storm erfährt die dänische Herrschaft primär als Herrschaft einer Monarchie gegenüber republikanischen Unabhängigkeitsbestrebungen in den Herzogtümern; nach der Niederlage 1850 nimmt der Aspekt der „Fremdherrschaft" zu.

Auch in dieser Zeit und darüber hinaus aber bleiben dänische Namensformen wie der Umgang mit dänischer Literatur für Storms Schreiben selbstverständlich. Storms Erfahrungen der gesellschaftlichen und politischen Situation im „Exil" in Preußen (bei Fontane) ähneln denen unter der Herrschaft der dänischen Monarchie; entsprechend fallen seine politischen Texte nun aus. Das gilt auch für sein Leben in Schleswig-Holstein nach der preußischen Annexion 1867. Zunehmend treten für den alten Storm die „sozialen Kämpfe" wieder gegenüber den nationalen (und militärischen) in den Vordergrund. Zugleich tritt immer deutlicher die Spannung zwischen den Werten bürgerlicher Ökonomie und denjenigen bürgerlicher Alltagsmoral hervor. Die Freundschaft mit Tönnies begünstigt die Auseinandersetzung mit den neuen sozialen Konflikten des kapitalistischen Zeitalters: zwischen Bürgertum und Arbeiterklasse. „Ein Doppelgänger" (1886, im selben Jahr wie Gottfried Kellers „Martin Salander") reflektiert diese Auseinandersetzung; die Novelle ist eine (Wieder) Entdeckung des Proletariers in der deutschen Literatur. Das geschieht durchaus in den Formen des Poetischen / Bürgerlichen Realismus (heimatliche, gegenwärtige Alltagswirklichkeit, Land- statt Industriearbeit, „Verklärung" durch Rahmenerzählung, der Brunnen als „Falke" im Sinne von Heyses Novellentheorie, Einbettung des Proletarier-Konflikts in eine bürgerliche Sphäre). Dennoch zeigt die Binnenerzählung deutlich auch früh-naturalistische Züge (im Sinne etwa Zolas oder der Forderungen Eugen Wolffs und des Vereins „Durch!"). Entsprechend positiv wurde der Text von der sozialdemokratischen Kritik aufgenommen. Funktionen der Rahmenerzählung: Psychoanalytisch: Erzählen als Wiederkehr des Verdrängten (hier: der ambivalenten Vatergestalt aus der Perspektive Christines: der Novellentitel verweist darauf!): „der Spuk und dein geliebter Vater, sie sind nur eines". Sozialgeschichtlich: Einerseits Beruhigung der bürgerlichen Leserschichten („wir"), aber die Versöhnung ist so heikel und konstruiert, daß sie als Lösung des allgemeineren Falles nicht taugen kann (`Proletariertöchter aller Länder, heiratet Oberförster!´). Andererseits subkutane Beunruhigung: Wie die gutbürgerliche Förstersgattin Christine sich mit ihrem verdrängten proletarischen Vater auseinandersetzen muß, so die bürgerlichen Leser mit dem verdrängten proletarischen Elend. Poetologisch: Poetische Erinnerung erscheint (wie in „Auf dem Staatshof" oder „Aquis submersus") als kreative Konstruktion unter Verwendung von `Realitätsmaterial´ – hier als Hilfs-Mittel für die Artikulation und Bearbeitung des Verdrängten. Konzentration des programmatischen „Verklärungs"-Postulats auf diese ästhetische Gestaltung: „Vertuscht und überzuckert wird hier gar nichts."[158]

Alt-Husum
ca. 1864

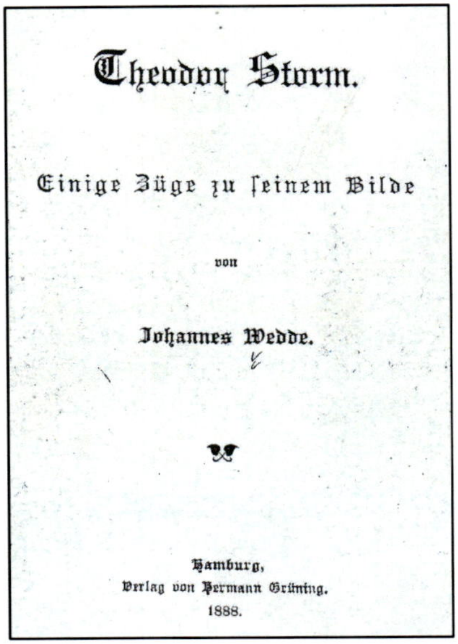
Theodor Storm.

Einige Züge zu seinem Bilde

von

Johannes Wedde.

Hamburg,
Verlag von Hermann Grüning.
1888.

Friedrich Christoph Johannes Wedde (1843-1890) und seine „Storm-Schrift“

Die Novelle „Ein Doppelgänger“ erschien 1886. Eigentlich arbeitete Theodor Storm gerade an seinen Novellen „Der Schimmelreiter“ und „Ein Bekenntnis“, aber der Herausgeber der Zeitschrift „Deutsche Dichtung“ Karl Emil Franzos bat ihn, für seine am 1. Oktober 1886 neu erscheinende Zeitschrift eine Novelle beizusteuern.[159] (Für Storm untypisch erschien die Novelle in sechs Fortsetzungen vom 1. Oktober bis zum 15. Dezember 1886), d.h. der erste Teil wurde veröffentlicht, als die Novelle noch gar nicht zu Ende geschrieben war. Auch mit dem Titel „Ein Doppelgänger“ gab es Schwierigkeiten. Storm wollte die Novelle ursprünglich „Der Brunnen“ nennen, fürchtete dann aber, zuviel von der Handlung vorwegzunehmen und entschied sich für den anderen Titel.

Karl Emil Franzos (1848-1904)
Schriftstellerund Publizist

Im Zentrum der Novelle steht das Thema der Stigmatisierung eines Außenseiters durch eine geschlossene Gesellschaft in der Mitte des 19. Jahrhunderts. Johannes Wedde fasste die Novelle folgendermaßen zusammen:

„[Sie] führt uns so recht einen Menschen der Gegenwart vor, einen von der Gesellschaft ausgestoßenen Proletarier, der im Zuchthaus gesessen hat, der seine Frau prügelt, sie schließlich durch einen heftigen Stoß im Jähzorn tötet, den Todtschlag mit Nachbars Hülfe verheimlicht, zuletzt beim Kartoffelstehlen verunglückt – kurz einen Menschen, auf welchen eine Gesellschaft der satten zahlungsfähigen Moral – hier symbolisch repräsentiert durch eine Zichorienfabrikantenschwägerin – als auf ein „sittlich verkommenes Individuum" mit tugendhafter Verachtung herabblicken muß, der aber vor Jedem, der mit Dichters Augen in die Geheimnisse des Lebens hineinschaut, so voll ehrenhafter Männlichkeit dasteht, daß es unmöglich ist, ihn nicht zu lieben, ihn bei seinem namenlos gräßlichen Ausgange nicht aufs innigste zu beklagen. [...] Zugleich enthält der „Doppelgänger" – vielleicht unbewußt – einen schneidigen Protest gegen Zustände, die so edle Volkskraft so jammervoll zu Grunde gehen lassen. Der dunkle modervolle Brunnen, in welchem der Mann der nackten Faust mit gebrochenen Gliedern elend verhungern muß, ist ein ganz unmißverständliches Sinnbild. [...] Die ganze Noth der Wirklichkeit von 1887 und 1888 schrei´t aus diesem (abgesehen von der nicht ganz glücklichen Rahmenerzählung) mit klassischer Meisterschaft ausgeführten Zeitbilde uns entgegen"[160]

In der Tat wird im „Doppelgänger" John Hansen, der nach dem Zuchthaus in Glückstadt „John Glückstadt" genannt wurde, von den so ehrbaren Bürgern in den Tod getrieben. Storm lässt den Bürgermeister zu der alten Schwägerin des einstigen Zichorienfabrikanten die treffenden Worte sagen:

„Nachdem dieser John von Rechts wegen seine Strafe abgebüßt hatte, wurde er, wie gebräuchlich, der lieben Mitwelt zur Hetzjagd überlassen. Und sie hat ihn nun auch zu Tode gehetzt; denn sie ist ohn' Erbarmen. Was ist davon zu sagen? Wenn ich was meinen soll, so sollet ihr ihn jetzt in Ruhe lassen, denn er gehört nun einem andern Richter. „Wahrhaftig", sagte die Alte ganz erstaunt, „Sie haben noch immer Ihre sonderbaren Meinungen von diesem John Glückstadt!" „John Hansen", berichtigte der Bürgermeister ernsthaft."[161]

Die Diskussion, die sich am „Doppelgänger" entzündete, läuft zugespitzt auf die Frage hinaus, ob die Novelle entweder im Sinne von Johannes Wedde als Ausdruck Stormscher Sozialkritik zu lesen ist oder als die „Darstellung der Abhängigkeit des Menschen von dunklen Schicksalsmächten".

Hartmut Vinçon und Peter Goldammer ziehen in ihren Storm-Biographien eindeutig die zweite Variante vor. Während Vinçon kurz und bündig erklärt, dass „für Storm die Hoffnung nicht in der Befreiung der Arbeiterklasse, sondern in deren Verbürgerlichung" lag,[162] zieht Goldammer das Fazit, dass das Leben und Denken der Arbeiter Storm fremd und gar der Kampf des Proletariats um die revolutionäre Veränderung der Welt gänzlich außerhalb seines Erfahrungsbereichs lag. „Vom Kampf der Klassen als einem die Geschichte bestimmenden Gesetz wußte er nichts. Humane bürgerliche Gesittung und Gesinnung einer vergangenen Epoche waren die Maßstäbe, nach denen er die Erscheinung der im Entstehen begriffenen imperialistischen Welt beurteilte und richtete. Zwar ahnte er dunkel, daß diese sittlichen Normen keinen ewigen Bestand haben würden, aber er kannte die Ursachen für ihre Vergänglichkeit nicht, und er wollte sie wohl auch gar nicht kennenlernen. Je merklicher die Veränderungen in seine persönliche Sphäre eingriffen, desto fester meinte er sich an die alten liebgewordenen Vorstellungen klammern zu müssen. Doch Storm war zu ehrlich und auch zu bedeutend, um sich auf die Dauer in lebensferne und weltfremde Abseitigkeit zu flüchten. Wo das Idyll bedroht ist, wo plötzlich ein tragisches Verhängnis die scheinbar ewigen Gesetze altbürgerlichen Lebens und Denkens erschüttert, da erhält seine Kunst Tiefe und Größe."[163]

Auch Almut Hoppe vertritt in ihrer Arbeit über die Verfilmung der Storm-Novelle von Ulf Miehe die „Bürgertumthese": „Diese Novelle kann nicht als sozialkritisch bezeichnet werden, in dem Sinne, daß hier aus der Sicht der aufstrebenden Arbeiterschicht das Bürgertum kritisiert und demaskiert wird. Ohne Zweifel wagt sich Storm hier an einen politisch brisanten Stoff, indem er ein Mitglied des Arbeitermilieus zum Protagonisten wählt und erstmals auch soziale Fragen in einer Novelle behandelt. Insofern wird man dieser Novelle nicht gerecht, wenn man sie als bloße Schicksalsnovelle versteht. Doch es hat sich andererseits auch gezeigt, daß die Modernität Storms sich hier auf die Stoffwahl beschränkt. Storm bleibt sich in der Motivierung des Geschehens weltanschaulich treu."[164]

Ein dritter Weg wird von Christian Neumann eingeschlagen. Neumann geht davon aus, dass beide Bedeutungsebenen für den Sinn des Textes konstituierend sind. „Die Novelle wird sowohl soziologisch interpretiert als auch, und das ist ein neuer Ansatz, unter psychoanalytischen Aspekten befragt. In einem dritten Schritt versucht der Verfasser, die Möglichkeit einer Synthese beider Lektüreweisen zu begründen. Dafür erweitert Neumann den Begriff des Kunstwerks im Anschluss an poststrukturalistische Ansätze und fasst ihn nun als „disperates Bündel vielfältiger interner und externer Relationen". So kommt er zu dem Schluss, dass sich beide Lektüreweisen als Teil eines unabschließbaren Prozesses begreifen lassen, der dem Leser neue Einsichten in die dargestellte Wirklichkeit vermitteln könne."[165] Trotz dieser Deutungsmuster darf man, meiner Ansicht nach, die soziale Komponente Storms, die bei Wedde eindeutig ist und von Ferdinand Tönnies bestätigt wird, nicht unterschätzen. Bei Karl Ernst Laage[166], dem wohl profundesten Storm-Kenner, findet man eine Bestätigung der „Sozialkritikthese". In seinem Buch „Der kritische Storm" heißt es:

„Die Storm-Biographen übersehen oftmals Storms Interesse für soziale Fragen und seine Kompetenz für die Problematik der „kleinen Leute". Dabei war Storm als Jurist – wie er selbst betont – „nicht unbekannt mit dem Schmutz des Lebens" (Storm in einem Brief an Ada Christen vom 23.12.1869) und hat selbst einen Novellenband unter dem Titel „Bei kleinen Leuten" (1887) herausgebracht. Ein zuverlässiger Zeuge für die späten Jahre ist Storms jugendlicher Freund, Professor Ferdinand Tönnies (1855-1936), der Begründer der Soziologie in Deutschland."[167]

Bei kleinen Leuten.

Zwei Novellen

von

Theodor Storm.

Berlin.
Verlag von Gebrüder Paetel.
1887.

Theodor Storm veröffentlichte 1887 die beiden Novellen „Ein Doppelgänger" und „Bötjer Basch" in einem Extraband unter dem Titel „Bei kleinen Leuten"

Es ist gewiss kein Zufall, dass just 1887, genauer im Februar 1887, in dem Jahr also, in dem Storm die Sammlung „Bei kleinen Leuten" veröffentlicht, Ferdinand Tönnies den letzten Federstrich unter sein Hauptwerk „Gemeinschaft und Gesellschaft" macht und mit diesem Werk die Soziologie als Einzelwissenschaft in Deutschland begründet. Mehr als sieben Jahre hat Tönnies mit dem Stoff gerungen und Theodor Storm hat in vielen Gesprächen mit Tönnies an diesem Ringen teilgenommen.

Und noch einer zog die richtigen Schlüsse aus der Novelle „Ein Doppelgänger“: Der Direktor der Husumer Gelehrtenschule Dr. Karl Heinrich Keck! Ihn hatte die Kritik an der bürgerlichen Gesellschaft dermaßen beeindruckt, dass er eine Versammlung mit dem Ziel einberief, eine „Storm-Stiftung zum Wohle der Arbeiter aus Anlass des `Doppelgängers´“ zu begründen, wie er in einem Brief vom 14. September 1887 an Storm schrieb.[168]

Zum 70. Geburtstag des Dichters wurde die Stiftung initialisiert. Karl Ernst Laage schreibt in seiner Storm-Biographie:

„Eine besondere Würdigung des 70jährigen Jubilars hatten sich die Husumer ausgedacht. Sie legten den Grundstein zu einer „Storm-Stiftung zum Wohle der Arbeiter“. Die Initiative war von Dr. K. H. Keck, dem Direktor des Husumer Königlichen Gymnasiums, ausgegangen. Auf seine Einladung versammelten sich die Husumer am Geburtstag des Dichters in der Aula dieser Schule zu einem Festvortrag mit Gesangsdarbietungen [...] Anschließend fand eine „große Festversammlung“ im Saal des Hotels „Stadt Hamburg“ statt. Der Erlös dieser beiden Veranstaltungen bildete dann den Grundstock für eine „Storm-Stiftung zum Wohle der Arbeiter“, deren Zinsen einmal im Jahr einem bedürftigen Arbeiter übergeben werden sollten. Wie Dr. Keck dem Dichter mitgeteilt hat, war die Novelle „Ein Doppelgänger“, in der Storm das soziale Elend eines Arbeiters schildert, die Veranlassung gewesen, diese Stiftung ins Leben zu rufen. Storm hatte ausdrücklich zugestimmt; denn daß eine seiner Novellen den Anstoß zu einer sozialen Initiative geben konnte, das mußte ihn, den Dichter, mit dem Gefühl der Genugtuung erfüllen. Hatte doch auch Alfred Biese[169] in den „Preußischen Jahrbüchern“ (60/1887) die Stormsche Novelle mit Zola´s „Germinal“[170] verglichen. Die „Storm-Stiftung“ hat bis zum Ersten Weltkrieg bestanden und – jeweils zu Storms Geburtstag – mit ihren Zinsen ein bedürftiges Arbeiterehepaar unterstützt.“[171]

Der Bewunderer Storms, der Sozialdemokrat Johannes Wedde, war inzwischen wegen eines inkriminierenden Artikels in der „Bürgerzeitung“ wegen „Aufhetzung zur Gewalt“ vom Hamburger Polizeisenator Hachmann[172] aus Hamburg ausgewiesen worden und nach Lübeck gezogen.[173] Wedde, der nur 48 Jahre alt wurde, verstarb am 13. Januar 1890 in Lübeck und durfte erst im Sarg aus dem Verbannungsort in seine Heimatstadt zurückkehren. Mindestens 20.000 Menschen, darunter zahlreiche Arbeitervereine, begleiteten den Trauerzug zum Friedhof Ohlsdorf – eine wahrhaft überwältigende Manifestation. Die Polizei ließ die Menge unbehelligt, obwohl der lebende Johannes Wedde als gemeingefährlich ausgewiesen worden war. Die Schwester Weddes Theodora Wedde schreibt in den Gedenkblättern über ihren Bruder:

„In der Leichenhalle vor dem Lübeckerthor war in feierlichster Weise für die Aufnahme des Ausgewiesenen gesorgt, der jetzt wieder heimkehren durfte; im Tode sollte er sich seinen Wählern vorstellen [Johannes Wedde war für den III. Hamburger Wahlkreis bei den Reichstagswahlen1890 nominiert worden. Der „Ersatzkandidat“ Wilhelm Metzger gewann den Wahlkreis überproportional]. Was dankbare Herzen an Verehrung und Liebe geben können, ist an jenem unvergeßlichen 16. Januar geschehn. Ein trübes Leichengefolge wandelte sich in einen herzerhebenden Triumphzug; selbst dem blödesten Auge tagte die Erkenntnis, daß Johannes Wedde nicht umsonst gelebt habe, daß seine Aussaat in ein wohlbereitetes Land gefallen sei.“[174]

Abbildung eines prunkvollen Glasschrankes. Der Schrank wurde der Witwe Weddes zur Erinnerung an die Bestattungsfeierlichkeiten von den Veranstaltern zum Geschenk gemacht. Er hatte eine Höhe von mehr als zwei Metern und maß über anderthalb Meter in der Breite. Die Rückwand war mit 139 Widmungsschleifen geschmückt. Sie umgaben das lorbeerbekränzte Bild des Verstorbenen

Damit kehren wir in das Jahr 1879 zurück. Ferdinand Tönnies, der sich 1879 nach Husum begeben hatte, begann hier seine „Anmerkungen über die Philosophie des Hobbes“ zu schreiben. Der durch Paulsen auf Tönnies´ Hobbes-Forschung aufmerksam gemachte Richard Avenarius (1843-1896) (eigentl. Richard Habermann) in Zürich hatte

1877 die „Vierteljahresschrift für wissenschaftliche Philosophie" gegründet und bat Tönnies, einen Beitrag dafür zu liefern.[175] Die insgesamt siebenundsiebzig Seiten umfassenden „Anmerkungen" erschienen in der „Vierteljahresschrift" in vier Artikeln zwischen 1879 und 1881 und sind ein Musterbeispiel für stringentes Denken. Allein: Tönnies wurde, wie so häufig, von Zweifeln befallen: „Doch stört mich immer die Empfindung, daß für dieses und anderes mein gesamtes philosophisches Wissen zu lückenhaft sei", schrieb er an Paulsen, mit dem er inzwischen zum vertraulichen „Du" übergegangen war. Als dann aber der erste Teil der „Anmerkungen" im November 1879 vorlag, war Paulsen hingerissen und sein Lob fiel beinahe pathetisch aus, enthält aber auch den Tadel der Selbstkasteiung:

„Ich will Dir etwas sagen, was ich wirklich denke und was wahr ist: Du hast eine Kraft zu denken und eine Vollkommenheit, Gedanken auszuprägen, wie überaus wenige Menschen. Dein Aufsatz über Hobbes, den ich gestern erhielt, ist nach Stil und Inhalt leicht das Beste, was die Zeitschrift überhaupt bisher gebracht hat. Ich habe ihn mit sehr großer Freude gelesen. Wie rein und klar ist die Form; wie trifft jeder Satz das Notwendige knapp und genau. Du hast von Hobbes gelernt, wenn Du es nicht von Natur kannst. Und nun hör auf, Dich selbst zu plagen: Mach Dich an die Arbeit, so ist´s vorüber. Du nimmst Dir wirklich zu viel Zeit, über Dich zu reflektieren. Die Dinge sind Dir gegeben, nicht Du Dir selbst."[176]

Paulsens Worte waren Balsam für die empfindsame Seele des jungen Akademikers:

„Deine Worte über meine Arbeit haben mir wohlgetan. Freilich, Du hast mit gütigen Augen und selbstlos nicht bedacht, daß ich das Beste, was daran ist, von Dir habe. Jedoch glaube ich nun selber, daß auch, was ich selbst gefunden habe – und dessen enthält die Fortsetzung mehr, wie ich denke – eine ganz ordentliche Leistung ist."[177]

Nicht vernachlässigt wurden natürlich die Besuche des jungen Akademikers bei Theodor Storm, der ebenso lebhaften Anteil an der Arbeit seines jungen Freundes nahm wie dieser an der Dichtkunst Storms. Leider sind von der Storm / Tönnies Korrespondenz etliche Tönnies-Briefe an Storm verloren gegangen, so dass überwiegend Storm-Briefe an Tönnies, der aus Verehrung seinem Mentor gegenüber und auch prinzipiell Korrespondenz ordnend aufhob, der Forschung zur Verfügung stehen. Außerdem hatte Tönnies die empfangenen Briefe mit Anmerkungen versehen [in den Texten mit runden Klammern eingefügt], da er die Absicht hegte, die Korrespondenz mit Storm zu veröffentlichen.

Kurz nach Beginn des Jahres 1879 erwiderte Storm auf einer Postkarte an Tönnies die Neujahrsgrüße:

„17.1.1879. Dank für Gruß u. Wunsch, lieber F.; ich denke, daß hier für wohl einiger Boden vorhanden ist. Karl hat bereits meine Pelzstiefel mit der Meldung seiner glücklichen Landung zurückgeschickt. Alles, auch E., ist wieder im alten Trab. Gestern abend waren

Elisabeth und Ida bei uns, E. macht mir wirklich Freude durch ihren Gesang, sie hat unzweifelhaft in Berlin eine tüchtige Stufe erstiegen. Wesentlich dabei die fortgeschrittene geistige Entwicklung des ganzen Menschen; kein Künstler leistet ja mehr als nach dieser oder jener Seite er selber ist. Meine „WW. Freude" hat Elisabeth gestern Abend mitgenommen, da sie sie durchaus noch – unvernünftiger Weise noch sofort im Bette lesen wollte; mir aber heilig versprochen, sie Ihnen heute, spätestens morgen unter Band zu schicken. Lesen Sie es immerhin einmal vor, das giebt ja Luischen einen traulichen Abend; ich glaube alles Einzelne darin ist leidlich gut, aber als Ganzes will es mir selber so nicht gefallen. Doch behalten Sie bitte diese Autorkritik bis nach der Lesung für sich; lassen Sie erst die Anderen reden. – Sonst nichts zu melden, als herzliche Grüße an Sie und unsere kleine Freundin Luise. – Gehen Sie doch, bitte, einmal mit ihr zu Wussows und erzählen ihnen von unserer Weihnachtszeit. Ihr alter Th. St.

H. *Freitag Morgen. E. schläft noch.* Von Malheureuse dieser Tage eine frische Karte aus Rom. Sie verlangt auch die W.W. Fr. Daher schicken Sie mir die Ihnen gesandte Correktur bald zurück."[178]

Die jüngeren Geschwister von Ferdinand Tönnies:

v.l. *August* Karl Christian (1864-1909), *Ida* Charlotte Auguste (1860-1921), Emma Catharina *Elisabeth* (1857-1949), *Louise* Dorothea (1861-1922)

(Louise wurde häufig auch Luise geschrieben)

Ferdinand Tönnies, der das ganze Jahr 1879 in Husum seine Studien fortsetzte, wurde manchmal recht überraschend von Storm zu einem Besuch eingeladen:

„Juni 1879. Lieber Ferdinand!
Dr. Boysen kommt heut Abend zu uns, tun Sie mir die Liebe und kommen auch.
Ihr Th. Storm.“[179]

So ist es nicht verwunderlich, dass Storm mit einigem Entsetzen von der Schwester Ferdinand Tönnies´ erfuhr, dass dieser noch vor dem Weihnachtsfest 1879 Husum in Richtung Leipzig zu verlassen beabsichtigte:

„Lieber Ferdinand! Husum, 29 Novbr 79 Abends 8 U
Eben geht Ihre Lisbeth fort, die sich mit Lucie in meiner Stube allerlei Photographien für lebende Bilder angesehen, zur Unterhaltung für den „offenen Abend“. Bei der Gelegenheit höre ich mit Schrecken, daß Sie Weihnachten nicht hierher kommen wollen, was denn auch mir ein gut Theil Freude in die Asche wirft. Ich meine, das sollte nicht sein; es ist ja voraussichtlich das letzte Weihnachtsfest, was ich mit den Kindern hier verlebe. Und Karl rüstet sich von Varel aus mit seiner ganzen Heiterkeit; an Elisabeth habe ich Bestellung zum Einstudieren bestimmter Duette machen müssen, und sie hatte schon dieselben Gedanken gehabt, auch Lute´s guter Hermann kommt. Ich möchte doch meinen lieben, getreuen Ferdinand bitten, dieß Mal nicht zu fehlen. Also – wenn´s irgend angeht! Ob Ernst kommt, weiß ich zwar nicht; ich will´s ihm ganz anheimstellen. Als zweite Arbeit – ich weiß nicht, ob Sie das noch erfuhren – erhielt er die Behandlung eines Rechtsfalls, den auch Hoepner behandelt hatte und den er auch in den Schlesw. Holst. Anzeigen, da er vor die Gerichte, ich meine aller Instanzen, gelangt war, abgedruckt fand. Nun schrieb er, nach meiner Meinung zum Ueberfluß so u. so und ob er die Arbeit behalten solle. Stuhr stimmte mit ein; ich nicht; denn das war ja zwar unangenehm, aber doch kein Hinderniß einer selbständigen Bearbeitung. Nun hat er denn auch vor 14 Tagen die Antwort erhalten, daß er die Arbeit behalten solle. Von unserer Lisbeth laufen frohe zufriedene Briefe ein. Hs. tritt am 4 oder 5 Dezbr. seine zweite Reise mit dem Santos an. Mein alter guter Heyse schrieb mir neulich: „Ich möchte Dir nur sagen, l. alter Frd., daß ich „Eekenhof“ mit großem Vergnügen und Contentement genossen habe; künstlerischem Vergnügen an der höchst meisterlichen Arbeit und menschlicher Befriedigung durch die ergreifende Führung des Schicksals. Daß Dir Deine Jahre nichts von der Kraft nehmen, sondern eher hinzuthun, muß Dir der Neid lassen, nemlich Schreiber dieses in eigenster Person, der sich wohl gedrückt fühlen muß im Vergleich mit Deiner Unverwüstlichkeit“ etc. Was nun meine Unverwüstlichkeit betrifft, so ist das wesentlich auf eine vorsichtige Benutzung der guten Stunden zurückzuführen. Aber solch ein Wort von einem edlen Concurrenten frischt einem doch wieder etwas den Muth, was im 63. Jahre nicht ganz zu verwerfen ist. Der arme Heyse ist nemlich trotz aller Bäder und Wasserkuren im Sommer kümmerlich.
Von Gurlitt eben neue Gedichte erschienen; eine angedruckte Recension der Hamburger Nachrichten sagt, er brauche vor Reuter gar nicht so bescheiden die Segel zu streichen. – Mir wird nächstens schon übel, wenn ich nur ein plattd. Wort gedruckt sehe. Sonst wüßt´

ich nichts zu vermelden, als viele Grüße meines ganzen Hauses. Also – hoffentlich auf baldiges Wiedersehen! Ihr alter Th. Storm."[180]

Aber Ferdinand Tönnies, der entschlossen war, sich 1880 bei Wilhelm Wundt[181] in Leipzig zu habilitieren, verließ Husum noch vor Weihnachten und so musste Storm sein letztes Weihnachtsfest in Husum ohne seinen jungen Freund feiern.

In Leipzig hörte Tönnies bei Wundt „Psychologie" und trieb seine sozialwissenschaftlichen Studien in eine andere Richtung voran. Tönnies´ Arbeit hatte sich von „Hobbes-Staatslehre" mehr und mehr der Rechtsphilosophie, Rechtsgeschichte und überhaupt der Jurisprudenz zugewandt. Neben Hobbes beschäftigte er sich mit anderen Hauptautoren des rationalistischen Naturrechts wie Samuel von Pufendorf (1632-1694), Christian Wolff (1679-1754), Jean Jacques Rousseau (1712-1778) und Immanuel Kant (1724-1804). Otto von Gierkes (1844-1921) Buch über „Johannes Althusius" las Tönnies mit Gewinn. In die gleiche Zeit gehört ferner die Beschäftigung mit Rudolf von Iherings (1818-1892) „Zweck im Recht" und Albert Schäffles (1831-1903) „Bau und Leben des sozialen Körpers". Das nationalökonomische Studium galt insbesondere Adolph Wagners (1835-1917) „Grundlegung", das der sozialistischen Literatur Friedrich Engels (1820-1895) gerade erschienenen „Anti-Dühring".

Allerdings zerschlug sich die Habilitation bei Wundt. Der mögliche Grund mag darin zu suchen sein, dass Tönnies, der mit Wundts Ehefrau verwandt war („meine geschätzte Cousine"), nicht in den Verdacht der „Vetternwirtschaft" geraten wollte.

Wie schon so häufig plagten Tönnies Migräneanfälle und so schloss sich an seinen Leipzigaufenthalt eine „Trinkkur" in Tarasp im Kanton Graubünden in der Schweiz an, das für seine Burganlage am Taraspersee berühmt ist.

Die frische Höhenluft sorgte rasch für Linderung und so konnte Tönnies Besuche bei Richard Avenarius und schließlich bei Gottfried Keller (1819-1890) in Zürich machen, dem er Grüße von Theodor Storm übermittelte. Die Erinnerung an den Besuch Tönnies´ im Juni 1880 bei Keller blieb bei beiden allerdings unterschiedlich haften. Tönnies schreibt in seinen Erinnerungen u.a.:

„Seine (Kellers) Schwester und Hüterin empfing mich nicht eben freundlich; Keller selbst war am Sonntagmorgen ziemlich munter und öffnete sein Fenster, um mir die Schönheit des Züricher Sees zu zeigen. Er lobte seinen Freund, unsern Petersen (Regierungsrat in Schleswig), weil dieser den Grundsatz ausgesprochen hatte, „zu Hause zu bleiben" [...] Keller klagte ein wenig, daß er zu isoliert lebe, was bei seiner lispelnden Aussprache etwas komisch klang."[182]

Kellers Erinnerung an den Tönnies-Besuch ist weit weniger eindrucksvoll. In einem Brief an Theodor Storm vom 13. Juni 1880 schreibt er u.a.:

„Heute war der junge Dr. Töniges (so, glaub ich, nannte er sich) bei mir und brachte mir Ihren Gruß. Er kam bei kühlem Regenwetter; hoffentlich wird´s morgen besser.“[183]

Gottfried Keller
(1819-1890)

Wilhelm Wundt
(1832-1920)

Richard Avenarius
(1843-1896)

Bereits 1878 hatte Storm in einen Brief an Gottfried Keller seinen jungen Freund Ferdinand Tönnies erwähnt:

„Ernst las gestern auch noch das schöne Wort über den Homer, und ein dabei gegenwärtiger Freund von ihm, ein junger Freund auch von mir, Dr. Tönnies – er wird wohl noch von sich reden machen –, meinte: „Wie anders ist es doch, wenn so einer sich über dergleichen ausspricht, als wenn die Gelehrten über die alten Dichter reden!“[184]

Für Theodor Storm war das Jahr 1880 mit großen Veränderungen verbunden. Zwei Dinge geschehen bereits im Januar: Der Grundstein seines „Altersruhesitzes“ in Hademarschen wurde gelegt und zusammen mit einem ärztlichen Attest schickte Storm sein Gesuch um Versetzung in den Ruhestand zum 1. April 1880 an den Königlichen Landgerichtspräsidenten Johann Theodor Kral. Tatsächlich wurde er zum 1. Mai 1880 mit einer monatlichen Pension von 3.483 Mark aus dem Justizdienst entlassen.[185]

Gleichzeitig mit der Entlassungsurkunde erhielt Theodor Storm den „Roten Adlerorden vierter Klasse“, eine Auszeichnung, die, nach seinen eigenen Worten, jedem abgehenden Beamten als Alterszeichen angeheftet wurde, vorausgesetzt, dass er keine silbernen Löffel gestohlen oder sich staatsgefährlich verhalten hatte.

Den“Maximilian-Orden für Kunst und Wissenschaft“ bekam Storm 1882 verliehen.[186]
Den „Roten Adlerorden“ 1880

Von Husum nach Hanerau – Hademarschen

Theodor Storms „Altersvilla“ in Hademarschen
(zu Storms Lebzeiten und im Februar 2008)

Bereits im Jahre 1878 hatte Theodor Storm auf dem so genannten „Botterbarg“ in Hademarschen von dem Landmann und Gastwirt Hans Jürgen Feldhusen ein Grundstück von rd. 4.204 qm[187] mit der Absicht erworben, die „graue Stadt am Meer“[188] zu verlassen, um in dem südöstlich des Nord-Ostsee-Kanals in der Geest gelegenen Kirchdorf an der Bahnstrecke Heide – Neumünster seinen Lebensabend zu verbringen.[189] Storm hat sich ganz bewusst für das „schöne grüne holsteinische Dorf Hademarschen“ [Brief vom 21.8.1873 an Emil Kuh] entschieden und hat sich nicht etwa, wie Hermann Renner in einem Aufsatz in der Welt vom 29.1.1983 schreibt, „früh in das fast unbekannte Nest Hademarschen zurückgezogen“.[190]

Zweifellos gab es für Storm eine ganze Reihe Gründe, den Staub der Husumer Straßen und Gassen abzuschütteln und sie gegen das in Storms Augen wunderschöne Geestdorf einzutauschen. Aber es bleiben auch Zweifel: Ist es nicht so, dass man, wenn man für Dauer an seinen geliebten Ferienort zieht, ein gewisser Überdruss eintritt? An Paul Heyse schreibt Storm:

„[...] in der Überschrift hast Du den Namen des Ortes, wo der letzte Akt meines Lebens soeben begonnen hat; ein grünes großes Kirchdorf, in der Nähe eines anmutigen Ortes, welcher eine Gutsherrlichkeit in sich schließt. Mein freundliches Landhaus, unten mit drei geräumigen Wohnzimmern, Veranda, Terrasse und weiter Schau ins Land hinaus, oben mit meinem Arbeitsraum und fünf Schlafzimmern, steht im Gemäuer fertig und wird über 8 Tage gerichtet; indessen wird eine geräumige Interimswohnung benutzt. In Husum ist das Geschrei über unsern Fortgang groß, und ich weiß wohl, man wird uns in vielfacher Hinsicht entbehren: Ich in erster Linie nur drei Menschen, meinen jüngsten Bruder, den Dr. med. Emil Storm, und den dortigen Landrat, Grafen Reventlow und Frau. Du magst mit Recht fragen: Warum seid Ihr denn fortgegangen? Und ich kann es Dir kaum beantworten. Den ersten Antrieb gab ein angenehmer Ferienaufenthalt hier im Hause des nach mir kommenden Bruders Johannes, des Holzhändlers, und der Wunsch meiner Frau, mit dessen Frau, ihrer sehr geliebten Schwester (Friederike), zusammen das Leben auszuleben.[191] Dann war ein schön gelegenes Grundstück zu Kauf: ich kaufte es in dem Gedanken, „in der Lage ist es jeden Tag den Kaufpreis wert". Dann wurde im Herbst (1878) doch vorläufig der große Garten angepflanzt; dann zog eines nach dem andern, die sehr anmutige Gegend, dabei die Eisenbahnstation vor der Tür, näher an Kiel und Hamburg als Husum, das viel wohlfeilere Leben für einen Pensionierten etc. Genug, ich bin jetzt hier und hoffe von hier aus noch vieles zu bestreiten [...]."[192]

Zweifellos erhoffte sich Storm durch den Wechsel von Husum nach Hademarschen einen möglicherweise letzten, aber dennoch neuen Impuls seiner dichterischen Schaffenskraft. An seinen Sohn Karl schrieb er am 23. Oktober 1878: „Vielleicht, wenn ich so mitten in der freundlichen Natur, im Wechsel der Jahreszeiten, umgeben von einem hübschen Garten, lebe, daß meine strapazierten alten Nerven noch einmal sich verjüngen und der Poet noch eine neue Periode erlebt."

Mit dem Tod der geliebten Mutter am 28. Juli 1879 („die Eltern hätte ich denn nun gehabt, und ich kann mich nicht beklagen; ich hatte sie so lange, bis ich selber dem Tod fast gegenübersitze" [Brief an Georg Lorenzen vom 6.8.1879]) ist der letzte Anker in Husum gelichtet. Theodor Storm, der bis zur Fertigstellung seines Hauses in Hademarschen zur Miete wohnte („beim Kaufmann Horn auf einer schönen, geräumigen Etage"), konnte am 4. Mai 1881seine Villa beziehen.[193]

Ferdinand Tönnies, der sich im Herbst 1880 in eine kleine Wohnung im Kieler Stadtteil Düsternbrook eingemietet hatte, genoss an den Wochenenden in Husum ein für ihn ganz besonderes Hochgefühl, er hatte sich während eines Tanzvergnügens in die Tochter Agnes des preußischen Landrates des Kreises Husum Ludwig Christian Detlev Graf zu Reventlow (1824-1893) und seiner Frau Emilie Julia Anna Luise zu Reventlow (1834-1905) verliebt:

„Diese Leute (gemeint ist die Familie des Grafen Reventlow) haben überhaupt eine tiefe Empfindung für alles Wesentliche und Schöne, ich verkehre gern mit ihnen. Gestern

Nacht haben wir dort auf dem Schloß bis gegen 4 Uhr getanzt, sie haben eine erwachsene Tochter, ein kluges und liebenswürdiges Mädchen."[194]

Da Theodor Storm ebenfalls eng mit der Familie Reventlow befreundet war (siehe dazu den Brief an Paul Heyse) werden Storm und Tönnies viel Gesprächsstoff gehabt haben; denn der junge Wissenschaftler beabsichtigte noch vor der Fertigstellung des Hauses seinen Freund in Hademarschen zu besuchen.

„Hademarschen 25 Oktbr. Abends.

Lieber F., Dank für Ihren Brief und Ihr Besuchsversprechen. Können Sie nächsten Sonntag Mittag (Sie müssen dann um 11 U Vormittag abreisen) kommen und dann wenigstens einen Tag überbleiben? *Nächtigen* müssen Sie freilich in dem trefflichen und altpatriarchischen Gasthofe bei „Mutter Thiessen" uns schräg gegenüber, wo es Ihnen wie dem seligen Spethmann und so vielen Liebhabern älterer Zeit wohl gefallen wird; die Leute sind uns befreundet und verwandt, sintemalen Mutter Thiessen's jüngste Tochter die Frau des jüngsten Bruders von Frau Do ist. Schreiben Sie uns, bitte, ein Wort vorher. Den übrigen Inhalt Ihres Briefes bereden wir sodann; auch die Senators Söhne, denen gegenüber ich dasselbe Gefühl habe wie Sie. Nicht außer acht zu lassen ist jedoch, daß der Stoff etwas Anekdotisches an sich hat, woraus er kaum weiter herauszuheben war, es thut sich von selbst mehr zum leichten Lustspielton; bei 3maligem Vorlesen vor den „verschiedensten" Menschen habe ich jedesmal eine vollständige Wirkung erzielt, was natürlich über den eigentlichen poetischen Wert nicht entscheidet. – Ernst hat wieder am Lungenkatarhh gelegen (nicht sehr schön diese stete Wiederholung) u. hat sehr viel zu thun. Schreiben Sie ihm doch einmal nach Tondern. Und bestellen Sie Grüße von uns allen (Lute ist auch seit vorgestern hier u. heiter und recht wohl) an die Ihren und kommen Sie.
Ihr alter Th. St."[195]

„Thiessens Gasthof" in Hademarschen bewirtschaftete Anna Dorothea Thiessen, geb. Wohlers (1813-1913), genannt: „Mutter Thiessen"

Der Besuch Tönnies´ in Hademarschen, der erst im März 1881, also kurz vor der Fertigstellung des Storm Hauses stattfand, fiel dann doch relativ kurz aus (Karte Storms an Tönnies vom 27.3.1881: „Sehr willkommen!“), weil Tönnies im Begriff war, sich bei Benno Erdmann in Kiel zu habilitieren.

Das Frühjahr 1881 war ausgefüllt mit der Fertigstellung eines Fragments von „Gemeinschaft und Gesellschaft“, das Tönnies als Habilitationsschrift vorzulegen gedachte. Die Schrift bestand aus der Einleitung und den Kapiteln I bis III und ist so nie gedruckt worden.

„An meiner Arbeit bin ich in den letzten Wochen doch etwas tätig gewesen; ich bin insofern zufrieden, als ich für das Ganze wenigstens über den Plan ins Klare gekommen bin, und damit für spätere Fortsetzung ein großes Stück Denkarbeit nebst vielen fragmentarischen Notizen im voraus geschafft habe. Was ich vorlegen werde, sind nur einige wohlbehauene Bausteine; was sie wert sind, kann niemand, der nicht die Literatur dieser Dinge kennt, d.h. niemand in der Fakultät, beurteilen.“[196]

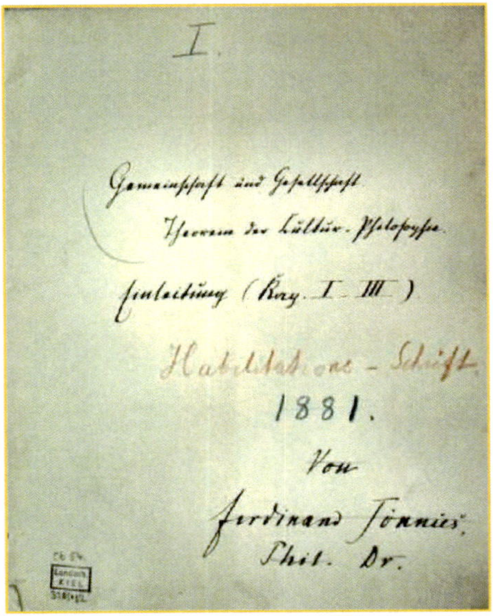

Deckblatt der fragmentarischen Schrift „Gemeinschaft und Gesellschaft“
von 1881, die ursprünglich als Habilitationsschrift gedacht war.
Benno Erdmann (1851-1921) zog die Hobbes-Schriften vor

Mit dieser Beurteilung lag Tönnies absolut richtig. Zwar hatte Tönnies die Abhandlung „Gemeinschaft und Gesellschaft. Theorem der Kultur-Philosophie (Einleitung, Kap. I-III)“

als Habilitationsschrift eingereicht, aber Benno Erdmann veranlasste die Fakultät, die bereits in gedruckter Form vorliegenden „Anmerkungen über die Philosophie des Hobbes" als Habilitationsschrift anzunehmen und knüpfte nur die Bedingung daran, bei einer zukünftigen Buchgestaltung von „Gemeinschaft und Gesellschaft" zu erwähnen, dass der Entwurf der Fakultät vorgelegen habe. Für Tönnies sollte die Habilitationsschrift von „Gemeinschaft und Gesellschaft" nur eine Durchgangsstation auf dem Weg zum eigentlichen Hauptwerk sein. Allein sie erfüllte diesen Zweck nicht, denn Benno Erdmann zog die „Hobbes-Aufsätze" vor. Trotzdem ist sie die erste Fixierung dessen, was später zu den „Grundbegriffen der reinen Soziologie" werden sollte.

Die Probevorlesung, die Tönnies vor der philosophischen Fakultät hielt, hatte „Platons Staat" zum Thema und gelang so vorzüglich, dass der Dekan ihn als zukünftigen „Lehrer der Ethik" an der Universität begrüßte. Damit war Ferdinand Tönnies kurz vor seinem 26. Lebensjahr im Juni 1881 zum „Privatdozenten" (PD) ernannt worden – er sollte es sehr lange bleiben.

Für das Jahr 1881 ist eine kleine Begebenheit vielleicht noch erwähnenswert. Während man, abgesehen vom Briefwechsel zwischen Tönnies und Storm, vergeblich im literarischen Werk Storms nach Spuren seiner Freundschaft zu dem jungen Wissenschaftler forscht, hat sich ein kleiner Spruch Storms für Tönnies´ Schwester Louise erhalten. Louise (manchmal auch Luise geschrieben) hatte sich 1880 mit dem Rechtsanwalt Wilhelm August Boysen verlobt („Uebermorgen bei Feldbergs, wo großer Abend ist, wovon aber Mama u. ich zu Hause bleiben, wird wohl Luise Tönnies´ Verlobung mit Dr. Boysen declariert. Zur Zeit ist es noch Lutes Geheimniß. Die Partie ist ganz nett u. passend", Brief Storms an seinen Sohn Ernst vom 4.1.1880, in: Theodor Storm / Ernst Storm Briefwechsel, hrsg. D. A. Jackson, S. 176). Über die Hochzeit, die zwei Jahre später im Januar 1882 stattfand, schrieb Dorothea Storm an Hans Storm:

Louise Boysen, geb. Tönnies und Wilhelm August Boysen[197]

„Hier in Husum wird bei Tönnies zu einer großen Hochzeit der jüngsten Tochter Louise gerüstet, die mit einem Dr. Boisen, Rechtsanwalt, verheirathet wird; es wird Alles so glänzend, daß es Tagesgespräch ist.“[198]

Theodor Storm schrieb im April 1881 der jungen Braut den Spruch „Die Liebe“ ins Poesiealbum:

„Die Liebe, welch lieblicher Dunst!
Doch in der Ehe, da steckt die Kunst!“

Theodor Storm, der mit dem Schweizer Dichter und Politiker Gottfried Keller (1819-1890) einen aufschlussreichen und interessanten Briefwechsel pflegte, hatte es dem „Staatsschreiber der Republik Zürich“ nie vergessen, dass er dem jungen Tönnies bei dessen Besuch 1880 in Zürich („Heute war der junge Dr. Töniges bei mir [...]“) so wenig Beachtung geschenkt hatte. Was lag für Storm näher, als diesen bei passender Gelegenheit noch einmal ins rechte Licht zu rücken:

„Leid tut es mir fast, daß Sie meinen jungen Freund Dr. Tönnies nicht etwas näher haben kennenlernen; nächst, seinerzeit, Theodor Mommsen ist er der bedeutenste junge Mann, den ich in meinem Leben gefunden habe, und dabei ein Junge, ich weiß nicht, ob „nach dem Herzen Gottes“, aber jedenfalls nach dem meinen; der Intimus meines Juristen und voll treuer Liebe für mich [...]“[199]

Und wenig später:

„Mir und meinem guten Ferdinand Tönnies, der im März [1882] mit seiner Schwester, einer trefflichen Sängerin, eine Zeitlang bei uns war, hat die unfreiwillige Komik dieses Dichterfürsten einen heiteren Abend gemacht, als ich vorlesend (S.45) an die ungeborenen Kinder kam, sagte er ganz wehmütig: „Ach, nu kann er die armen Stackels auch nicht mal in Frieden lassen!“[200]

Der 64. Geburtstag am 14. September 1881, und damit der erste, den Storm in seinem neuen Haus feiern konnte, sah einen besonderen Gast: Den Dichterkollege und Duzfreund Paul Heyse aus München. Storm, der von der Absicht Heyses wusste, an der Ostsee eine für seine Gesundheit dringend notwendige Kur anzutreten, lud den Partner seines wohl wichtigsten Briefwechsels für ein paar Tage nach Hademarschen ein.[201]

Paul Heyse
1870

Theodor Storm, der den späteren Nobelpreisträger für Literatur (1910) im Winter 1853/54 im Kreise von Heyses Schwiegervater Franz Kugler[202] in Berlin kennen gelernt hatte, sah dem Besuch mit großer Freude entgegen.[203] Aber auch Ferdinand Tönnies lernte den viel gelesenen Autor kennen. Bereits am 29.8.1881 hatte Storm an Heyse geschrieben: „Solltest Du auf Sylt mit Dr. Ferdinand Tönnies zusammengetroffen sein, so würde das mich freuen". Worauf Heyse am 1.9.1881 antwortete: „Deinen Tönnies habe ich auch schon gesprochen u. Gefallen an ihm gefunden. Nun will ich mich etwas näher mit ihm befreunden." In der Tat war dies im September möglich: „Um 4 Uhr wieder abgefahren [von Apenrade], um 7½ in Husum von Tönnies u.s. Freunde Paulsen empfangen. Noch lange durch die dunklen Giebelstraßen mit ihnen gewandelt, dann in Thoma´s Hotel zu Nacht gegessen, gut geschlafen". Heyses „Reisetagebuch" fährt fort: „Um 9 holen Tönnies u. Paulsen mich ab. Gang durch u. um die Stadt [Husum], Besuch im Haus Tönnies, in der schönen Veranda, deren Glasdach einen Weinstock voller Trauben behütet. Um 11 fort [...] Um ½ 3 in Hanerau, Briefe von der Post geholt, dann Storms unerwartet ins Haus geschneit. Den Tag traulich verplaudert."[204] Paul Heyse blieb bis zum 16. September im Stormschen Haus und für beide waren es „unvergeßliche Tage" (Heyse).

Im März 1882 konnte sich Ferdinand Tönnies von seinen Lehrverpflichtungen freimachen und brach mit seiner Schwester Elisabeth zu einem vierzehntägigen Aufenthalt nach Hademarschen auf [siehe S. 88 den zitierter Storm Brief an Keller vom 20. April 1882]. Über diesen Ausflug schrieb er an Paulsen u.a.:

„Neulich war ich 14 Tage in Hademarschen, zuerst eine Woche bei dem Bruder von Th. Storm, der dort ein Holzgeschäft betreibt mit einem Sohne, der mir ein lieber Schulkamerad gewesen ist; dann nach einem Kieler Ausfluge an ein paar Tagen bei Th. Storm selber, der sich dort an der Landstraße auf einem sandigen Hügel an kahler Stätte ein von außen sehr häßliches, aber zum Wohnen sehr behagliches Haus gebaut hat. Die Gegend ist sehr anmutig, großes Holz in der Nähe, unfern auch der Schloßpark von Hanerau; ich habe recht das ländliche Dasein genossen. Es ist das einzig Wahre!"[205]

Tönnies´ Negativurteil, was das Äußere der Storm-Villa anging, wurde von so manchem Betrachter geteilt:

„Von außen ist das Haus freilich nicht schön geworden, ein großer Würfel an dessen Südostseite Veranda und Terrasse liegen und der an den Wetterseiten mit Schiefer bekleidet ist. Ein junger Vetter der vom Politechnikum aus Hannover uns zu besuchen kam, nannte es eine architektonische Sünde; aber was kümmerte das uns, es ließ sich doch so schön in dieser Sünde leben."[206]

Theodor Storm hielt für jeden Besucher seines Hauses, so auch für Tönnies, eine „Spaziergangsüberraschung" bereit. Gertrud Storm berichtet darüber in ihrem Buch „Mein Vater Theodor Storm":

„[Aber] nachmittags nach dem auf der Terrasse eingenommenen Tee führte Storm seine Gäste durch das anmutige Dorf Hanerau ins Gehölz und zu dem mitten im Walde gelegenen Mennonitenkirchhofe. Niemand durfte vorher diesen stillen Friedensplatz verraten."[207]

In der Tat findet sich in Hanerau-Hademarschen inmitten alten Baumbestandes ein zum Gut Hanerau gehörender Waldfriedhof.[208] Allerdings handelt es sich nicht, wie Gertrud Storm schreibt, um einen „Mennonitenkirchhof", sondern um den einzigen Herrnhuter Gottesacker in Schleswig-Holstein. Bei der „Herrnhuter Brüdergemeine" (nicht Gemeinde!) oder „Erneuerte Brüder Unität" handelt es sich um eine aus dem Pietismus und der böhmischen Reformation herkommende christliche Glaubensbewegung innerhalb der protestantischen Kirche (Kirchlein in der Kirche). Sie ist der EKD angegliedert, ist aber auch Gastmitglied der „Vereinigung Evangelischer Freikirchen".

Am 19. Mai 1993 wurde auf dem Waldfriedhof in Hanerau das vom Dipl.-Bildhauer Werner Löwe aus Heiligenstadt (rechts in seinem Atelier) geschaffene Storm-Denkmal eingeweiht

Der beim Denkmal angebrachte Satz stammt von Hermione von Preuschen, die den Dichter 1886 in Hademarschen besuchte[209] (Aufnahmen von 2008)

„Zwei Jahre später sollte ich für drei Monate nach Sylt. Und da machte ich den längst geplanten Besuch in der neuen Heimat des Dichters und verlebte in dem grünen Idyll, in der gesegneten Marschgegend [es handelt sich allerdings um die Geest], sehr stimmungsvoll freundliche Tage [...] dann schlenderten wir durch den herrlichen herrschaftlichen Park von Hanerau, mit tief geheimen Gründen á la Eichendorff, und er erzählte wieder mit seiner verschleierten Stimme von allen Träumen seines scheinbar so ruhig nüchtern dahinfließenden Lebens. *Und dann wies er mir die Stelle auf dem Kirchhof, hoch auf einem Graswege, unter schattigen Bäumen, wo er einstens ruhen wolle, einst!* Ich sollte ihn nicht wiedersehen, zwei Jahre darauf ist er gestorben."[210]

Der 1805 vom damaligen Gutsherrn Johann Wilhelm Mannhardt nach Ordnung der Herrnhuter Brüdergemeine angelegte Friedhof ist in sechs Felder eingeteilt. Der breite Mittelweg trennt die Geschlechter. Im oberen Drittel liegen Verheiratete, ihre Grabstellen angeordnet im Spiegelbild. Die beiden mittleren Felder waren anfänglich nur für Jünglinge und Jungfrauen vorgesehen, die unteren für Kinder. Alle Entschlafenen schauen nach Osten zum Sonnenaufgang (Aufnahmen von 2008)

Der junge Privatdozent Ferdinand Tönnies hatte vor seinem Besuch bei Storm in Hademarschen ebenfalls eine räumliche Veränderung vorgenommen, allerdings in einem kleineren Ausmaße verglichen mit seinem Freunde.

Die äußerliche Veränderung, die Tönnies in Kiel vornahm, war der Umzug von Düsternbrook 52 nach Düsternbrook 9 „in", wie Tönnies schreibt, „das hübsche Haus bei Frl. Lotte Hegewisch, der Tochter eines im Lande sehr angesehenen Arztes und Professors".[211] Charlotte Hegewisch (1822-1903) führte in Kiel das, was man einen „Salon" nannte. Neuankömmlinge in Kiel, die sich zu einer Besuchsrunde bei Professoren verpflichtet sahen, pflegten auch ihr ihre Aufwartung zu machen. Tönnies hatte Lotte Hegewisch bei den Reventlows in Husum kennen gelernt und sogleich ihre Sympathie und eine neue Unterkunft gewonnen. Dass Tönnies an den Wochenenden, die er stets in Husum verbrachte, häufig bei den Reventlows Aufwartung machte, hing natürlich mit Agnes von Reventlow zusammen, der Tönnies´ ganze Aufmerksamkeit galt. Diese „Liebe" wird später in eine lebenslange Freundschaft münden.

Die Geschwister Karl, Franziska, Agnes, Ernst und Ludwig zu Reventlow (v.l.n.r)

Das Sommersemester 1882 an der Kieler Christian-Albrechts-Universität begann für Ferdinand Tönnies mit Vorlesungen. Voller Sarkasmus stellte er fest: „Ich las über „Naturrecht vor etwa acht aufmerksamen Zuhörern."[212] Zugleich hielt Tönnies eine Übung über das erste Buch der Politeia ab. An Paulsen schrieb er:

„Wenn ich aus tiefstem Gemüte von dem widerwärtigen Universitätswesen geredet habe, so siehst Du sogleich, daß mich das Vorlesungenhalten nicht versöhnt hat oder ich mich mit diesem nicht ausgesöhnt habe, was auch niemals geschehen wird. Es ist gegen meine Natur. Zuhörer waren anfangs 7 vorhanden, dann 4, einmal 5. 4, obgleich jetzt in anderer Zusammensetzung, werden wohl bleiben; außerdem kam einer mit seiner Quittung bei mir an, der noch gar nicht da gewesen ist, ein Soldat, ich werde ihm das Geld zurückschicken."[213]

Die Kopenhagenfahrt, die Tönnies nach dem Sommersemester 1882 unternahm, vergrößerte die Distanz zum ungeliebten Dozentendasein. Voller Interesse besichtigte er in der Nähe der dänischen Hauptstadt eine Blindenanstalt und stellte befriedigt fest, dass nur hier „der Pädagoge, Psychologe und Soziologe lernen kann".

Das Wintersemester 1882/83 ähnelte dem vorangegangenen insoweit, als sich die Hörerschaft nicht wesentlich vergrößerte. Tönnies las über Spinozas „Ethica" (größtenteils in seiner Wohnung). Die ebenfalls angebotene Übung über Platons „Protagoras" kam wegen mangelnder Nachfrage nicht zustande. Aus der Spinozavorlesung ging die 1883 in der „Vierteljahresschrift für wissenschaftliche Philosophie" veröffentlichte „Studie zur Kritik des Spinoza" hervor. Dass Tönnies neben seinen sonstigen Tätigkeiten beständig las, bedarf kaum der Erwähnung. Neben Karl Marx (1818-1883), Otto von Gierke (1841-1921) und Henry James Sumner Maine (1822-1888), die er immer wieder zur Hand nahm, war dies insbesondere Albert Schäffles (1831-1903) „Bau und Leben des sozialen Körpers".

Im Dezember erreichte Tönnies ein Brief von Theodor Storm, der bereits den gesundheitlichen Leidensweg Storms andeutet:

„Mein lieber und Getreuer! Hademarschen, 5. Decbr. 82

Ich habe den schlechtesten Sommer meines Lebens hinter mir; eine Verdauungsschwäche und die schmale Kost nebst Karlsbader, wodurch sie curirt werden sollte, brachten mich körperlich u. geistig herunter; ich war so mager, daß man Mützen auf meine Knochen hängen konnte, was, Gott sei Dank, jetzt auch der größte Künstenmacher nicht mehr fertig bringen würde. Erst im Herbste als ich der nicht zu schweren gewöhnlichen Kost, Vormittags ein geschlagenes Ei (Weiß und Gelb mit Zucker) und Abends beim Zubettgehn ein tüchtig Glas fette Abendmilch zusetze, kam ich sofort wieder auf die Beine. In meinem Elend u. meiner fehlgehenden Enthaltsamkeit war ich Mitte Sommer reichlich 14 Tage bei Ernst in seinem alten Spuckhause in Toftlund[214], das übrigens mit seinem Wäldchen, das sich unmittelbar dem Dorfe anschließt, u. seinen Fernsichten auf die wellenförmigen

Bodenerhebungen im Sonnenschein des Sommers mir sehr traulich erschienen ist; ein paar ganz nette Menschen beiderlei Geschlechts, sogar eine Schönheit im weiblichen, sind auch da; nur fehlte freilich das Letzte an Menschen, dessen man bedarf; aber wo fehlte es nicht! Für den Sommer schwebt unserm guten Ernst so etwas wie eine Heirath vor; wenn nur der Ehrensold nicht gar so schmal wäre oder wenn nur sein Vater den Beutel des Ihrigen hätte!
Von Hans stets heitere u. zufriedene Briefe; wir schicken ihm heute zu seiner Freude ein gutes schles. holst. Bett; die Decken im Spessart sind für einen Asthmatiker zu schwer auf der Brust; Karl kränkelt leider, kommt aber doch wohl zu Weihnachten. In Heiligenhafen, wo jetzt Elsabe ist, bin ich Großvater einer Enkelin geworden. Aber – was erzähl ich das Alles! Sie reisen ja zum Fest nach Hause u. richten es natürlich so ein, daß Sie tour oder retour bei uns einen Rasttag machen, jetzt ist auch Quartier bei uns. Wir erwarten also sicher Ihre Anmeldung.
Mein „Hans Kirch", den Sie jetzt wohl gelesen haben, hat mir theils begeisterte Zurufe (Heyse, Reventlow, Groth) zugebracht, theils neben solchen so nachdenklich betrachtende und eingehende Bedenken (Wilh. Jensen, Erich Schmidt, Schleiden), daß ich denn doch getrost annehmen darf, das Werk, wie es da ist, sei, nach Stifter´s Forderung, jedenfalls doch „einer Abendrede werth". Was will so ein alter Bursche, wie ich denn mehr!
Und nun genug für dießmal; meine Frau mit besonderem Dank noch für Ihre Geburtstagskarte, sowie Dette und Dodo – mehr sind nicht zu Haus – grüßen herzlich!
Auf baldig Wiedersehn! Ihr Th. Storm.
Empfehlen Sie mich auch Frl. Hegewisch und Frl. Witzleben, falls Sie begänge [falls Sie sie sehen] mit den Damen sind."[215]

Der junge Privatdozent
Ferdinand Tönnies 1880
mit 25 Jahren

Im Mai 1883 traf Tönnies ein schwerer Schicksalsschlag. Am Nachmittag des 8. Mais verstarb infolge einer Herzlähmung im 62. Lebensjahr sein geliebter Vater August Ferdinand Tönnies.

† † †

Heute Nachmittag 2½ Uhr entschlief plötzlich aber sanft nach langer Krankheit in Folge einer Herzlähmung

August Ferdinand Tönnies

in seinem 62. Lebensjahre, auf's Tiefste betrauert von den Hinterbliebenen

Frau Ida Tönnies, geb. Mau.
Johannes Tönnies und Braut.
Wilhelm Tönnies auf Westerholz.
Dr. Ferd. Tönnies, Privat-Docent, Kiel.
Elisabeth Tönnies.
Ida Tönnies.
Louise Boysen, geb. Tönnies.
Dr. jur. W. Boysen, Flensburg.
August Tönnies.

Vor Husum, den 8. Mai 1883.

Die Beerdigung findet Sonntag, den 13. Mai, Mittags 12 Uhr statt.

August Tönnies starb 1883

Tönnies´ Brief an Friedrich Paulsen zeigt die ganze Trauer über den Verlust des Vaters:

„Mich hat ein schweres, wenn auch nicht unerwartetes, doch plötzliches Geschick getroffen. Mein guter Vater ist heute gestorben [...] er ist uns ein treuer Vater gewesen von unerschöpflicher Herzensgüte, welche auch alle erfahren haben, die ihm nahe kamen. Der Verlust trifft uns jetzt um so erschütternder, da zu gleicher Zeit unser Onkel Gert am Typhus so schwer daniederliegt, daß ich eben heute, den ganzen Tag lang, mit angstvoller Spannung auf die letzte Nachricht mich gefaßt machte und bei jedem Erklingen der Hausglocke zusammenfuhr, als ob der traurige Bote sogleich eintreten müsste [...] Es trifft mich dieser herbe Schmerz gerade in einer Epoche, wo ich immer das Gefühl habe, als müsse sich eine große Scheidewand erheben zwischen meiner Vergangenheit und kommender Zeit.“[216]

Das Schicksal wollte es, dass nur fünfzehn Stunden später der an Typhus erkrankte Bruder von August Tönnies, Gert Cornils Tönnies, im 69. Lebensjahr starb. Die Brüder wurden gemeinsam am 13. Mai beerdigt.

„Das war jetzt eine bewegliche Zeit in Husum, ich bin noch ganz kaputt davon [...] Ich hatte in Gedanken, wenn ich gefaßt war, meinen Vater bald zu verlieren – was im vorigen Sommer sich erwarten ließ, jetzt aber gerade gar nicht –, darauf immer gerechnet, daß wir den prächtigen Onkel Gert behalten würden. Aber er war ein eigener Kauz; er hatte das Gefühl, es schicke sich nicht, daß er seinen jüngeren Bruder, den Familienvater, der immer bis auf die letzten 2 Jahre gesünder gewesen war als er, daß er diesen überlebe. So ist er denn 15 Stunden später, nach langem Todeskampf, auch abgefahren. Er war ein ungewöhnlicher Mensch; er gehörte ganz mit zu meiner Freude am Leben. In diesem Zeitalter werde ich nicht mehr seinesgleichen sehen."[217]

Doch der Schicksalsschläge waren es noch nicht genug. Am 14. Juni 1883 teilte Paulsen Tönnies mit, dass seine Frau Emilie Paulsen, geb. Ferchel, während eines Kuraufenthaltes in Pyrmont verstorben war.

Leider haben sich die Briefe, die Tönnies und Storm während dieser für den jungen Wissenschaftler so schweren Zeit zweifellos gewechselt haben, nicht erhalten. Im Brief Storms an seinen Sohn Ernst vom 12. Mai 1883 heißt es nur: „Daß die beiden Brüder Tönnies am Mittwoch Mittag mit einander begraben werden, Onkel Gert am Typhus gestorben, wirst Du durch unmittelbare Anzeige wissen." (David A. Jackson, S. 259).

Ferdinand Tönnies hatte zunächst, bedingt durch den Tod seines Vaters und den Tod seines „Lieblingsonkels", etwas den Boden unter den Füßen verloren. Selbst die ansonsten auf seine Psyche so einflussreichen Freunde wie Storm und Paulsen vermochten ihn nicht zu trösten. Zwar brachte eine Reise nach Flims in den Schweizer Kanton Graubünden eine gewisse Zerstreuung, aber die Abenteuer, die er dort mit den Philosophen Friedrich Nietzsche und Paul Rée und deren „Muse" Lou Salomé erlebte, trugen nicht unbedingt zur Beruhigung seines Gemütes bei.[218]

Nur allmählich glätteten sich die Wogen und Tönnies fand zu seinem alten Rhythmus zurück: In der Woche Vorlesungen in Kiel, an den Wochenenden nach Husum zur Familie, was allerdings jedes Mal und noch für sehr lange bedeutete, an den Verlust des Vaters erinnert zu werden.

Auch Storm hatte, was seine Besuche in Husum anging, einen Rhythmus gefunden, die so genannte „Storm-Saison". Darunter ist zu verstehen, dass Storm jedes Jahr (neben anderen Besuchen in Husum) 14 Tage in Husum „am Stück" verbrachte. Er logierte dabei i.d.R. im Husumer Schloss, das sein Freund der Graf Reventlow bewohnte, oder im Hause des Bruders Aemil Storm. Natürlich besuchte Storm auch seinen Freund Ferdinand Tönnies, der darüber Friedrich Paulsen berichtete:

Hans Storm (1848-1886)
Hannemann
(Arzt)

Ernst Storm (1851-1913)
Ernemann
(Rechtsanwalt)

Karl Storm (1853-1899)
Losche
(Musiklehrer)

Lisbeth Storm (1855-1899)
Lite

Theodor Storm
anno 1884

Lucie Storm (1860-1935)
Lute

Elsabe Storm (1863-1945)
Ebbe

Gertrud Storm (1865-1936)
Dette
(Schriftstellerin)

Friederike Storm (1868-1939)
Dodo, Tute

Gerrit Tönnies (1898-1959)
Gerrit
(Dr. chem.)

Franziska Tönnies (1900-1997)
Fränzi
(Soziale Frauenschule)

Jan Tönnies (1902-1970)
Janti
(Dr. Ing. Dr. med. h.c.)

Ferdinand Tönnies
anno 1935

Carola Tönnies (1904-1978)
Nulle
(Mittelschullehrerin)

Kuno Tönnies (1907-1963)
Honike
(Rechtsanwalt)

„Eben war der alte Theodor Storm bei mir, der wie alle Jahre 14 Tage in Husum sich aufgehalten hat, morgen wieder heimreist. Er hat mit großem Genuß in diesen Tagen Deinen Aufsatz über Schopenhauer gelesen, den ich ihm gegeben hatte; bewunderte die Knappheit und Kraft der Diktion, wie alles zur Sache gesagt sei. – Ich fragte mich, als er von mir ging, wie lange wird wohl diese sommerliche Natur uns noch blühen? Die junge Generation ist so eintönig und so hart."[219]

Das Jahr 1884 war sowohl für Theodor Storm als auch für Ferdinand Tönnies mit Reiseplänen angefüllt. Während mit der Reise in die Reichshauptstadt Berlin für Storm zahlreiche anstrengende Besuche anstanden („Wie ich da durchkommen soll – Theod. Mommsen, Prof. Paulsen, Geheim. Justizrath Delius, Ad. Menzel, Fontane, Zöllner, Pietsch, Paetel, Wilhelm Hertz, Ludw. Löwe etc." – Storm an Heyse 28.3.1884), unternahm Tönnies seine zweite Englandreise, die weitere „Entdeckungen" über den Staatsphilosophen Thomas Hobbes zu Tage förderten.[220] Nach nochmaligem Vergleichen seiner Abschriften der „Elements", des „Behemoth" und der kleineren Schriften des Hobbes im „British Museum" konnte Tönnies mit sauberen Druckvorlagen auf die Suche nach einem englischen Verleger gehen. In Oxford wurde Tönnies schließlich fündig. Durch die Empfehlung des Professors für Philosophie und ebenfalls „Hobbes-Forschers" George Croom Robertson (1842-1892)[221] wurde Tönnies mit dem Verleger James Thornton bekannt, der bereits früher eine Studienausgabe des „Leviathan" herausgebracht hatte. Es sei hier schon vorweggenommen, dass die Wahl des Verlegers wenig glücklich war und Quelle so manchen Kummers für Tönnies werden sollte.

Georg Croom Robertson, der u.a. in Deutschland studiert hatte und damals 36 war, stellte sich als ein liebenswürdiger Kollege heraus:

„Bei Croom Robertson war ich am Dienstag zum abendlichen Mittagessen, fand einen sehr angenehmen Mann [...] Seinen Plan einer großen (Hobbes) Biographie scheint er fallen gelassen zu haben. Er nannte meinen Artikel [Anmerkungen über die Philosophie des Hobbes] mit Nachdruck „very good indeed", so daß Du denken kannst, was für einen guten Eindruck er auf mich gemacht hat."[222]

Robertson hatte 1881 in der „Encyclopaedia Britannica" einen Hobbes-Artikel verfasst, der Tönnies nicht entgangen war. Tönnies stellte Robertson sein reiches Material über Hobbes zur Verfügung, aus dem ein 1886 veröffentlichtes Bändchen über Hobbes in den „Philosophical Classics" entstand. Durch Robertson machte Tönnies die Bekanntschaft des Spinoza Kenners und bedeutenden Juristen Sir Frederick Pollock (1845-1937) und der Familie Davies, zu der sich eine freundschaftliche Beziehung entwickelte.

Die Druckzusage des Verlegers Thornton in Oxford führte zwar dazu, dass die beiden Bände („Elements of Law" und „Behemoth") im folgenden Jahr gedruckt wurden, aber der Verleger rührte weiter keinen Finger und ließ alle Anfragen von Tönnies unbeantwortet.

Zunächst aber fuhr Tönnies in dem Glauben wieder nach Deutschland zurück, dass die Dinge auf den Weg gebracht waren und zu einem guten Schluss kommen würden. Allerdings fuhr er nicht nach Kiel, wo man seiner Lehrtätigkeit harrte, sondern zu seiner Mutter ins Kavaliershaus, das nun „still und trübe“ geworden war. Während langer „Deichspaziergänge“ notierte Tönnies seine Empfindungen in seine Merkbücher, die von großer Innigkeit mit der heimatlichen Natur sprechen:

„Am Deich. Mir fehlt hier nichts als ein vollkommener Freund, ein Zeit und Gedanken habender, mit dem sich die geheimnisvolle Schönheit dieser Gegend, die Meeresstille und das Abendrot, das einsame Vogelrufen zur Ebbezeit und die Gewalt der Flut im Drange der Windsbraut – ganz genießen lasse. Zwischen Hockensbüll und Hattstedt. Des unvergleichlichen Zaubers dieser Natur, einst im ekelhaften Dunst des zur Schule-Gehens nicht erkannt, später oft mit Blicken genossen, die durch Sorgen und Schwermut getrübt waren, werde ich jetzt alle Tage mehr inne. Feierlich, feierlich ist alles um mich her. Ich schreibe dies im herbstlichen Abend, am Landwege zwischen den Wällen, Mücken umsummen mich, aus der Ferne tönt das Blöken der Schafe, vor mir leuchtet ein milder gelber Glanz von der untergegangenen Sonne, höher hinauf zu einem roten Schimmer verdichtet, zur Linken das sanfte, bläulich-rot angehauchte Gewölk in einer langen Bank, von vielen schmalen Streifen überwölkt; hinter mir, wie ein Stück Sage, die ernsten grauen Häuser, dort eine Mühle, ganz von weitem eingehüllt die Stadt, zu der ich zurückkehre. Groß und reich ist diese Einsamkeit.“[223]

Und seitab liegt die Stadt ...

Auch Theodor Storm hatte inzwischen seine „Berlinreise" beendet. Seinem Brief an Keller ist sowohl die Freude über die ihm geschenkte Aufmerksamkeit als auch eine beträchtliche Erschöpfung anzumerken:

„Ich war in 18 Jahren nicht in Berlin gewesen, wo ich einst studiert, und in dessen Nähe ich ja von 1852 an, in Potsdam, drei Jahre lang gelebt habe. Ich habe dort fast zu viel Bekannte, Gelehrte, Künstler, Poeten, hohe Beamte, Industrielle, und habe noch mehr diesmal gemacht, bin aber gleichwohl doch mit leidlich heiler Haut nach Haus gekommen, so daß ich noch die silberne Hochzeit meines Bruders in Husum bestehen konnte. Daß die Presse mich dort etwas angefeiert, haben Sie vielleicht gelesen; ich suchte vergeblich abzuwehren, weil, unter uns gesagt – die Berliner Literaten mir nicht eben sympathisch sind."[224]

Am 26. Juli 1884 konnte Ferdinand Tönnies seinen 29. Geburtstag feiern. Einer der (postalischen) Gratulanten war Theodor Storm:

„Lieber Freund Ferdinand, Hademarschen, 23 Juli 84.
mit demselben Zuge, mit dem heute morgen Ihre Karte kam, ist unser Karl, ohne sie erhalten zu haben, nach Toftlund zu seinem Bruder, auch zur dortigen Taufe abgedampft. Zu Ihrem Geburtstag unsere besten Wünsche, ich hab ihn jetzt in meinem Kalender notiert. Unter drei in dem weitläufigen Berlin versäumten Besuchen liegt mir auch der bei Paulsen schwer auf dem Herzen. Der Himmel weiß wie, aber ich konnte nicht zu Allem kommen. Sehen wir Sie noch hier und wann? Montag od Dienstag reise ich auf 8 Tage nach Schleswig und Damp. Grüßen Sie Ihre Mama und Ida recht herzlich von uns allen, wie auch sich selber.

Ihr Th. St."[225]

Mit Bedauern muss hier erneut angemerkt werden, dass sich im Gegensatz zu Tönnies, der gewissenhaft die Briefe Storms aufbewahrte, Storm kaum systematisch seine Korrespondenz archivierte. So haben sich i.d.R. nur die Antworten auf Tönnies´ Briefe oder Karten erhalten.

„Hademarschen 13/10.84.

Dank, lieber Freund Ferdinand, für Ihren Geburtstagsbrief; Sie hätten nur selber kommen sollen. Morgen reise ich nach Hamburg, wo ich dießmal bei Frl. Hallier (Schleiden´s Nichte) Borgfelderstr. 75 logire. Am 15ten hoffe ich Sie u. Ihren Bruder zum Polterabend bei Frl. Esther Hague, Holzdamm 5, und am 16ten bei der Hochzeit zu sehen. Also bis dahin! Mit Gruß von Mama und Schwestern. Ihr alter Th. Storm."[226]

Die Novelle *„Zur Chronik von Grieshuus"*, die 1884 in „Westermanns illustrierte deutsche Monatshefte" in Fortsetzungen zu erscheinen begannen (beim Verlag Gebr. Paetel auch in Buchform), kennzeichnete einen erneuten Höhepunkt Stormscher Erzählkunst.[227]

Begeistert über die Wucht der Erzählung schreibt Paulsen Weihnachten 1884 an Tönnies:

Die Novelle wurde 1924 (Deutsche Erstaufführung 11.2.1925) als Stummfilm von Arthur von Gerlach (Regie) mit Lil Dagover (Bärbe), Rudolf Forster (Junker Detlev) und Paul Hartmann (Junker Hinrich) erfolgreich verfilmt

„Das ist das Meisterstück von Storms Erzählkunst, eine wunderbare Geschichte, die von Grieshuus: es geht einem zu Leibe, als wenn man es selbst um Mitternacht am Herd von der alten Matten erzählen hört. Ganz erstaunlich ist alles, die Verknüpfung des Vergangenen mit dem Gegenwärtigen, Erlebten, die ergreifende Wahrheit der Schilderung der Gegend, des Himmels, des Wetters, die Tiefe der Charakteristik in den wenigen Strichen, nicht bloß der Hauptpersonen, sondern auch der andern, der Frau des Detlef, des alten Pastors. Und ganz herrlich ist die Sprache. Mir ist immer, als ob es der Inhalt eines uralten Volksliedes wäre, so geheimnisvoll-offenbar sind die großen menschlichen Erlebnisse, ihr Wille und ihr Schicksal, darin ausgesprochen. Hab herzlichen Dank für die große Freude, die Du uns damit gemacht, wir haben es gestern und heut gleich gelesen [...] Eben lese ich in der Voß die beiligende Anzeige von Grieshuus und lege sie Dir als Probe hegelischer kritischer Notdurft bei.“ [228]

Die Antwort von Ferdinand Tönnies auf diese Paulsensche „Storm-Eloge“ ist es ebenfalls wert, zitiert zu werden:

„Wie anders wird einem schon zumute, wenn so eine neue Generation unter oder doch neben uns auftaucht! Jedoch wollen wir gerade an des Dichters Beispiel, dessen schönes Werk, wie ich erwartet hatte, Dich so tief angefaßt hat, lernen, wieviel es wert ist, gute Kraft in ein sinniges Alter hinüberzuretten; wenn es uns zuteil werden möge. Theodor Storm ist gerade hier, wie alle Jahre zu dieser Zeit, und ich las ihm gestern aus Deinem Briefe, was ihm sehr zu Herzen ging; auch die gedruckte Rezension war ihm willkommen, da er sonst dergleichen nicht zu sehen bekommt."[229]

Eines der seltenen Fotos, die Theodor Storm (hier mit seiner Familie und Freunden) vor dem Haus in Hanerau-Hademarschen zeigt. Das am 7. Juli 1886 entstandene Bild[230] zeigt von links nach rechts: Bedienstete (Köchin?) sitzend Friederike, Lisbeth und Gertrud, dahinter stehend Karl Storm, stehend die Verlobte von Carl Scherff, dann wieder sitzend Carl Scherff und Dorothea Storm, neben ihr Theodor Storm. Im Vordergrund die Töchter von Lisbeth Haase Lisbeth und Constanze, daneben eine Bedienstete (Hausmädchen?)
Storm: „Ich sagte zu Dodo [Friederike] sie sollte nach den Baumwipfeln sehen."

In der Tat schafft es der „Meistererzähler" Storm, trotz des pessimistischen Zuges in der Novelle, mit wenigen Sätzen eine eigentümliche Stimmung zu schaffen, die dann einen ganzen Kosmos an Geschichte folgen lässt.

„Grieshuus" soll aber auch, so Roland Borgards, eine „Ausrottungsgeschichte des Wolfes" transportieren:

„Storms Chronik-Novelle von 1884 erzählt, scheinbar nebenbei, im Rückblick auf das späte 17. und frühe 18. Jh. vom Ausrottungskampf gegen den Wolf und präsentiert diesen Kampf als Figuration staats- und strafrechtlicher Problemlagen, die nicht nur für die erzählte Zeit, sondern auch für die Zeit der Erzählung von zentraler Bedeutung sind. Erzählbar wird durch diese Ausrottungsgeschichte ein paradoxes Verhältnis von Gewalt und Kultur: Kultur arbeitet an dem Ausschluss von Gewalt (am Ausschluss der Bestie, des Bösen, des Feindes, auch am Ausschluss der menschlichen Wolfsnatur aus dem Menschen) und bleibt dabei zugleich konstitutiv auf diese Gewalt bezogen.“[231]

Mit dem „Grieshuus“ erfuhr Storm ansonsten ungeteiltes Lob. Fontane schrieb gar: „[...] es ist wohl das Schönste, was Sie geschrieben haben. Storm hoch!“ Es verwundert nicht, dass Tönnies ebenfalls in diesen Chor einstimmte. Die Antwort Storms lässt es jedenfalls vermuten:

„Hademarschen 26 Dezbr 84.

Ihr Brief, lieber Freund Ferdinand, hat mir eine rechte Freude gemacht. So sind denn alle Freunde einig, daß ich dießmal gut davon gekommen bin. Keller schrieb mir neulich: „Jetzt habe ich das Büchlein gleich hintereinander weggelesen, und zwar nicht aus kritischer Neugierde, sondern zu meiner wirklichen Erbauung, und ich danke Ihnen nochmals für diesen schlanken Hirsch, den Sie mit ungeschwächter Kraft auf Ihren alten Haidegründen gejagt haben.“ Auch Fontane, mit dem ich nicht in Correspondenz stehe, schrieb mir den feierlich beschlossenen Dankbrief der ganzen Familie, etc.
Eine kleine Genugtuung brachte mir dieser Tage auch ein Brief von Erich Schmidt; er schrieb: „Mit Wilh. Scherer hatte ich neulich, als er hier war, einen kleinen Disput über Geibel; daß er in seiner Rede einen Vergleich zwischen Bismarck als Reichsschöpfer und dem Zeus, aus dessen Haupt Athene entspringt, ausdrücklich „geistreich“ nenne, während doch jeder Oberlehrer dergleichen Wendungen beim Sedanfest produzire. – „Ja“, meinte er, „gewiß; wäre Geibel nicht vielfach trivial, so wäre er nicht populär.“ Und er fügte sogleich, ohne daß ich Ihren Namen nannte hinzu: „gegen Stormsche Lieder kann freilich die ganze Geibelsche Lyrik nicht von fern aufkommen.“
Aber das wurde entre deux [unter vier Augen] geredet; und in allen öffentlichen Aeußerungen heißt es: in Geibel ist der letzte deutsche Lyriker begraben; und Gottschall´s Trumpf, daß meine Lyrik Nipps auf Damentischchen sei, wurde in dem damals viel gelesenen u. die Mittelklasse beherrschenden Literaturblatt gelesen, acceptirt und lachend oder achselzuckend nachgesprochen. – Der Welt Lauf! Freilich, ich bin vielleicht nirgend trivial.
Cornil´s ehrliche Anhänglichkeit an meine Poesie ist mir wohlbekannt, und auch lieb und werth. Doch nun genug von mir und das Uebrige in Husum. Grüßen Sie die Ihrigen von mir und uns Allen u. danken Sie Lisbeth für ihren freundlichen Brief.
Karl, der übrigens doch noch 18 St. in Varel hat, geht nun Sonntag, so daß er 12 Uhr Mittag ankommt, nach Tönning zu seinem Freund Theodor Petersen, der dort ja Lehrer ist; *es wäre ihm sehr lieb, wenn Sie auch dorthin* kämen u. ihn dort aufsuchten. Petersen ist in

der Sache schon thätig, auch bei mir gewesen. Die Aussichten sind dort nicht besonders, wiedrige Concurrenz, schlechte Preise, geringe musikalische Ansprüche des Publicums. Aber er will doch einmal sich die Sache ansehen.

Ihr Theodor Storm."[232]

Nach dem großen Wurf der „Chronik von Grieshuus" hatte Storm die, wie er Heyse schrieb, „Kleinigkeiten „Es waren zwei Königskinder" und „John Riew"[233] folgen lassen.

„John Riew-Haus"
in Hanerau-Hademarschen
Mannhardtstraße 27
(Aufnahme von 2008)

Mit einer Beschreibung des „Riew-Hauses" lässt Storm die Novelle „John Riew" beginnen, die wohl am innigsten von allen Storm-Novellen Hanerau-Hademarschen beschreibt:

„Mein Haus steht auf dem Lande, in einer holzreichen Gegend zwischen einem Kirchdorf und einem kleinen, in breiten Kastanienalleen fast vergrabenen Orte, welcher allmählich um einen Gutshof aufgewachsen ist, von beiden kaum zehn Minuten fern. Fast täglich mache ich nach rechts oder links meinen Spaziergang, und im Frühling und Sommer ergötzt mich dann das Leben, das hier aus den Bauerngehöften, im Orte aus den kleinen Häusern der dort wohnenden Handwerker oder Handelsleute auf den Weg oder in die Vorgärten hinausdringt; die Kinder des Gutsortes und ich, wir grüßen uns allzeit ganz vertraulich; um Weihnachten aber beehren sie mich von beiden Seiten, sei es als „ruge Klas" oder als „Kasper und Melcher aus dem Morgenland", und sind freundschaftlicher Behandlung sicher."[234]

Zum Pfingstfest 1885 traf sich nun eine größere Gemeinde in Storms Haus in Hademarschen. Ferdinand Tönnies hatte seinen Besuch avisiert und auch mitgeteilt, seinen in Westerholz wohnenden Bruder Wilhelm mitzubringen:

„Hademarschen 21/5.85.
Lieber Freund Ferdinand, Ihr Brief kam zur rechten Zeit, wir hatten eben davon gesprochen, Sie und Wilh einzuladen; fürchteten nur, daß es ohne Erfolg sein werde. Nun ist es herrlich, daß Sie sich ankündigen. Kommen Sie also, bitte, am Pfingstabend, *Sonnabd. 23 d. M. Nachm. 6 Uhr*; und wenn möglich mit Wilhelm, an den ich heute nach Westerholz schreibe. – Meine Lucie, vielleicht auch Elsabe, kommen tags vorher v. Wörth.[235] Für Sie beide steht die zweischläfrige Gaststube offen. Bitte um sofortige Antwort, ob das Ihnen recht.
Ihr Th. Storm"[236]

Die heute wenig ansprechende Rückfront des Storm-Hauses in Hanerau-Hademarschen hätte Storm sicher traurig gemacht; sie bestätigt aber Tönnies´ Bemerkung über das „hässliche Haus" (Aufnahme vom Jan. 2008)[237]

Wie aus dem Brief Storms an seinen Sohn Ernst zu erfahren ist, waren die Pfingsttage „kalt und übel Wetter". Außerdem war „Ferdinand [Tönnies] recht kümmerlich; jetzt geht alles besser, heut liegt ein heißer Tag hinter uns". Aber auch dies bedeutete ein neues Übel: „Nun fressen die Maikäfer, trotz Sammelns, doch ein gut Theil Garten".[238]

Trotz seiner „Kümmerlichkeit" muss es Tönnies bei Storm gefallen haben, denn in einem Antwortbrief von Paulsen heißt es:

„Es freut mich, daß Du Pfingsten etwas Gutes gehabt hast; ich denke gern an den alten Storm, den ich freilich nur einen Augenblick gesehen habe: damals mit meiner Frau bei Euch. Dieser Tage haben wir ein paar Erzählungen von ihm wieder gelesen: Renate und Carsten Curator; mit großem Genuß, beide sind meisterlich ausgeführt. Die innere Wahrhaftigkeit und die äußere Wirklichkeitseinkleidung geben zusammenwirkend überaus tief sich einprägende Bilder menschlicher Dinge."[239]

Seit der Zeit der „Hausbuchkorrektur" besprachen oder schrieben sich die Freunde Storm und Tönnies Probleme, die unmittelbar Storms Werk betrafen. Storm machte sich hierbei gerne das Sprachtalent von Tönnies zu Nutze. Ein Beispiel ist die Postkarte Storms vom Oktober 1885, die für den Außenstehenden doch recht „kryptisch" klingt:

„Hademarschen, 9.10.85

Lieber, bitte der Correctur wegen noch selbigen Tages Antwort! Die französischen Brokken in Gottfrieds „Tristan und Isolde" sind aus einer *nord*französischen Quelle, also wohl langue d´oil; ob aber dies oder langue d´oc, ist mir gleich. Es kommt mir darauf an, wie ein Mädchen im 14. Jh. diese Sprache im Tristan bezeichnen kann: In der neuen Novelle – sie erzählt den rechten Titel für die Buchform „Ein Fest auf Haderslevhuus", der chronikalische Eingang und allerlei wird gebessert, resp. gekürzt – sagt die Dagmar: „es ist auf François dort geschrieben", aber das klingt geziert oder gekünstelt; ich hab geändert „auf Fränkisch", das ist auch nicht genau, hab deshalb Revision verlangt; hab jetzt gedacht „auf Welsch"; das ist mehr italienisch, französisch ist zu modern, an sich häßlich abstract; oder: in der Sprache Frankreichs; aber das ist zu pathetisch. Was von diesem allen geht denn. Wissen Sie´s, so schreiben Sie es mir gleich.[240] Das ist Poeten Not. Übrigens wünsche ich, daß Sie erst die Buchausgabe lesen. Gruß von Prof. Knorr und Frau.[241] Ich war in Eutin. Ihr Th. Storm. Kommen Sie auch bald einmal. Frau Do. Lisbeth ist heut den ganzen Tag bei uns; begrüßt haben wir uns. Grüßen Sie Mama und die Ihren."[242]

„Ein Fest auf Haderslevhuus" gehört zu den Storm-Werken, die verfilmt wurden: „Seit mehreren Wochen sitze ich in einer Liebesgeschichte – ja, wahrhaftig in einer solchen – aus der Mitte des 14. Jh. – und schreibe ohne viel umzusehen, das wirre Konzept zusammen, selbst neugierig, wie das Ganze sich gestalten mag, und was Du dazu sagen wirst." (28.4.85 an Paul Heyse). Die Husumer Bevölkerung konnte sich diesen als verschollen geglaubten Stummfilm von 1921 (Regie August Weigert) während der „Husumer Filmtage", die 1996 in Kooperation mit der traditionellen „Storm-Tagung" vom 11. bis zum 15. September abgehalten wurden, ansehen.

Theodor Storm, der mit dem schwierigen Stoff des „Haderslevhuus" sehr zu kämpfen gehabt hatte, konnte das Manuskript schließlich im Juli 1885 an den Verlag Westermann schicken. Die zahlreichen Unterbrechungen (der Pfingstbesuch, die silberne Hochzeit seines Freundes Graf Reventlow und Besuche bei seinen Kindern) hatten ein Übriges getan. So klingt der Brief vom Dezember 1885 an Freund Tönnies auch beinahe wie eine Zusammenfassung des vergangenen arbeitsreichen Jahres:

„Lieber Freund Ferdinand, Hademarschen, 9 Decbr, 1885.
anbei bitte ich die neue Auflage meiner Gedichte freundlich anzunehmen.[243] Die wenigen Zugaben werden Sie beim allmählichen Durchsehen schon finden. Halten Sie mein Büchlein ein wenig werth; denn ein Stück meiner armen Seele ist doch darin.
In puncto meines „Fest auf Haderslevhuus" (früher „Noch ein Lembeck") das mit „John Riew" (früher „Eine stille Geschichte") muß ich Ihnen, falls es von Ihnen oder Ihrem Kreise verschenkt werden sollte, bemerken, daß die letzte Textfeststellung erst in der (sehr hübschen) Miniaturausgabe geschehen.
Ein wahrer labor improbus [eine schwere Arbeit; nach Vergil: Georgica, I, 145] für mich war es, als ich erst nach Druck der Oktavausgabe inne wurde, daß ich alter „Meister" in die Schülerhaftigkeit verfallen war, u. besonders in den Gesprächen eine Masse fünffüßiger Jamben verbrochen hatte; was mir freilich Complimente über „die *schöne Sprache*" eintrug. Eine Hunde-Arbeit, das in rhythmischer Prosa umzusetzen, während einem die Druckerpresse auf dem Nacken sitzt. Reden Sie aber nicht viel davon; ich muß ein paar Oktavausgaben in Husum noch verschenken.
Im Januar werden wir uns hoffentlich in Husum sehen, und im Februar kommen Sie wieder einmal zu uns. Vormittags arbeiten wir; Nachmittags Schlafen, Theestunde, Lektüre (Platons Symposion etc.) etc.
Grüßen Sie Mama u. Schwestern u. August, wenn er nach Haus kommt, Wilhelm vor allem nicht zu vergessen und Lisbeths Flügel.
Hier grüßt Alles. Herzlich Ihr Th. Storm."[244]

Ferdinand Tönnies, der ein besonders wohlmeinender Kritiker der Storm-Werke war, konnte sich nicht so recht mit dem „Haderslevhuus" anfreunden, was Storm natürlich nicht verborgen blieb. In einem Brief an Sohn Ernst heißt es:

„Dein begeisterter Zuruf für mein „Fest auf Haderslevhuus" machte mir Freude, und am selben Tage kam noch ein ganz so lautender von einem Professor juris utriusque [Dr. beider Rechte – des weltlichen und des kanonischen] Zorn aus Königsberg [Philipp Zorn (1850-1928), Professor für Staatsrecht]; aber die Hälfte der Leser urtheilt anders [...] auch Ferd. Tönnies, der wohl die Miniaturausgabe gelesen, schreibt, daß er sich mit der Erzählung nicht befreunden könne."[245]

Anfang April 1886 erreichte Tönnies eine Postkarte Storms, die ein Abenteuer besonderer Art versprach: eine gemeinsame Reise der beiden Freunde zur „Versammlung der Goethe-Gesellschaft" nach Weimar.[246]

Tönnies und Storms Reise mit Elsabe Storm nach Weimar 1886

„Hadem. 7 Apl. 86.

Lieber Freund Ferdinande, Sie kamen nicht, sind aber hoffentlich noch in Husum. Nun die Frage: wollen Sie zu der Göthefeier nach Weimar? Dann kommen Sie Ende dies. Monats so zu uns, daß Sie mit mir u. Elsabe am 30 April von hier abfahren, in Braunschweig oder Hannover Nachtbleiben und am 1 Mai so um Mittag oder Nachmittag in Weimar eintreffen können. Sonntag u. Montag (ich habe das qu. [qu: questioniert, d.h. in Frage stehend] Papier verlegt) sind, mein´ ich die betreffenden Tage. Wollen Sie, so logiren wir bis 4 Mai, wo Erich Schmidt Platz für mich hat, in *einem* Zimmer, das ich – denn es ist schon Platz-Noth – schon jetzt für mich u. event. mit für Sie mitbestellt. Antworten Sie mir gleich und schreiben Sie auch an Erich Schmidt die Bitte, Ihnen eine Tischkarte u. Theaterbillet zu besorgen. Ich schreibe ihm, daß er von Ihnen direkte Nachricht erhält. Es würde mich sehr freuen, wenn wir die Tour zusammen machten. (*Schmi*dt: Weimar, Belvedere Allee 2) Schreiben Sie ihm gleich! Ihr Theodor Storm."[247]

Unter dem Patronat des Großherzogs Carl Alexander von Sachsen-Weimar-Eisenach wurde am 20. Juni 1885 in Weimar die „Goethe-Gesellschaft" als „Verein von Goethe-Freunden" und „Goethe-Forschern" gegründet. Ihr erster Präsident war der Jurist Eduard von Simson, der Präsident des Reichsgerichts war. Im März 1886 besaß die Gesellschaft bereits 1.660 Mitglieder. Eine große Rolle bei der Gründung der Gesellschaft spielte das

Schicksal des Goetheschen Erbes. Am 15. April 1885 starb Walther Wolfgang von Goethe, der letzte Enkel des Dichters. In seinem Testament hatte er verfügt, dass das Haus am Frauenplan (Goethehaus) mit seinen Sammlungen zur Kunst und Naturwissenschaft in den Besitz des Staates Sachsen-Weimar-Eisenach, Goethes handschriftlicher Nachlass hingegen in den persönlichen Besitz der Großherzogin Sophie solle. Großherzogin Sophie veranlasste noch im Jahre 1885 die Gründung eines Goethe-Archivs (seit 1889 Goethe- und Schiller-Archiv), in dem die Manuskripte des Dichters von nun an der Forschung zur Verfügung standen. In dem Jahr der „Storm- / Tönnies-Reise" wurde das Goethe-Nationalmuseum gegründet.[248]

Wenige Tage nachdem Storm die Reisezusage an Storm geschickt hatte, erhielt Tönnies erneut eine Postkarte seines Freundes:

„Hademarschen, 16 Apl 86.

Amice Ferdinande, wir erwarten Sie also am 27. u. reisen am 30st d.M. [tatsächlich am 29.4.] Quartier in Weimar hat der Archiv Direktor für uns (1 Stube zus.) im Russischen Hof bestellt. Ich werde mir, *wenn* es geht ein Rundreisebillet besorgen; d.h. *wenn* es geht; denn ich muß es ja zum 30st. d.M., also zum 29sten haben; und sie werden erst, nach den gewöhnlichen Regeln, am 1 Mai ausgegeben. Der erste Reisetag wird fast überstramm; denn von hier ab 8 Uhr 34 M. und in Braunschweig an: 12 U. 45 M. nachts. Sehen Sie einmal nach, wie es sich gestaltet, wenn wir Nacht in Hamburg, d.h. am 29 dM. bleiben u. wenn wir dann abreisen können; denn bei der erst bezeichneten Ruthe langen wir dort 12 U. 58 Mittags an u. fahren 4 U. 38 M. Nachm. ab. Schreiben Sie mir möglichst bald. Grüße von Mutter u. Schwestern! Ihr alter Th. St."[249]

Wenige Tage vor der Reise erhielt Tönnies erneut Post von Storm. Die Reisepläne hatten sich konkretisiert. Paulsen, der zunächst einen Besuch in Hademarschen beabsichtigte, musste diesen aber schließlich aus Termingründen absagen:

„Hademarschen 20/4 86.

Lieber Ferdinand!

Zunächst Dr. Paulsen soll mir zu Tag und Nacht willkommen sein, und bitte ich nur um eine *baldmögliche* Karte wenn d.h. zu welcher Tageszeit wir Sie beide am 27 d.M. erwarten können. In pto Reise ist es schlimm, daß wir nicht beieinander sind, um definitiv festzustellen. Da Sie aber über Braunschweig wollen und ich mein zu hoffendes combin. Rundreisebillet schon heute bestellen muß, so müßten Sie sich meine nachstehende Feststellung schon gefallen lassen.

Wir reisen also Donnerstag, d. 29. d.M. Nachmittags 21/4 Uhr von hier u. nächtigen in Hambg. [es folgen die Zugverbindungen von Hamburg bis Weimar, mit Seitenangaben des Taschenfahrplanes] Nun kaufen Sie sich den Taschenfahrplan v. 1 April 1886, auf dessen Seiten ich mich bezogen, und revidiren Sie.

Nachten müssen wir in *Herzberg*, dann bleiben wir in dem Neste *Seesen* doch nur kaum 2 Stunden, und können am 1 Mai bequemer Weimar erreichen. Sehen Sie bitte in irgendeinem Reisehandbuch nur nach den Herzbergschen Gasthäusern in Herzberg; ich hab´ kein solches Buch. Und somit auf gute Fahrt und gut Wetter! Und Grüße von uns allen an Sie u. die Ihrigen, sowie an H. Dr. Paulsen. Zunächst aber die oben erbetene Karte. Ihr Th Storm."[250]

Goethe-Haus. 50 Jahre lang, von 1782 bis zu seinem Tod 1832, lebte Goethe in diesem in schlichten barocken Stil errichteten Wohnhaus am Frauenplan. Heute beherbergt das Haus das „Goethe-Nationalmuseum"

Das 1805 als „Alexanderhof" (nach dem Zaren Alexander I.) eröffnete Gasthaus stieg zu einem der führenden Gasthöfe im nachklassischen Weimar auf. Nach 1830 bürgerte sich der Name „Russischer Hof" ein

Bereits am 27. April hatte Storm seinem Sohn Ernst die Reise avisiert. Storm schrieb u.a.:

„[...] Ferdinand Tönnies kam heut Mittag: heut Abend gehen wir zum Pastor [August Treplin] alle, übermorgen, 29 dM, reisen wir: erst nach Hamburg, wo wir alle drei Abends bei den Hallier´s[251] sind, wo auch Ebbe u ich logiren. Am anderen Morgen nach Braunschweig, wo wir drei Reisegenossen bei Friedr. Westermann zu Tisch sein werden; dann nach Herzberg [...] Am 1 Mai morgens so 8 ½ U. nach Weimar, Ankunft 2 U. 25 M. Dann schreibt E. Schmidt, sei 5 Uhr Hoftafel, nur der Vorstand [der Goethegesellschaft] sei geladen, sie glaubten aber daß auch ich geladen würde (etwas zu anstrengend; denn:) dann ausruhen bei E. Schmidt, u. darauf noch große Beschnüffelung der Göthianer irgendwo. Ich muß mein Nervencapital sehr zusammennehmen; denn dann folgen erst noch 2 Göthe-Tage. Auf der Rückkehr über Erfurt, Gotha, Cassel Göttingen, etc. kehre ich ein paar Tage bei Onkel Otto [Storms Bruder Otto Storm (1826-1908)] ein. Ich habe keinen großen Muth zum Reisen; aber ich glaube, ich thue Ebbe ein Großes, wenn ich mitfahre u. sie so gleichsam in die Gesellschaft einführe. Lebt also wohl, mein Herzensjunge; hoffentlich komme ich gesund wieder heim."[252]

An diesen Storm-Brief an seinen Sohn Ernst hatte Ferdinand Tönnies, der ja in Hademarschen weilte, eine Nachschrift gehängt:

„Lieber Ernst Storm. Da die Zeiten und Dinge sich verändern, so hören wir seltener von einander als wir einst wol gedacht haben. Mein Wunsch Dich einmal in Toftlund heimzusuchen, ist trotz meiner viel vagirenden Lebensweise, noch unwirklich geblieben, leichter gelange ich hierher, zu den werten „Alten" Storms deren Rüstigkeit und heiterer Sinn dem Besucher frühlingshaft entgegenkommt. Aber warte nur ein Weilchen, so lenkt der Wanderer, auch in Eure Heiden seine Schritte; stets bereit wie er ist, die Vorteile eines hagestolten Lebens auf den Verkehr mit seinen Freunden zu wenden. Denn Ihr Gemale und Papas habt doch (wenn Ihr es mit rechtem Eifer seid) nur noch bedauernde Seitenblicke für Eure alten Gefährten. Unser Wilhelm geht ja nun auch in Euren großen Tempel ein. Er hatte eine große Genugtuung durch Deinen Brief, den er uns nach Husum mitbrachte; und wodurch denn auch uns die vergangenen Blüten des alten Hauses wieder in die Erinnerung kehrten. Im Juni wird dann seine Minnetraute dahin kommen, und im September soll die Hochzeit, wol auch in Husum, seyn (da ihr keine nahe Verwandte außer der Matje Brinken zur Seite stehen).
Von bevorstehender classischer Weltfahrt bist Du genügender Weise unterrichtet. Mich wird die Reise noch weiter und zwar zuletzt nach England bringen, notwendiger literarischer Geschäfte halber. Sey nun nebst Deiner verehrten Gattin und dem neuen Wesen, das mit Euch der Kunst des Lebens sich befleißigt, aufs Herzlichste gegrüßt von
Deinem, in alter Freundschaft, Ferdinand Tönnies.
Wenn Du einmal auf diesen schönen Brief antworten willst oder sonst eine Mitteilung machen, so ist meine Zwischen-Adr. stets „Husum"."[253]

Ferdinand Tönnies, Elsabe Storm und Theodor Storm, der über Erich Schmidt, dem Leiter des Goethe-Archivs in Weimar, versuchen wollte, für seine Tochter einen Ausbildungsplatz auf dem dortigen Konservatorium zu bekommen, erreichten am 1. Mai 1886 Weimar und logierten im „Russischen Hof". Über den Verlauf der Reise berichtete Tönnies in den „Gedenkblättern":

„Im Frühjahr 1886 begleitete ich Theodor Storm auf seine Reise nach Weimar. Ich begab mich dahin, um der ersten Tagung der Goethe-Gesellschaft beizuwohnen, deren Mitglied ich geworden war, Storm brachte seine Tochter Elsabe in eine Pension, da sie sich in Weimar im Klavierspielen ausbilden wollte. Wir hatten eine muntere Reise und verweilten unterwegs in Braunschweig, wo wir in dem prächtigen Hause des Verlegers Georg Westermann angenehme Stunden verlebten. Storm besuchte in Braunschweig auch Wilhelm Raabe, für den er eine große Vorliebe hegte, er gewann einen lebhaften und willkommenen persönlichen Eindruck von Raabes Persönlichkeit, die ihm bisher fern geblieben war. Wir stiegen in Weimar im „Russischen Hof" ab, nachdem wir Fräulein Storm in ihre Pension gebracht hatten, und bewohnten zusammen ein großes saalartiges Zimmer. Leider wurde der Dichter mehrmals durch heftige Magenverstimmungen heimgesucht, was ihm den Genuß der Tage etwas vergällte. Er durfte sich sonst vieler Aufmerksamkeit und Ehre erfreuen, die dem nun berühmt Gewordenen zuteil wurde. Erich Schmidt, mit dem Storm zuerst in Würzburg eine Freundschaft geschlossen hatte, die ihm eines der wertvollsten Erlebnisse seiner späteren Jahre wurde, hatte damals die Leitung des Goethe-Archivs übernommen. In seinem Hause verlebten wir anregende Stunden. Er zeigte uns u.a. das Goethesche Manuskript der Briefe an Frau von Stein, die später zur Italienischen Reise verarbeitet wurden, und ließ uns gewahren, mit welch kühler Geschäftigkeit der Schriftsteller Goethe über die leidenschaftlichen Stellen, so über das: Der Gedanke, dich nicht zu besitzen [...] erbarmungslose Striche gezogen hatte, gleichsam Striche über seine eigene Jugend. Bald nach unserer Ankunft wurde Storm zur Hoftafel „befohlen". Noch warteten Karl Alexander und die Großherzogin Sophie des schönen Erbes der Kunstpflege mit sinniger Hingebung. Storm war von der Reise angegriffen und mußte absagen. Dann wurde er zu einer Audienz geladen und ging dahin – er war nicht mit Zylinderhut angetan, sondern trug den schönen Schlapphut, den er mitgebracht hatte –, eine Einladung auf den Abend schloß sich daran, aber Storm mußte, von einem Dysenterieanfall [Durchfallerkrankung] betroffen, noch im letzten Augenblicke sich entschuldigen, und tat dies durch einen Brief an den Großherzog, den er in meiner Gegenwart schrieb. Er wurde zum dritten Male geladen, und ist dann noch mehrmals bei Hofe zur Tafel gewesen, wenn ich nicht irre war es das einzige Erlebnis dieser Art in seinem Leben. Er nahm auch an dem Festmahl, bei dem, wenn ich mich richtig erinnere, Schlenther ihn in schönen Worten feierte, und an der Theatervorstellung („Pandora") der Goethe-Gesellschaft teil. Nach dem Feste blieben wir beide noch in Weimar, aber getrennt. Storm war vom Grafen Kalckreuth d.J. [Maler Stanislaus v. Kalckreuth], damals Professor an der Kunstschule, eingeladen, durch Vermittlung von Erich Schmidt, der ihn selber in jungem Haushalt und enger Wohnung nicht aufnehmen konnte, während ich von einem hochgeschätzten Universitätsfreunde, Herrn Staatsrat Rothe – jetzt seit langem Haupt des Staatsministeriums – eingeladen war. Wir trafen uns dann noch wieder im „mythologischen" Jena, bei dem damaligen Universitätskurator Eggeling [Heinrich Eggeling war der Schwiegersohn von Storms Braunschweiger Verleger Georg Westermann] speisten wir mit dem trefflichen Professor Berthold Delbrück, und seinen klugen Töchtern zusammen. Storm war wieder bei frischen Kräften, so daß er am Abend noch mit uns den Weg zum lieblichen Aussichtspunkt des Forsthauses, der doch eine Stunde Aufstiegs in Anspruch nimmt, wohlgemut machen konnte. – Dieser Sommer war aber der letzte, den er ungetrübt verlebt hat. Er begab sich von Weimar noch zur Familie eines Hauptmanns a. D. Wachs (Mitarbeiter der Deutschen Rundschau, Verwandter des Gutsbesitzers und Reichstagsabgeordneten Dr. Wachs in Hanerau in Holstein, seines Nachbarn und guten Freundes). Erst am 30. Mai kehrte er heim (ich war inzwischen an den Rhein und von da nach England gereist)."[254]

Der Literaturhistoriker Erich Schmidt (1853-1913) war ab 1877 Professor in Straßburg und ab 1880 in Wien. Schmidt wurde 1885 Direktor des „Goethe-Archivs" in Weimar

Auch Gertrud Storm berichtet in ihrem Buch „Mein Vater Theodor Storm" über die „Weimar-Reise":

„Im Sommer [!] 1886 brachte Storm seine Tochter Elsabe nach Weimar – sie sollte dort Musik studieren. Erich Schmidt war derzeit Direktor des Goethe-Museums, durch ihn trat er in Beziehungen zu vielen geistig bedeutenden Menschen. Auch war er mehrere Male in Gesellschaft bei Hofe und las auch einmal im engen Kreise seine Novelle „Eckenhof" vor. Der alte Großherzog empfing den Dichter herzlich und freundlich, „ich komme mir mitunter vor wie ein alter Kastellan", sagte er, „es ist ja alles nur ererbt, was ich zu verwalten habe". Am Abend seiner Heimkehr schrieb Theodor Storm in ein kleines Notizbuch, in dem Poesie und Prosa im bunten Durcheinander verzeichnet wurde: „Wieder heim soeben. Dette und Dodo holten mich vom Bahnhof; als wir unserem Hause näher kamen, stand Do hinter den Tannen im Garten. Ich sprang über den Zaun und hatte nun alles, was augenblicklich hier ist". Mit dem Sommer 1886 war die beste Zeit seines Lebens verflossen."[255]

In einer wahren Odyssee gelangte Tönnies im Spätsommer 1886 über Saarbrücken, Koblenz, Bonn, wo er Paul Natorp (1854-1924)[256] besuchte, und Leiden in den Niederlanden nach England. Sowohl die Klärung der leidigen Editionsangelegenheit[257] als auch der beabsichtigte Besuch bei Georg Croom Robertson[258] schlugen fehl. Während sich Thornton beständig verleugnen ließ, war Robertson erkrankt nach Hastings gereist. Tönnies nutzte indessen die Zeit für weitere Recherchen und fand im Britischen Museum das Original des Briefes, den Gottfried Wilhelm Leibniz (1646-1716) im Jahre 1670 an Hobbes geschrieben hatte.[259]

Wohnung hatte Tönnies bei Theodore Llewelyn Davies (1880-1905) genommen, einem Neffen von George Croom Robertson.[260] Zum 69. Geburtstag von Theodor Storm, am 14. September 1886, schrieb Tönnies folgenden Brief:

„Lang und froh in Ihrem Garten
Herbstes-Blumen mögen blühn,
Daß wir mit Geduld erwarten
Nächsten Frühlings Wandergrün.

Mein guter Freund Davies, bei dem ich seit 8 Tagen, mit der Aussicht auf die schönen Bäume eines Square-Gartens, wohne, und dem ich oft von Ihnen erzählt habe, meinte, da ich sagte, daß zu Ihrem Geburtstage geschrieben werden müsse, „You must write him a poem". Dies ist der Ursprung obiger Verse; denn mitunter tut man ja was einem gesagt wird. Der Sinn der letzten Worte aber ist, daß wir wol nicht werden umhin können, wieder nach Mekka-Weimar und Medina-Jena zu pilgern. Denn es war doch schön, trotz unserer kleinen Fährlichkeiten, nicht wahr? Aber mit Betrübniß habe ich von Frl. Elsabes Krankheit gehört, welche doch wol jetzt völlig gehoben ist? Wie es Ihnen allen Uebrigen geht, habe ich nicht gehört, wol aber von der Geburt Ihres ersten Enkels, wozu Glück auf![261] Dann war der liebe Karl wol zu Hause, und mir scheint, das tut Ihnen immer gut, wenn anders sein Humor den harten Zeiten trotzt.
Über 8 Tage werde ich endlich heimkehren, mit Tönninger Schiff, langer Reisen willkommener Schluß. So gut wie in Weimar und Jena ist mir nachher nicht geworden, ein Halb-Invalide wird leicht zum Peter in der Fremde. Doch habe ich überall tröstliche Menschen-Antlitze gefunden. Und meine Versuche zu arbeiten sowie geschäftliche Bemühungen, sind nicht ganz erfolglos gewesen. – Neulich erhielt ich von meinem guten Rothe[262] von dem Sie sich gewiß eine Vorstellung gebildet haben, Einladung zu seiner Hochzeit, am 6. Oktober in Braunschweig; seine Braut, wie Sie vielleicht sich erinnern, eine Eggeling. Da ich dem Wackeren seine sehr substanziirte Bitte nicht verweigern mochte, so werde ich dort wol auch die Westermanns wieder sehen.[263] Wenn Sie also etwas auszurichten haben, so anvertrauen Sie es mir! Welch eine Freude würde es für mich seyn wenn Sie mir noch in dieser Woche einige Zeilen schreiben möchten, bitte tun Sie es. Und verleben Sie in Gesundheit und Freude Ihren Geburtstag, den Vorläufer des ehrwürdigen Siebzigsten. – Ich will sehen ob ich nicht im Oktober wenigstens auf einen Tag zu Ihnen kommen kann. Am 12ten ist Wilhelms Hochzeit – in Husum.

Mit herzlichsten Grüßen für Ihre hochverehrte Gemalin und alle anwesenden Nachkommen; sowie an Ihres Bruders Familie und Hans und Frau – verbleibe ich Ihr Ferdinand T. Adresse hier: 5 Blandford Square. London N. W."[264]

Die Verleger Storms[265]
Georg Westermann (1810-1879) und Elwin Paetel (1847-1907)

Der treue Storm beantwortete den Brief von Ferdinand Tönnies umgehend, so dass sich Tönnies in London auf Post aus der Heimat freuen konnte:

„Lieber Freund Ferdinand! Hademarschen, 17/9.86
Nur eine Antwort, damit Sie sehen, daß ich Ihrer nicht vergesse; und Dank für Ihren Geburtstagsbrief. Es ging mir in den letzten Monaten recht gut; die heißen Tage aber haben mich etwas zurück gebracht.
Elsabe ist nach 3monatlichem Kranksein, worin 5-6 Wochen in dem weimarschen Luftcurort Berka, jetzt wieder wohl u. setzt ihre Studien fort. Mein Enkel hat nach mir und Papa Krause [Schwiegervater von Ernst Storm] den stolzen Namen „Hans Adolph" erhalten. „Das wollt ich ihm nicht anthun", schrieb Ernst, „ihm Deinen Poeten-Namen zu geben." Ich war aber noch zu caput von unserer Reise, um bei der Taufe gegenwärtig zu sein.
Von Ihrem Freunde Rothe habe ich so circa Begriff, es ist ihm Herzenssache, daß Sie kommen. Also, Sie sind ja ein freier Vogel. An Westermann habe ich nichts; es sind von den 2000 Exl Hausbuch nur etwa 4 oder 500 verkauft; da ist freilich mit Honorar-Ermäßigung nichts zu machen. Ich denke mich noch einmal zu honorarloser desfallsiger Arbeit zu erbieten.[266] Von Eggeling hatte ich einen langen u. lieben Brief zum Geburtstag. Wie hieß

aber der andre nette Professor, der mit Töchtern da war? [Storm meint Berthold Delbrück] Ich sah ihn zuerst auf dem Göthe-Diner.
Kommen Sie, wenn Sie können im Oktober oder auch später zu uns, wo möglich nicht vor Mitte Oktober, ich möchte erst gern etwas frischer sein als jetzt; auch hat meine Frau sog. obere Isschias und wird täglich elektrisirt.
Mit herzlichen Grüßen von Allen, u., bitte, empfehlen Sie mich Ihrem Freunde Davies.
Ihr Th Storm."[267]

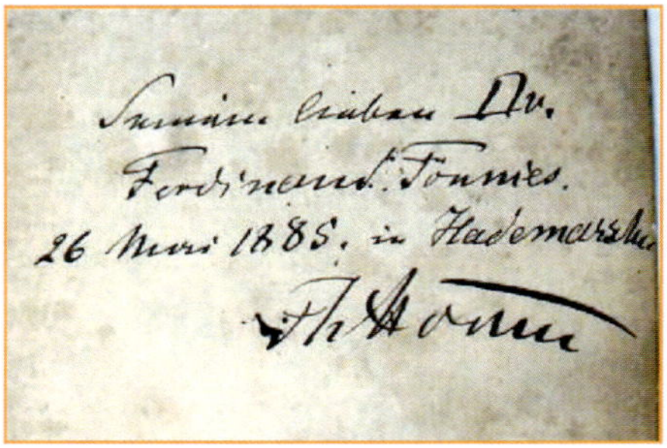

Bild mit Widmung für den Freund:

„Seinem lieben Dr. Ferdinand Tönnies,
26 Mai 1885, in Hademarschen
Th Storm"

Dass es Storm in den letzten Monaten „recht gut" ging, reichte leider nicht in die Zukunft. Storm, der inzwischen am „Schimmelreiter" schrieb und die Novelle „Ein Doppelgänger" fertig gestellt hatte, erkrankte schwer an Rippenfell- und Nierenentzündungen", die ihn mehrere Monate an das Bett fesselten. Do Storm schrieb an Heyse:

„Daß mein Mann reichlich 14 Tage schwer krank an einer Rippenfellentzündung liegt, wissen Sie gewiß gar nicht. Wir haben viele schlimme Tage und Nächte an seinem Bette durchlebt, wo wir das Schlimmste befürchteten; es ist eine schmerzhafte quälende Krankheit, und hat mein armer lieber Mann sehr gelitten. Gott sei Dank [...] ist er außer Gefahr.

Das Fieber hat ihn verlassen, die Schmerzen sind bisweilen noch da, aber geringer, der Appetit kommt und der Schlaf ist ruhiger."[268]

Zu der körperliche Hinfälligkeit Storms kam eine seelische hinzu: Mit seinem ältesten Sohn Hans, der Zeit seines Lebens der Quell für Storms Seelennot und für psychosomatische Symptome des Dichters die Mitschuld trug, schien es zu Ende zu gehen. Bereits vor seiner schweren Erkrankung hatte Storm seine Befürchtungen an seinen Sohn Ernst Storm ausgedrückt:

„Anbei 2 Briefe von unserm Hans, der letzte nur noch das Rufen [eines Menschen] der mit seiner letzten Kraft nichts mehr will, als nur nach Hause noch. So habe ich es aufgefaßt und ihm sofort geschrieben, Mama und ich – wir sind darin ganz einig – bäten ihn innig, wenn oder sobald er reisefähig sei zu uns zu kommen und sich hier hoffentlich auszuheilen. Ich aber denke, es wird das Ende sein, und so ist es gut für uns beiderseits, wenn er in meinen Armen stirbt."[269]

Der Brief Do Storms an die Frau des 1875 verstorbenen Dichters Eduard Mörike hatte dasselbe Thema:

„Hans lebt auch noch; sein Bruder, der Amtsrichter Ernst, ist kürzlich bei ihm in Wörth am Main gewesen, hat ihn aber nur soweit transportfähig gefunden, daß er ihn in das Städtische Krankenhaus nach Aschaffenburg bringen konnte, wo er in einem netten Zimmer, unter barmherzigen Schwestern gut untergebracht ist. Nach Ernst Aussage ist Hans heiter und voll großer Pläne (Heirat, Reise zu Ernst nach Toftlund) für sein künftiges Leben. Die Ärzte aber geben ihm nur noch eine Lebensfrist von etwa einem Monat, das wäre dann noch vor Weihnachten. Es ist das erste Kind, das ich verliere."[270]

Die Ärzte sollten recht behalten: Am Sonntag, dem 5. Dezember 1886 starb im städtischen Krankenhaus zu Aschaffenburg „nach schwerem Lungenleiden" der älteste Sohn des Dichters Theodor Storm, der praktische Arzt Hans Storm.[271]

Die Nachricht vom Ableben seines Sohnes Hans verschlimmerten Storms Zustand besorgniserregend. Storm, der zum Schreiben zu schwach war, diktierte seiner Tochter Lisbeth an Gottfried Keller folgenden Brief:

„Lieber verehrter Meister Gottfried! Hademarschen-Hanerau, 12. Januar 1887
[...] Freilich hatte ich im letzten Jahr meine einzige große Krankheit, und ich verlor zum erstenmal in meinem Leben ein Kind, und zwar von meinen acht Kindern den ältesten Sohn; er starb im städtischen Krankenhaus zu Aschaffenburg, 38 Jahre alt, wohin sein trefflicher Bruder, der nordschleswigsche Amtsrichter Ernst Storm, fünf Wochen vor Weihnachten etwa ihn gebracht hatte. Dann reiste er abermals hin und begrub dort seinen

Bruder. Das sind Akte, die ich noch nicht recht wieder vor Augen nehmen darf, wenn mein schwacher Leib wieder gesund werden soll. Weihnachtsabend war ich der andern wegen aufgestanden und in die Weihnachtsstube gegangen, aber ich saß recht kümmerlich vor dem schönen Baum, worin trotzdem der Märchenzweig schimmerte. Aber ich mußte am andern Tage zu Bette bleiben, ich war wieder krank."[272]

In der Tat waren es traurige Weihnachten für die Storm-Familie. Gertrud Storm hat diese Stimmung eindrucksvoll wiedergegeben:

„Zum ersten Male fehlt eines seiner Kinder ganz, auch seine liebevollsten Gedanken vermögen es nicht mehr zu erreichen. Unser ältester Bruder Hans ist von uns gegangen. Der Baum steht noch einmal in vollem Lichterglanz, die Flügeltüren öffnen sich weit. Vater legt den Arm um Mütterchen, wir, die keine Kinder mehr sind, umstehen das Klavier und Karl stimmt leise an: „Stille Nacht, heilige Nacht." Wie wir an die Stelle kommen „Schlaf in himmlischer Ruh", da breitet Vater weit die Arme aus, Tränen stürzen aus seinen lieben Augen und leise hören wir ihn die Worte sprechen: „Unten in Bayern, da ist ein einsames Grab, darüber weht der Wind, und der Schnee fällt in dichten Flocken drauf."[273]

Ferdinand Tönnies, der auf Wunsch der Familie einen erkrankten Schwager nach Obermais in Südtirol begleitete, erfuhr so erst am 12. Dezember vom Tode Hans Storms. In einem Brief an Friedrich Paulsen vom 12.12.1886, der erstaunlicherweise nicht in dem veröffentlichten Briefwechsel Tönnies / Paulsen von Klose / Jacoby / Fischer zu finden ist, heißt es u.a.:

„Meran-Obermais, 12. Dec. 1886
[...] Heute erhielt ich von Theodor Storm die Anzeige vom Tode seines ältesten Sohnes, welcher Arzt in Wörth am Main war, Deine Schwägerin wird den Namen gehört haben. Er hat ein unglückliches Leben geführt, sich und den Seinen zu Leide. Dessen Ende noch zu erfahren ist für den Vater eine Erleichterung zugleich und Versöhnung."[274]

Für Theodor Storm war der Tod seines Sohnes aber noch nicht das Ende seiner Heimsuchungen. Wegen seiner schweren Erkrankung ab ca. Oktober 1886 waren gründliche Untersuchungen aller sonstigen Beschwerden Storms ins Auge gefasst worden und so blieben auch die latenten Magenbeschwerden nicht unerwähnt. Wie ein Keulenschlag muss es auf den leicht hypochondrischen Storm gewirkt haben, als ihn der Arzt mit der Diagnose „Magenkrebs" konfrontierte.

Husum und Hademarschen: Geburtshaus und Sterbehaus

„Die Kräfte wollten sich nicht wieder einstellen, und Theodor Storm begann über Schmerzen im Leibe zu klagen. Der herbeigerufene Arzt [Dr. Brinken] stellte Magenkrebs fest und sagte es auch auf drängendes Befragen dem Kranken. Von diesem Augenblick an erfaßte eine sanfte Schwermut den Dichter [...] Da faßten Bruder Emil [Aemil] aus Husum und der befreundete Arzt in Hademarschen den Entschluß, ihm die Lebensfreude wiederzugeben. Es wurde eine Scheinuntersuchung gemacht und dem Erkrankten erklärt, „es sei kein Krebs, sondern eine Erweiterung der großen Aorta". Diese fromme Lüge schenkte ihm noch einen hellen Sommer und gab ihm die Kraft, seine letzte Novelle, „Der Schimmelreiter" zu beenden."[275]

Ferdinand Tönnies war, wie erwähnt, zu dieser Zeit in Italien. Die Reise mit dem Rekonvaleszenten führte zur „Perle Südtirols" in den weltbekannten Kurort Meran, dessen besondere geographische Lage, die Stadt ist im Norden und Osten von hohen Bergketten geschützt, der ausschlaggebende Grund für ein mildes Mittelmeerklima ist. Tönnies und sein Schwager mieteten sich in dem an einen Hang gelegenen Stadtteil Obermais ein und der beschauliche Ort erlaubte die nötige Ruhe für ein intensives

Arbeiten an dem Werk, das ihn zum Begründer der Soziologie in Deutschland machen sollte. Was vor so langer Zeit in Husum begann, fand im Februar 1887 in Italien seinen Abschluss: Ferdinand Tönnies machte den letzten Federstrich unter sein bedeutendstes Werk „Gemeinschaft und Gesellschaft“. Fast nebenbei teilte er, eher missmutig, Paulsen diese Tatsache mit:

„Um den Staub von meinen Füßen zu schütteln, habe ich mich hierzu [zu einer Reise nach Italien] anstatt zu erneuter England-Reise entschlossen [...] Du siehst hieraus ferner, daß ich fertig bin. Ich muß es leider als einen Fehler bezeichnen, daß ich fertig gemacht habe, und kann Dich von einiger Schuld daran als Einpeitscher nicht freisprechen. Dennoch habe ich gewagt, Dir die Widmung des Werkchens zu bieten. Du weißt, was sie sagen will. Aber es ist eine sehr mangelhafte, wenn auch aus vielem Grübeln entsprossene Arbeit. Bei längerer Geduld und Ruhe hätte wohl etwas Echtes und Reines daraus werden können. Jetzt aber gedenke ich in einigen Jahren nur wenig darauf zurückzukommen. Obgleich die unbenutzten Entwürfe und Konzepte mich noch umlagern. Vielleicht vieles besser als das endlich Genommene [...] Dies ist nun alles. Vielleicht ist zu wenig Leben in mir nachgeblieben und zu viel Resignation in mich eingezogen. Müßte ich nicht des vollendeten, wenn auch unvollkommenen Werkes froh werden? Ich sehe nur das Übel daran. Was sollen die vielen Bücher?“[276]

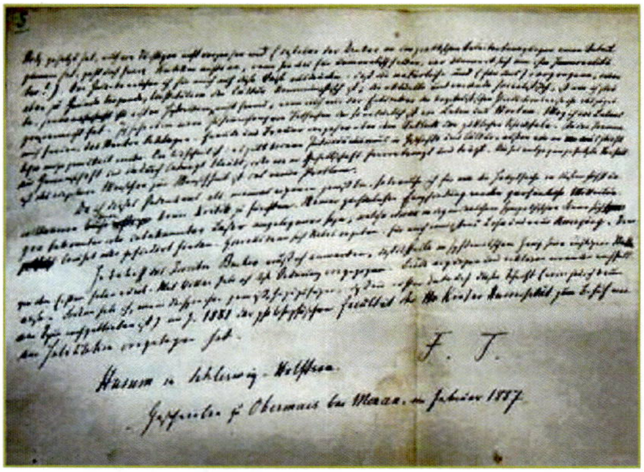
F. T.

Husum in Schleswig-Holstein

Geschrieben zu Obermais bei Meran, im Februar 1887

Die Vorrede von Gemeinschaft und Gesellschaft:
„Geschrieben zu Obermais bei Meran, im Februar 1887“

Die Vorrede („die auch nicht dazu kommt zu sagen, was ich sagen wollte“ – Tönnies an Paulsen) legt in knapp elf Druckseiten sehr klar drei Dinge fest: den geistesgeschichtlichen Zusammenhang, in dem das Buch sich einordnet; die Bestimmung des Standortes, an dem eine reine Theorie ansetzen muss, und den Charakter der weit auseinander liegenden Arbeiten von Vorgängern mit sozial- und kulturwissenschaftlichem Anliegen gleicher Art.

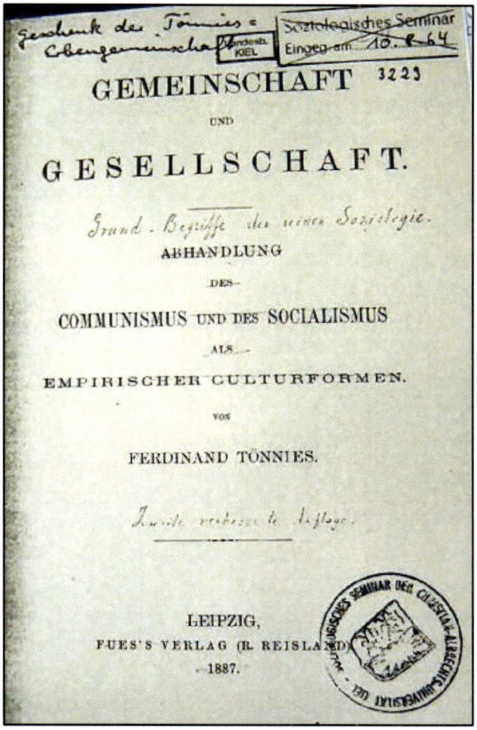

Das Titelblatt der Erstausgabe von 1887 trägt bereits die Korrekturen von Tönnies´ Hand. Statt „Abhandlung des Communismus[...] etc." änderte Tönnies den Untertitel für die 2. Auflage von 1912 in „Grund-Begriffe der reinen Soziologie".
Die Widmung lautet: „Meinem Freunde Friedrich Paulsen zugeeignet. Als Denkmal früherer Gespräche"

Tönnies aber war mit sich und seiner Arbeit nicht zufrieden: Er hat den Eindruck, ein Bruchstück geliefert zu haben, das Beste aus seinen Entwürfen nicht in den fertigen Text umgesetzt zu haben. Andererseits aber hat er das Buch fast fünfzig Jahre lang so gut wie unverändert durch die verschiedenen Auflagen gehen lassen. Er muss doch wohl den Eindruck wenigstens nachträglich gewonnen haben, es besser nicht sagen zu können. So enden die sieben Jahre des Nichtverzagens an einer Aufgabe, vor die er sich gestellt sah, am Gang des Geistes mitzuarbeiten, um den wissenschaftlichen Boden abzustecken, worauf das neue Gebäude der Soziologie fest gefügt errichtet werden konnte.

Um Abstand zu gewinnen, unternahm Tönnies eine Rundreise durch Italien, die ihn nach Rom, Florenz und Siena führt, bis eine Erkältung, die sich zu einer Lungenentzündung auswuchs, ihn zur Rückkehr nach Husum zwang.

Gegen Ende Juli 1887, Tönnies feierte soeben seinen 32jährigen Geburtstag, erschien im Leipziger Fues´s Verlag (O. R. Reisland) „Gemeinschaft und Gesellschaft. Abhandlung des Communismus und des Socialismus als empirischer Culturformen".

Der zeitliche Rahmen von der ersten Erwähnung des Werkes (Brief an Paulsen vom Oktober 1879 über den Plan, ein Buch zur Rechtsphilosophie zu schreiben), bis zum letzten Federstrich (Brief an Paulsen vom Februar 1887 „daß ich fertig bin") umfasst rund sieben Jahre. Es wird deshalb nicht verwundern, daß „Gemeinschaft und Gesellschaft", das einen Umfang von nur wenig mehr als 250 Seiten hat, von einer enormen Dichte ist, die sich jedem Versuch einer „Kurzerklärung" verweigert. Das in drei „Büchern" gegliederte Werk (Erstes Buch: Allgemeine Bestimmung der Hauptbegriffe – Theorie der Gemeinschaft und Theorie der Gesellschaft – Zweites Buch: Wesenwille und Kürwille – Drittes Buch: Soziologische Gründe des Naturrechts – und als Anhang: Ergebnis und Ausblick) soll hier trotzdem in wenigen Sätzen „beschrieben" werden.

Dabei ist die Grundidee des Buches fast schlicht zu nennen und fängt märchenhaft an. Es war einmal eine Zeit, in der lebten die Menschen in „Gemeinschaft" miteinander. Diese Gemeinschaften beruhten auf der persönlichen Vertrautheit der Menschen miteinander. Die Grundlage des Zusammenlebens dieser Menschen in solchen „Gemeinschaften" sind Gefühl, Gewohnheit, Verständnis und althergebrachte Sitten. Der Prototyp dieser Form des Zusammenlebens ist die Familie mit allen ihren Verwandtschaftsgraden. In neuerer Zeit nun ändert sich die Art des Zusammenlebens der Menschen miteinander in auffallender Weise: nicht mehr Gefühl, Gewohnheit und Vertrautheit bestimmen in erster Linie das Verhalten der Menschen zueinander, sondern die planvolle Überlegung, der angestrebte Zweck, der womöglich mit den anderen vereinbart wird und sie allesamt zu Funktionären eines Programms macht, eines Programms, dem sie selber mit rationaler Überlegung zugestimmt haben. Diese neuartige Grundsituation menschlichen Zusammenlebens nennt Ferdinand Tönnies „Gesellschaft".

Haben wir so die beiden Hauptbegriffe, gewissermaßen ihre Akteure, so fehlt nur noch die Handlung. Auch diese ist recht einfach. Die „Gemeinschaft" wird im Laufe der Geschichte durch die „Gesellschaft" ersetzt, das gefühlte und naturgebundene Zusammenleben der Menschen wird durch das geplante und berechnete verdrängt. Während „Gemeinschaft" sich durch den sozialen Willen als Eintracht, Sitte, Religion auszeichnet (Wesenwille), ist der soziale Wille der „Gesellschaft" als Konvention, Politik, öffentliche Meinung gekennzeichnet (Kürwille). Auf das lebendige, echte und dauernde Zusammenleben der „Gemeinschaft" folgt deren Auflösung durch die artifizielle, vorübergehende, scheinbare, rein mechanische „Gesellschaft". Wo einst Gemeinschaft und Freundschaft herrschte, greift nun die Allmacht des eigennützigen Geldtausches, des Kontraktes, um sich.

Soziologisch klingt dieser Sachverhalt allerdings weniger poetisch: Tönnies unterscheidet scharf zwischen zwei Normaltypen kollektiver Gruppierungen kraft gegenseitiger „Bejahung" der sozialen Akteure: zwischen „Gemeinschaft" und „Gesellschaft". Beider Unterscheidung basiert auf seiner Annahme, dass es für einen Akteur nur zwei Grundformen willentlicher Bejahung anderer Akteure geben kann. Diese „Bejahung" ist für Tönnies das Grundproblem und das Thema der „Soziologie" (gerade sie ist erklärungsbedürftig, denn die gegenseitige „Verneinung" – hierin ist er stark von Hobbes´ „Krieg aller gegen alle", dem „bellum omnium contra omnes", abhängig – er kann immer vorausgesetzt werden.) Dieser Wille kann analytisch in zwei Formen erscheinen: Entweder fühlt sich der Akteur als Teil eines größeren sozialen Ganzen, er versteht sich also, scharf formuliert, als dienendes Mittel zu diesem als übergeordnetem Zweck, dann fühlt er sich dem Kollektiv als einer „Gemeinschaft" zugehörig und diese (von Kindheit an wie selbstverständliche) Form des Willens heißt bei Tönnies Wesenwille. Beispiele derartiger Gemeinschaften wären eine Familie oder ein Freundesbund. Oder der Akteur bedient sich anderer Akteure, sie sind ihm Mittel für seine eigenen individuellen Zwecke, dann partizipiert er an einem Kollektiv als an einer „Gesellschaft" und diese nur über eine Phase der Individualisierung erreichbare Form des Willens heißt bei Tönnies Kürwille. Beispiele wären die Aktiengesellschaft oder der neuzeitliche Staat. Die „Gemeinschaft" genügt sich selbst (kann aber durchaus Wachstum anstreben), die „Gesellschaft" ist ein Instrument (der Akteur kann es weglegen). Da „Gemeinschaft" und „Gesellschaft" in der Welt der Begriffe axiomatisiert und entfaltet werden, die (nach Tönnies´ zusätzlicher Annahme) von der Welt der sozialen Wirklichkeit – zu Erklärungszwecken – strikt zu unterscheiden ist, sind sie begrifflich unvereinbar (im Feld der „Reinen Soziologie"), während man sie in der Wirklichkeit nicht anders als gemischt antrifft (im Feld der „Angewandten Soziologie"). Welcher Art z.B. das politisch-staatliche System ist, hängt von der Dominanz eines der Typen ab. Bei der Dominanz der „Gemeinschaft" ergibt sich ein staatliches System auf der Grundlage des hierarchischen Modells, also eine monarchische oder ihr ähnliche Regierungsform. Bei der Dominanz der „Gesellschaft" kommt es auf der Grundlage der durch Anonymität bewirkten Gleichheit zu entsprechenden staatlichen Formen mit der Gleichheit als Grundwert. Dem entsprechen in der Regel Formen der Demokratie.

Warum aber gab Tönnies der ersten Auflage von „Gemeinschaft und Gesellschaft" den Untertitel „Abhandlung des Kommunismus und Sozialismus als empirische Kulturformen"?

Darauf hat Tönnies eine klare Antwort: „Ich wollte damit sagen, daß man in diesen vielberufenen Schlagworten (Kommunismus und Sozialismus) nicht bloße Phantasmen, ausgeklügelte Ideale und Utopien sehen dürfe, sondern Erscheinungen des wirklichen sozialen Lebens begreifen solle."[277]

Das ist zweifellos richtig, aber als Untertitel des Werkes denkbar ungeeignet, weil es im Kaiserreich als Provokation angesehen werden musste (es sei daran erinnert, dass die Sozialistengesetze von 1878 bis 1890 reichten). Die zweite Auflage von 1912 wird den Untertitel „Grundbegriffe der reinen Soziologie" tragen.

Wie aber war die Reaktion auf das Buch? Die erste kommt vom Freund Friedrich Paulsen in einem Brief vom August 1887:

> „Ich hab Dein Buch durch, ich will ehrlich gestehen, nicht ohne unterwegs hin und wieder zu fluchen über Satz- und Begriffsbildungen; zuletzt hat es doch einen bedeutenden Eindruck hinterlassen; nicht bloß durch die schwere und tiefe Gedankenarbeit, davon es zeugt, sondern auch durch die Bedeutung der Betrachtungsweise selbst."[278]

Die Antwort von Tönnies auf diesen Brief ist es wert, zitiert zu werden:

„Ich war darauf gefasst, daß Du mein Büchlein mit sehr gemischten Gefühlen lesen würdest [...] Die Anwendung meiner Begriffe wird Dich vielleicht überraschen. Du denkst Dir sie noch zu einfach, während sie das komplizierteste Ding von der Welt ist [...] Ich gestehe ja, daß ich mir an vielen Stellen die Sache zu leicht gemacht und daher auch sie zu leicht dargestellt habe. Ich glaube dennoch immer mehr [...] daß dem Grundgedanken, obgleich er von kindlicher Einfachheit ist, so aufgefaßt und aufgebaut worden zu sein, kein geringes Verdienst zukommt. Es ist mir ordentlich recht, daß Du auch über meine Satzbildung ein wenig „geflucht" hast, da ich frühere Lobsprüche oft als schlecht verdiente empfunden habe. Ich bin ganz zufrieden, nicht den glatten Allerweltsstil der deutschen Reichs- und Rundschaubildung zu schreiben, den ich doch als – der Zeit gemäß – richtig und gut anerkennen muß."[279]

Weitere Reaktionen ließen zunächst auf sich warten und so musste Paulsen vermelden, dass ihm „Gemeinschaft und Gesellschaft" in der Rezensionsliteratur noch nicht begegnet sei. Rezensionen erschienen schließlich von Friedrich Paulsen, Harald Höffding, Rudolf Eucken, Gustav Schmoller, Ludwig Gumplowicz, Herbert W. Blunt, Èmile Durkheim, Rudolf Stammler und August Baltzer. George Croom Robertson stellte das Werk in der Rubrik „New Books" vor.[280]

Das Buch sollte bahnbrechend sein, es wurde aber nur von wenigen beachtet. „Bei all dieser Aufmerksamkeit", so schrieb Tönnies in seinen Erinnerungen, „war es doch nur ein matter Achtungserfolg, der Absatz blieb viele Jahre lang gering."[281]

Tatsächlich war der Absatz so gering, dass der Verleger Reisland im Dezember 1889 die Makulatur eines beträchtlichen Teiles der Auflage in Betracht zog. Allerdings hatte Reisland statt der vereinbarten 1000 Exemplare nur 750 drucken lassen, von denen nicht einmal die Hälfte abgesetzt werden konnte. Wie aber ist diese Erfolglosigkeit zu erklären? Die Antwort auf diese Frage liefert auch gleich den Grund für den späteren Erfolg des Werkes. Das Buch erschien zum falschen Zeitpunkt. Die „Bismarck-Ära" verachtete die „Gemeinschaft", weil im „Gesellschaftlichen" die alles rettende Revolution vollkommen angelegt schien. Erst die „Gemeinschafts-Emphase" der Jugendbewegung in der Weimarer Republik machte es zum „Bestseller". Tönnies hatte den geschichtlichen Wandel von überwiegenden „Gemeinschaften" zu überwiegenden „Gesellschaften" festgestellt, sich mit Bedauern oder Lob aber sehr zurückgehalten – indessen, die Jugend hörte ihre eigene Sehnsucht nach „Gemeinschaft" heraus und machte Tönnies zu ihrem Sprecher. Allerdings: Es wurde zwar von der „Masse" gekauft und möglicherweise auch gelesen, verstanden haben es nur wenige.

Ernst Storm schrieb seinem Freund Ferdinand Tönnies als Reaktion auf das Buch:

„Zu dem Fertigwerden Deines Buches gratuliere ich Dir. Du hast wahrscheinlich so lange daran herumgearbeitet, daß Du es jetzt gar nicht mehr sehen magst. Was Du geschaffen, wirst Du selbst erst beurteilen, wenn Du das fertige Buch nach einem Vierteljahr wieder in die Hand nimmst."[282]

Vielleicht sind die Bemerkungen des Gründers des „Kieler Instituts für Weltwirtschaft" Bernhard Harms (1876-1939) über „Gemeinschaft und Gesellschaft" anlässlich des 70. Geburtstages von Tönnies die treffendsten, die je über dieses Buch gesagt wurden:

„Bücher haben ihre Schicksale. Das Buch von Tönnies ist Beweis dafür. Das Werk, das heute einhellig zu den geisteswissenschaftlichen Taten des 19. Jh. gerechnet wird, wurde zwar von einigen wenigen gleich nach seinem Erscheinen gebührend gewürdigt, im ganzen aber beschränkte sich sein Einfluß Jahrzehnte hindurch auf eine nur kleine Gemeinde, deren Angehörige freilich in umso größerer Verehrung und Dankbarkeit zum Meister standen. Die 2. Auflage des Buches erschien erst im Jahre 1912. Seitdem aber folgen eine Auflage der anderen, und der Ruhm von „Gemeinschaft und Gesellschaft" ist Weltruhm geworden."[283]

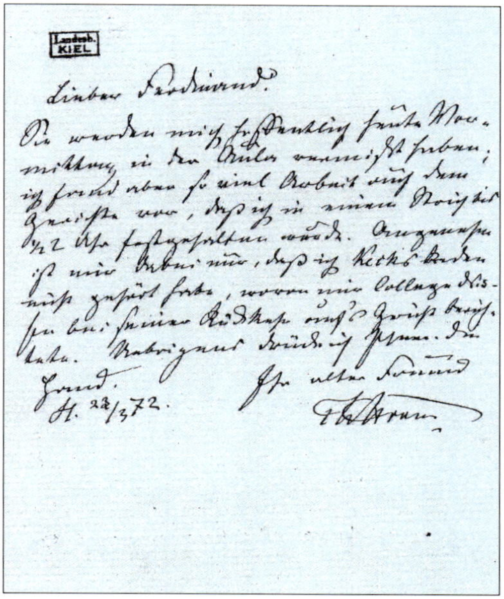

Brief Storms an Ferdinand Tönnies vom 23. März 1872 (siehe Seite 34) (Quelle: Landesbibliothek S-H)

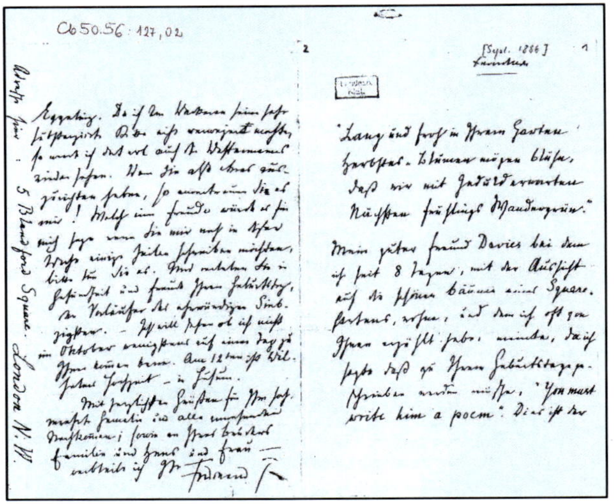

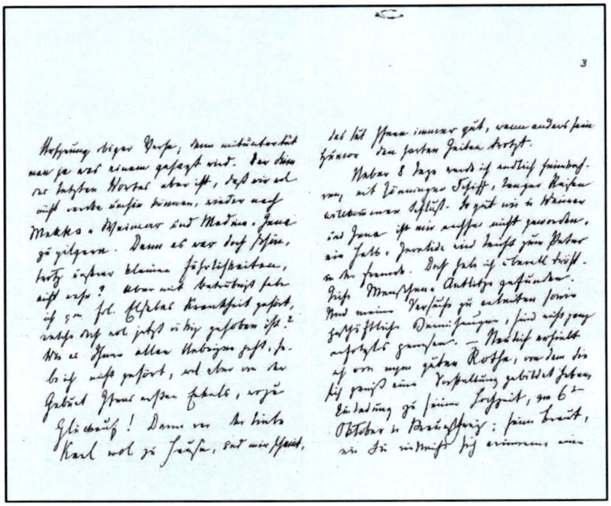

Brief Tönnies´ an Theodor Storm vom September 1886 (siehe Seite 116)
(Quelle: Landesbibliothek S-H)

Was aber sagte Theodor Storm zu dem Buch seines Freundes, das zu dem wichtigsten seines Lebens werden sollte? Das Buch erschien Ende Juli 1887 und Tönnies machte es seinem Freunde zum 70. Geburtstag zum Geschenk.[284] Leider ist mir keine schriftliche Äußerung Storms über „Gemeinschaft und Gesellschaft" bekannt geworden. In keinem Brief eine Stellungnahme oder gar ein Urteil über das soziologische Werk des Freundes. Im Storm-Nachlass befindet sich zwar eine Erstausgabe des Buches, aber das Buch, das in einer Vitrine des „Hademarschen-Zimmers" liegt, ist nicht das Exemplar, das Tönnies Storm schenkte. Hat Storm „Gemeinschaft und Gesellschaft" gelesen? Auch Tönnies schweigt sich über eine Reaktion seines Freundes aus. Weder in den „Gedenkblättern" noch in anderen schriftlichen Nachlässen findet sich eine Spur. Dabei war der Kontakt zwischen Tönnies und Storm nie intensiver:

„Hadem. 22/7. 87

Lieber Freund Ferdinand, Dank für Ihren lieben Brief, aber, wenn es bei E. [Ernst Storm, der sich im Mai 1887 als Rechtsanwalt und Notar in Husum niedergelassen hatte] unmöglich wäre, so müßte ich zu Reventlow´s, die mir zuvor Logis geboten; aber zusammen über Föhr nach Sylt wollen wir Anfang August; den Tag bereden wir nach meiner Ankunft in Husum; ein paar Tage möchte ich noch dort bleiben. Grüßen Sie Boysen und die Ihrigen recht freundlich. Dodo wird sich einstellen.
Ihr Th Storm."[285]

In der Tat begleitete Ferdinand Tönnies im August 1887 Theodor Storm und dessen Tochter Lucia (Lucie, Lute 1860-1935) auf die Insel Sylt, die Storm noch nie betreten hatte. Karl Ernst Laage berichtete in seinem lesenswerten Buch „Theodor Storms letzte Reise und seine Sylter Novelle" detailliert von dieser Reise:

„Am 30. Juli 1887 hat Storm dann seine Altersvilla in Hademarschen verlassen und ist mit der sog. Marschbahn Richtung Norden aufgebrochen. In Husum hat er 10 Tage Station gemacht, um seinen Sohn Ernst und dessen Familie zu besuchen. Außerdem wollte er im Hause seines Bruders Dr. Aemil Storm an der Hochzeit von dessen Tochter Margarethe teilnehmen; sie heiratete den Storm schon bekannten Kieler Assistenzarzt Dr. Glaevecke. Auf dem Husumer Bahnhof wurde der Dichter von seinem jungen Freund Ferdinand Tönnies, dem späteren Soziologie-Professor, empfangen und ist mit ihm in einer von seinem Sohn Ernst bereitgestellten Kutsche zum „Bureau" seines Sohnes gefahren, der seine ersten Geschäftsräume als Rechtsanwalt und Notar über der „Einhorn-Apotheke" am Markt eingerichtet hatte. [...] Am 9. August hat Storm von Husum aus mit seiner Tochter Lucie, die aus Hademarschen nachgekommen war, die Reise nach Sylt angetreten."[286]

Werbung der Sylter Dampfschiffreederei. Die Route Hoyer-Schleuse bis Munkmarschen auf Sylt ist eingezeichnet

Storm, der zum einen wohl durch den unmittelbaren Kontakt mit Wind und Wellen Inspirationen für seinen „Schimmelreiter" und die „Sylt-Novelle" suchte und zum anderen Heilung für seine an einem Magengeschwür leidende Tochter Lucie erhoffte (ein Grund mag sicher auch gewesen sein, seine „heiratsfähige" Tochter in die Gesellschaft einzuführen – was in Hademarschen nicht recht gelingen wollte), sah alle diese Wünsche auf das Schönste durch die Einladung Pollaczeks nach Sylt erfüllt. Auch diese Reise zitiert Ferdinand Tönnies in den „Gedenkblättern":

„Im August 1887 begleitete ich ihn [Storm] und seine Tochter Lucie nach der Insel Sylt, die Storm zum ersten Male betrat. Er sah zum ersten Male den großen Strand und das offene Meer – freilich in Sturm und Regenwetter tritt der „blanke Hans“, wie die Friesen sagen, in unserem Wattenmeer nicht minder gewaltig auf, das er seit seiner Kindheit so gut kannte. Er wohnte in Westerland bei dem damaligen Badedirektor Dr. [Julius] Pollaczek[287], dessen Frau, geborene Tiedemann durch Familienbeziehungen ihm bekannt war (eine Schwester, wenn ich nicht irre, Christoph (von) Tiedemanns, des bekannten Politikers und Mitarbeiters Bismarcks). Ich bin dort mehrfach in seinem kleinen Gemach bei ihm gewesen.[288] Viel Spaß machte ihm meine Erzählung von dem Eindruck, den sein Kommen in der „gebildeten“ Badegesellschaft gemacht hatte. Ich befand mich am Abend unseres Eintreffens im Hotel „Zum deutschen Kaiser“ und war genötigt, die Gespräche zu hören, die an einer langen, wohlbesetzten Abendtafel geführt wurden. Wie üblich, sprach man von neu eingetroffenen Badegästen. „Der Dichter Storm soll auch angekommen sein“, rief eine Dame über den Tisch hinüber. „Ja, ja“, erwiderte ein Herr recht laut, „der den „Quickborn“ geschrieben hat, nicht wahr?“ „Jawohl“, sagte dann noch ein dritter nachdenklich, und „Sein letzter Ritt“. Der Dichter, dem seine Berühmtheit in diesem Spiegel entgegentrat, lachte über die Vermischung mit Klaus Groth und Graf Strachwitz herzlich.“[289]

Von der „Hoyer-Schleuse“ (Abb.) ging es nach Munkmarsch auf Sylt. Die Tide- und Witterungsabhängigkeit brachte es mit sich, dass nur Tagesbetrieb der „Dampfschiffahrtsgesellschaft“ (Reeder Clausen) möglich war

In einem Brief an seinen Sohn Ernst hat Storm die Ankunft und die ersten Eindrücke der „Sylt-Reise“ geschildert:

„Die Ueberfahrt von Hoyer nach Munkmarsch, etwa 21/2 Stunden, war etwas stürmisch, und manche Dame, darunter auch Lute, quälte sich, letztere, übrigens ganz vergnüglich, mit der Seekrankheit. In Munkmarsch empfing uns Paetel mit Frau u. Sohn u. einem Wagen u. Pollacseck zu Pferde. Wir fuhren mit ersteren, und es stürmte, daß Lute fast die Haare fortflogen. [...] Uebrigens ist es hier fabelhaft frisch und munter u. heut Abend mit Ferdinand [sind wir] bei dem bekannten Gedankenleser Jacoby. Wir sind hier nett neben einander quatirt, Lute in einem Abseitenzimmer neben meiner Stube. Hoffentlich hält bald der rasende Sturm auf, der jede größere Ausflucht hindert. Durch ihn freilich haben wir das Meer in seiner majestätischen Größe gesehen; 90 Meilen bis zur schottischen Küste reicht vor uns das Meer, jetzt voll ewig neuer brüllender Wasser-Berge, die in weißen Schaum versprühen; aber erst heute empfand ich am Strand etwas Kälte. Du mußt wissen, daß wir uns dort Vormittag u. Nachmittag stundenlang umhertreiben. Ich befinde mich ganz wohl. Nur muß ich sehn, noch einen wohlfeileren Mittagstisch zu bekommen, der mir jetzt für uns täglich 5 M. 30 Pf. kostet; länger als 14 Tage werde ich aber doch nicht bleiben."[290]

Von Munkmarschen (Abb.) ging es mit der Kutsche über Sandwege nach Westerland (die 1759 errichtete Mühle wurde1921 abgebrochen)

Das kleine ruhige Dorf „Munkmarsch" war einst das Tor zu Sylt (der Hindenburgdamm wurde erst am 1. Juni 1927 eröffnet). An einer Landungsbrücke legten die Schiffe vom Festland an und die „Sommerfrischler" wurden von hier aus per Kutsche nach Westerland befördert (diese Aufgabe übernahm ab 1888 die Inselbahn). Mit dem Bau des Hindenburgdammes verlor Munkmarsch seine Bedeutung als Tor zur Insel.

Storm, der, wie er seiner Frau berichtete, ausgedehnte Strandspaziergänge unternahm, und, wie es seine Art war, stets bemüht war, interessante Menschen kennen zu lernen, wollte ursprünglich drei Wochen auf der Insel bleiben (Brief Storms an Tochter Gertrud vom 19.7.87). Völlig überraschend fuhr er indes am 20. August, also bereits nach zehn Tagen wieder nach Hademarschen.[291] Lediglich Tochter Lucie setzte ihre „Kur" weiter fort.

Aber auch Ferdinand Tönnies blieb noch bis in den September hinein auf der Nordseeinsel und kehrte erst kurz vor dem 70. Geburtstag Storms nach Husum zurück.

Eine Reihe von Post- und Briefkarten im Vorfelde des „Storm-Geburtstages" vermitteln einen Eindruck von der Geschäftigkeit dieser Tage:

„Poststempel: 6.9.87

Lieber F. Ihnen zur Nachricht, daß wir Sie noch in unsrem Hause unterbringen. Kommen Sie also; aber nicht vor Nachmittags 13 d. M. Sollten Sie kühn genug sein, nicht zu kommen, durch Sylt oder – etwas dort festgehalten, so bitte augenblickliche Nachricht, da Meld[un]gen mehr als Platz. Grüßen Sie Lute u. Frl. v.d. Wense.

Ihr alter ThSt."[292]

Tönnies´ Antwort kam postwendend:

„Husum, 8. September 1887

Herzlichen Dank! Inzwischen hat mir auch Hans Hadem[arschen] aus Hamm geschrieben, daß er für eine ruhige Schlafstelle mir sorgen wolle. Ich reise morgen für einige Tage nach Kiel, ob ich auch den Vorabend dort miterleben werde oder lieber bei Ihnen weiß ich noch nicht. Haben Sie aber einen Logirgast für die Nacht 13-14, so versteht sich daß ich erst am 14ten komme. Frl. Lucie habe ich in den letzten Tagen am Strande nicht mehr gesehen, Frl. v. d. W. war schon seit mehr als 8 Tagen abgereist. Die Bilder dort wechseln sehr geschwind.
Mit freundlichen Grüßen Ihr Ferd. Tönnies."[293]

Die Tönnies-Botschaft erforderte selbstredend erneut eine Antwort Storms:

„[Poststempel: 11.9.87]

Lieber, am 13/14 ist in Ihrer Kammer natürlich kein Schlafgast; indeß ist es mir dennoch lieber, meine Gäste tropfenweise zu empfangen. Paßt es Ihnen also, so gastiren Sie noch am 13 in Kiel u. kommen Sie um ½ 12 Uhr am 14ten mit den Kielern. Widersteht es Ihnen dort; dann nur hierher! Ihr ThStorm."[294]

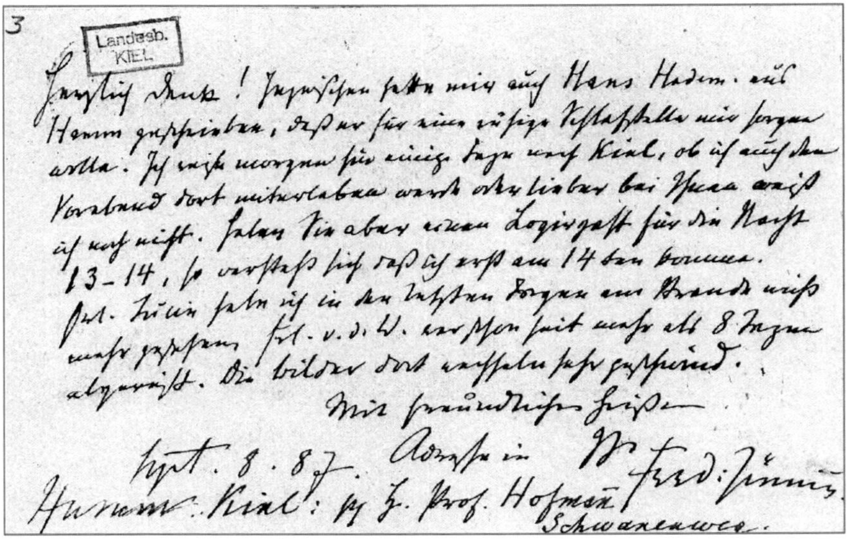

Postkarte von Ferdinand Tönnies an Theodor Storm vom 8.9.1887
Quelle: Landesbibliothek Schleswig-Holstein (siehe Seite 133)

Die nächste Briefkarte an Tönnies folgte nur einen Tag später:

„[Bahnpoststempel: 11.9.87] Sonntag Abend

Lieber Freund Ferdinand!
Eben erfahre ich, daß Hans Storm Sie ganz bestimmt auf acceptirte Anmeldung hin erwartet; nun müssen Sie dahin (13 oder 14); denn als H. hörte, daß Sie hierher wollten, war er sehr schmerzlich berührt. Schreiben Sie bitte sofort Ihre feste Anmeldung bei Hans, u. benachrichtigen Sie auch uns kurz. Im Oktb. oder Novbr. sind Sie dann ruhig hier ein paar Tage bei uns.

Ihr ThStorm

Hans darf von diesem Winke nichts wissen!“[295]

Der Brief Storms an seinen Sohn Ernst vom 30. August 1887 trug eine Überschrift:

„Ein Wort über meinen Geburtstag:
Am 14 Septbr. soll bis 1 Uhr hier Gratulation sein; 3 oder 3 ½ Uhr Diner bei Mutter Thiessen, wo auf 50-60 Platz haben, auf die auch gerechnet wird, Couvert [Tischgedeck] 4 M. Wein zahlt, wer es fordert. Nach dem Diner hier bei uns Ruhe bis ½ 8 U. Abends; dann delicatestes Butterbrod mit Champagner-Bowle, kaltem Punsch u. Pschorbier [Pschorrbier, heute Hacker-Pschorr-Bier aus München] u. Münchner Bürgerbräu. Ich werde für meine 7 oder 8 Kinder die Couverte u. den Wein bezahlen.“[296]

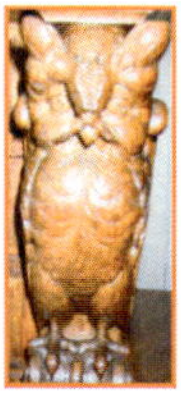

Die vier „tiefsinnigen“ Eulen am Schreibtisch schnitzte Emil Nolde

Dieser „kunstreich in Eichenholz geschnitzte Schreibtisch“ mit 22 verschließbaren Fächern war ein Geschenk von „Kieler Verehrerinnen“ zum 70. Geburtstag des Dichters.[297] An diesem Schreibtisch vollendete Storm am 9. Februar 1888, um 11 Uhr, das Manuskript des „Schimmelreiters“

Der 70. Geburtstag des Dichters am 14. September gestaltete sich zu einem Volksfest. Tochter Gertrud erinnert sich:

„Viele Gäste, Kinder, Verwandte und Freunde kamen von nah und fern zur Feier nach Hademarschen. Die ganze Gemeinde traf heimliche Vorbereitungen. [...] Am Morgen des 14. erwachte man im Dichterhause von einem leisen und andauernden Pochen und Hämmern. Vorsichtig aus dem Fenster guckend, sah man, wie vor dem Gartentor emsig an einer Ehrenpforte gebaut wurde. Und wie sie fertig war, hing in ihrer Mitte, umkränzt von bunten Herbstblumen, ein weißes Schild mit der Aufschrift „Dem Guten". Theodor Storm schlief noch und hatte von der Heimlichkeit nichts gemerkt. Um 7 Uhr früh weckte ihn ein feierlicher Gesang „Nun danket alle Gott, mit Herzen, Mund und Händen!" [Choral des Eilenburger Geistlichen Martin Rinckart (1586-1649) anlässlich der Hundertjahrfeier der „Augsburger Konfession" verfasst] In Ergriffenheit öffnete er das Fenster und dankte den braven Leuten aus warmem Herzen. Von 10 Uhr in der Frühe an füllte sich das Haus mit Glückwünschenden – alle Räume waren bald in einen Blumengarten verwandelt. [...] Die Damen der Stadt Kiel schenkten dem Geburtstagskinde einen kostbaren Schreibtisch aus der bekannten Werkstatt von Sauermann in Flensburg, mit Sessel und einem Perserteppich. Von der Vaterstadt Husum kam eine Abordnung, die ihrem treuesten Sohn den Ehrenbürgerbrief überreichte. In einem in phantastischer Schönheit hergestellten Blumenkissen lag, vom Verleger überreicht, die Lebensbeschreibung des Dichters, von Paul Schütze. Der „Hamburger Korrespondent" sandte eine aus Blumen sinnreich gebundene Leier. [...] Um 3 Uhr nachmittags schritt der Dichter im Zuge seiner Gäste und der Seinen durch das festlich geschmückte Dorf nach „Thiessens Gasthof", wo das Mittagessen eingenommen werden sollte. [...] 68 Gäste umgaben die bekränzte Tafel in dem großen Saale des Gasthauses. [...] Es dunkelte schon lange, als die Festgäste von der Tafel aufstanden, um in dem Dichterhause die Feier ausklingen zu lassen. [...] Um 10 Uhr drang aus der Dunkelheit des Gartens leiser Gesang, der immer stärker anschwoll. „Nun danket alle Gott", erscholl es noch einmal. Es war die Hademarscher Liedertafel, die unter den Glückwünschenden nicht fehlen wollte. [...] Theodor Storm trat auf die Terrasse und dankte mit bewegten Worten. Dann waren seine Kräfte erschöpft. Um Mitternacht verließen alle Gäste das Haus, und der schöne Tag war zu Ende."[298]

Selbstverständlich nahm auch Ferdinand Tönnies an der Feier in Hademarschen teil. Sein Bericht in den „Gedenkblätter" ist allerdings prosaischer als der der Tochter:

„An dem 70. Geburtsfeste des Dichters habe ich teilgenommen. Er erlebte es in elegischer Stimmung, aber mit dem erhebenden Gefühle, für die Nation etwas zu sein, und dauernde Werte geschaffen zu haben, was freilich durch keine öffentliche Anerkennung zum Ausdruck gelangte. Tief gerührt war der Dichter durch die Ehren, die ihm seine Hademarschner Dorfgenossen erwiesen, und durch das Ehrenbürgerrecht, das ihm die Vaterstadt mit einem feinen Diplom überreichte; ich darf mir schmeicheln, daß es meiner

Anregung zu verdanken war. – Ich blieb noch einen Tag nach dem Feste mit Wilhelm Jensen und seiner Tochter in Hademarschen. An dem Abend sprachen wir u.a. über Emanuel Geibel. Jensen machte dessen gewaltige Stimme nach, mit der er einmal ihn umgebendes Unverständnis für die deutsche Literatur beklagt habe. Ich glaube, daß die starken Töne Storm etwas angriffen. Er ging sinnend auf und ab. „Und welch ein stiller Mann ist der nun geworden", sagte er, und dachte dabei an die „dunklen Gewässer" – mit diesem Gleichnis pflegte er auf das Lebensende anzuspielen."[299]

Aber auch Storm selber hat sich, in einem Brief an Keller, über seinen Geburtstag geäußert:

„Der Geburtstag war ganz schön, wäre es nur nicht der siebenzigste gewesen; am Abende zirka 100 Gäste, das ganze Dorf war voll Trubel, Ehrenpforten, originellste Illuminationen, die Dorfschulmädchen kamen mit ihren Lehrern und anderthalbhundert Stocklaternen. Paetel, der auch hier war, hatte so etwas in seinem Berlin noch nie gesehen; durch fünf, sechs Ehrenpforten fuhren wir ins Gasthaus zur Mittagstafel; die Kieler Frauen überreichten mir einen wahrhaft fürstlichen Schreibtisch, an dem ich eben schreibe; Bürgermeister und Bürger-Worthalter aus Husum überreichten mir das Ehrenbürgerrecht meiner Vaterstadt; alles ging wie im Rausch vorüber. Ich bin nicht unempfindlich gegen soviel freundliche Anerkennung."[300]

Von einem (kleinen) Eklat während der Geburtstagstafel berichtete der Literaturhistoriker Alfred Biese (1855-1930):

„Bei der Festtafel im Tiessenschen Saale herrschte Verwunderung, als der Husumer Landrat und langjährige Freund namens Graf Reventlow sich erhob, den Kaiserto[a]st ausbrachte und dann war – Pause!"[301]

Kleine freundliche Latern,
Sei du Sonne nun und Stern;
Sei noch oft der Lichtgenoß
Zwischen Wasserreih´ und Schloß,
Oder – dies ist einerlei –
Zwischen Schloß und Wasserreih´!
(Theodor Storm)

Ludwig Graf zu Reventlow (1824-1893)
Landrat des Kreises Husum[302]

Über die Zeitungen, die natürlich über Storms 70. Geburtstag berichteten, erfuhr auch Paulsen davon:

„Aus der Zeitung sah ich, daß Du Storms Geburtstag mitgefeiert hast. Ich hörte zu spät davon, um mit einem Glückwunsch zurecht zu kommen. Mich freut, daß seiner so viele Freunde gedacht haben. Es zeugt auch dafür, daß unserem Volk der Sinn für das stille Schöne noch nicht abhanden gekommen ist."[303]

Tönnies´ Antwort erfolgte wenig später:

„Es ist doch schade, daß Du den alten Storm nicht zu seinem Ehrentage begrüßt hast. Er pickt sich die ihm persönlich lieben mit Sorgfalt aus der großen Zahl von Glückwünschen heraus, es ist meine Schuld, daß ich Dich nicht erinnert habe. Vielleicht holst Du es zu Weihnachten oder zu Neujahr nach?"[304]

Der Januar 1888 sah Theodor Storm wieder zur „Storm-Saison" in Husum. Er machte allerdings einen „kranken" Eindruck und ließ manch besorgte Freunde zurück:

„Im Augenblick ist der alte Storm wieder auf Besuch hier, leider ist er noch seit dem Herbste recht matt geworden und sein Aussehen todesbleich."[305]

„Am 6. Januar 1888 [richtig ist wohl der 5.1.] fuhr Theodor Storm noch einmal, wie alljährlich, nach Husum, um den Geburtstag des Grafen Reventlow [geb. 6. Januar 1824] und den seines Sohnes Ernst [geb. 30. Januar 1851], der jetzt als Rechtsanwalt in Husum lebte, zu feiern."[306]

Storm, der seit den Erfahrungen der „Sylt-Reise" nicht mehr ohne seine Frau reisen wollte, schrieb über diesen Husum-Besuch an Heyse:

„[...] in diesem Januar war ich wieder, wie sonst, diesmal mit Frau und den Töchtern Gertrud und Dodo vom 5. bis 31. Januar in Husum resp. bei Reventlows und bei meinem Bruder Doktor. [...] Ich war sehr gerne dort und leidlich wohl, was indes nicht heißen soll, daß sich das zu-Ende-Gehen- nicht allmählich vorbereitet. Ich hatte auch dort die Freude, daß der von mir etwa 18 Jahre geleitete Gesangverein, der wie in Heiligenstadt nach meinem Weggang hinter mir zusammengepoltert war, jetzt eben in einem eminenten Chor von ca. 60 Sängern und Sängerinnen wieder auferstand [...] Der Verein heißt selbstverständlich jetzt „Theodor Storms Verein für gemischten Chor". Ich mußte auch mein Lied „Die Nachtigall" in der Komposition meines verstorbenen Freundes Adolf Möller dirigieren. Ja, lieber Freund, das sind so die Freuden einer kleinen Stadt; sie schmecken auch."[307]

Der Brief, den Storm im März 1888 an Tönnies schrieb, bezog sich auf eine Anfrage des Redakteurs der Monatsschrift „Nord und Süd" Paul Lindau:

Nord und Süd.

Eine deutsche Monatsschrift.

Herausgegeben

von

Paul Lindau.

Achtunddreißigster Band.

Breslau.

Druck und Verlag von S. Schottlaender.

Paul Lindau (1839-1919) gab seit 1877 u.a. „Nord und Süd" heraus

„Hadem. 16/3.88.

Lieber Freund Ferdinand, was L.(indau) schreibt, ist ganz richtig; nur habe ich nicht in besondrer Weise abgelehnt. Ich würde gern Ihren Wunsch erfüllen u. etwas für „Nord u. Süd" liefern; nur habe ich jetzt nichts. Warten wir eine productivere Zeit bei mir ab; es geht mir seit einiger Zeit merklich besser; vielleicht ergiebt sich etwas. Den L.schen Brief holen Sie sich denn wohl selber bei uns ab.

Grüßen Sie Ernst, wenn Sie ihn sehen, Ihr alter ThSt."[308]

Das Jahr 1888 brachte für Ferdinand Tönnies zwar eine Reihe von Rezensionen oder Erwähnungen des Tönniesschen Werkes, aber keine konkreten Hinweise auf eine Veränderung seiner akademischen Karriere. Um seine Stellung als Privatdozent in Kiel nicht zu gefährden, entschloss sich Tönnies, im Sommersemester wieder in Kiel zu lesen („Ich hatte die verwegene Idee, eine Vorlesung „Über den Charakter des gegenwärtigen Zeitalters" anzukünden", Brief an Paulsen vom 12.1.1888). Nachdem auch der Plan aufgegeben werden musste, eine Stelle in Jena oder Weimar zu besetzen („wahrscheinlich ist, daß mein Buch dort etlichen Unwillen erregt hat", Brief an Paulsen vom 12.1.1888), hatte Tönnies eine doch eher skurrile Idee:

„Im Oktober hätte ich mich beinahe zum Bürgermeister in Garding [eine kleine Stadt auf Eiderstedt] gemeldet, es wäre der richtige Posten für mich gewesen. Eine kleine

Verwaltung, die 2-3 Stunden täglich in Anspruch nähme, dabei Einblick in das intimste Leben eines kleinen Ortes gewährte. Sonst freie Zeit, keine Zerstreuung, gesundes Klima, bescheidenes Gehalt und die Möglichkeit, Menschen zu dienen. Dagegen Professor möchte ich wirklich nicht werden.“[309]

Diese wohl wenig ernst gemeinte Idee kam nicht zum Zuge: ein Verlust für die kommunale Verwaltung, aber welch Gewinn für die Wissenschaft.

Ende März 1888 verbrachte Ferdinand Tönnies ein paar Tage bei seinem Freunde Storm in Hademarschen, bevor er zu einem Besuch nach Berlin aufbrach, um Friedrich Paulsen, dessen Mutter gerade verstorben war, zu besuchen.

„Im Frühling 1888 reiste ich nach Berlin, und kehrte wie sonst oft, unterwegs noch einmal in Hademarschen ein. Ich fand Storm etwas schwach, aber ziemlich heiter. Ich vermutete nicht, daß ich ihn zum letzten Male gesehen hatte.“[310]

Der Schimmelreiter
Erstausgabe von 1888

Die Botschaft, die im April 1888 aus Hademarschen nach Berlin kam, klang zwar „besorgniserregend“, enthielt aber auch den Satz „unter solchen Umständen ist auch „Der Schimmelreiter“ geschrieben:

„Hademarschen, 7. Apl 88.

Lieber Freund Ferdinande!
Es ist Sonntag Morgen, und ich würde mich mit Behagen zu einem Briefe an Sie und in das Paulsensche Haus niedersetzen, wenn ich nicht die Feiertage, die ich mit Eckermann´s [Christian Eckermann (1833-1904), Tiefbauingenieur, damals Wegebauinspektor in Heide, Storms Berater in Fragen des Deichbaus beim Schimmelreiter] u. Ernst (beide mit Familie) recht lieb verlebte – Ernst übrigens kam Testamentswegen erst gegen 10 U. p[er] Wagen mit Marie und Ninne [Elisabeth] u. wurde statt Dienstag uns schon Montag geschäftswegen wegdepeschirt – also wenn ich nicht diese beiden Tage jetzt tags u. nachts wieder büßen müßte; ich habe keine Feder zu irgend etwas, das nach Arbeit aussieht, ansetzen können.
Und unter solchen Umständen ist auch „Der Schimmelreiter“ geschrieben, nur der Anfang im Sommer 86, vor der Krankheit. „Novelle“ braucht es nicht genannt zu werden; etwa: „Eine Deichgeschichte“ oder „Eine Geschichte aus der Marsch“.
Einige Wort- und Sacherklärungen kann ja die Buchausgabe immerhin bringen. Wenn die Katastrophe aus der Niederlage des Deichgrafen im Kampfe der Meinungen stärker hervorgehoben würde, so würde seine Schuld wohl zu sehr zurücktreten. Bei mir ist er körperlich geschwächt, des ewigen Kampfes müde, und so läßt er einmal gehen, wofür er sonst stets im Kampf gestanden; es kommt hinzu, daß seine zweite Besichtigung bei heller Sonne die Sache weniger bedenklich erscheinen läßt. Da aber, während Zweifel u. Gewissensangst ihn umtreiben, kommt das Verderben. Er trägt Schuld, aber eine menschlich verzeihliche.
Für die Buchausgabe ist in der Druckvorlage S. 194 noch von mir hinzugefügt: *ritt hart an der Binnenseite des Deiches*; ein paar Mal, wo er dort hätte vorüber müssen, ließ er sein schon gesatteltes Pferd wieder in den Stall zurückführen; dann wieder, wo er dort nichts zu thun hatte, wandert er, um nur rasch und ungesehen von seiner Werfte fortzukommen, plötzlich und zu Fuß dahin, manchmal auch war er umgekehrt: er hatte es sich nicht zumuhten können, die unheimliche Stelle auf[s] Neue zu betrachten; *und endlich – mit den Händen etc.*[311]
Es muß für ihn bedacht werden: die Scheu, nach endlich vollendetem Werk den Kampf auf´s neue zu beginnen.
Es muß wohl „Akt“ heißen. Es sind Viehtrift-Wege; servitus actus – die Servitut [juristisch: Nutzungsrecht an fremden Eigentum] der Viehtrift. „Selbstverstand“ wäre doch wohl zu vertheidigen; das Wort ist besser als „Selbstverständlich“, weil es weniger abstract ist. „Avosetten“ sind säbelschnäbliche Strandvögel.
Es ist mir übrigens sehr lieb, daß auch das Werk, wie es jetzt ist, eine Wirkung auf Sie ausgeübt hat; denn zu einer Umarbeitung werde ich schwerlich kommen; meine Greisen-Müdigkeit erschrickt davor, und – die Sache ist sehr heikel, was ich während der Arbeit

deutlich genug empfunden habe; man verliert hier sehr leicht auf der einen Seite, was man auf der andern dadurch gewönne. „Transeat cum ceteris“ [mag es mit den übrigen (Werken) untergehen], pflegte Heyse zu sagen.
-- Ist das von Ihnen gekaufte Buch von Seidel [Heinrich Seidel (1842-1906)] sein neuestes „Neues von Leberecht Hühnchen“ – das er mir dieser Tage schickte, dann sind Sie ja am Ort der Erzählung; denn Hühnchen wohnt in Steglitz. Und grüßen Sie Herrn Hühnchen, ich gratulirte ihm zu seinem Schwiegersohn. Das einfache Büchlein hat mich gestern höchst angenehm unterhalten.
Grüßen Sie herzlich unsern lieben Landsmann Prof. Paulsen u. unbekannterweise auch dessen Schwiegerin [Laura Ferchel war die Schwester von Paulsens erster Frau Emilie, die 1883 starb; Paulsen heiratete sie 1892]; dito den jungen Buchhändler Hanni Storm [Johannes Storm (1866-1921) war der jüngste Sohn von Storms Bruder Johannes], von dem sein Principal neulich an Paetel gesagt hat, er danke ihm, daß er ihm den besorgt habe, der habe Aussicht, ein Musterbuchhändler zu werden.
Ihre Grüße sind oder werden noch bestellt; und die an mein Haus erwidert.
Ihr alter und getreuer ThStorm.“[312]

Wie so häufig bei neuen Werken diskutiert Storm auch über den Schimmelreiter mit seinem ehemaligen „Hausbuchkorrekturleser“. Und Tönnies teilt das große Lob, das Storm von allen Seiten erfährt. Paul Schütze[313], der, heute würden wir sagen, eine „Festschrift“ zum 70. Geburtstag von Storm schrieb, stimmt ebenfalls in den Chor der begeisterten Leser des letzten großen Storm-Werkes ein:

„[Aber] so hoch auch „Ein Bekenntnis“ [die „Genesungsnovelle“, wie er [Storm] am 9.12.1887 an Keller schreibt] als Kunstwerk steht, es wird doch weit überragt von der letzten dichterischen Schöpfung, die Storm uns gegeben hat, von seinem „Schimmelreiter“. Sie ist nicht nur rein äußerlich sein umfangreichstes Werk und nähert sich mehr als eins der früheren der Form des ausgeführten Romans [...] sondern man kann sie wohl überhaupt als die Krone von Storms dichterischem Lebenswerk bezeichnen.“[314]

In der Tat ist Storms umfangreichste, komplexeste und zugleich künstlerisch anspruchvollste Novelle die wohl „reifste Endfassung von Storms Humanismus“, wie David Jackson schrieb:

„Während sie die epischen und dramatischen Züge der späteren Werke beibehält, erzielt sie eine ihnen oft abgehende thematische sowie auch stoffliche Dichte. Dies liegt an der langen Entstehungszeit des Werkes und an der Tatsache, dass detaillierte, fachliche Beratungen während der Vorbereitungsarbeiten eine Schlüsselrolle gespielt haben.“[315] Die Novelle, die, wie Storm an Tönnies schrieb, gar nicht so genannt werden muss und in deren Zentrum der fiktive Deichgraf Hauke Haien steht, basiert auf einer Sage, mit der Storm sich über Jahrzehnte befasste. So gesehen ist sie auch das Konzentrat aller

Erfahrungen des Erzählers Storm. Denn die Niederschrift der Novelle (ich bleibe bei dieser Gattung) begann Storm erst im Juli 1886 und beendete seine Arbeit daran im Februar 1888.[316] Der „Schimmelreiter" erschien das erste Mal im April 1888 in Heften der „Deutschen Rundschau".[317]

In der Novelle zeigt Theodor Storm den Aufstieg des Hauke Haien zum Deichgrafen. Dieser will seine Fähigkeiten durch den Bau eines neuartigen Deiches unter Beweis stellen, weil es heißt, er habe die Position nur seiner Frau zu verdanken. Spannungen und der Kampf mit seiner Mitwelt lassen Hauke Haien schließlich zugrunde gehen: Als er eine schwache Stelle im Deich nicht genügend absichert, ertrinkt bei einer Sturmflut zuerst seine Frau mit dem Kind. Daraufhin stürzt er sich mit seinem Schimmel an der durchbrochenen Stelle des Deiches ins Meer, um seine Schuld zu tilgen.

„Der Schimmelreiter" und Theodor Storm sind geradezu Synonyme geworden; kaum ein Werk wird so sehr mit seinem Autor identifiziert wie diese „Deichgeschichte", wie Storm sie auch einmal nannte (siehe Brief an Tönnies vom 7.4.88).

Verfilmung von 1933 mit Marianne Hoppe und Mathias Wieman

Verfilmung von 1978 mit Anita Ekström, Gerd Fröbe und John Philip Law

Zum „Bekanntheitsgrad des „Schimmelreiters" haben ganz sicher auch die drei Literaturverfilmungen der Novelle beigetragen. Nach dem Drehbuch von Curt Oertel und Hans Deppe entstand 1933/34 einer der frühesten ideologisch dem Nationalsozialismus verpflichteten deutschen Spielfilme. Die weltanschauliche Deutung der Novelle spiegelt zugleich die in der Wilhelminischen Ära ebenso wie in der Weimarer Republik dominierende Sichtweise des Werkes wider: Hauke Haien wird als Helden- und Führergestalt gezeigt, der sich gegenüber einer ignoranten Masse durchsetzen muss.[318]

Die verfilmte Novelle wird zur durchsichtigen Parabel von Hitlers heroischem Kampf gegen die als träge Masse diffamierten innenpolitischen Gegner aus dem bürgerlichen Lager. Natürlich bleibt das einer nordischen Führergestalt schlecht zu Gesicht stehende schwachsinnige Kind des Helden ausgespart. Im Familienblatt „Daheim" war zu lesen: „Dieser Film ist sehr zeitgemäß. Blut und Boden heißt sein Inhalt."[319] Damit entspricht dieser Film den Vorstellungen des NS-Propagandisten von der weltanschaulich bildenden Funktion der scheinbar unpolitischen Unterhaltungsfilme. Von der Filmprüfstelle des „Reichsministeriums für Volksaufklärung und Propaganda" erhielt der Film das Prädikat „künstlerisch besonders wertvoll".

Genehmigt für den Gebrauch an Schulen: „Der Schimmelreiter" von Theodor Storm. Generationen von Schülerinnen und Schülern lasen ihn. Hier eine Ausgabe aus den 50er Jahren für 75 Pfg.

Die Schimmelreiter-Verfilmung von 1978 ist etwas völlig anderes. Die stilistische und dramaturgische Konzeption ist allein von der Absicht getragen, publikumsrelevante Unterhaltung zu schaffen. Unter der Regie von Alfred Weidenmann, der auch das Drehbuch verfasste, entstand der zweite Spielfilm nach Storms Novelle. Hauke Haien, gespielt von dem amerikanischen Cowboy-Darsteller John Philipp Law, reitet in der Manier von John Wayne unentwegt über den Deich zum Meer und zurück. Ihm gegenüber steht als ränkeschmiedender Finsterling Ole Peters (Dirk Galuba) mit, im Vergleich zur Novelle, überdimensionierten Rollenanteilen. Was sich um den alten Deichgraf (Gert Fröbe) und den grimmig dreinblickenden Ole Peters herum sonst noch im ersten Teil ereignet, ist eine süßliche Liebesgeschichte vor der Kulisse einer Heimatschnulze. Wie schon in dem Film von 1933 vermag man auch hier mit der schwachsinnigen Wienke wenig anzufangen und bietet als Alternative eine Totgeburt an.

Die dritte Schimmelreiter-Verfilmung von 1984 unter der Regie von Klaus Gendries ist eine Gemeinschaftsproduktion des Fernsehens der DDR und der „Telewizia Polska" und spielt im Wesentlichen an der Weichsel, in der Region, aus der die Sage wohl stammt. Aber auch Gendries heroisiert seinen Deichgrafen, indem er ihn zum positiven Helden nach dem Geschmack des sozialistischen Realismus modelliert. Der Film singt das hohe Lied vom sozialistischen Realismus, in dem er den neuen Deich als Modell einer fortschrittlichen Praxis und den Deichgrafen zum positiven Helden des gesellschaftlichen Fortschritts in Szene setzt.

Als Fazit ist festzustellen, dass keiner der Filme die stormsche Intuition des „Schimmelreiters" erfasst. Alle drei Filme machen Zugeständnisse an die vorherrschenden Ideologien oder an den Zeitgeist. Somit steht eine filmische Umsetzung des stormschen Schimmelreiters noch aus.

„Der Hauke-Haien-Deich, er soll schon halten;
er wird es noch nach hundert Jahren tun!"[320]

„Nachdem er den „Schimmelreiter" vollendet, wollte er gleichzeitig an der neuen Novelle, deren Gedanke ihn schon lange beschäftigt hatte, der „Armensünderglocke" und an seinen Lebenserinnerungen arbeiten. Über die Glocke wünschte er Tatsächliches zu erfahren, und fragte mich um Rat. Ich sandte ihm von Berlin Auszüge aus Ottes Glockenkunde[321], und empfing noch einen Dankbrief von ihm, den letzten der Briefe, die er mir geschrieben hat. [...] Von der „Armensünderglocke" schrieb er nur „die Arbeit ruht wie für immer". Der Brief war im Mai geschrieben; er lebte dann nur noch wenige Wochen."[322]

Der hier von Tönnies zitierte Brief war der letzte Brief, den er von seinem Freunde erhielt:

„Hadem. 9/5.88

Lieber Freund Ferdinand!
Als ich Ihren Brief erhielt, war ich so hundselend, daß ich ihn nicht beantworten konnte; es geht mir noch nicht besser. Die Mühe, die Sie sich auf der Bibliothek um die „Armesünderglocke" gegeben, danke ich Ihnen herzlich; alles, was Sie niedergeschrieben, ist höchst interessant; ich will es meiner „Glockenkunde" einkleben; aber die Arbeit ruht wie für immer; mein Freudenpunkt ist der bevorstehende Pfingstbesuch von Ernst u. Familie, aber immer mit dem Gedanken, es könnte ja das letzte Mal sein.
E.[rich] Schmidt u. Heyse haben mir indeß wahre Jubelbriefe über den „Schimmelreiter" geschrieben; E. Schm: „Ich staune über die Wucht u. Größe, die Sie dafür aufzubieten hatten; alles Strand- u. Meerhafte ist so sehr ersten Ranges, daß ich dem nichts überzuordnen wüßte, u. in der Seele des Mannes brandet´s gleicherweise! Wundervoll die Vermischung des Abergläubisch-Geheimnißvollen mit dem sachkundigen Realismus, der da weiß, wie man Deiche baut u.s.w." Nur die Exposition (ich bin nicht sicher was er hier darunter versteht) wünscht er gedrängter, u. die „Landesdeichsprache" ist ihm etwas hinderlich.
Heyse schreibt: „Nur ein Glückwunsch, lieber Alter, zum `Sch.´ Ein gewaltiges Stück, das mich durch u. durch geschüttelt, gerührt u. erbaut hat. Wer macht Dir das nach! Ich lese es wieder in ruhigerer Zeit, heut hab ich´s nur athemlos durchjagt, als säße ich selbst auf dem Gespenstergaul, und kann Dir nur im Fluge die Hand drücken u. von Herzen Heil! Heil! rufen.etc."
Ich weiß wohl, daß mein Mißtrauen begründeter ist, als ihr Entzücken; aber schon, daß es auf sie den Eindruck hat machen können, thut mir gut, in der gekommenen Zeit, wo ich mir selber nicht mehr trau´, wie einst. Dann ist es ja auch ganz gedeihlich, daß einer aus der alten Schule einmal wieder etwas geleistet hat, was den Besten das Herz erregt.
So wäre der Zeitpunkt des Abtretens jetzt nicht ungünstig.
Doch, mein lieber junger Freund, wünsche ich herzlich ein nochmaliges Emporkommen u. noch einmal meine Freunde so zufriedenstellen zu können, u. ich will die Hoffnung darauf noch nicht aufgeben. Hätten wir nur erst die lauen Sommerlüfte.
Grüßen Sie die Ihrigen u. Ernst u. die Seinen! Ihr ThStorm."[323]

Als die Nachrichten aus Hademarschen immer schlechter wurden, ließ sich Ferdinand Tönnies, wann immer es möglich war, durch Aemil Storm über den Zustand des Kranken berichten. Eines dieser Bulletins lautete folgendermaßen:

„Lieber Doktor Tönnies. Mittwochmorgen. Der gestrige Tag war schlecht: die Temperatur stieg gegen 40°. Klagen sehr heftig. In der letzten Nacht gegen Morgen reichlich Schweiß, Fieberabfall auf 37,5°. Heute Morgen ist das Besserbefinden anhaltend, auch das Fieber nicht höher. Puls gut und Auswurf leicht und reichlich. Appetit zunehmend. Storm befindet sich besser, nimmt an allem teil. Ich hoffe das Beste und reise heute Mittag nach Husum. Ihr A. Storm.“[324]

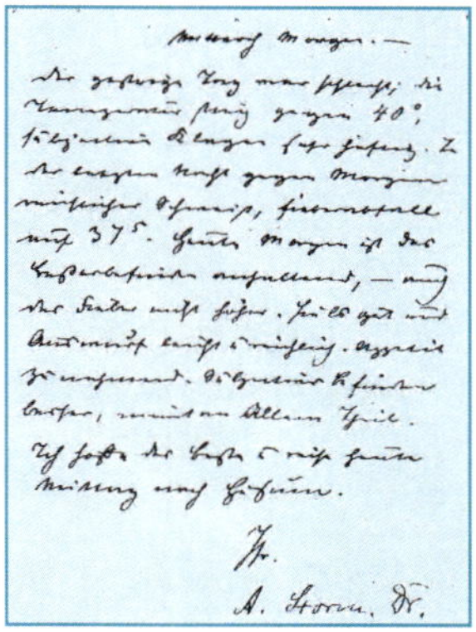
Mittwoch Morgen. –
Der gestrige Tag war schlecht; die
Temperatur stieg gegen 40°,
Klagen sehr heftig. In
der letzten Nacht gegen Morgen
reichlicher Schweiß, Fieberabfall
auf 37,5. Heute Morgen ist das
Besserbefinden anhaltend, – auch
das Fieber nicht höher. Puls gut und
Auswurf leicht u. reichlich. Appetit
zunehmend. Storm befindet sich
besser, nimmt an Allem Theil.
Ich hoffe das Beste u. reise heute
Mittag nach Husum.
Ihr
A. Storm. Dr.

Krankenbericht an Ferdinand Tönnies
von Dr. Aemil Storm

Gertrud Storm berichtet in ihren Erinnerungen (Mein Vater Theodor Storm) vom Pfingstbesuch der Familie den im letzten Brief an Tönnies zitierten „Freudenpunkt“. Aber auch dieser ging vorüber und der Sand des Stundenglases verrann unaufhaltsam. Es mag ihm ein Trost gewesen sein, dass er inmitten seiner Familie starb:

„Alle Kinder umstanden nun [am 4. Juli 1888, zwischen 16 und 17 Uhr] das Krankenlager. Der Vater sah alle noch einmal an, dann legte er seinen lieben Kopf selbst auf die Seite und schloß die Augen, die so viel Schönheit gesehen – ein leiser Seufzer hob noch einmal die Brust, und der dunklen Stunde Wehen war vollendet. [...] Wie in der Stunde der Geburt, zog auch in der Stunde seines Sterbens ein Gewitter am Himmel auf.“[325]

Heute nachmittag 4¾ Uhr entschlief nach langem schweren Leiden mein Mann und unser Vater, der Amtsgerichtsrat

Theodor Storm.

Hademarschen, d. 4. Juli 1888.

Die Witwe u. Kinder
des Verschiedenen.

Die Beerdigung findet statt am Sonnabend, den 7. Juli 1888, nachmittags 4 Uhr, vom Husumer Marschbahnhofe aus.

Husumer Nachrichten
vom
7. Juli 1888

Obwohl sich das Ende des Freundes angekündigt hatte, zeigte sich Ferdinand Tönnies, als die Nachricht eintraf, tief betroffen. An Paulsen schrieb er:

„Ich habe durch Storms Abgang einen tieferen Verlust erlitten, als ich früher geahnt habe. Er war der letzte Mann, der mich mit der älteren Generation noch in Ehrfurcht verband. Und er hatte die bewundernswerte Künstler-Eigenschaft, welche über die Sorgen des Augenblicks hinaushebt. Er lebte so gar nicht in irgendwelchem Tagesgewäsch, er lebte immer in einem sachten Enthusiasmus für das Schöne und Gute, was ihm in seinem Leben begegnet war und noch begegnen mochte."[326]

Diese Zeilen an Paulsen zeigen die tiefe Zuneigung, die Ferdinand Tönnies für Theodor Storm empfunden hat. Was einmal mit dem Korrekturlesen des Hausbuches begann, findet hier ihre Vollendung. Dass diese Zuneigung nicht einseitig war, ist oft dokumentiert worden und man kann es auch in den „Gedenkblättern" nachlesen:

„Mehr als einmal hat er mir gesagt, und legte dabei wohl, wie es seine Art war, die Hand auf meinen Arm: „Wenn ich nicht mehr bin, halten Sie mir meine Lyrik hoch, lieber Ferdinand, das andere mag vergänglich sein, aber in meiner Lyrik ist ein gutes Stück von meinem Herzblut darin".[327]

Beisetzung von Theodor Storm am 7. Juli 1888

Am 7. Juli wurde Theodor Storm in der „Woldsenschen Familiengruft" auf St. Jürgen zu Husum beerdigt.[328] Die Beisetzung fand ohne geistlichen Beistand statt. Den Grund hierfür findet man in der Schlussstrophe des 1864 entstandenen Storm-Gedichtes „Ein Sterbender", in dem es heißt:

„Auch bleib der Priester meinem
Grabe fern;
Zwar sind es Worte, die der Wind
Verweht;
Doch will es sich nicht schicken,
daß Protest
Gepredigt werde dem, was ich
Gewesen,
Indes ich ruh´ im Bann des ew´gen
Schweigens.“

Theodor Storm

Diese Textstelle wurde von Storms Familie als ein persönliches Vermächtnis betrachtet und entsprechend respektiert.

Über das Begräbnis Storms heißt es bei Gertrud Storm in ihrem Buch „Mein Vater Theodor Storm“ u.a.:

„Ein junger Freund ließ langsam und sinnend eine dunkelrote Rose als letzten Gruß vom Leben auf den Sarg fallen – in den alten Linden sangen die Vögel.“[329]

War dieser junge Freund Ferdinand Tönnies? Wir werden es nie erfahren. Leider hat sich nur der Antwortbrief der Witwe Storms erhalten, so dass das Kondolenzschreiben von Tönnies nicht zitiert werden kann:

„Hademarschen d. 12 August.

Lieber Herr Doctor! haben Sie tausend Dank für Ihren Brief. Sie schreiben so wohlthuend für mich, es liegt so die ganze große Liebe für meinen geliebten Verstorbenen darin, von dem ich nur immer hören u. sprechen möchte. Es geht Ihnen wie mir: wie oft denke ich, was man noch mehr Gutes u. Liebes ihm hätte thun können, aber das wollen wir nicht lieber Herr Doctor, er war ja so dankbar für jede Kleinigkeit und daß wir ihn von ganzem Herzen liebten, wußte er auch. Eine große Freude haben Sie ihm gemacht durch Ihren Brief, worin Sie über den Schimmelreiter schrieben, der Ihnen so gut gefallen, u. wiederholte er oft die Worte „was sind Sie doch für ein alter Baas;“ [aus der holländischen oder norddeutschen Seemannssprache kommend, eine Bezeichnung für *Herr* oder *Meister*] ich sehe noch sein freundliches Lächeln dabei.

Über die andere Angelegenheit [Bild Storms in der Zeitschrift „Nord und Süd“] lieber Herr Doctor, kann ich nur sagen, daß wir Alle sehr glücklich sein würden, wenn wir von den guten Radirungen Abzüge bekommen könnten, mein Mann bedang sich bei allem immer 12 Freiexemplare aus. Das Berlinerbild[330] finde ich aber gar nicht vortheilhaft, mein Mann mochte es auch selbst garnicht leiden; ich besitze gar keins aus den 60er Jahren und finde aufrichtig gesagt, das Hanerauer Bild [siehe Seite 110 in diesem Buch] besser als

alle anderen. Ich finde unser guter Ernst muß auch nicht zu schroff gegen diese Herren sein, die etwas von unserm lieben Todten veröffentlichen wollen, ich glaube es ist nicht im Sinne meines Mannes, es ist noch zu früh, oft hat er mir gesagt, daß die Briefwechsel die er sammelte noch einstmals gedruckt werden könnten; mit Baechtoldt [Literaturhistoriker Jakob Baechtold (1848-1897)] aus Zürich hat Ernst sich schon überworfen glaube ich; und daß muß doch nicht sein. Ich habe den Aufsatz von Erich Schmidt in der Rundschau [Theodor Storm zum Gedächtnis, Deutsche Rundschau Nr. 56, 1888, S. 298-300] nicht gelesen, sie ist uns nicht zugeschickt, jedenfalls ist die Novelle nur im Entstehen, in Entwürfen da.[331]
Freitag verlassen wir nun unser trauriges Heim, was mir immer trauriger erscheint, je länger die Zeit; wenn ich hier auf der Terrasse sitze und sehe in den Garten hinunter, so ist es mir als müßte die geliebte Gestalt aus irgend einem Wege hervortreten; sein offenes Fenster über mir, aus dem so oft sein freundliches Gesicht sich herausbog u. so liebe Worte sagte, thut einem weh ins tiefste Herz hinein, mein lieber Herr Doctor, auf Schritt u. Tritt geht der Stumme hier mit einem; wir gehen einmal fort, das Wiederkommen ist dasselbe; – wollten Sie mir einmal schreiben, so ist meine Adresse bis Freitag über 14 Tage „Herrn O. Jensen, Hohenwestedt."
Die Makrelen kamen gestern Abend lieber Herr Doctor, haben Sie tausend Dank dafür, mein Schwager u. Schwester aßen mit uns, und waren sie sehr schön. Nun grüßen Sie bitte Ihre Ida herzlich; in alter Anhänglichkeit
Ihre Do Storm."[332]

Trotz der Aussage, dass u.a. ein Grund für den Umzug von Husum nach Hademarschen die Nähe Do Storms zu ihrer Schwester Friederike (1826-1905), der Frau von Johannes Storm (1824-1906) war, vermietete Theodor Storm Witwe das Haus in Hademarschen noch im Sterbejahr des Dichters und zog nach Kiel.[333]

Theodor Storm, der sich eigentlich in dem von ihm konzipierten Hause in Hanerau-Hademarschen sehr wohl gefühlt hatte, begann zunehmend unter der doch recht abgelegenen Lage zu leiden, zumal das gesellschaftliche Leben hier recht eintönig war („Ob es für den Poeten richtig war, die Stadt mit dem Landaufenthalt zu vertauschen? Freilich sind auch hier Menschen zum Umgang, aber das allgemeine Drumherum, was uns in der Stadt anregt, fehlt doch").[334] Darüber hinaus fürchtete Storm um die fehlenden „Gelegenheiten" für seine „heiratsfähigen" Töchter („das ist die böse Seite des Landlebens: meine Töchter verblühen ungekannt und ungesehen. Darum wollte ich verkaufen; aber es geht so leicht nicht").[335]

So hatte Storm bereits 1884 versucht, das Haus wieder zu verkaufen. Allerdings sollte Ferdinand Tönnies mit seiner Einschätzung, dass es sich bei Storms Altersvilla um ein zwar innen gemütliches, aber außen „hässliches Haus" handelt, recht behalten. Das Haus ließ sich weder zu Lebzeiten Storms noch später verkaufen. Die Witwe konnte das Haus nur vermieten und erst im Mai 1814 (Frau Do war bereits am 4. Februar 1903 verstorben) onnten die Erben das Haus an den Mieter, den Kaufmann und Gemeindevorsteher Marcus Wohlers verkaufen.[336]

Storm-Woldsen-Gruft auf St. Jürgen zu Husum
Aufnahme von 2008

Auch das Wintersemester 1888/89 an der Kieler Universität machte Tönnies wenig Freude. Insbesondere sein Status als Privatdozent begann ihn mehr und mehr zu drücken („Ich fühle mich also dort [in Husum] in meiner natürlichen Sphäre, während ich hier [in Kiel] ein Nichts bin, von dem jedermann annimmt, daß er das heftigste Begehren nach einem Professor-Posten im Busen trägt", an Paulsen im November 1888). Mehrere Optionen zerschlugen sich; Basel, auf das Tönnies gesetzt hatte, besetzte das freigewordene Philosophie Ordinariat mit einem Theologen und der durch den Tod von August Krohn (1840-1889) in Kiel freigewordene philosophische Lehrstuhl wurde mit Paul Deussen (1845-1919) besetzt, obwohl Tönnies an die zweite Stelle gesetzt worden war.

War es Trotz, der Tönnies bewog, ein anderes „Hemmnis“ gegen die Lehrtätigkeit ins Feld zu führen, oder wirkliche Überzeugung?

„Wenn ich nun auch, trotz allem, was ich gegen Kiel und die Universität habe, mich entschließen würde, das Lehramt dort anzunehmen, so glaube ich doch und weiß nicht, ob ich sagen soll: ich fürchte, daß die Sache an einem anderen Widerstand scheitern werde. Da es mir schon sehr schwer sein wird, mich – in meiner Eigenschaft als Philosoph – als Staatsdiener zu betrachten, so halte ich es für unmöglich, der weiter gehenden Forderung zu genügen, welche das Preußische Staatsrecht stellt, nämlich einen Eid als persönlicher Diener des Königs zu leisten. Dies ist mir wider das Gewissen und raubt mir den Betrag des Gefühles philosophischer Freiheit, welchen ich für eine freudige Tätigkeit nötig zu haben meine. Ich sehe nicht, wie ich dieses Widerstreben überwinden könne, und will lieber einen Wink des Schicksals darin erblicken, mich in der Sphäre zu halten, die mir immer als die angemessenste erschienen ist.“[337]

Es liegt auf der Hand, dass Friedrich Paulsen, der von je her eine eher konservative Haltung an den Tag legte, die sich mit zunehmendem Alter noch ausprägte, sich mit dieser Argumentation wenig anfreunden konnte.

„In Deiner Schwurangelegenheit, wenn sie Dir wirklich Gewissenssache ist, kann natürlich niemand Dir drein reden. Draußenstehende werden freilich nicht begreifen, wie jemand an einem promissorischen Eide Anstoß nehmen kann, in dem er verspricht, dem König gehorsam und treu zu sein, die Verfassung des Landes zu beobachten und das übernommene Amt nach bestem Wissen und Gewissen zu verwalten. Und zu den Draußenstehenden gehöre in diesem Falle auch ich.“[338]

Zieht man alle übrigen Äußerungen in Betracht, so ist die angekündigte Eidesverweigerung aus der Situation zu verstehen, in der sich Tönnies 1889 befand, und er relativierte diese Haltung – wenn auch etwas umständlich – bereits wenig später („wenn man mir hier die – mir in gewissem Sinne gebührende – Stelle angeboten hätte, so fürchte ich fast, ich hätte es für notwendig gehalten, vielleicht für pflichtgemäß, sie anzunehmen, und alle meine schweren Bedenken, auch mein Gewissen wegen des Eides, zu beschwichtigen unternommen.“, Brief an Paulsen vom 2.6.1889). Eines aber wird durch diese Äußerungen mehr als deutlich: In Tönnies´ Brust wird nie ein „Herz für die Obrigkeit“ schlagen; in dieser Haltung war er seinem verstorbenen Freund Storm am ähnlichsten.

In dessen Sterbejahr, dem „Dreikaiserjahr“[339] 1888, veröffentlichte Ferdinand Tönnies in der Monatsschrift „Nord und Süd“ ein „Gedenkblatt für Theodor Storm“, das die Grundlage seiner späteren „Gedenkblätter“ von 1917 werden sollte:

„Theodor Storm
Ein Gedenkblatt
von F.T.

„Eines Menschen Leben – was ist's? Doch Tausende können
Reden über den Mann, was er und wie er's gethan.
Weniger ist ein Gedicht, doch können es Tausend genießen,
Tausende tadeln. Mein Freund, lebe nur, dichte nur fort!"

Dieses Goethesche Epigramm [Venetianische Epigramme, XXXV.] war bestimmt, eine kleine Skizze zu beschließen, welche als Anzeige des Buches „Theodor Storm. Von Paul Schütze" bei Lebzeiten des Dichters geschrieben, jetzt nur theilweise noch zur Mittheilung geeignet ist. Der Herausgeber dieser Zeitschrift hatte sich zur Aufnahme bereit erklärt und wollte das Heft mit einem Porträt des Dichters schmücken – wie nunmehr geschehen ist. Zugleich wurde aber der Wunsch kundgegeben, der Gefeierte möge selber eine Gabe hinzufügen. Auch wurde auf die ausgesprochene Bitte eine schriftliche Zusage uns zu Theil, bald nachher bei einem Besuche in Hademarschen – dem letzten Anblicke des Lebenden – aus seinem Munde bestätigt. Er meinte, daß ihm mit lauen Sommerlüften die Stimmung kommen werde, ein betrachtendes jambisches Gedicht zu verfassen, im Stile von „Gartenspuk", „Ein Sterbender", die Manchem besonders ans Herz gewachsen sind, wie er wußte. Auf die Sommertage warten wir noch heute; in trüber Regenzeit, als die Rosen nur widerwillig blühten, ist der Edle „den vergänglichen Dingen entrissen worden", nachdem er die einst so mächtig von ihm geschilderten Empfindungen eines Sterbenden selber wohl ganz durchkostet hatte. Jener Artikel war dem Andenken eines jungen Gelehrten, dessen rascher Hingang uns Alle tief gerührt hatte (P. Schütze wurde zwei Tage vor Storms 70. Geburtstage, für den er sein Buch bestimmt hatte, von einer Lungenblutung überfallen, und zwei Tage nach diesem Feste verschied er.), und nur mittelbar dem Dichter, an dessen Beschreibung er seine letzten Kräfte gesetzt hatte, gewidmet. Die Goetheschen Verse aber dem Lebenden zuzurufen, schien um so mehr Grund vorhanden, da ein tiefer Zweifel, ob seine schaffende Kraft noch länger ausharren möge, über ihn gekommen war – er wußte, daß Freund Hein schon seine Stirn berührt hatte. Und doch hat er den Zweifel noch seitdem „Der Schimmelreiter" in einer Weise widerlegt, die seine Freunde überraschen mußte und ihm selber fast wunderlich vorkam. Jene Verse sind auch das Einzige gewesen, was von meiner Skizze ihm vorher mitzuhelfen ich für würdig hielt, und sie schienen ihn zu erfreuen. Ich bekenne, daß es mir nur um die letzten Worte bei dem Citate zu thun war, ohne daß das Vorausgehende meine Überlegung beschäftigt hatte. Jetzt, da die letzten Worte nur dem Geiste gesagt werden können, der in seiner Gemeinde fortlebt und dessen Dichtung auch zukünftige Geschlechter treulich erbauen möge, jetzt ist mir das Ganze um so bedeutender geworden, und die Frage, was dieses Elegische sagen wolle, fordert ihre Lösung. Unter der wilden und von ihrem Autor „frech" geheißenen Schaar der venetianischen Epigramme erregt es mehr als gemeine Aufmerksamkeit; dem mit Goethens Denkungsart Vertrauten wird es doch bald in einem Zusammenhang sich darstellen. „Ich habe übrigens bei den Gedichten des letzten Musenalmanachs erst wieder recht deutlich gesehen, wie die schätzbarste Theilnahme uns nichts lehren und keine Art von Tadel uns was helfen kann. So lange ein Kunstwerk nicht da ist, hat Niemand einen Begriff von seiner Möglichkeit; sobald es dasteht, bleibt Lob und Tadel nur immer subjektiv, und Mancher, dem man Geschmack nicht absprechen kann, wünscht doch etwas dazu und davon, wodurch vielleicht die ganze Arbeit zerstört würde, so daß der eigentlich negative Werth der Kritik, welcher immer der wichtigste sein mag, uns auch nicht einmal frommen kann“ (an Schiller d. 6. Januar 1798). – Ein echtes Leben und eine echte Dichtung gebieten Ehrfurcht und Schweigen, dies wollen die Distichen [Zweizeiler] sagen. Es ist das Höchste, was man von einem menschlichen Lebenslauf rühmen kann, daß er einem Kunstwerk gleich in sich vollendet sei; und das Höchste von einem Kunstwerke, daß es wie ein Organisches gebaut sei, so wahr, so seiend! Als Erzeugtes hat es die Anlage der Vollkommenheit in sich, sofern der Erzeuger seinen Typus stark und deutlich ausspricht. Der Dichter muß etwas sein: Genie, Charakter, Künstler, nennt´s wie ihr wollt – alsdann wird sein Gedicht wie ein nothwendiges, der Natur gehöriges Ding erscheinen, seinen Werth und Zweck in sich selber tragend; daß es erkannt und genossen werde, ist nicht sowohl Absicht als gewisse Folge, sofern es Wesen giebt, die dem Hervorbringenden verwandt und ähnlich sind und denken. Darum ist es nicht immer Weisheit, zu richten und besser wissen zu wollen, sondern auch Weisheit, in´s Object sich zu versenken und seine tiefen Zusammenhänge geduldig und mit frommen Sinnen zu erforschen.“[340]

Dieser Text von Ferdinand Tönnies fand ungeteilten Beifall, u.a. auch von Friedrich Paulsen, der im November 1888 an Tönnies schrieb:

„Dein Storm hat richtig einen menschenfreundlichen Finder gefunden, er ist schon gestern in meine Hände gelangt. Ich habe es gleich gelesen und am Abend meiner Schwägerin vorgelesen, wir haben uns durch die kräftigen und schönen Worte gern das Bild des trefflichen Mannes und seiner Dichtung vor die Seele führen lassen. Darin erscheint wieder Deine Gewalt über die Sprache; eigentlich gehörst Du unter die Poeten, ich wollte, es käme einmal über Dich; Du hast eine Begabung, mit Worten zu malen, wie sie dem rechten Poeten eigen ist. Schade, daß Du nicht freier über den Dichter berichtet hast; die Anknüpfung an das Buch von Schütze bindet jetzt und beengt die Mitteilung. Hättest Du lieber an Deine eigenen Erinnerungen angeknüpft! Die Charakteristik am Schluß trifft übrigens ganz das Wesen der Sache: er will nichts als sagen, was ihm die Dinge eingeben. – Die Gegenüberstellung ist merkwürdig: sie zeigt, wie der Handelnde (hier poetisch Schaffende) sicherer geht als der Reflektierende; denn die späteren Wendungen sind durchweg Abschwächungen, die ersten kamen dem Überlegenden zu gewagt vor. Wie wäre es, wenn Du einmal Ästhetik ankündigtest und läsest? Deine geschichtsphilosophische Betrachtung fände darin ein dankbares Feld der Anwendung.“[341]

„Man kann sich Husum nicht ohne Storm und Storm nicht ohne Husum denken" (Storm-Übersetzer Alfio Cozzi, Neapel)[342]

Der Tod des Vaters traf auch und insbesondere die Söhne Storms, wie aus einem Brief Karl Storms an Ferdinand Tönnies deutlich wird:

„Lieber Ferdinand! Hademarschen Juli.15.88
Dein Brief, worin sich Dein treues Mitempfinden über unseren schweren Verlust so von ganzer Seele ausdrückt, hat mir und den Meinigen außerordentlich wohl gethan und sage ich Dir in meinem und im Namen aller meinen besten Dank dafür.
Wir leben hier nun schon wieder ungefähr 8 Tage nebeneinander und jeden Tag wird das Gefühl der verzehrenden Sehnsucht stärker, denn Alles was man hier hört und sieht ist ein Zeichen seiner übergroßen Liebe zu den Menschen, zu den Pflanzen und Bäumen, überhaupt zu allem was Natur hieß. Wie schön es auch ist, daß man in den Räumen weilen kann, in denen er noch kurz vorher gewandelt, daß man seine Hand mal auf die Stuhllehne legen kann wo vielleicht vor ganz kurzer Zeit mal seine alte, liebe müde Hand gelegen oder vom Schaffenstrieb geruht, und wie alles im Garten, jeder Baum und Strauch an ihn erinnert – so ist es doch kaum länger so zu ertragen; – denn das der, der dieses alles durch ungeheuren Fleiß und Liebe geschaffen, der überhaupt der Mittelpunkt unseres u.

hauptsächlich meines ganzen Lebens nun nicht mehr ist – nirgends – und würde man auch in der verzweifelndsten Sehnsucht aufschreien nach ihm – er ist einfach nicht mehr da! – Doch genug davon, er kommt nie wieder, wie er niemals war zuvor. Mama befindet sich ganz leidlich, sie hat wieder ihre Wirthschaftssorgen und ist viel gefasster wie in Husum, bloß mitunter bricht der Geier Schmerz mal bei ihr durch. Ebbe und Dette leiden beide an rheumatisch-nervösen Kopf- und Zahnschmerzen. Dodo und meine Wenigkeit fühlen uns sonst körperlich ganz wohl. Dein Besuch würde uns Allen sehr wohl thun und freue namentlich ich mich sehr darauf; nächsten Sonntag kommt nun Ernst, um mit Mama das Geschäftliche zu erledigen und Sonntag über 8 Tage reise ich wieder ab, da läßt Mama Dich nun bitten, ob Du nicht vielleicht mal einen Tag in der Woche kommen kannst, am liebsten in dieser, weil ich vielleicht in der nächsten noch einige Tage nach Husum od. sonst irgend wohin reisen möchte und ob Du uns nicht so bald wie möglich den Tag angeben möchtest an dem Du kämst. Also – auf baldiges Wiedersehen.
Dein getreuer KStorm.
NS. Logis ist dann für Dich bei uns bereit – über meinen Besuch nach Kiel können wir dann ja auch noch reden."[343]

Wie bereits erwähnt nahm die Witwe Storms mit Hilfe von Alfred Biese[344] in Kiel Wohnung und vermietete das „unverkäufliche" Haus in Hademarschen. Tönnies schrieb im November 1888 aus Kiel an Paulsen:

„Am nächsten Sonntag werde ich seine [Storms] Witwe und Töchter hier empfangen; sie haben das Haus in Hademarschen vermietet und werden in Kiel Wohnsitz nehmen, haben schon eine Etage gemietet." [345]

Ferdinand Tönnies, der im Mai 1894 die 1865 in Kirchnüchel (Ost-Holstein) geborene Pächterstochter Marie Sieck geheiratet und zunächst nach Hamburg-Uhlenhorst und im Oktober 1898 nach Altona umzog, hatte in dieser Zeit schwere Kämpfe zu bestehen. Zwar hatte er sich zunächst damit abgefunden, „ewiger Privatdozent" zu bleiben, und sich ganz auf das Publizieren wissenschaftlicher Schriften konzentriert; aber sein ungebrochener Kampfgeist für die gerechte Sache (und damit meinte Tönnies die „Arbeitersache") ließ ihn sich an dem „Großen Hamburger Hafenarbeiterstreik" (1896/97) aktiv beteiligen und geriet dadurch noch mehr in die Schusslinie der kaiserlichen Kultusadministration. Schon bald nannte die Presse ihn den „Streikprofessor" und er galt der „Obrigkeit" als „Kryptosozialdemokrat", obwohl Tönnies keiner politischen Partei angehörte.[346] Erst im Dezember 1891 war Tönnies „Titular-Professor" geworden. Allerdings änderte das, wie man aus der Bezeichnung ahnen kann, nichts an seinen Bezügen. Im Dezember 1908 erhielt Tönnies die Bestallung zum „ordentlichen Honorarprofessor" und ab September 1913 die zum „ordentlichen Professor" (Ordinariat der wirtschaftlichen Staatswissenschaften) in der philosophischen Fakultät der Christian-Albrechts-Universität zu Kiel.

Marie Tönnies, geb. Sieck, und Ferdinand Tönnies
heirateten im Mai 1894

Von links: Kuno (geb. 1907), Carola (geb. 1904), Jan Friedrich (geb. 1902),
Franziska (geb. 1900) und Gerrit Tönnies (geb. 1898)

Ein Denkmal für Theodor Storm

Schon recht bald entstand unter den „Storm-Freunden" der Wunsch, dem Dichter in seiner Vaterstadt ein Denkmal zu errichten. Es sollte aber noch zehn Jahre bis zur Umsetzung der Idee vergehen.

Im Februar 1897 hatte Tönnies von der Verlagsbuchhandlung der Gebrüder „Paetel" (Kommerzienrat Elwin Paetel (1847-1907) war Storms Freund und Verleger gewesen) einen Brief erhalten, der folgenden Inhalt hatte:

„Hochverehrter Herr! Zum 14. September, dem 80. Geburtstage Theodor Storms, beabsichtigen Freunde und Verehrer des Verstorbenen, ihm ein Denkmal in seiner Vaterstadt Husum zu errichten und die hierzu erforderlichen Mittel durch anliegenden Aufruf zu beschaffen. Indem ich mir weitere Mitteilungen vorbehalte, erlaube ich mir heute nur die ganz ergebene Anfrage, ob Sie uns gütigst gestatten würden, auch Ihren Namen unter diesen Aufruf setzen zu dürfen."[347]

Tönnies´ Zusage war selbstverständlich, denn, obwohl Tönnies kein Freund von „Standbildern" war, ging es hier doch um die Erinnerung und Verehrung eines von ihm geliebten Menschen.

Aufmerksam hatte Tönnies alles, was nach Storms Tod geschrieben wurde, verfolgt. In einem Brief von Paulsen, der über die Absicht für Storm in Husum ein Denkmal zu errichten, informiert war, heißt es u.a.:

„Hast Du den Artikel über Storm gelesen? [Theodor Fontane über Theodor Storm in „Deutsche Rundschau", Bd. 87, 1896, S. 214-229] Nicht uninteressant, dieser Gegensatz von Schleswig-Holstein und Preußen, und doch wieder: diese Sympathie. Als ob sie sich doch was zu sagen und zu geben hätten. Was plant man für ein Denkmal für Storm? Ich denke: seine Büste im Stadtpark. Denn auf dem Markt geht es doch gar nicht. Oder auf dem Deich? Den Blick auf das Meer? Und da geht ganz Husum ja alle Tage vorbei. Wir lasen vor kurzem wieder einige Novellen, mit immer gleicher Freude."[348]

Tönnies hatte vom Standort des Denkmals eine klare Vorstellung:

„Das Denkmal für Theodor Storm muß im alten Schloßgarten, der neuerdings recht schön erweitert ist, seinen Platz finden. Indessen wird es wohl nicht sehr bald zustande kommen. Stimmung für Denkmäler ist flau. Ein Lokal-Komitee hat sich hier gebildet.[349]

Tatsächlich zog noch mehr als ein Jahr ins Land, bis die Aufstellung des Denkmals konkrete Formen annahm. Spontan hatte sich Tönnies dazu entschlossen, sich als Festredner zur Verfügung zu stellen.

„Sehr geehrter Herr Professor! Zu meiner Freude höre ich soeben von Herrn Dr. Rodenberg, daß Sie gütigst die Festrede zur Enthüllung des Storm-Denkmals übernommen haben. Ich habe Herrn Bürgermeister A. Menge in Husum hiervon sofort Mitteilung gemacht und ihn gebeten, sich mit Ihnen direkt in Verbindung zu setzen. Die Enthüllung des Denkmals haben wir definitiv auf den 14. September 1898, Storms Geburtstag, festgesetzt.“[350]

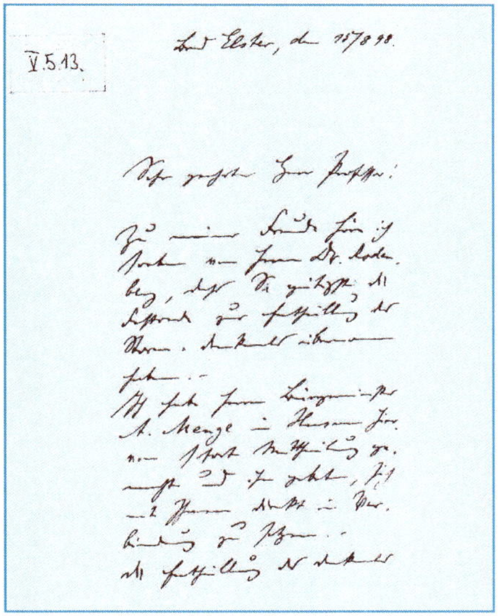

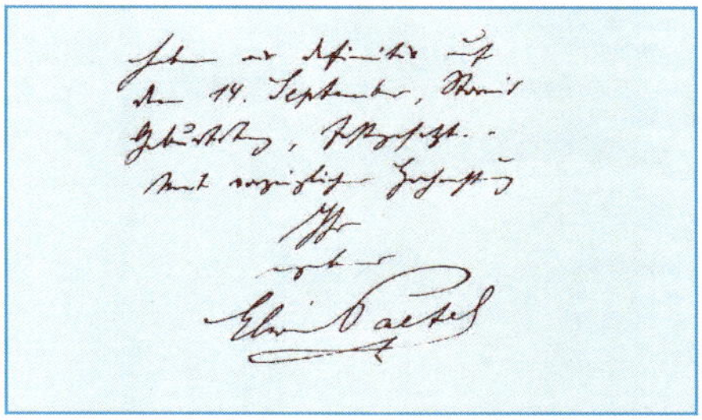

Brief des Mitinitiators des Storm-Denkmals Elwin Paetel an den Festredner Ferdinand Tönnies (Quelle: NordseeMuseum)

Über das Storm-Denkmal heißt es im Werkverzeichnis des Bildhauers Adolf Brütt:

„203. Denkmalbüste Theodor Storm (Husum), 1897/98. Enthüllt am 14. September 1898, Bronze, überlebensgroß, H 89 cm, bez.: „Brütt 98“, Ausführung: Guss v. Gladenbeck“. Postamentbeschriftung: Theodor Storm. Kosten: 7.500 Mark für die Büste. Ort: Husum, Schloßpark; Gipsabdrücke Realschule Süd u. Storm-Haus, Husum.“[351]

Die Auftragserteilung an Brütt erfolgte durch das unter dem Protektorat des Herzog Ernst Günther zu Schleswig-Holstein stehende Berliner Denkmalkomitee (Kommerzienrat Elwin Paetel, Dr. Julius Rodenberg und Prof. Dr. Erich Schmidt).

Der von den Arbeitsausschüssen in Berlin und Husum erlassene Aufruf zur Stiftung von Beiträgen für die Stormehrung hatte einen Ertrag von rd. 7.000 Mark ergeben, so daß in der Versammlung des Berliner Komitees am 2. Dezember 1897 beschlossen werden konnte, das Denkmal in der Weise herzustellen, daß eine Bronzebüste in über Lebensgröße auf einem Granitsockel geschaffen werden sollte.[352]

Die Porträtbüste entstand nach Fotografien in „überraschender Lebenswahrheit" wie die Kinder Storms verlauten ließen. Über die Einweihungsfeier schrieben die „Husumer Nachrichten":

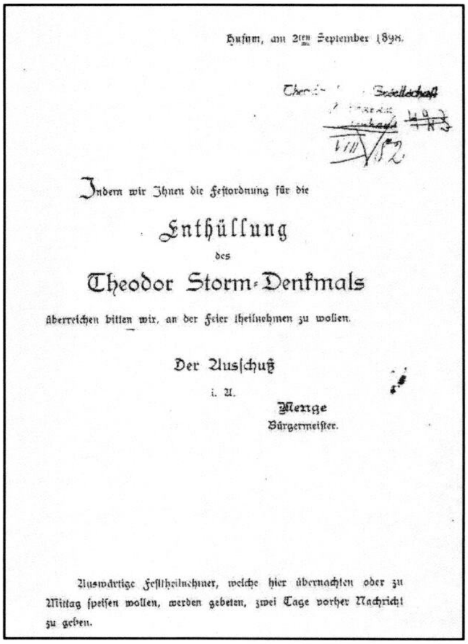

Husum, am 2ten September 1898.

Indem wir Ihnen die Festordnung für die

Enthüllung

des

Theodor Storm-Denkmals

überreichen bitten wir, an der Feier theilnehmen zu wollen.

Der Ausschuß

i. A.

Menge

Bürgermeister.

Auswärtige Festtheilnehmer, welche hier übernachten oder zu Mittag speisen wollen, werden gebeten, zwei Tage vorher Nachricht zu geben.

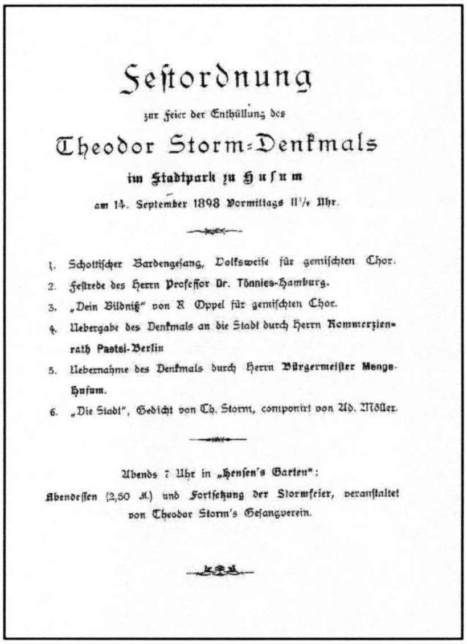

Festordnung

zur Feier der Enthüllung des

Theodor Storm-Denkmals

im Stadtpark zu Husum

am 14. September 1898 Vormittags 11½ Uhr.

1. Schottischer Bardengesang, Volksweise für gemischten Chor.
2. Festrede des Herrn Professor Dr. Tönnies-Hamburg.
3. „Dein Bildniß" von R. Oppel für gemischten Chor.
4. Uebergabe des Denkmals an die Stadt durch Herrn Kommerzienrath Pastel-Berlin
5. Uebernahme des Denkmals durch Herrn Bürgermeister Menge-Husum.
6. „Die Stadt", Gedicht von Th. Storm, componirt von Ad. Möller.

Abends 7 Uhr in „Hensen's Garten":

Abendessen (2,50 M.) und Fortsetzung der Stormfeier, veranstaltet von Theodor Storm's Gesangverein.

Einladung zur „Denkmalsenthüllung" am 14. September 1898
(Quelle: Theodor-Storm-Gesellschaft)

„Am Mittwoch, dem 14. September 1898, prangte Husum zur Feier der Enthüllung des Theodor-Storm-Denkmals" im schönsten Flaggenschmuck. Viele Gäste aus nah und fern waren herbeigekommen, um das Andenken des toten Dichters zu ehren. Sein Name lebt heute in aller Munde. Herzog Ernst-Günter von Schleswig-Holstein traf, von Gravenstein kommend, mit seiner Begleitung auf dem Marschbahnhof ein. Der Herzog und der Oberpräsident [Matthias von Köller (1841-1928)] machten alsdann in Begleitung des Bürgermeisters Menge eine Rundfahrt durch die Stadt, um besonders die Stätten zu besuchen, die mit dem Namen Theodor Storms am engsten verbunden sind. Um 11.30 Uhr begann die Feier im Stadtpark. Der Denkmalsplatz war mit Girlanden und Fahnen in deutschen, preußischen und schleswig-holsteinischen Farben prächtig geschmückt. Eine zahlreiche Menschenmenge hatte sich im Schloßgarten eingefunden. Unter den erschienenen Gästen bemerkten wir unter anderem auch den Klosterpropsten, den Landtagsmarschall, den Lan-

Zu diesem Bild schrieben die „Husumer Nachrichten“: „Es zeigt uns den Empfang der Gäste zwischen Portal und Denkmal. Rechts vor der Zuschauermenge auf dem abgesperrten Rasenplatz erkennen wir vor allem die Reckengestalt des Bürgermeisters Menge, der zur Begrüßung der geladenen Gäste bereit steht, während es sich bei der Gestalt des Mannes, die rechts hinter ihm geschritten kommt, um die des Festredners, Professor Ferdinand Tönnies handelt.“

Unter den Festgästen war auch Rochus Freiherr von Liliencron (1820-1912), der die deutsche Volksliedforschung (Kaiserliederbuch) begründete. Er war der Onkel des Dichters Detlev von Liliencron. 1876 wurde Rochus von Liliencron Propst des Damenstiftes St. Johanneskloster in Schleswig

desdirektor, den Grafen Wolf Baudissin, den bekannten Schriftsteller Hermann Heiberg, den Professor Dr. Alfred Wiese aus Koblenz, den Schöpfer des Denkmals, Professor Brütt, Verlagsbuchhändler Friedrich Westermann und viele andere mehr. Auch die Familienmitglieder des Verewigten sowie die Mitglieder der Stadtvertretung und des Ortsausschusses waren zahlreich erschienen.

Zahlreiche Gäste waren erschienen

Eingeleitet wurde die Feier durch den gemischten Chor des „Theodor-Storm-Gesangvereins“ mit dem Vortrag des `Schottischen Bardengesangs´. Dann hielt Herr Professor Dr. Tönnies aus Hamburg, der mit dem heimgegangenen Dichter persönlich verkehrt hatte, die Festrede (siehe dazu die Rede von Tönnies ab Seite 163). Nach der Rede von Professor Tönnies fiel die das Denkmal umgebende Hülle. Dann folgte der Vortrag des gemischten Chors `Dein Bildnis´ von R. Oppel. Die Übergabe des Denkmals an die Stadt erfolgte durch den Vorsitzenden des Zentralausschusses, Kommerzienrat Paetel, Berlin, an den Bürgermeister der Stadt Husum.
Bürgermeister Menge hielt eine markige und zündende Ansprache, in der er unter anderem sagte: „Ein Freudentag und Ehrentag ist heute in der alten Meerstadt angebro-

chen. Der große Sohn der `Grauen Stadt´, der den Namen Husums bekanntgemacht hat weit über die Grenzen der Herzogtümer hinaus, überall da, wo Deutsche sich ein empfängliches Herz für edle Poesie bewahrt haben, unser großer Ehrenbürger, der hier geboren und erzogen ist, der seine letzten Mannesjahre hier verlebt hat, erhält heute in Husum ein Denkmal an der alten Stätte, die er oft durchwandelt, inmitten grüner Matten, unter hohen Bäumen, in deren Zweigen der Meerwind rauscht.

v.l.: Festredner
Ferdinand Tönnies,
Adolf Brütt,
Friedrich Westermann
und Alfred Biese

Einweihung des „Storm-Denkmals" am 14.9.1898

Wir wollen das Denkmal schirmen, schützen und pflegen als ein teures Kleinod, uns anvertraut von der ganzen Stormgemeinde, als das Denkmal des großen Dichters, der so gewaltig die Herzen der Menschen zu bewegen versteht, der allezeit vorangestanden hat in warmherziger Liebe zur Heimat und zur Vaterstadt, zu seiner alten `Grauen Stadt am Meer´.
Nach dem die herrlichen Melodien des Schlußliedes `Am grauen Strand, am grauen Meer´ verklungen, hatte die erhebende Gedächtnisfeier ihr Ende erreicht. Am Fuße des Denkmals wurden prachtvolle Kränze aus Heideblumen usw., gewidmet von der Stadt Husum, vom Theodor-Storm-Gesangverein und vom königlichen Gymnasium, niedergelegt."[353]

In seiner von vielen als anrührende und poetisch beschriebene Festrede sagte Ferdinand Tönnies:

„Hochgeehrte Versammlung!
Ein Festtag ist uns heute erschienen, ein Tag der Weihe, von dem noch unsere Kinder ihren Enkeln erzählen werden; denn auch sie, so dürfen wir hoffen, werden die Züge unse-

Wohlbehütete Damen und der Festredner Ferdinand Tönnies

res Dichters mit sinnender Ehrfurcht betrachten, die, von Künstlerhand gemeißelt, heute zum ersten Male auf uns herabschauen sollen – diese Züge, die viele von uns aus eigener Anschauung gekannt haben, von denen wir noch die treue Erinnerung in uns tragen, die mit uns Lebenden vergehen wird, deren Inhalt sich in Worten nur unvollständig überliefern läßt. Dieses Denkmal aber wird ein dauerndes Zeugnis der Verehrung sein, dargebracht von Männern und Frauen aus allen deutschen Landen und aus fernem Auslande – so weit die deutsche Zunge klingt, so weit hat auch Theodor Storms Name einen hohen und hellen Klang – alle, die zur Errichtung dieses Denkmales mitgewirkt und beigetragen haben, wollten dem Dichter huldigen, dem sie schöne Stunden, jene Augenblicke der Andacht und des geistigen Genusses verdanken, die das reine Kunstwerk im empfänglichen Gemüte hervorbringt.

Wir wollen das Andenken Storms, wollen Kenntnis und Verständnis seiner Schriften lebendig erhalten und fortpflanzen – mehr noch als durch diese sichtbare Leistung der Pietät vermögen wir es, indem wir den Sinn für das Schöne, die Liebe zur Poesie insbesonders, bei uns und um uns pflegen, sie schützen gegen die zerstörenden Einflüsse unseres übergeschäftigen Zeitalters.

Theodor Storm gibt uns das erfreuliche Bild eines Mannes, der seiner Sache, seiner Kunst mit ganzer Seele hingegeben war, der in den Zweigen der Kunst, auf die ihn seine Begabung hinwies, das Vollkommene erstrebte, darin aber auch die Meisterschaft erreichte.

Die große Liebe war in ihm, die Liebe, die alle Zweifel und Enttäuschungen überwindet, die nicht nach dem Erfolge des Tages fragt, jene schaffende Liebe, die sich ihres Werkes freut und ihres Werkes pflegt. – Liebevolle Darstellung auch des einfachsten Stoffes, die das Geringe bedeutend macht, liebevolle Sorgfalt der Arbeit, die an alte Miniaturmaler (und Ziseleure) erinnert, ist von je an unserm Poeten gerühmt worden. Aber nicht nur in und an seinem Werke, auch aus seinem Werke erkennen wir die liebreiche Seele, vernehmen wir die Stimme der Liebe, den Preis der Liebe, fühlen wir den Pulsschlag eines warmen Blutes, das Liebe empfunden, Liebe erfahren hat, das in die poetische Gestaltung, nicht aus spielerischer Laune, sondern durch eine innere Notwendigkeit hinübergeht, in den Gebilden der Phantasie und ihrer äußeren Form sich ausdrückend, wie im Wachs das Siegel.

Storm ist vor allem ein lyrischer Dichter, die lyrische Dichtung aber vollendet sich im Liede – welches Lied aber ist so das natürliche Lied, wie das Lied der Liebe, der Liebe als Leidenschaft, der „Minne“, wie unsere Altvorderen sagten? – Storm hat es verstanden, das uralte Thema, der Liebe Lust und Leid, mit seinem Dichterherzen zu durchdringen, und es so neu und jung leuchten zu lassen, wie die Sache selber jedem scheint und ist, der sie zum ersten Male erlebt. Jene kleine Erzählung, die seinen Ruhm begründete – „Immensee“ – ist sozusagen ein einziges Liebeslied, das Lied von der verlorenen Jugendliebe, von Entsagung, von Scheiden und Meiden, vom Traume der Liebe – und dahinein verwoben sind jene Perlen des Kunstliedes: Heute, nur heute bin ich so schön, Morgen, ach morgen muß alles vergehn. – Meine Mutter hat´s gewollt, Den andern ich nehmen sollt´.

Das letzte um so wunderbarer, weil es unter dem Namen des Volksliedes auftretend, dessen Einfachheit und Naivität ganz erreicht und doch in die Empfindsamkeit des heutigen Menschen eingetaucht ist.

Diese eigentlichen Liebeslieder sind nur gering an Zahl; „ein Lied" sagt Storm mit Heine, „ist das Kriterium der Ursprünglichkeit" und, fügt er hinzu: „Die Kunst, zu sagen, was ich leide, ist selbst den Meistern nur in seltenen Augenblicken gegeben." – Aber auch dem erzählenden Dichter bietet die Minne immer von neuem als Gegenstand sich dar, zieht also durch Storms gesamtes Werk sich hindurch. So ist auch in der Novelle: „Aquis submersus", die von vielen schlechthin für sein Meisterwerk gehalten wird, das tragische Schicksal einer echten starken, leidenschaftlichen Liebe, was an unsere mitfühlenden Herzen pocht. – In anderen Erzählungen ist es die Treue, die der Dichter verklärt, indem er sie in seiner knappen Weise zeichnet – am liebsten bei den schlichten Menschen dieser friesischen Küste, die wortkarg, aber sinnig in ihrer Rede sind. Und von schöner, auch von sittlicher Bedeutung ist es, daß für Storm nicht, wie bei leichteren Poeten Brauch, die Liebe mit der Ehe ein Ende nimmt. Die Gattenliebe kann sich, wie ich glaube, kaum eines anderen Künstlers rühmen, der sie so ausgesprochen hat, wie Storm in manchen unvergänglichen Versen getan – ich schlage hier nur die Töne an: „So kömme was da kommen mag, Solang´ du lebest ist es Tag. – Hier stand auch einer Frauen Wiege, Die Wiege einer deutschen Frau. – Gedenkst du noch, wenn in der Frühlingsnacht – In buntem Zug zum Walde gings hinaus" – und jene Zeilen aus dem betrachtenden Gedichte „Ein Sterbender"

„Denn daß du mein gewesen, daß das Weib
Dem Manne gab der unbekannte Gott:
Ach, dieser unergründlich süße Trank
Und süßer stets, je länger du ihn trinkst,
Er läßt mich zweifeln an Unsterblichkeit,
Denn alle Bitternis und Not des Lebens
Vergilt er tausendfach; und drüberhin
Zu hoffen, zu verlangen weiß ich nichts!"

Und so wird auch die Liebesfreude an Kindern poetisch lautbar. Auch sie atmet in Storms Lyrik; so, wenn ihn aus der Dämmerung die zarten Augen anschauen: „die kleine Seele tritt heraus und will zu mir herein" – oder auf dem „Segeberg", wo das Bewußtsein des Familienglückes jauchzend zum Himmel steigt.

Im Hause hat das Leben der engsten Menschengemeinde seine Stätte und seine Poesie – zum Hause aber gehört der Garten, und die Reize des Gartens, – den Genuß des Gartens wird unser Dichter nicht müde zu preisen. Im Garten aber die „geliebten Rosen", die ihm den Sommer zu einer Zeit der Schwärmerei machen:

„Mit Rosen ist der Garten überschüttet,
Auf allen Büschen liegt der Sonnenschein –

Die Bienen summen, und ein Mädchenlachen
Fliegt süß und silbern durch den Sommertag."

Aber am schönsten ist die Poesie des Gartens in jenem Gedicht niedergelegt, das „Gartenspuk" überschrieben ist, wo in dem heimlichen Schutzgeist, dessen holdes Walten der Dichter belauscht, das stille häusliche Glück in unvergleichlicher Weise symbolisiert ist. In diesem Gedichte ist, wie kaum in einem anderen, die ganze Tiefe seiner poetischen Empfindung, die ganze Anmut und Zartheit seiner Kunst. – Das innere und winterliche Leben des Hauses, zumal der Kinderstube, hat nach unserer, im Norden sonderlich gepflegten Sitte, seinen strahlenden Mittelpunkt im Weihnachtsfeste – und so finden wir auch in Storm einen rechten Weihnachtsdichter.

„Zwei Weihnachtsidyllen" hat seine Muse uns geschenkt; in dem einen jene lustigen „Knecht Ruprecht-Verse", worin es heißt: „Es weihnachtet sehr". Dazu das schöne Weihnachtslied mit den Versen:

„Ich höre fernher Kirchenglocken
Mich lieblich heimatlich verlocken
In märchenstiller Herrlichkeit"

und dem Schlusse:

„Es sinkt auf meine Augenlider
Ein goldner Kindertraum hernieder.
Ich fühl´s, ein Wunder ist geschehn."

Ein Dichter des Familiengeistes ist Theodor Storm noch in weiterem Sinne. Die Familie hat für ihn noch ihre unsichtbar über die Gräber fortwirkende Existenz. Merkwürdigerweise ist es der mütterliche Clan, dessen Gemeinschaft ihm als eine Bedingung seines eigenen Lebens gegenwärtig ist. Die Gestalten der Großmutter und der Urgroßmutter beschäftigen oft seine Erinnerung; in ihnen sieht er ein Zeitalter verkörpert, das seiner poetischen Vision sympathisch ist. Die aus Würde und Anmut gemischte Zierlichkeit des Rokoko erfreut sein Künstlerauge und wirft ihm auf die altfränkischen Gestalten der Vorfahren einen verklärenden Glanz. Mit wahrer Zärtlichkeit gedenkt ihrer der Dichter, und zugleich mit Stolz – denn er weiß sich der feineren Sitte teilhaftig, die von jenen Zeiten her auf ihn herabgekommen ist, und er weiß, was diese auch für den ästhetischen Geschmack bedeutet. Auch findet der Dichter hier für seine Erzählung immer neuen Stoff, immer neue Anknüpfung. Die verwandtschaftlich-intime Kenntnis der Personen, die tradierten Familienanekdoten, die mit Herzensanteil beobachteten Schicksale der Vettern und Ohme – aus alledem fließen ihm die Quellen für manche sinnreiche Erfindung, für manche seine Charakteristik. Storms oft bewundertes Talent, die Seelen zu belauschen, beruhet zum Teil darin, daß er, ein Mensch von ganz moderner Geistesbildung, in einem Maße, wie es

Die Honoratioren, der Pressetisch und die Husumer Bevölkerung
(am rechten Bildrand „Do“ Storm, die zweite Frau des Dichters)

dieser sonst fremd ist, in unbewußter aber inniger Gemeinschaft mit seiner Sippe lebte. *Die schaffende Liebe war in ihm*, die Liebe zur Heimat, und auch als deren poetischer Herold darf er uns gelten. Wie er die Menschen um sich her kennt, so sind ihm ihre Stätten vertraut und mit lieben Erinnerungen verwachsen: die gotischen Giebelhäuser, einst Zierden dieser Stadt, mit ihren winkligen Gängen, die stillen Straßen, hie und da sinnige plattdeutsche Inschriften an den Häusern; die alte Marienkirche, die der Dichter leider nur noch aus Erzählungen kannte; wohlbekannt aber das Gasthaus „Zum Ritter St. Jürgen", das Rathaus sodann, wo die Primaner reden und deklamieren und der toll gewordene Amtschirurgus auf dem Boden mit den Ratten haust – so kennt er diese alte Küstenstadt in- und auswendig, und teilt die Vorliebe für sie mit zwei den Menschen heiligen Vögeln, dem Storch und der Schwalbe. Und von allem Heimatlichen sind seinem starken Familiengefühl die Grabstätten das Heimatlichste – wenn er die gemauerte Gruft besucht, da ist ihm, „als fühlte er den Segen der Heimat sich leibhaftig auf ihn niedersenken". Aber der Stadt gesellen sich, jugenderinnerungsreich, die nahen Dörfer, von denen wir im Norden Hattstedt, vom Osten Schwabstedt – Die Suavestätte [d.i. lieblicher Ort] – in schöne Novellen übergegangen finden. – Indessen nicht auf die Stadt und ihre Umgebung beschränkt sich die Liebe des Dichterherzens. Gerade um die Zeit, als Theodor Storm das Mannesalter erreichte, da hatten die Weltereignisse bewirkt, dass in diesen Elb-Herzogtümern ein gemeinsames politisches Bewußtsein und die Idee eines schleswig-holsteinischen Staates reif geworden war und sogleich in eine kritische Phase trat, deren 50 jähriges Gedächtnis wir in diesem Jahre (1898) begehen. Dieser historischen Wendung verdanken wir es, daß nun unser Husumer als schleswig-holsteinischer Sänger in die Schranken tritt, daß der Kampf um dieses deutsche Heimatland von nun an, wie in seinem Leben, so in seiner Dichtung tiefe Furchen zog. Die lyrischen Gedichte, mit denen er die Ereignisse begleitete, enthalten in klassischen Ausdrücken die Stimmungen jener Tage und haben doch einen Kunstwert, der auch unabhängig von diesen besteht. Da sind zuerst die dem Osterfeste 1848 gewidmeten Strophen, in denen der brausende Hauch des „Völkerfrühlings" lebt – dann die drei Gedichte, in denen Unwille und Hoffnung, Trauer und Trost über das Unheil der Niederlage in kraftvollen Versen ausklingen. – Endlich aber, als das Schicksal ihm an die eigene Pforte klopft, jener tiefergreifende „Abschied" mit der Schlußwendung:

„Und du mein Kind, mein jüngstes, dessen Wiege
Auch noch auf diesem heim´schen Boden stand –
Hör´ mich – denn alles andere ist Lüge –
Kein Mann gedeihet ohne Vaterland.

Kannst du den Sinn, den diese Worte führen,
Mit deiner Kinderseele nicht verstehn,
So soll es wie ein Schauer dich berühren
Und wie ein Pulsschlag in dein Leben gehn."

Zehn Jahre nachher (1863) gedenkt der Dichter, fern von der Heimat, der „Gräber in Schleswig", worin es heißt: „Die Schmach ist aus". Prophetisch hatte er früher gesungen:

„Denn kommen wird das frische Werde,
Das auch bei uns die Nacht besiegt,
Der Tag, wo diese deutsche Erde
Im Ring des großen Reiches liegt."

Die schaffende Liebe war in ihm, die Liebe zum Volke. Storm schätzte den eigentlichen Wert des Menschen nicht nach Gewändern, nach Titeln oder Vermögen, auch nicht nach seiner Geistesbildung oder gar nach äußerer Gewandtheit und Mundfertigkeit – er wußte, daß das Echt-Menschliche bei einer gewissen Einfachheit des Lebens und der Gesinnung oft am schönsten blüht; er kannte in allen wesentlichen Beziehungen keinen Abgrund zwischen Mensch und Mensch. In rührender Weise gedenkt er, wie er als Junge mit einem Spielgenossen, eines Schuhflickers Sohn und Stadtwaisenkind, in der Tonne gesessen und das „Stücken vertelln" geübt hat. In einer anderen Skizze ist es ein schlichtes altes Mädchen, des Bäckermeisters Tochter, die als liebreiche Freundin seiner Jugend ihn das Erzählen gelehrt hat. Er selbst war ein liebreicher Freund der einfachen Menschen, der „kleinen Leute" und macht gerade sie mit Vorliebe zu Trägern ergreifender Herzensgeschichten; auch den poetischen Reiz des „fahrenden Volkes", der Komödianten und Puppenspieler, läßt er sich nicht entgehen. – Eine Reihe von lebenswahren Gestalten führt er uns in ihrer Berufsarbeit oder doch in ihrem Berufscharakter vor: den in der Fremde alternden, von Sehnsucht nach der Jugendgeliebten verzehrten Tischler, den treuen, durch häusliches Unheil gebrochenen Karsten Kurator, den derben, aber hilfreich-braven Schiffskapitän, den einsam verzweifelnden Böttcher [Bötjer] Basch, den ein paar wackere Jungen vor der Selbstvernichtung bewahren – ja auch die Ausgestoßenen lehrt er uns mit Nachsicht, mit Erbarmen beurteilen, wenn wir sehen, wie der Mann mit dem Zuchthausnamen doch das Herz auf dem rechten Flecke hat, wie er vergebens ringt, seine Ehre rein zu waschen – die nur des Dichters Hand seinem Andenken wiedergeben kann.
Auch im einzelnen ist Storms Dichtung, seiner Gesinnung gemäß, von volkstümlichen Zügen erfüllt. Am schönsten offenbart sich dies durch den alles versöhnenden Humor, mit dem er Tiere und Menschen liebevoll umfaßt, die grenzenlose Vermehrung der Katzen besingt und die Kuchenesser der alten Zeit in seine Zauberlaterne bannt. Auch dem Volksglauben und Aberglauben naht der Dichter mit frommer Scheu; wie das Volkslied, so kannte und ehrte er Sagen und Märchen als Erzeugnisse des Volksgeistes; diesen wie jenem hat er mit kongenialischer Kraft nachgedichtet. Das Gespenstische zog ihn an, im häuslichen Kreise mochte er gern ein Gruseln erregen durch Gespenstergeschichten. Seine Weltansicht, durchaus wissenschaftlich in Richtung und Inhalt, wies doch immer auf das Unergründliche hin, als die Wurzel alles Ergründlichen. In der Tat stand er der Welt mit einer stillen Ehrfurcht, mit immer neuer Bewunderung gegenüber. Diejenigen haben

ihn schlecht gelesen, die eine melancholische Betrachtung in seinen Schriften vorwaltend finden. Zwar viele ernste Menschenschicksale gehen darin an uns vorüber – aber

„Die Welt, die Welt, o wie sie lacht –
Ich sah die Welt so unvergänglich
Voll Schönheit mir zu Füßen ruh´n."

Und

„Ist doch die Welt, die schöne Welt
So gänzlich unverwüstlich." –

Storm verhält sich insbesondere zur Natur als ein Freund, ein liebevoller Beobachter und Forscher. Mit ihr allein, vernimmt er die Stimme der Ewigkeit. Zu seinen Lieblingsgedichten gehörte das des Grafen Stolberg, dessen erste Strophe lautet:

„Süße, heilige Natur,
Laß mich gehn auf deiner Spur,
Leite mich an deiner Hand,
Wie ein Kind am Gängelband."

Das Leben in der Natur spricht zu seinen Sinnen, in der ganzen sich selbst eigenen Erhabenheit, die Clemens Brentano sagen läßt:

„Weil ich alles Leben ehre,
Scheuen mich die Geister nicht."

Und wie ein Lebendiges spricht durch Storms, wie jedes echten Poeten Mund, auch die unbelebte Natur zu uns. Das Meer – wo die Husumer Schicksale an uns vorüberziehen, da fehlt nicht leicht die leise oder laute Begleitung seines Rauschens. Und auch die tobende feindliche See, die hier durch alle Jahrhunderte zerstörend gewirkt hat, tritt uns noch in seinem letzten Buche erschütternd entgegen, wie ihr die Kunst des Deichbauers erfolgreich begegnet, dessen eigenes Glück von ihr verschlungen wird. So lernen wir auch das Leben auf der Hallig kennen und das Leben in der Marsch – aber mit höherem poetischen Reize umfängt uns die Heide – im „warmem Mittagssonnenstrahle" ihre Blüte mit dem bläulich-roten Seidenschimmer, ihre ganze feierliche Einsamkeit. Aber auch der Wald mit Herbstblätterduft und Tannenharzgeruch entfaltet ihm seine Poesie. Als poetischer Landschaftsmaler hat Storm kaum seinesgleichen; da ist über Wald und Feld, über Heide und Meer der Sonnenschein, die Mondnacht, die ewigen Sterne – mit wenigen Worten gießt er ihr Licht über dir Szene. – Und so auch genügt für ihn eine leichte Andeutung, um das Leben von Pflanzen und Tieren auf unsere Stimmung wirken zu lassen. Besonders das Leben der Vögel gehört ihm zu den unentbehrlichen Elementen der Naturstimmung, der heiteren, wie der ernsten: „Die Luft ist voller Lerchenlaut" – „Ein Gefühl von süßer Heimlichkeit beschlich mich; aus der Ferne hörte ich das sanfte, träumerische Singen der Heidelerche." – Auch der Gesang der Nachtigall, wenngleich sie selten an unserer grauen Küste erscheint, ist zur rechten Zeit mit seinen Liebestönen da; die verwandte Drossel öfter, auch Meise und Buchfink, selbst die Stare und der „Zank der Sperlinge" kommen zu ihrem poetischen Rechte. Am häufigsten sind es die rauhen Laute der Möwe, der Seeschwalbe, der Wandergans, des Regenpfeifers und anderer Küstenvögel, die in die großen Naturbilder hineintönen. Vogelstimmen und nicht minder das vielfache Getön der Insekten vermischen sich den Geräuschen der lebendigen Natur, denen der Dichter so gerne lauscht. Bald spricht er von dem „leisen nächtlichen Gesang der Wasser", bald von der geheimnisvollen Musik der Sommernacht; aber auch von dem Brausen der großen Naturorgel, die Boreas [in der griechischen Mythologie der Nordwind] hier so meisterlich zu spielen weiß. Diese Naturmusik gehört zu den unvergeßlichsten Eindrücken der Jugend und Heimat:

„In allen Jahren, in denen ich in der Fremde lebte, war
immer wieder das Brausen des heimatlichen Meeres an mein inneres
Ohr gedrungen, und oft war ich von Sehnsucht ergriffen worden,
wie nach dem Wiegenliede, womit einst die Mutter das Tosen der
Welt von ihrem Kinde ferngehalten hatte." –

Wie für den philosophischen Schotten – Thomas Carlyle [Thomas Carlyle (1795-1881) war ein schottischer Essayist und Historiker] – so ist auch für Storm Musik „das Herz der Natur" und die Musik der Menschen nur ein Solo im Konzerte der Natur. Aber dieses Solo ist ihm doch wieder die Musik, die alles Erdenleid in Wohllaut aufzulösen vermag. Menschengesang vor allem und Geigenspiel durchklingen auch seine Dichtung. Ja, für die Musik als Kunst hat Storm so etwas wie eine professionelle Liebe. Wir wissen auch, und empfinden es heute als gegenwärtig, daß der Sänger und Sangesleiter sich ein dauerndes Andenken in seiner Vaterstadt geschaffen hat.

Er ist noch mitten unter uns. Ich habe gewünscht, auch den Dichter uns so menschlich nahezubringen, ihn von der Seite des Gemütes zu zeigen, seine Liebe, um deretwillen wir ihn lieben. Denn in der Tat, der Mensch und der Poet waren, wie es selten der Fall ist, eins in ihm. Er war ganz Poet. Das künstlerische Interesse verschlang ihm alle übrigen Angelegenheiten, er erfüllte alles mit poetischem Leben um sich her, er lebte in einer unablässigen stillen Anbetung des Schönen:

„Des Morgens früh, des Abends spät
Lies in der Schönheit Allkoran –
Denn daß ein ander heilig Buch
Authentisch sei, das ist ein Wahn." –

Diese Verse aus dem Daumerschen „Hafis"[354] gehörten zu seinen Lieblingen. – Der Dichter Storm war aber auch ein ganzer Mensch: ein redlicher, ernster, treuer Mensch, liebevollen Herzens!
Hier sind die Stätten seines Lebens und Wirkens. In diesem Garten ist er, wie oft gewandelt – „von uns nachdenklichen Leuten wird immer der eine oder der andere dort zu treffen sein" schreibt er einmal vom Schloßgarten, wie er damals war. Der Schloßgarten, seither zum Stadtpark umgewandelt und vergrößert, wird heute um eine edle Zier bereichert. Freuen wir uns dessen, wie sich viele nach uns freuen werden, die diesen Platz besuchen – der Ehrentag unseres Dichters, sein 81jähriger Geburtstag, ist zugleich ein Ehrentag für seine Vaterstadt und erweckt unter uns Gefühle, die bei allen Freunden der deutschen Literatur freudigen Widerhall finden. Wir dürfen auch auf ihn die Worte anwenden:

„Die Stätte, die ein guter Mensch betrat,
Ist eingeweiht. Nach hundert Jahren klingt
Sein Wort und seine Tat beim Enkel wieder."[355]

Wer durch das aus dem frühen 17. Jahrhundert stammende anspruchsvolle Sandsteinportal mit rustizierten Pilastern und Löwenköpfen in den Husumer Schlosspark geht, steht unmittelbar vor dem von Adolf Brütt (1855-1939) geschaffenen Storm-Denkmal

Über das am selben Abend stattfindende Festessen, das der Gesangverein in „Hensens Garten" ausrichtete, schrieben die „Husumer Nachrichten":

„Namens der Stormschen Familie verlieh Herr Rechtsanwalt Ernst Storm seinen lebhaften Dank [...] an die Mitglieder des Ausschusses Ausdruck. Herr Kommerzienrat Paetel-Berlin feierte den anwesenden gottbegnadeten Künstler Professor Brütt, der das Werk ausgeführt und die Züge des großen Dichters so lebensnah wiedergegeben hat. Weitere Ansprachen folgten u.a. von Herrn Rechtsanwalt Tönnies [August Tönnies] auf die Damen und von Herrn Pastor Schwartz; der anerkennend der unermüdlichen Tätigkeit des Herrn Bürgermeisters Menge im Interesse der Denkmalserrichtung gedachte. Ferner widmete Herr Rechtsanwalt Storm Herrn Professor Tönnies und dem genialen Künstler herzliche Worte des Dankes."[356]

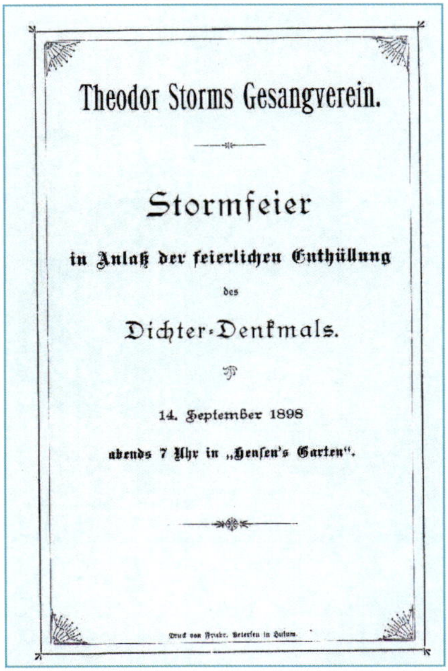
Theodor Storms Gesangverein.

Stormfeier

in Anlaß der feierlichen Enthüllung

des

Dichter-Denkmals.

14. September 1898

abends 7 Uhr in „Hensen's Garten".

Druck von Friedr. Petersen in Husum.

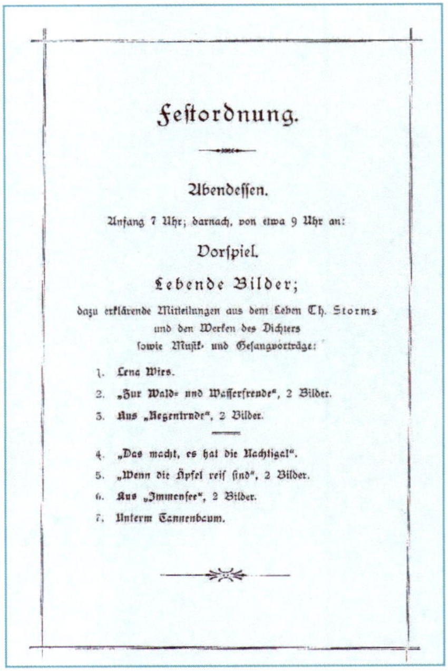
Festordnung.

Abendessen.

Anfang 7 Uhr; darnach, von etwa 9 Uhr an:

Vorspiel.

Lebende Bilder;

dazu erklärende Mitteilungen aus dem Leben Th. Storms
und den Werken des Dichters
sowie Musik- und Gesangvorträge:

1. Lena Wies.
2. „Zur Wald- und Wasserfreude", 2 Bilder.
3. Aus „Regentrude", 2 Bilder.

4. „Das macht, es hat die Nachtigal".
5. „Wenn die Äpfel reif sind", 2 Bilder.
6. Aus „Immensee", 2 Bilder.
7. Unterm Tannenbaum.

Einladung zur Feier der „Denkmalsenthüllung" am 14. September 1898
(Quelle: Theodor-Storm-Gesellschaft)

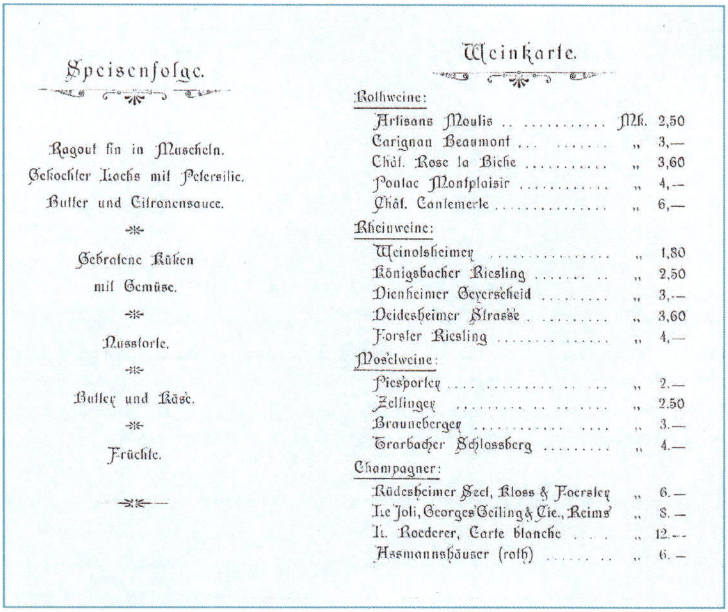

Speisenfolge.

Ragout fin in Muscheln.
Gekochter Lachs mit Petersilie.
Butter und Citronensauce.

Gebratene Küken
mit Gemüse.

Nusstorte.

Butter und Käse.

Früchte.

Weinkarte.

Rothweine:		
Artisans Moulis	Mk.	2,50
Carignan Beaumont	"	3,—
Chât. Rose la Biche	"	3,60
Pontac Montplaisir	"	4,—
Chât. Cantemerle	"	6,—
Rheinweine:		
Weinolsheimer	"	1,80
Königsbacher Riesling	"	2,50
Dienheimer Geyerscheid	"	3,—
Deidesheimer Strasse	"	3,60
Forster Riesling	"	4,—
Moselweine:		
Piesporter	"	2.—
Zeltinger	"	2.50
Brauneberger	"	3.—
Trarbacher Schlossberg	"	4.—
Champagner:		
Rüdesheimer Sect, Kloss & Foerster	"	6.—
Le Joli, Georges Geiling & Cie., Reims	"	8.—
L. Roederer, Carte blanche	"	12.—
Assmannshäuser (roth)	"	6.—

Das Festmahl
(Quelle: Theodor-Storm-Gesellschaft)

Tönnies´ Festrede zur Einweihung des Storm-Denkmals am 14. September 1898 (Storms 81. Geburtstag) erschien im Oktober in der Wochenschrift „Ethische Kultur".[357]

Paulsen schrieb:

„Deinen Storm hab ich gleich gelesen, zunächst allein, heut abend lese ich ihn den andern vor. Der Alte hätte seine helle Freude an dem Bild gehabt: er ist ganz, ganz er selbst, und durch sich selbst geschildert. Wie man bei dem eigentlichen Kunstwerk des Künstlers vergißt – es steht da wie von der Natur selbst gebildet, so bei Deinem Bilde des Dichters. Ich hab es mit der Freude betrachtet, die nach Aristoteles die Grundform der ästhetischen Lust ist, mit der naiven Freude des Wiedererkennens. Ja, das war er: schaffende und genießende Liebe und Freude. Vor allem Liebe und Freude zur Heimat, heimatlicher Erde und heimatlichen Menschen; ganz ein Mann der alten Zeit, ganz unsere alte Heimat, die in ihm sich selbst ein Gedicht geworden ist. Der Gegensatz gegen das moderne heimatlose Wesen steht überall dahinter; aber wie er selbst ihn nicht ausspricht, so hast Du es vermieden, und so hat nun Deine Festrede ganz den stillen Frieden sehnlichen Erinnerns. Schade, daß sie nicht in die Deutsche Rundschau gekommen ist, sie hätte vielen Freude gemacht. Was wissen die Ethischen-Kultur-Leser von Theodor Storm? Sie werden den Zionismus studieren. Kannst Du sie nicht noch in ein Blatt bringen, wo sie denen vor Augen kommt, die Storm kennen und lieben? Etwa Westermann? Oder wo Storm sonst etwas gilt?"[358]

Wenige Tage später war Tönnies´ Antwort da:

„Ich freue mich Deines Beifalles zu der Storm-Rede. Du hast in konzentrierter Form und schönen Sentenzen die Eindrücke wiedergegeben, die nur zerstreut und vielfach in stammelnden Worten ausgesprochen wurden. Zu den Stammlern gehörte aber nicht Ernst Storm (ein gewandt und innig Redender), der am Abend in einem Toaste sagte, ich habe seinen Vater beinahe körperlich dargestellt, also ganz so, wie Du jetzt Dich äußerst. Die Husumer, die aus irgendwelcher Ursache nicht hören konnten, haben den Auszug in den „Nachrichten" mit Andacht gelesen, wie mir ein tauber Gärtner versicherte und wie ich auch aus auffallend vielen Grüßen der Arbeiter entnahm, die mir die Quittung zu bedeuten schienen für das Wort vom Volke und von den feinen Kleidern. Somit, und da nun auch Du und etliche sie lasen, hat aber auch die Rede ihre Dienste getan. Eine Abhandlung war es nicht und sollte es auch nicht sein. In der Rundschau, wo die gelehrten Literaturhistoriker auf den Fauteuils sitzen, hätte ich mich doch ein wenig geschämt; nun ist es auch nicht anders, das Gedruckte will niemand wieder drucken."[359]

Das Denkmal unmittelbar nach der Enthüllung. Am Sockel liegen noch die im Text zitierten Kränze. Das rechte Foto zeigt den Oberpräsidenten im Gespräch mit der Storm Familie (rechts Bürgermeister Menge)

Die Gedenkblätter

Der hundertste Geburtstag Theodor Storms, am 14. September 1917, fiel in eine unruhige Zeit. Das Jahr war von den internationalen Ereignissen bestimmt, die sich vor dem prägenden Hintergrund des Ersten Weltkrieges ereigneten. Der Kriegseintritt der Vereinigten Staaten von Amerika, dessen Auslöser die uneingeschränkte U-Boot-Kriegsführung des Deutschen Kaiserreiches war, als Assoziierte der Entente begründete ihren langsamen Aufstieg von einer industriellen Großmacht zu einer Weltmacht. In Russland führten die sozialen und politischen Spannungen zum Sturz der herrschenden Romanows in der Februarrevolution, die ihrerseits von der Oktoberrevolution und dem anschließenden Bürgerkrieg usurpiert wurden. Auf Grund dieser vielschichtigen Erscheinungen, die dem Jahr 1917 insgesamt Zäsurcharakter verliehen, wird 1917 zu einem „Epochenjahr".

Der „ordentliche Professor" und seit 1916 „Geheime Regierungsrat" Ferdinand Tönnies, der inzwischen mit seiner Frau und den mittlerweile fünf Kindern in Eutin wohnte, hatte sich 1916 vom universitären Dienst entpflichten lassen, um sich als Emeritus ganz der wissenschaftlichen Schriftstellerei zu widmen (erst 1921 nahm Tönnies wieder einen Lehrauftrag für das von ihm geschaffene Fach „Soziologie" in der Rechts- und Staatswissenschaftlichen Fakultät der Universität Kiel an).[360]

Ferdinand Tönnies
1917

Allein im Jahr 1917 publizierte Tönnies, der durch sein Frühwerk „Gemeinschaft und Gesellschaft", das insgesamt 8 Auflagen erfuhr, bis dahin Monographien wie: „Thomas Hobbes. Leben und Lehre" (1896), „Der Nietzsche-Kultus" (1897), „Schiller als Zeitbürger und Politiker" (1905), „Die Entwicklung der sozialen Frage" (1907), „Die Sitte" (1909), „Englische Weltpolitik in englischer Beleuchtung" (1915) oder „Die niederländische Übersee-Trust-Gesellschaft" (1916), insgesamt 55 Werke. Am Ende seines Lebens werden es mehr als tausend Zeitungsartikel, Zeitschriftenbeiträge und Rezensionen und 45 Monographien sein. Damit konnte sich Tönnies im Arbeitseifer durchaus mit seinem verstorbenen Freund Storm messen.

Eine Arbeit aber lag Tönnies besonders am Herzen: Er wollte mit seinen ganz persönlichen Erinnerungen dem Freunde, den er bis an sein Lebensende verehrte, mit seinen „Gedenkblättern" ein besonderes Denkmal errichten.

Das kleine Buch, das er seiner Schwester Elisabeth Tönnies, die nicht unerheblich zum Kennen lernen der Freunde beigetragen hatte, widmete, erschien rechtzeitig zum 100. Geburtstag von Theodor Storm. Es beginnt mit einem kleinen Gruß an die Schwester, die nicht heiratete und Husum nie verließ:

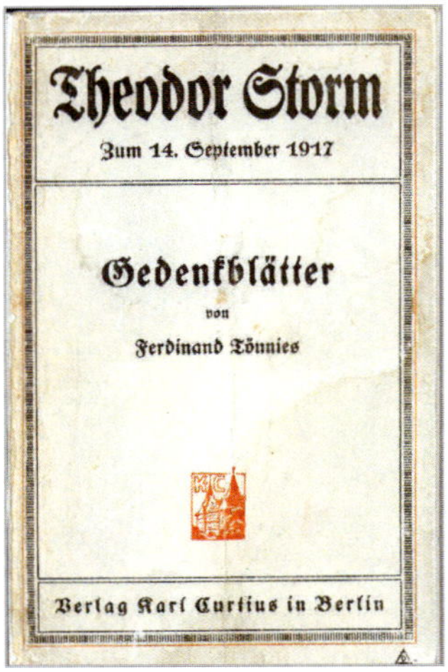

Ferdinand Tönnies hatte die „Gedenkblätter" seiner Schwester
Elisabeth Tönnies (1857-1949) gewidmet

„Liebe Schwester!
Die hier zum Andenken an Theodor Storm, der uns beiden so wohlgesinnt war, dem wir beide verehrend nahe standen, gesammelten Aufzeichnungen sind dir teils schon bekannt, teils enthalten sie dir Bekanntes; dennoch wirst du sie gern versammelt finden, und dabei

des dichterischen Mannes gedenken, dessen Geburtstag dem deinen so nahe liegt [Elisabeth Tönnies wurde am 13. September 1857 geboren]. Nr. 1 gibt mit einigen Kürzungen und Abänderungen wieder, was ich, kurz nach Storms Tode, mit dem Buche von Paul Schütze in der Hand, niedergeschrieben habe; Nr. 2 ist die von mir zur Enthüllung des Denkmals im Husumer Schloßgarten gehaltene Weiherede; Nr. 3 wurde bald nach dem Verscheiden unseres guten Lieblings „Losche" [Karl Storm] in der Deutschen Rundschau gedruckt. Endlich Nr. 4 habe ich jetzt, 30 Jahre nach meinem letzten längeren Zusammensein mit dem Dichter, niedergeschrieben. Sein Name in der Literatur steht nunmehr so groß und fest da, wie wir es damals kaum zu erwarten wagten. Möge auch von dem milden Glanze seiner Persönlichkeit, der uns so wohltuend und fördernd berührt hat, manche helle Erinnerung auf die Nachwelt übergehen! –

Eutin, im August 1917."[361]

„Theodor Storm (14.9.1817 – 4.7.1888)

Eine Skizze.

Es ist das Höchste, was man von einem menschlichen Lebenslauf rühmen kann, daß er einem Kunstwerke gleich in sich vollendet sei; und das Höchste von einem Kunstwerke, daß es wie ein Organisches gebaut sei, so wahr, so seiend! Als Erzeugtes hat es die Anlage der Vollkommenheit in sich, sofern der Erzeuger seinen Typus stark und deutlich ausspricht. Der Dichter muß etwas sein: Genie, Charakter, Künstler, nennt´ wie ihr wollt – alsdann wird sein Gedicht wie ein notwendiges, der Natur gehöriges Ding erscheinen, seinen Wert und Zweck in sich selber tragend; daß es erkannt und genossen werde, ist nicht sowohl Absicht als gewisse Folge, sofern es Wesen gibt, die dem Hervorbringenden verwandt und ähnlich sind und denken.

Theodor Storm war eine Persönlichkeit, bedeutend durch ihre Harmonie, durch ihre selbständige Kraft, durch ihre Wahrhaftigkeit; und von solcher Art sind auch seine Werke: von echter Art, aus dem Wesen des Dichters hervorgegangen. Einer tiefen, lebhaften und doch maßvollen Phantasie entsprungen, sind sie mit reifem Kunstverstande erwogen, verbessert, ausgestaltet worden.

Jeder wahre Künstler ist kritisch gegen sich selber. So war Storm trotz gerechten Stolzes auf das, was er wirklich vermochte. Mitunter kann man sogar Bedenken haben, ob nicht gegen seine ersten Entwürfe der Dichter allzu strenge gewesen sei; so wenn man das (auch tiefer unten zu erwähnende) Gedicht „Ostern" im frühesten Drucke kennenlernt, welcher im „Volksbuch auf das Jahr 1849 für die Herzogthümer Schleswig, Holstein und Lauenburg", erhalten ist, verbunden mit „Morgane" unter der gemeinsamen Überschrift „An der Westküste". Es sei gestattet, hier diesen Text, der wenigen zugänglich ist, mitzuteilen, und die Varianten daneben, wie sie in den „Gedichten" und in der Gesamtausgabe eingesetzt sind; die Vergleichung gewährt einen Blick in die Werkstätte des Poeten:

Auf dem Deich. Ostern.
Ostern 1848.

„Hoch oben stand ich auf dem
Meeresdeich
Und ließ den Blick am Horizonte
gleiten;
Zu mir herüber scholl verheis-
sungsreich
Mit vollem Klang das Oster-
glockenläuten.

Wie brennend Silber funkelte das
Meer,
Die Inseln schwammen auf dem
hohen Spiegel,
Die Möwen schossen blendend hin
und her,
Eintauchend in die Flut die
weißen Flügel.

Im tiefen Kooge bis zum Dei-
chesrand
War sammetgrün die Wiese auf-
gegangen,
Der Frühling zog prophetisch über
Land,
Die Lerchen jauchzten und die
Knospen sprangen. –

Entfesselt ist die urgewalt´ge Kraft,
Die Erde quillt, die jungen Säfte
tropfen,
Und alles treibt, und alles webt
und schafft,
Des Lebens vollste Pulse hör´
ich klopfen.

Der Himmel stürzt aus seiner
blauen Kluft
Auf uns herab die goldne Sonnen-
fülle;

Es war daheim auf unsrem
Meeresdeich
Ich ließ

Der Flut entsteigt der frische
Meeresduft;
Vom Himmel strömt die goldne
Sonnenfülle;

<table>
<tr><td>Der Frühlingswind geht klingend durch die Luft
Und sprengt im Flug des Schlummers letzte Hülle.</td><td></td></tr>
<tr><td>O wehe fort, bis jede Knospe bricht,
Durchström´die Welt, du wonnigliches Werde!
Entfalte dich, du gottgebornes Licht,
Und wanke nicht, du feste Heimaterde! –</td><td>Daß endlich uns ein ganzer Sommer werde</td></tr>
<tr><td>Hier stand ich oft, wenn in Novembernacht
Aufgor das Meer zu gischtbestäubten Hügeln;
Wenn Finsternis und Sturm in lauter Schlacht
Die Kappen peitschten mit den Eulenflügeln.</td><td>Wenn in den Lüften war der Sturm erwacht,
Die Deiche peitschend mit den Geierflügeln.</td></tr>
<tr><td>Und jauchzend sah ich an der festen Wehr
Den Wellenschlag die grimmen Zähne reiben;
Denn machtlos, zischend schoß zurück das Meer –
Das Land ist unser, unser soll es bleiben!“</td><td>Und jauchzend ließ ich</td></tr>
</table>

Man bemerkt, daß in dem früheren Texte und auch in der Überschrift die Empfindung des bewegten Jahres 1848 noch lebendiger, als in der späteren Fassung, zum poetischen Ausdruck gelangt war.

Wie strenge Storm gegen sich selbst gewesen ist, lehrt auch die Ausschließung älterer Gedichte; noch in den jüngeren Auflagen der Sammlung wird man manches vermissen, was dem Liebhaber nicht unwert scheint, erhalten zu werden.

In den beiden Jahrgängen des „Volksbuches“, die ich vor mir habe (1848 und 1849), finden sich auf der Gegenseite des Kalenders allerhand Verse, Sprüche, Anekdoten u. dgl., darunter das Gedicht meist mit den Buchstaben Th. St. unterzeichnet. Auch hier bemerkt man einiges, vielleicht nicht eben Charakteristische, was später verschwunden ist, und doch manches interessieren muß, der einmal die Weise des Mannes liebgewonnen hat. Der Vers zum Februar 1848 verrät seinen Sinn für Schalkheit und gesellige Freude, der sonst im Umgange mehr als in den Schriften hervortrat.

„O wär' im Februar doch auch,
Wie's andrer Orten ist der Brauch,
Bei uns die Narrheit zünftig!
Denn wer, so lang das Jahr sich mißt,
Nicht einmal herzlich närrisch ist,
Wie wäre der zu andrer Frist
Wohl jemals ganz vernünftig?"

Ganz anders der (gleichfalls später verschmähte) Spruch zum Mai 1849; gegen die Betrachtung der Vergänglichkeit des Blütenmondes erhebt sich, wie auch sonst so oft in seiner Dichtung, die Freude an der ewigen Erneuerung des Lebens:

„Die Kränze, die du dir als Kind gebunden,
Sie sind verwelkt und längst zu Staub verschwunden;
Doch blühn wie damals noch Jasmin und Flieder,
Und Kinder binden deine Kränze wieder."

Es hat lange gewährt, bis die literarische Bedeutung Theodor Storms zu allgemeiner Anerkennung gelangt ist. Noch jetzt begegnet man, auch unter den wenigen Zeitgenossen, die im Lärm des Tageslebens der Dichtkunst einige Muße und Zärtlichkeit bewahrt haben, oft einer seltsamen Unkunde in dieser Hinsicht; und im Auslande wurden vor 30 Jahren noch E. Marlitt [Eugenie John Marlitt (1825-1887)] und G. Ebers [Georg Ebers (1837-1898)] als die charakteristischen Vertreter gegenwärtiger deutscher Erzählung angesehen, ebenso wie unsere neuere Malerei etwa nach Künstlern wie Thumann [Paul Thumann (1834-1908)] und Piloty [Carl Theodor von Piloty (1826-1886)] beurteilt wurde. So waren auch die lyrischen Dichtungen Storms hinter Zeitgenossen von minder ausgeprägter Eigenheit in der allgemeinen Schätzung zurückgetreten. Um so mehr hießen wir zu ihrer Zeit eine Schrift willkommen [gemeint ist: Paul Schütze, Theodor Storm. Sein Leben und seine Dichtung], die von allen wirklichen Kennern und Verehrern des Meisters als Bericht über sein Leben, und als belehrender Leitfaden durch seine Schriften geschätzt zu werden verdiente. Ihr Verfasser hatte mit großer Sorgfalt und genauer Kenntnis die Entwicklung des Dichters nach ihren äußeren und inneren Bedingungen verfolgt. In sieben Büchern führte er uns die ihren Umrissen nach einfache und doch mit großen Schicksalen verflochtene Lebensgeschichte vor, welcher die Analysen der einzelnen Produktionen auf geschickte Weise eingefügt sind. Das erste Kapitel berichtete von der guten Stadt Husum, einem alten und ehemals durch Seehandel bedeutenden Orte, wovon noch die Überreste gotischer Giebelhäuser zeugen, deren Menge und Pracht einst der Chronist Heinrich Rantzau [Heinrich Rantzau (1526-1598) war von 1556 bis 1598 Statthalter des dänischen Königs für den königlichen Anteil von S-H] bewunderte; und erörtert mit psychologischem Verstande, welche Bedeutung diese friesische Heimat und ihre Umgebung für die innere Entwicklung des Dichters gehabt habe: die große, ebene, träumerisch stimmende Landschaft – hier grüne Marsch, dort braune Heide – zu langen Sommertagswanderungen auffordernd, nur dem liebevollen Sinne ihre Reize enthüllend; und in geringer Ferne das jede Phantasie so mächtig anregende Meer, der „blanke Hans“, wie die Volksrede sagt, der mit der Flut hier über die schwarzen Watten sich ergießt und im Jahre 1825, was der achtjährige Knabe erlebt hat, mit verheerender Gewalt die Deiche brach und große Stücke der unbedeichten Halligen zerstörte, auch in den Straßen der Stadt fußhoch aufsteigend. Wir hören von den Vorfahren und Eltern des Dichters und werden vertraut mit dem tiefen Familiensinn und den ehrbaren Sitten, die in diesem Bürgertum walteten; wir finden auch hier bestätigt, daß die „Frohnatur und Lust zu fabulieren“, jene glückliche Naivität, welche Storm selber bezeichnet, wenn er sagt: „Ein Sonntagskind ist immer der Poet“, im Naturell der Mutter angelegt und vorgebildet erscheint. Wir hören von der Kirche, dem Schlosse, dem Kloster oder Gasthaus zum St. Jürgen als Stätten, mit denen merkwürdige Eindrücke von Menschen und Dingen verbunden waren. Das zweite Kapitel führt uns mit dem Knaben zuerst auf die Lateinschule der Vaterstadt, sodann auf des alten Lübeck berühmtes Katharineum [Das Katharineum wurde im März 1531 als Lateinschule im Rahmen der reformatorischen Neuordnung von Kirche, Schule und Sozialfürsorge durch die von Johannes Bugenhagen verfasste Kirchenordnung gegründet], welche gelehrten Stätten nicht „allzusehr den Geist verschnürten“; alsdann mit dem Jüngling auf die Universität. In Lübeck begegnete der Primaner, dahin gesandt, um seiner Vorbildung die letzte Feile geben zu lassen, zuerst poetisch-literarischen Anregungen, die im Herzen des Schülers das Anch´ io [sono] pittore [„auch ich bin ein Maler“ soll Francia beim Anblick von Raffaels Cäcilie gerufen haben] aufdämmern ließen. In Kiel tritt schon ein eigenes Wagnis auf („Liederbuch dreier Freunde“), in Verbindung mit den Brüdern Theodor und Tycho Mommsen. Heine, Eichendorf, Mörike erschienen schon damals als die lyrischen Meister, welche Storm und seine Freunde zur Nacheiferung begeistert haben. Das dritte Kapitel begleitet den Verlauf eines Lebens, das nicht auf die literarische Laufbahn angelegt, also nicht davon abhängig war: Verlobung, Ehe, der Beruf des praktischen Juristen. Aber wir finden den Advokaten zugleich mit regem Anteil einer Sammlung schleswig-holsteinischer Sagen, Märchen und Lieder sich widmend, die, von ihm und Theodor Mommsen angeregt und begonnen, später das Werk K. Müllenhoffs [Karl Müllenhoff (1818-1884)] geworden ist. Wir finden ihn als Mitwirkenden an einem mit Geschmack redigierten Kalender, dem Biernatzkischen Volksbuch [Karl Leonhard Biernatzki (1815-1899)], dessen schon oben Erwähnung geschah. Hieraus erwächst sein erstes selbständiges Büchlein, die „Sommergeschichten und Lieder“, um dessen Berliner Verlag der viel jüngere Paul Heyse ein denkwürdiges Verdienst sich erwarb – wie denn später eine innige Freundschaft gegenseitiger Anerkennung und Förderung zwischen beiden Dichtern erwachsen ist. Hier zuerst, wenn auch in unreifer Gestalt schon im Volksbuche erschienen, leuchtet „Immensee“ entgegen, eine aus Skizzen leicht zusammengefügte, schlichte Erzählung, ganz von dem Eindruck eines lyrischen Gedichtes; sie wird ihren stillen Zauber nie verlieren, wenn es auch gewiß ist, dass die volle Kraft des Novellendichters hier noch nicht ihre Schwingen entfaltet. – Sein viertes „Buch“ nennt Schütze „Für Schleswig-Holstein“; es ist das einzige, wodurch nicht ein Abschnitt des äußeren Lebens angezeigt wird. Um so mehr ist es aber für die Persönlichkeit des Dichters bedeutend. Denn um gewahr zu werden, wie tief und stark die Empfindung war, mit welcher das Volk der „Herzogtümer“ für seine Freiheit, sein Recht und sein Deutschtum eintrat, muß man die wenigen, aber tiefen und schwungvollen Lieder kennenlernen, die Storm als echten Dolmetsch und Propheten seiner Landsleute erscheinen lassen. Eröffnet wird die Reihe durch jenes „Ostern“, zwar ohne politische Anspielung, aber mit patriotischem Enthusiasmus gedichtet: eines der stimmungskräftigsten und klangvollsten Gedichte, die es in deutscher Zunge geben mag; um es ganz zu verstehen, muß man die Natureindrücke der Meeresküste erfahren haben, die so mächtig darin widerhallen. Auch mehrere der sinnigsten Erzählungen („Ein grünes Blatt“, „Unter dem Tannenbaum“, „Abseits“) beruhen auf diesem Hintergrunde, wie Verfasser in ausführlicher Weise darstellt. Die Ereignisse der Restauration brachten es mit sich, dass der Dichter seiner Bestallung ledig wurde und im preußischen Justizdienste Aufnahme suchen musste. So finden wir ihn (Buch 5: „In der Fremde“) zuerst in Potsdam (1853-1865), von wo er einem anregenden Berliner Kreise ausgezeichneter Männer tätig sich gesellte; die „Argo“, ein poetisches Jahrbuch, das aus dieser Runde hervorging, enthält manche Beiträge Storms. Alsdann in Heiligenstadt, dem stillen katholischen Städtchen, wo Leben und Dichtung ihm fröhlicher gedieh. Hier entstanden unter anderen die Novellen „Im Schloß“, „Auf der Universität“, „Auf dem Staatshof“, die zu den schönsten Gaben seiner Muse gehören; in Potsdam das liebliche Doppelidyll „Im Sonnenschein“, wovon Mörike gesagt hat, Stellen daraus möchte er auf Porzellan gemalt haben. Noch in Heiligenstadt schrieb der Dichter „Von Jenseits des Meeres“, als das Jahr 1864 eine neue Wendung in sein Schicksal brachte. Die Vaterstadt selber, nach Vertreibung der dänischen Beamten und Truppen einer kurzen Selbstherrlichkeit sich erfreuend, berief den Mann in die Stellung ihres Landvogtes, dessen Name durch alle Leidensjahre in gutem Andenken geblieben war, durch den noch lebenden Vater und durch einen jüngeren Bruder, der inzwischen als Arzt sich dort niedergelassen hatte, auf treffliche Weise vertreten. So heißt das sechste Buch: „Wieder daheim“. Aber bald fiel ein schwerer Schlag in das blühende häusliche Glück. Die geliebte Frau, deren heitere Gestalt viele Gebilde seiner Phantasie durchschimmern, wurde ihm entrissen. Für die sieben Kinder, welche sie ihm geboren hatte, ist die zweite Ehe des Vaters, wie für ihn selber, segensreich geworden. Der Dichter hat durch die lebenswahre und tiefe Erzählung „Viola tricolor“ das Problem der zweiten Ehe in harmonischer Verklärung gelöst; zuletzt „hält die fröhliche Zukunft des Hauses ihren Einzug in den Garten der Vergangenheit“. Schon früher als mit dieser Novelle hatte Storm seine neue produktive Periode eröffnet, nachdem vom Jahre 1867 an, welches „In St. Jürgen“ und

„Eine Malerarbeit“ hervorbrachte, jenes durch Stimmung und Charakteristik, dieses durch die Technik der Erzählung ausgezeichnet, eine mehrjährige Pause eingetreten war.

Aber diese Pause wurde durch eine Tätigkeit von gelehrter Art ausgefüllt. Zuerst brachte die Gesamtausgabe, deren erste sechs Bände bei Westermann erschienen (1868), manche Arbeit. Alsdann aber wurde die Unternehmung einer Anthologie begonnen, welcher schon früher, in kleinerem Maßstabe, seine Kraft gewidmet war („Deutsche Liebeslieder seit Günther“ 1859). Eine „kritische“ Anthologie hat Storm das „Hausbuch aus deutschen Dichtern seit Claudius“ nicht ohne Stolz genannt. Und er konnte allerdings mit Genugtuung auf seine Leistung zurückblicken. Unzählige Bände von Gedichten hat er durchforscht, um hie und da eine Perle zu finden, würdig, dem festen Besitz, welchen eine mehr als dreißigjährige Lebenserfahrung ihm gewonnen hatte, angereiht zu werden. Es ist immer merkwürdig zu erfahren, was dem Meister einer Kunst an Werken seiner Vorgänger und Zeitgenossen bedeutend erscheint. Der empfangende Geschmack, sofern er nicht auf lernbarer Kennerschaft, sondern auf Begabung beruht, ist beinahe so selten wie die hervorbringende Kraft selber (damit an der Wurzel zusammenhängende, wie beim musikalischen Gehör am deutlichsten ist). Und ein Marktbuch, wie Anthologien es zu sein pflegen, wird zumeist mit geringer Mühe aus den beliebtesten Autoren oder auch – aus schon vorhandenen Anthologien zusammengestellt. Beides: der richtende Takt und der große Fleiß, die tiefgehende Kenntnis des Sammlers, machen Storms Hausbuch zu einem würdigen Werke, das in unserer belletristischen Literatur kaum seinesgleichen hat; wenn auch nach ihm einige Anthologien ähnlichen Charakters und nicht ohne starke Anlehnung an dieses Muster aufgetreten sind, zum Teil mit besserem Erfolge nach außen hin. Denn es ist auch jener kritischen Arbeit ergangen wie den meisten originalen Schriften unseres Dichters. Von Anfang an hat die Glocke des Ausrufers ihm gefehlt, deren Macht durch ihre Dreistigkeit gemessen wird. Das eigentliche Publikum hat es daher kaum kennengelernt; das Publikum, in dessen Menge doch manche Männer und Frauen verstreut sind von so reifem Geschmack, daß sie wohl eine solche Auslese als für sich bestimmt empfinden könnten, wenn nur ihr tieferes Verlangen durch allen Qualm und Nebel der Zeitungen und Nichtigkeiten bis an die Pforten der Schönheit vorzudringen vermöchte. Denn diese Anthologie ist freilich für jüngere Menschen (für Konfirmanden und Bräute) minder geeignet; nicht weil es Anstößiges darin gäbe (wodurch sie ein „Hausbuch“ zu heißen unwürdig wäre), sondern weil viele der ausgewählten Dichtungen in einer Lebensanschauung beruhen, die eigene Erfahrung fordert, um verstanden, mitempfunden zu werden. Um so mehr bietet sie dem nachdenklichen Leser, der an gewöhnlichen sentimentalen oder bombastischen Versen kein Ergötzen mehr findet. – So ist auch dieses Nebenwerk ein Liebewerk des Poeten gewesen. Storm hat wohl damals gegen Freunde ausgesprochen: er fühle, wie das schöpferische Vermögen in ihm durch die kritischen Bemühungen gehemmt werde. Damit hängt es zusammen, daß zu jener Zeit die „Zerstreuten Kapitel“ entstanden sind, welche an Bozens und Washington Irvings „Skizzenbuch“ [Washington Irving (1783-1859) wurde u.a. durch die „Legende von Sleepy Hollow“, die Irving auf einer Reise entlang des Rheins 1806 mitgebracht hatte und die 1999 unter der Regie von Tim Burton mit Johnny Depp und Christina Ricci verfilmt wurde, bekannt.)] erinnern, auch hie und da an Thackerays Art, aber durchaus in dem eigentümlichen Stile des Autors, merkwürdig durch halb melancholisches, halb humorvolles Pathos, gehalten sind; E.T.A. Hoffmannsche gespenstische Lichter spielen nicht selten darin.[362] Als größere Novellette derselben Gattung hebt sich ab „Beim Vetter Christian"; die Schattenrisse „Von heut und ehedem" wetteifern damit an Feinheit und Zartheit. Auch „Pole Poppenspäler" müssen wir dahin rechnen, eine aus Kindererinnerungen zusammengewobene Geschichte von fahrenden Leuten; mit jener Einfalt und Heiterkeit erzählt, die nur aus tiefer Seele quillt. In merkwürdigem Kontrast dazu ist bald nachher „Waldwinkel" gedichtet worden, wo ein Idyll weltflüchtiger Sinnlichkeit durch die sehr weltliche Niedertracht des leichtfertigen Weibes einen ironischen und beinahe häßlichen Abschluß erhält. Wieder dem Genrehaften nähert sich „Ein stiller Musikant". In die kleinsten Züge ist hier die ganze Liebe und Freundlichkeit des selber von musikalischer Empfindung tieferfüllten Dichters versenkt worden. Alle diese Stücke sind Zeugnisse, daß gerade in diesen Jahren die produktive Fähigkeit Storms zu ihrer höchsten Blüte sich erheben wollte, indem sie zu größerer Mannigfaltigkeit sich entwickelte. Denn von Viola tricolor ist schon geredet worden; einiges andere übergehen wir; aber des höchsten Preises würdig wird mit Recht „Psyche" geschätzt, das Schütze Storms hohes Lied der Liebe nennt, wie denn aus literarischem Frauenmunde gesagt worden ist, es sei das Anmutigste, was je in Prosa gedichtet worden. Hieran unmittelbar reiht sich die Novelle an, welche durch künstlerische Form und auf historischem Grunde vertiefte Bedeutung ihres tragischen Inhaltes den Dichter in seiner Vollendung zeigt; schon durch den Titel „Aquis submersus" ihres unvergeßlichen Eindruckes gewiß. In ähnlichem Stile und ebenfalls „vorzeiten" spielend, schlossen in den folgenden Jahren „Renate" und „Eekenhof" würdig sich an. Unter den Erzählungen dieser Zeit, die in gegenwärtige Lebensläufe zurückführen, ragt „Carsten Curator" durch ergreifenden Ernst und mächtige Charakteristik hervor. – Im letzten Kapitel führt uns der Biograph nach dem holsteinischen, waldumgebenen Dorfe „Hademarschen", wo der rüstige Amtsgerichtsrat, in den Ruhestand tretend, 1880 seinen Wohnsitz aufgeschlagen hatte und seines vielgepflegten Gartens wie seiner getreuen Muse sich erfreute. Von schwerer Krankheit im Winter 1886/87 heimgesucht, deren Trübsal noch durch den Tod seines ältesten Sohnes vermehrt wurde, hat er, dem Anschein nach völlig genesen, am 14. September 1887 seinen 70. Geburtstag dort unter Teilnahme zahlreicher Freunde gefeiert. Seine Vaterstadt ernannte ihn zu ihrem Ehrenbürger; die Dorfschaft, in der er wohnte, gab dem verehrten Manne, den sie besser als den Dichter kannte, die rührendsten Zeugnisse ihrer Achtung und Neigung. – Seine Muse hat ihm noch mehrere seiner bedeutendsten Werke in dieser Stille zu bilden vergönnt; denn dazu gehören „Hans und Heinz Kirch", wo ein harter Vater und ein wilder Sohn ihre Schicksale aneinander zerreiben; und die wiederum in vergangene Jahrhunderte führende Doppelnovelle „Zur Chronik von Grieshuus", durch großen epischen Gang und gewaltige sagenhafte Züge ausgezeichnet, von manchen Kennern für das eigentliche Meisterwerk Storms gehalten. Das Problem des Konnubiums [Ehe] zwischen Adel und Bürgerstand, welches den psychologischen Sinn des Dichters mehrmals beschäftigt hat, liegt auch hier in tragisch ergreifender Weise zugrunde. – Nicht auf gleicher Höhe steht die letzte der Chronik-Novellen, wie Schütze sie nennt (sie sind in einer Sammlung herausgegeben worden unter dem Titel „Vor Zeiten“), nämlich „Ein Fest auf Haderslevhuus“, zuerst „Noch ein Lembek“ geheißen, worin die Reflexe des Ritterlebens und der Minnepoesie auf eine nordische Landschaft geworfen werden. Zwei seiner besten Idyllen aber, die in lebendige Zeit eigener Erinnerungen zurückkehren, hat noch in den letzten Jahren der Dichter geschrieben; sie verweilen „Bei kleinen Leuten“ und zeugen von anschaulicher Kenntnis und liebevollem Sinne für das Leben dieser Gattung, wie es in der einen Erzählung noch als im Kerne gesundes Kleinbürgertum des jetzt aussterbenden Handwerkers, in der anderen als proletarisches Dasein, hart am Abgrunde von Not und Verbrechen sich darstellt; in beiden erschütternd und erfreuend die Gewalt der elementarischen menschlichen Gefühle mit sicherer Hand geschildert. Danach ist uns noch „Ein Bekenntnis“ zuteil geworden, worin das merkwürdige moralische Motiv mit psychologischer Feinheit behandelt wird; und endlich noch das große Lebensbild aus den Marschen, wo der Jahrtausende alte Kampf des friesischen Stammes gegen das weiße Element in einer heroischen Gestalt seine Verklärung empfängt, und man eine nahe Wirklichkeit in den abergläubischen Volksmund als Gespensterschatten unmerklich übergehend gewahrt, ein würdiger Abschluß dieser in Leben und Landschaft der Heimat tief beruhenden dichterischen Produktion. „So wäre der Zeitpunkt des Abtretens jetzt nicht ungünstig“, schrieb der Ahnende zwei Monate vor seinem Scheiden, nachdem er von den Stimmen des Beifalls erzählt hatte, die ihm über den „Schimmelreiter“ zugekommen waren, an die er doch kaum zu glauben wage. Noch war er an einer neuen Novelle tätig gewesen, wozu die Idee in den Phantasien seiner Krankheit entstanden wat; der Titel „Die Armensünderglocke“ und das Schema der Handlung standen ihm fest, einzelne Szenen sind im Entwurfe ausgearbeitet worden, „aber die Arbeit ruht wie für immer“ heißt es in demselben Briefe. Seine letzten Mühen galten autobiographischen Aufzeichnungen, die leider in den Anfängen geblieben sind.

Auf Japanisch:

„Der Schimmelreiter“ und
„Gemeinschaft und Gesellschaft“

II.

Wenn ich die ganze Kunsttätigkeit Theodor Storms, die in Versen und Erzählungen vorliegende überschaue und nach einer Charakteristik suche, um sie von der Menge äußerlich verwandter Erscheinungen des Zeitalters zu unterscheiden, so muß ich einen Ausdruck wählen, der nicht jedem sogleich verständlich ist. Seine Kunst, möchte ich sagen, ist frei von Absichten. Das bedeutet: sie will weder belehren noch bilden, weder sinnliche, noch moralische, noch politische Rührung und Erregung hervorrufen, sie will nicht schmeicheln, nicht spannen, nicht entsetzen; der Autor geht nicht – was die meisten Modernen tun – darauf aus, zu imponieren: für alles das ist er zu naiv. Er arbeitet nach innen, für sich selber, mit der stillen Freude an seinem Werke, darum mit der Gewissenhaftigkeit eines alten Meisters der Bronze- oder Elfenbeinplastik, wo die Bewunderung mit Erkenntnis der Mache nicht abnimmt, wie bei den Künsten der Taschenspieler und vielen anderen, sondern immer größer wird. In dem Bande der „Gedichte" tritt diese Reinheit des Stiles vielleicht am deutlichsten hervor. „Bilde, Künstler, rede nicht. Nur ein Hauch sei dein Gedicht." Dieses Goethesche Motto ist von vielen wiederholt, von wenigen erfüllt worden. Wenn alle Rede ein lautes Getön auszeichnet, so ist hingegen den Stormschen Versen ein leiser Gang, eine stille, auch in Leidenschaft verhaltene Sprache eigentümlich, der es an den gemachten Worten fehlt, worin so leicht die lyrische Kunst entartet. (Trefflich wird bei Schütze (S. 254) ein Ausspruch Klopstocks angeführt über das Wortlose, das „in einem guten Gedicht umherwandle wie in Homers Schlachten die nur von wenigen gesehenen Götter". Und Schütze fügt hinzu: „Die Kunst der verschleiernden, andeutenden Darstellung, die das letzte Wort ungern ausspricht, besitzt Storm in hohem Grade." Das hatte auch Mörike kongenialisch empfunden, wenn er (im Gespräche) dem nordischen Freunde sagte: „Sie gaben das an sich,so leise zu überraschen: `Es war eine andere Zeit´" – (Storms Erinnerungen an Eduard Mörike. Schriften 14., S. 162. Jene Worte sind der Anfang des zweiten Abschnittes von Storms „Im Sonnenschein"). „Wenn ihr´s nicht fühlt, ihr werdet´s nicht erjagen." Die volle Schönheit eines Liebesliedes wird nur, wer Liebe kennt, in sich aufnehmen. Die patriotischen Gedichte, in denen Schleswig-Holsteins Stimme einsetzt, wird niemand so tief bewundern, der nicht mit gleicher Liebe an eine Heimat von gleichem herbem Reize sich gebunden weiß. Und nur wer die unglaubliche Stille und Feierlichkeit eines milden Herbstabends, zur Ebbezeit, wenigstens einmal an der Nordsee-Binnenküste erlebt hat, weiß die innere Notwendigkeit und Offenbarung des Gedichtes zu gewahren, welches anhebt:

Ans Haff nun fliegt die Möwe,
Und Dämmrung bricht herein;
Über die feuchten Watten
Spiegelt der Abendschein

„Nur ein Hauch sei dein Gedicht." Damit ist auch das Verhältnis Stormscher Verskunst zur Musik bezeichnet. Ursprünglich entsteht das Lied zugleich mit dem Gesange des Volkes, als neuer Text zu bekannter Weise. Die Kunstpoesie kehrt allmählich das Verhältnis um. Die gedruckten und gelesenen Lieder werden in mannigfache Formen musikalischer Komposition umgegossen. Viele werden, wo diese Kunst ihr Edelstes leistet, in ihrer Bedeutung gehoben. Manche, durch sich selber tüchtig, vermählen sich mit ihrer Melodie und gelangen in dieser Einheit zu vollerem Leben. Aber es gibt Gedichte, welche der Musik auf keine Weise bedürfen; sie sind Musik, sie enthüllen, gleich der Musik – nach dem Ausdrukke Carlyles – „das Herz der Natur"[363]; sie wollen nur gesprochen sein, um ganz empfunden zu werden, und können die Zugabe der Melodie im besten Falle doch nur vertragen. „Es ist die Form nur der Kontur, der den lebend´gen Leib beschließt", so hat Storm selber das Geheimnis der lyrischen Komposition ausgesprochen; und die Zartheit dieser Linien wird durch jedes Gewand auch schärferem Auge leicht verdeckt. – Aber wie ein großer Teil dessen, was wir Lyrik nennen, so steht auch unter den Stormschen Gedichten vieles, weil in (äußerlich) größerem Stile, der Betrachtung oder der Reflexion gehalten, von vornherein der musikalischen Behandlung ferner, oder ist ihr unzugänglich. Denn Storm war nicht der gedankenhaften Lyrik als solcher abhold. Er selber spricht in dem merkwürdigen Vorworte des Hausbuchs auf treffliche Weise darüber sich aus: „Der bedeutendste Gedankengehalt, und sei er in den wohlgebautesten Versen eingeschlossen, hat in der Poesie keine Berechtigung und wird als toter Schatz am Wege liegen bleiben, wenn er nicht zuvor durch das Gemüt und die Phantasie des Dichters seinen Weg genommen und dort Wärme und Farbe und womöglich körperliche Gestalt gewonnen hat."

Und dieses gerechte Postulat ist von ihm selber erfüllt worden in Gedichten wie „Im Zeichen des Todes", „Abschied", „Für meine Söhne", „Ein Sterbender", „Geh nicht hinein", so sehr sie unter sich verschieden sind. Gewissermaßen ist auch der reflektierenden Lyrik beizurechnen das in seiner Feinheit erhabene und durch die tiefe Energie des Gefühls zu Tränen bewegende Idyll, welches überschrieben ist „Gartenspuk"; gleich dem „Sterbenden" in edlen weichen Jamben erzählend. Es gehört zu dem Schönsten, was Storm – man muß doch sagen: gesungen hat. Und hier können wir noch einmal des Zitates uns nicht enthalten. Der Beobachter zeichnet das heimliche Walten eines Schutzgeistkindes in seinem Garten. Man sieht das Bild mit ihm, in seiner jungfräulichen, friedlichen Anmut:

Ich aber dachte: „Rühre nicht daran!"
Hob leis die Stirn und ging den Weg hinab,
Den Garten lassend in so holder Hut.
Nicht merkt´ ich, dass einsam die Wege wurden,
Daß feucht vom Meere strich die Abendluft;
Erfüllt ganz von süßem Heimgefühl,
Ging weit ich in die Dunkelheit hinaus.

„Rühre nicht daran." So wie hier, ist in dem ganzen Gedichte kein Wort, das anders sein könnte. Es ist die reine Stimmung eines nicht bloß stark empfindenden, sondern auch viel betrachtenden und sinnenden Gemütes.

Schütze hat in trefflicher Weise dargestellt, wie die Novelle Storms aus seiner Lyrik sich entwickelt habe. Ein Wort Wilhelm Jensens, des Landsmannes und Freundes, der dem älteren Meister oft mit Liebe gehuldigt hat, wird angeführt, das über die Erzählungen sagt: „Sie sind empfunden wie Gedichte, in künstlerischer Form gehalten wie solche, und wirken auch gleich Gedichten." So konnte auch Paul Heyses Ausdruck erwähnt werden, der bei Gelegenheit des ersten Novellenschatzes, Storm den Lyriker unter den Novellisten nannte; wenn auch „aus der nur einzelne Glieder aneinanderreihenden Stimmungsnovelle die lückenlose Konflikt- und Problemnovelle hervorgewachsen ist", und darüber hinaus, mögen wir hinzufügen, die rein epische Novelle. Man kann aber auch sagen: Die Novelle Storms hat mehr und mehr einen männlichen Charakter und Ton angenommen. Denn wenn auch alle Musen weiblich sind und, zumal in unserem Zeitalter, bei Frauen und frauenhaften Gemütern am ehesten ein reiner Kunstsinn erwartet werden kann, so ist doch die Erzählung mehr als andere poetische Gattungen dazu angetan, einmal das sachliche, dann aber ein feineres, gleichsam wissenschaftliches Interesse auch prosaisch konstruierter Männer zu erregen. Storms Kunst ist freilich immer verloren für solche, die den bloßen Zeitvertreib des Romanlesens suchen. Und wenn es auf der anderen Seite Männer gibt, zumal gelehrte, welche alles für unbedeutend halten, was nicht durch ausgesponnene Erörterungen über Zeitfragen und Weltanschauungen ihre Gewohnheit und Lust, sich reden zu hören, zuzustimmen oder zu widersprechen, in Schwingungen setzt, so müssen diese aufgefordert werden, in einem Dürerschen Holzschnitt oder in einer Landschaft von Hobbema [Meindert Hobbema (1638-1709) war einer der bedeutendsten niederländischen Landschaftsmaler] nach den „Ansichten" zu forschen, die darin enthalten sein mögen. Das Schöne muß man lieben um seiner selbst willen, oder aber sich bescheiden, daß man keinen Geschmack dafür habe."

Ferdinand Tönnies gezeichnet im März 1926 von der Flensburger Malerin Käte Lassen (Quelle: Landesbibliothek Kiel)

Persönliche Erinnerungen an Theodor Storm.

„Landvogt Storm“ – so hieß er in den ersten Jahren, als ich seinen Namen vernahm (1865-1867). In unserer alten Verfassung hatte der Landvogt die Gerichtsbarkeit außerhalb des städtischen „Jurisdiktionsbezirks“, worin er etwa wohnte, in unserem Falle also im Amte Husum. Nach der Einverleibung in Preußen (1867) wurde das Amt mit erweiterten Grenzen der landrätliche Kreis Husum, aber gleichzeitig wurde Storm „Amtsrichter“, wie er vor seiner Heimkehr in Heiligenstadt „Kreisrichter“ gewesen war; der Norddeutsche Bund hatte sich auf jenen Namen geeinigt. In das Amt des Landvogts war er (1864) von versammeltem Volke zu Husum in Caspersens Saal (der Gasthof hieß später „Stadt Hamburg“ und gehörte Herrn P. Bydekarken) ausgerufen worden, nachdem der bisherige dänisch gesinnte Landvogt durch ebensolche Volksversammlung abgesetzt war. Das vollzog sich in plattdeutscher Sprache – „Wer schall unse Landvagt sin?“ „Störm schall unse Landvagt sin“ – dann wurde durch den Vorsitzenden, Schneider Adolph Mangels, der Name Storm an die Wandtafel geschrieben. Ich habe es aber nicht erlebt, sondern nur sagen hören. Natürlich mußte die provisorische Regierung, die von Preußen und Österreich gemeinsam eingesetzt war, die Ernennungen bestätigen. – Mit Ernst und Karl Storm war ich in der Tanzstunde 1866; damals ging ihr Vater seine zweite Ehe ein, mit „Tante Do“. Die Brüder waren älter als ich und wir waren niemals in der gleichen Schulklasse, so daß unsere Freundschaften sich erst später entwickelt haben. Meine Verbindung mit der „Wasserreihe“ – der auf den Deich hinausführenden Straße, in der Storms Haus und Garten zu eigen hatten, und bis zur Übersiedelung nach Hademarschen (1880) bewohnten – entstand zuerst durch Mädchenfreundschaft: meiner Schwester Elisabeth mit der gleichnamigen älteren Tochter Storms, die schon als Kind das charaktervolle Wesen hatte, das sich später in harten Lebenskämpfen bewährte. Die beiden Lisbeths brachten damals (1868-1869) einander noch ihre Puppen mit; ich nahm wohl einmal die Gelegenheit wahr, meine Schwester abends abzuholen, weil mir das Dichterhaus geheimnisvoll interessant war. Als 14 jähriger Knabe wurde ich frühreif in die Prima versetzt. Zu gleicher Zeit – es war im Herbst 1869 – stand Ernst Storm im Abiturexamen. Vermutlich bin ich auf den Ausgang deshalb gespannt gewesen, weil ich im günstigen Falle einige von seinen Büchern kaufen wollte, wie es unter Schülern in solchem Falle üblich war; auch besitze ich noch seinen Horaz [neben Vergil einer der bedeutendsten römischen Dichter der „Augusteischen Zeit“, das heißt der Zeit zwischen 43 v. Chr. und 14 n. Chr.]. Denn als ich am Abend der mündlichen Prüfung hinging, begegnete mir Ernst auf der Treppe, zum Ausgehen gerüstet; er war „durchgekommen“ und wollte den Abend mit seinen Gefährten verleben. Ich wollte gleich wieder nach hause gehen, und mit ihm umkehren, aber Vater Storm lud mich ein, bei ihnen zum Abendbrot zu bleiben, wodurch ich mich stark geehrt fühlte. Es wurde ein geweihter Abend für mich. Storm hatte eben den ersten Korrekturbogen des „Hausbuchs aus deutschen Dichtern seit Claudius“ empfangen, und las Stücke aus Claudius, den er ganz persönlich liebte, und die düstere „Edward-Ballade“ aus Herders

„Stimme der Völker“ vor. Alles machte tiefen Eindruck auf mich, weil der Dichter selber tief bewegt davon war. Er klagte über den Verlust, den er durch Ernstens Abgang auf die Hochschule erleiden werde, da er mit ihm die Auswahl der Gedichte für das Hausbuch immer durchgesprochen habe. Ich glaube, er sagte dann von selber – ohne daß ich mich erboten hatte – „Sie, lieber Ferdinand, könnten eigentlich seine Stelle vertreten, und die Korrektur des Hausbuchs übernehmen“. Natürlich schlug ich mit Stolz und Freude ein, obgleich ich wohl kaum schon wußte, was eine Korrektur sei. Ich kam aber, seit diesem Abend, regelmäßig nach der Wasserreihe, die Bogen abzuholen und wiederzubringen, und meistens gab es dann eine kleine Unterweisung – nicht über das Korrigieren, die ich wohl auch nötig gehabt hätte, sondern – über die Dichter und die Auswahl der Poeme, wodurch mir das ganze Gebiet der deutschen Lyrik in anmutigster Weise erschlossen wurde. Was in der Vorrede sinnig ausgesprochen sich findet: in seiner Wirkung solle das lyrische Gedicht dem Leser zugleich eine Offenbarung und Erlösung gewähren, die er sich selbst nicht hätte geben können [...] das lernte ich mehr und mehr erfahren und empfinden; ich sage nicht „nachempfinden“, denn Storm hatte eine Abneigung gegen dies Wort oder vielmehr gegen das, was damit bezeichnet wird; er sagte wohl, man könne nichts nachempfinden, denn Empfindung müsse, um echt zu sein, ganz der eigenen Seele angehören. Er selber war so ganz von unmittelbarer Empfindung für das poetisch Schöne erfüllt, daß es ihm undenkbar war, solche Empfindung möge sozusagen durch Nachahmung hervorgerufen werden. Die ins Hausbuch aufgenommen Verse des Grafen Fritz Stolberg[364], die mit der Strophe beginnen:

„Süße heilige Natur
Laß mich gehn auf deiner Spur
Leite mich an deiner Hand
Wie ein Kind am Gängelband.“

waren Storm aus der Seele gesprochen: in ihrem Sinne bildete er die meine. In ihrem Sinne liebte er Hebel, Salis, Schmidt von Werneuchens hausbackene Einfalt, aber auch Hölderlins erhabenen und wehmütigen Stil und Tiecks musikalische Romantik[365]: mit Entzücken wiederholte er die scheinbar kunstlosen Zeilen von der „Waldeinsamkeit“ [Ludwig Tieck] und der „mondbeglänzten Zaubernacht“ [Ludwig Tiecks „Wunder der Liebe“], die den Duft der Romantik aushauchen. Aber auch der gedankenreiche Leopold Schefer [Leopold Schefer (1784-1862) war ein deutscher Dichter und Komponist] gehörte zu Storms Lieblingen. Daß aber Goethe, Uhland, Heine, Eichendorff, Mörike die eigentlichen Meister der deutschen Lyrik seien – was er an seinem 70. Geburtstag aussprach: als er die schicksalsschweren Lieder der Immensee-Erzählung geschrieben hatte, als das Oktoberlied entstanden war, da sei ihm gewesen, als sei auch er jener seltenen reinen und tiefen Lyrik mächtig, die er bei jenen Meistern gefunden hatte – das habe ich schon damals in ähnlichen Wendungen aus seinem Munde vernommen. Das Hausbuch wollte er vor sich und seinen Freunden dadurch rechtfertigen, daß er es als einem ganz persönlichen

Bedürfnis entsprungen hinstellte. Für sich und die Seinigen aus einer mehr als 30 jährigen Lebenserfahrung – es ist ganz bezeichnend für ihn, daß er das Leben in und mit der Kunst seine Erfahrung nennt – das zusammenzustellen, was seine besondere Teilnahme erregt habe und derart in ihm haften geblieben sei, daß er jetzuweilen dahin zurückgekehrt sei. In Wirklichkeit wollte er mehr damit, was offen und stark auszusprechen er zu bescheiden war, oder was doch der Schluß der Vorrede nur andeutet mit den Worten, das Buch solle dazu helfen dem größeren Publikum einen Maßstab für poetische Leistungen in die Hand zu geben und diejenigen mit unserer Lyrik wieder zu befreunden, die der ungeheuere Wust des Nichtigen von dieser Dichtungsart zurückgeschreckt habe. Er wollte dem deutschen Volke eine Lehre im Bereiche der Poetik geben, in der Erwartung, daß die also Belehrten auch seine eigene Lyrik besser als es bis dahin der Fall war, würdigen würden. Storm betonte mit gegenüber oft, daß das Vermögen, das Echte zu erkennen und zu schätzen, nicht viel weniger selten sei, als die Fähigkeit, das Echte und Starke zu schaffen. Ich gedenke seiner Lehren um so dankbarer, da ich in meinem Leben allzu wenige Lehrer gehabt habe, und obgleich jene Lehren sich auf ein Feld bezogen, in dem ich nie daran gedacht habe, selber etwas zu leisten. Das Jahr 1870 wurde also für mich durch diesen befruchtenden Umgang schon bedeutsam, ehe seine weltgeschichtlichen Ereignisse eintraten. Ich hatte es recht wichtig mit meiner Aufgabe und machte die Korrekturen schlecht und recht. Die Originalausgaben der Dichter – manche seltene schöne Drucke – pflegte er mir nach Hause mitzugeben, und ich vertiefte mich zuweilen wohl mehr darin, als der Korrektor durfte. Storm setzte vielleicht zu großes Vertrauen in die Sorgfalt des Primaners, einige Satzfehler, die stehenblieben, bekümmerten ihn nachher, besonders das „tönt *noch* in dem kristallenen Grunde, anstatt tönt *nach*" in dem Liede Justinus Kerners [Justinus Kerner (1786-1862) war Dichter, Arzt und medizinischer Schriftsteller] „An das Trinkglas eines verstorbenen Freundes", das Storm sehr liebte. Wenn ich nicht irre, empfingen wir nur eine einzige Korrektur. Es war eine üble Vorbedeutung für die schöne Sammlung, ein rechtes Liebeswerk des Dichters, daß es einer im Verfall befindlichen Verlagsbuchhandlung, der ehemals berühmten Firma Perthes, Besser und Mauke[366], anheimfiel. Manchmal zog mich Storm zu einer Beratung heran, z. B. wenn mehrere Fassungen eines Gedichtes vorlagen, um zu entscheiden, welche vorzuziehen sei. Er ließ mich dann vorlesen, und lobte wohl mein Lesen, riet aber, den Rhythmus des Verses noch mehr hervortreten zu lassen. Ich erinnere mich, daß wir in der Korrektur auch ein Gedicht Rudolph Gottschalls, des damals hochberühmten Poeten – man kennt seinen Namen noch – vor uns hatten. Nach einer Besprechung mit mir machte Storm einen entschlossenen Strich darüber. Gottschall [Rudolf Karl Gottschall (1823-1909) war ein deutscher Dramatiker, Epiker, Literaturhistoriker und Kritiker] war auch ein sehr einflußreicher Literaturkritiker, besonders durch seine „Blätter für literarische Unterhaltung", und in einer Geschichte der neueren Literatur hatte er mit überlegenem Wohlwollen von den „artigen Sächelchen" Storms geredet. Dem entsprach denn auch die Kritik des „Hausbuchs", die in dem Nachtragsbande zu Storms Werken, die Herr Fritz Böhme herausgegeben hat, abgedruckt ist (S. 220-222); man muß sich dabei erinnern, daß Gottschall über ein Wett-

Mein Vate
von Gertrud
Storm
Hartwig Jess
Theodor
Storm
Th. Storm
Gertrud Storm
Vergilbte Blätter
aus der grauen
Stadt
Theodor Storm
von
Dr. Paul Schütze
Johannes
Wedde.

bewerbs-Buch richtete; seine „Blüten und Perlen deutscher Dichtung" sind jetzt wohl fast vergessen (Carl Aldenhoven, vormals Gymnasiallehrer in Husum, † 1907 als Direktor des Wallraff-Richards-Museums zu Cöln, sein Name ist auch den Lesern der ehemaligen Th. Barth'schen Wochenschrift „Nation" bekannt, verfaßte eine eingehende und scharfe Gegenkritik, sie wurde leider nur verstümmelt in Westermanns Monatsheften gedruckt [Karl Aldenhoven (1812-1907) war von 1838 bis 1839 Konrektor des Hermann-Tast-Gymnasiums in Husum]. Hebbels Urteil über Gottschall war weit schärfer, als die Ausdrücke bei Böhme S. 227 erkennen lassen.). Daß die Kritik Storm sehr kränkte, ist mir genau erinnerlich; auch daß er ihr hauptsächlich den unbefriedigenden äußeren Erfolg des „Hausbuches" zuschrieb. Für die Buchhändler war Gottschall damals maßgebend. – Wenn ich nicht irre, kam das „Hausbuch" im Juni 1870, also kurz vor Ausbruch des Krieges heraus. Dieser Umstand dürfte auch ungünstig gewirkt haben (Irrtümlich läßt Gertrud Storm (Theodor Storm. Ein Bild seines Lebens. Zweiter Band. 2.Aufl. Berlin, Karl Curtius 1913. S. 166) das Hausbuch 1869 erscheinen. Auch die Angabe von einer in der Wiener Presse von 1869 erschienenen Besprechung kann nicht richtig sein. Nach diesen kleinen Ungenauigkeiten darf aber das schöne Werk der Tochter, das des ferneren hier als G. angeführt werden soll, nicht beurteilt werden. Es ist ein Denkmal der Liebe und des innigen Verständnisses.). Lebhaft ist mir im Gedächtnis geblieben, wie Storm zur Eröffnung des Krieges sich verhielt. Als Deutscher hatte er immer gefühlt, und hatte dafür gelitten. So ließ denn auch die „frevelhafte Kriegserklärung", vermöge deren der böse Nachbar Deutschland zu zertreten gedenke, „ehe es ganz ausgewachsen ist" – G. II, S.160 wird nicht angegeben, an wen der Brief, mit nachfolgenden allgemeinen Betrachtungen über Krieg und Menschentum, gerichtet war – seine Seele erbeben, und von seiner Abneigung gegen das preußische Regiment, das sich unliebenswürdig genug, in unserem Heimatlande eingeführt hatte, dürften seitdem kaum noch Spuren zu finden sein. Seine dichterische Stimmung konnte aber durch den Krieg nicht geweckt werden. Er zeigte mir mehrmals die ihm zugesandten Hefte der von F. Lipperheide [Franz von Lipperheide (1838-1906) war ein deutscher Verleger und Herausgeber einer Zitatensammlung] unter dem Titel „Zu Schutz und Trutz", herausgegebenen Sammlung von (autographierten) Kriegsgedichten[367] (ich kam, auch nachdem die Korrektur beendet war, noch oft in die Wasserreihe), und daß er, daran mitzuarbeiten, dringend aufgefordert wurde. Ich erinnere mich nicht, von ihm gehört zu haben, daß „zu vieles seine Begeisterung niederdrücke", wohl aber, daß er nichts „machen" wollte, er müsse warten, ob ihm die Stimmung von selber komme. Gleich zu Anfang des Krieges war ich einmal mit anderen Gästen in Storms Hause. Eben war Freiligraths Gedicht „Hurra Germania!" bekannt geworden [Ferdinand Freiligrath (1810-1876) war ein Lyriker, Dichter und Übersetzer]. Storm las es vor, und fand die ersten Strophen herrlich, es sei aber viel zu lang und falle stark ab. In den ersten erregten Tagen – es war am 26. Juli – verlebte ich auch einen schönen Sommerabend mit dem Dichter im Garten meines elterlichen Hauses auf dem „Schloßgrunde". Wir saßen lange bei einer Bowle in der gedeckten Glasveranda, die vom Laub einer mächtigen Rebe beschattet war. Es wurde – was bei den alle bewegenden Gedanken nahe lag – über den Wert des Lebens

gesprochen. Storm sagte – und ich sehe noch, wie seine Augen leuchteten –: „Ich liebe das Leben grenzenlos. Ich möchte immer leben." Viele Jahre später mochte die Erinnerung daran in mir anklingen, als er mir in Hademarschen aus der Handschrift seiner schönen Novelle „Ein Bekenntnis" vorlas (ein Arzt, sagt, es gebe etwas, von dem nur wenige Ärzte wissen, auch er habe nicht davon gewußt, bis er daran zum Verbrecher geworden sei): „Er atmete tief auf. ‚Das ist die Heiligkeit des Lebens' sprach er. ‚Das Leben ist die Flamme die über allem leuchtet, in der die Welt ersteht und untergeht; nach dem Mysterium soll kein Mensch, kein Mann der Wissenschaft seine Hand ausstrecken, wenn er's nur tut im Dienst des Todes, denn sie wird ruchlos gleich der des Mörders'."
Als Storm das „Hausbuch" herausgab, und überhaupt in jenen ersten Jahren nach dem Tode K[C]onstanzens, seiner ersten Frau, glaubte er nicht, daß ihm noch eine große Produktivität beschieden sei. Aus dieser Stimmung entsprang auch die Vorrede zur Ausgabe seiner gesammelten Schriften, die 1868 in drei Doppelbänden, schön ausgestattet, bei Westermann erschien. Er schrieb die „Zerstreuten Kapitel", weil er meinte, für solche Skizzen reiche seine Kraft noch. Ich habe ihn manchmal daraus vorlesen hören und einmal hat er auch in der Aula das Gymnasiums – es wird schon im Winter 1869/70 gewesen sein – durch einen Vortrag mitgewirkt, ich meine es war über den Amtschirurgus. Es war ein feiner Zyklus von Vorträgen; Gidionsen sprach über Goethes Tasso, Aldenhoven über die Töpferei der alten Griechen, das war aber den Husumern zu gelehrt. Im Frühling 1871 fand ich Storm lebhaft bewegt durch die Teilnahme an dem Tondichtertalent seines Verwandten Ludwig Scherff [Vetter von Storm], der als Bankbeamter (bei der Norddeutschen Bank) eine Oper „Die Rose von Bacharach" geschaffen hatte, sie wurde am Hamburger Stadttheater angenommen und Storm reiste zur Erstaufführung hin; ein dauernder Erfolg war ihr nicht beschieden. Scherff hatte auch Lieder aus Scheffels „Trompeter"[368] komponiert [Joseph Victor von Scheffel (1826-1886) war ein deutscher Dichter und Schriftsteller]. Dies wurde der äußere Anlaß, daß Storms lyrische Kraft nochmals aufwachte. Es war gewiß bitter für ihn, daß die neuen Fiedellieder nicht den Beifall seines Sohnes Ernst fanden. „Ernst ist mein schärfster Kritiker", sagte er mir manchmal. Die Schlußzeilen der letzten Nummer (10) lassen wir uns heute wieder gern gesagt sein:

„Herr Gott, die Saaten segne
Mit deiner reichen Hand
Und gib uns Frieden, Frieden
Im lieben deutschen Land."

Storm hat (offenbar später) darunter geschrieben: Husum, im Juli 1871. Damals war der Friede schon geschlossen. Die Verse sind aber, wie ich mich mit Sicherheit erinnere, schon im April, spätestens im Mai verfaßt worden. Damals ging ich eines Nachmittags mit ihm auf der „Bredstedter" Landstraße, er war sehr erfüllt von seiner Dichtung, und sagte mir die letzten Verse aus dem Gedächtnis.

In meinem letzten Schuljahr (1871-72) – ich war während desselben mit einem langen Urlaub in Holstein abwesend – bin ich zu sehr mit Latein, Griechisch, Mathematik und Geschichte beschäftigt gewesen, und wurde von Storm, wenn er mich sah, öfters gescholten, weil ich so selten kam. Er nannte mich dann wohl, nach einem Grimmschen Märchen (einem der wenigen plattdeutschen) „Ferenand ungetrü". So nach einer der bescheidenen Theatervorstellungen in unserer „Centralhalle", die Storm oft, und mit nachsichtigem Urteil über die Leistungen der Schauspieler, besuchte. Das fahrende Volk und ihre Kunst war für ihn immer mit einem leisen Hauch von Romantik umkleidet, und er sprach zuweilen von einzelnen solchen Künstlern und Direktoren, in deren schweren Lebenskampf er einen Einblick gewonnen hatte, mit Sympathie und Achtung.
Im Frühling 1872 machte ich mein Abiturientenexamen. Von patriotischem Hochgefühl bewogen, wollte ich die neue Universität Straßburg beziehen. Theodor Storm gab mir einen Brief mit an den Oxforder deutschen Gelehrten Max Müller, der im Jahre 1868 von Kiel aus ihn in Husum besucht hatte und im neuen Straßburg eine Gastrolle als akademischer Lehrer gab. Leider habe ich den Brief nicht abgegeben, da ich Straßburg bald nach der eindrucksvollen Einweihung wieder verließ, und mich zu meinem Fuchssemester nach Jena begab. In den folgenden Jahren, bis Storm mit seiner Familie 1880 nach Hademarschen übersiedelte, habe ich dann nur während der Studentenferien, und auch nach der Studentenzeit, wenn ich vorübergehend im elterlichen Hause verweilte, mit dem Dichter in Verkehr gestanden. Ich erlebte das Wiedererwachen seiner Schaffenskraft, dem wir die lange Reihe von Prosadichtungen verdanken, die seine Tochter (G. II 168, 169) aufzählt. Über mehrere davon und ihre Entstehung hat er mir in Gesprächen Aufschluß gegeben. Manchmal bin ich im alten Schloßgarten mit ihm gewandelt; manchmal habe ich ihn in dem stillen Poetenstübchen tätig gefunden, das er in Hademarschen mit einem geräumigeren, aber trotz der schönen Aussicht ins holsteinische Land nicht so traulichen vertauschte. Im Schloßgarten erzählte er mir – ich war damals etwa 20 jährig – von einem Besuche bei seinem Schwager, dem Pastor Feddersen in Drelsdorf, einem nordfriesischen Kirchdorf, etwa 16 km nördlich von Husum (vgl. G. II, S. 175). Die Inschrift auf dem Bilde des toten Knaben, Incuria servi aquis submersus, (durch Schuld des Knechtes ertrunken) in der Kirche dünkte ihm grausam und hart. Wir sprachen lange über das Recht oder Unrecht, solche Schuld zu verewigen. Storm glaubte daraus den Zorn eines cholerischen, über die Sünden seiner Mitmenschen fluchenden Pfarrers aus dem 17. Jahrhundert zu vernehmen. So entsprang in ihm der Gedanke, die erste seiner Chroniknovellen zu schreiben, die ihm vielen ermutigenden Beifall eintrug, und auch heute noch ihres tiefen Eindrucks gewiß ist. Mehrere andere seiner Meisterstücke sind damals entstanden. Den Schlüssel zu seiner erhöhten dichterischen Fähigkeit gibt uns das früheste: Viola tricolor, die poetisch umgestaltete Befreiung von dem Banne, den der Verlust seiner Konstanze, der Mutter seiner Kinder, auf seine Seele gelegt hatte. Wenn ich nicht irre, war es die Freude an der Anmut des Kindes, das ihm Frau Do geboren hatte, – er hatte die Kleine damals oft um sich, die frühes Interesse für Bücher kundgab, und durch drollige Fragen und Antworten ihn ergötzte – was ihm seine zweite Ehe und damit sein Leben neu

vergoldete. Dies trotz der immer neuen Sorge um den ältesten Sohn, den begabten, aber an heilloser Willensschwäche leidenden Hans. Storm war eine elastische Natur. Seine Freunde bewunderten oft, wie rasch er seinen schweren Kummer abzuschütteln wußte. Dazu half ihm seine Muse und die Arbeit mit ihr. Berühmt geworden ist in späterer Zeit die anspruchsvolle Kindererzählung „Pole Poppenspäler“ – dank einem Jugendschriftenverein und der verdienstvollen Tätigkeit Heinrich Wolgasts für Verbesserung der Jugendschriftenliteratur[369]. Das Wort, das Storm damals an Julius Lohmeyer [Julius Lohmeyer (1834-1903) war ein deutscher Schriftsteller] schrieb, sprach er auch mir aus, als er die Arbeit kaum begonnen hatte: „Wenn ich für die Jugend schreiben soll, so muß ich nicht für die Jugend schreiben.“ Und er schrieb es mit innerem Vergnügen, wenngleich er wegen der Geringfügigkeit des Beitrages meinte um Entschuldigung bitten zu müssen. Er hatte ein Herz voll von Liebe und Verständnis für die Kinderseele. – Eines Abends – es war noch in Husum und im Poetenstübchen – klagte mir Storm über seine Schlaflosigkeit und über nervöse Störungen im Gehörsorgan. Immer sei ihm, als ob man ihm etwas zuflüstern wolle. Sollte man denken können, daß geliebte Verstorbene von irgendwoher aus dem Unraume zu uns sprechen möchten? Ich war damals von aufgeschlossener Erkenntnis der Idealität von Raum und Zeit ergriffen, und knüpfte, indem ich mich darüber ausließ, die Bemerkung daran, auch das Zukünftige sei ja ebenso wirklich wie das Vergangene, und ein Gegenwärtiges gebe es nicht. Er gab seine Verwunderung über diese Ansicht zu erkennen. Ich möchte glauben, daß der Dichter noch am selbigen Abend, nachdem ich ihn verlassen, die Verse niedergeschrieben hat:

Es ist ein Flüstern in der Nacht
Es hat mich ganz um den Schlaf gebracht
Ich fühls, es will sich was verkünden
Und kann den Weg nicht zu mir finden.

Sind's Liebesworte, vertrauet dem Wind,
Die unterwegs verwehet sind?
Oder ist's Unheil aus künftigen Tagen,
Das emsig drängt sich anzusagen?

Denn eben dieses Ansagen, daß die Zukunft ihre Schatten vorauswerfe, und ob dergleichen möglich sei, hatten wir dann lange erörtert. Auch sonst sprach Storm gern mit mir über geheimnisvolle Dinge. Storm war durchaus ein Freidenker und stand grundsätzlich auf dem Boden wissenschaftlicher Erkenntnis. Aber das Geister- und Gespensterwesen, der Spuk und Aberglaube hatte nicht nur seinen poetischen Reiz für ihn, dessen er sich voll bewußt war. Er neigte auch der Ansicht zu, daß es noch unerkannte Kräfte der menschlichen Seele gebe, die hin und wieder in solchen Geschichten und Einbildungen ihr verborgenes Dasein offenbaren möchten; er sprach mir oft die Erwartung aus, daß „die Wissenschaft“ noch einmal dahinter kommen müsse. (Wirklich hat seitdem die Erkenntnis

des Nerven- und Seelenlebens große Vermehrung erfahren.) – Ich war auch an dem Abend in Storms Gesellschaft, den das von Brahms [Johannes Brahms (1833-1897) war Komponist, Pianist und Dirigent, dessen Kompositionen man der Romantik zuordnet] so schön in Musik gesetzte Gedicht „Begrabe nur dein Liebstes" verewigt hat. Und ich erinnere mich, wie in dem lebhaften Gespräch – „So jüngst im Kreis der Freunde war es, wo hinreißend Wort zu lauter Rede schwoll. Und nicht der Stillsten einer war ich selbst" –, das sich wohl auf politische Dinge bezog, der Dichter plötzlich schwieg und in seinen Sessel zurücksank, die Augen fast in Verzückung emporgerichtet. Es war nur ein Augenblick – „Aus weiter Ferne hört ich eine Stille; und einer Stimme Laut, wie mühsam zu mir ringend ..."
Nachdem ich im Jahre 1881 in Kiel Privatdozent geworden war, habe ich oft zwischen Kiel und Husum die stille Sekundärbahn von Neumünster nach Tönning – die Marschbahn von Heide nach Husum wurde erst 1887 erbaut – als meinen Weg erwählt, um in Hademarschen Halt zu machen, wo mich das neue gastfreie Haus empfing, das der Dichter sich als Altersheim erbaut hatte. Viele Wege ins holsteinische Land habe ich dort mit ihm gemacht, manche schöne Stunde mit ihm und den Seinen verlebt. Ein Gespräch, das zwischen uns Männern, wenn wir allein waren, oft auflebte, betraf die *Vererbung* von Eigenschaften und ihre Bedeutung für das menschliche Leben, besonders die Vererbung von Eigenschaften des Willens oder sittlichen Eigenschaften. Immer wieder trat ihm die Betrachtung nahe, durch die Erfahrungen, die er an seinem geistreichen und gutherzigen ältesten Sohne gemacht hatte, und noch erlebte. Er sah mit dem Auge des Dichters darin etwas, was dem antiken Schicksal entspreche. Storm dachte überwiegend in Anschauungen, das begriffliche Denken lag ihm ferner, aber er ließ sich gern davon erzählen, und fand auch in philosophischen Verallgemeinerungen die Erhabenheit heraus, die über das Leid der Stunde und des Tages hinaus hebt. Auch den *sozialen Fragen* wandte Storm gern seine Aufmerksamkeit zu; es war ihm eine merkwürdige Angelegenheit, als gegen Ende seines Lebens ein sozialdemokratischer Verehrer ihm eine Schrift sandte, worin sein „wirkliches Volksverständnis" und sein Mitgefühl mit den „kleinen Leuten" gerühmt wurde (Siehe die Anmerkung am Schlusse.). Er hat sich gegen mich mit Rührung darüber ausgesprochen. Storm war Demokrat in dem Sinne, wie heute selten ein Denkender es nicht sein will; man möchte sagen mehr im ethischen als im politischen Verstande, und das bedeutet auch, daß ihm weniger an der Staatsform als am Staatsinhalt gelegen war, d. h. an volkstümlicher Gesinnung der Regierenden und an volkstümlich wirksamer Gesetzgebung. Man wird in den letzten Werken des Dichters manche Spuren dieser Gedanken und Stimmungen, wie auch der Beschäftigung mit dem Problem der Vererbung, wieder finden. – Im Frühling 1886 begleitete ich Theodor Storm auf seiner Reise nach Weimar. Ich begab mich dahin, um der ersten Tagung der Goethe-Gesellschaft beizuwohnen, deren Mitglied ich geworden war, Storm brachte seine Tochter Elsabe in eine Pension, da sie sich in Weimar im Klavierspiel ausbilden wollte. Wir hatten eine muntere Reise, und verweilten unterwegs in Braunschweig, wo wir in dem prächtigen Hause des Verlegers George Westermann angenehme Stunden verlebten. Storm besuchte in Braunschweig auch Wilhelm Raabe[370],

für den er eine große Vorliebe hegte, er gewann einen lebhaften und willkommenen persönlichen Eindruck von Raabes Persönlichkeit, die ihm bisher fern geblieben war. Wir stiegen in Weimar im „Russischen Hof" ab, nachdem wir Fräulein Storm in ihre Pension gebracht hatten, und bewohnten zusammen ein großes saalartiges Zimmer. Leider wurde der Dichter mehrmals durch heftige Magenverstimmungen heimgesucht, was ihm den Genuß der Tage etwas vergällte. Er durfte sich sonst vieler Aufmerksamkeit und Ehre erfreuen, die dem nun berühmt Gewordenen zuteil wurde. Erich Schmidt, mit dem Storm zuerst in Würzburg eine Freundschaft geschlossen hatte, die ihm eines der wertvollsten Erlebnisse seiner späteren Jahre wurde, hatte damals die Leitung des Goethe-Archivs übernommen. In seinem Hause verlebten wir anregende Stunden. Er zeigte uns u. a. das Goethesche Manuskript der Briefe an Frau von Stein, die später zur Italienischen Reise verarbeitet wurden, und ließ uns gewahren, mit welch kühler Geschäftlichkeit der Schriftsteller Goethe über die leidenschaftlichsten Stellen, so über das: Der Gedanke, dich nicht zu besitzen (...) erbarmungslose Striche gezogen hatte, gleichsam Striche über seine eigene Jugend. Bald nach unserer Ankunft wurde Storm zur Hoftafel „befohlen". Noch warteten Karl Alexander und die Großherzogin Sophie des schönen Erbes der Kunstpflege mit sinniger Hingebung. Storm war von der Reise angegriffen und mußte absagen. Dann wurde er zu einer Audienz geladen, und ging dahin – er war nicht mit Zylinderhut angetan, sondern trug den schönen Schlapphut, den er mitgebracht hatte –, eine Einladung auf den Abend schloß sich daran, aber Storm mußte, von einem Dysenterieanfall betroffen, noch im letzten Augenblicke sich entschuldigen, und tat dies durch einen Brief an den Großherzog, den er in meiner Gegenwart schrieb. Er wurde zum dritten Male geladen, und ist dann noch mehrmals bei Hofe zur Tafel gewesen, wenn ich nicht irre war es das einzige Erlebnis dieser Art in seinem Leben. Er nahm auch an dem Festmahl, bei dem, wenn ich mich richtig erinnere, Schlenther ihn in schönen Worten feierte [Paul Schlenther (1854-1916) war ein Theaterkritiker, Schriftsteller und Theaterdirektor], und an der Theatervorstellung („Pandora") der Goethe-Gesellschaft teil [Pandora, ein dramatisches Festspiel von Johann Wolfgang von Goethe, blieb Fragment]. Nach dem Feste blieben wir beide noch in Weimar, aber getrennt. Storm war vom Grafen Kalkreuth d. J., damals Professor an der Kunstschule[371], eingeladen, durch Vermittlung von Erich Schmidt [Erich Schmidt (1853-1913) war Literaturwissenschaftler], der ihn selber in jungem Haushalt und enger Wohnung nicht aufnehmen konnte, während ich von einem hochgeschätzten Universitätsfreunde, Herrn Staatsrat Rothe – jetzt seit langem Haupt des Staatsministeriums – eingeladen war. Wir trafen uns dann noch wieder im „mythologischen" Jena, bei dem damaligen Universitätskurator Eggeling speisten wir mit dem trefflichen Professor Berthold Delbrück [Berthold Gustav Gottlieb Delbrück (1842-1922) war Sprachwissenschaftler], und seinen klugen Töchtern zusammen. Storm war wieder bei frischen Kräften, so daß er am Abend noch mit uns den Weg zum lieblichen Aussichtspunkte des Forsthauses, der doch eine Stunde Aufstiegs in Anspruch nimmt, wohlgemut machen konnte.
– Dieser Sommer war aber der letzte, den er ungetrübt verlebt hat. Er begab sich von Weimar noch nach mehreren Orten, ich meine auch nach Gotha, und zur Familie eines

Hauptmanns a. D. Wachs (Mitarbeiter der Deutschen Rundschau, Verwandter des Gutsbesitzers und Reichstagsabgeordneten Dr. Wachs in Hanerau in Holstein, seines Nachbarn und guten Freundes) – in Erfurt (G. II 225 hat keine Nachricht darüber.). Erst am 30. Mai kehrte er heim (ich war inzwischen an den Rhein und von da nach England gereist). Im Herbst und Winter folgte eine schwere Erkrankung. Wie sich Storm dann noch einmal erhoben hat, wie die Gewißheit des nahenden Endes kam, und doch soweit überwunden wurde, daß er noch „Schweigen" und den „Schimmelreiter" zu dichten vermochte, wie er noch den Anforderungen, die der 70. Geburtstag an seine Kräfte stellte, gewachsen war, und alle Glückwünsche persönlich, eigenhändig, beantwortete, – das habe ich mit allen, die ihm nahestanden, in Bewunderung erlebt. Im August 1887 begleitete ich ihn und seine Tochter Lucie nach der Insel Sylt, die Storm zum ersten Male betrat. Er sah zum ersten Male den großen Strand und das offene Meer – freilich in Sturm und Regenwetter tritt der „blanke Hans", wie die Friesen sagen, in unserem Wattenmeer nicht minder gewaltig auf, das er seit seiner Kindheit so gut kannte. Er wohnte in Westerland bei dem damaligen Badedirektor Dr. Pollacsek, dessen Frau, geborene Tiedemann durch Familienbeziehungen ihm bekannt war (eine Schwester, wenn ich nicht irre, Christoph [von] Tiedemanns, des bekannten Politikers und Mitarbeiters Bismarcks)[372]. Ich bin dort mehrfach in seinem kleinen Gemach bei ihm gewesen. Viel Spaß machte ihm meine Erzählung von dem Eindruck, den sein Kommen in der „gebildeten" Badegesellschaft gemacht hatte. Ich befand mich am Abend unseres Eintreffens im Hotel „Zum deutschen Kaiser" (Hast) und war genötigt, die Gespräche zu hören, die an einer langen, wohlbesetzten Abendtafel geführt wurden. Wie üblich, sprach man von neu eingetroffenen Badegästen. „Der Dichter Storm soll auch angekommen sein", rief eine Dame über den Tisch hinüber. „Ja, ja," erwiderte ein Herr recht laut, „der den ‚Quickborn' geschrieben hat, nicht wahr?" „Jawohl," sagte dann noch ein dritter nachdenklich, und „Sein letzter Ritt". Der Dichter, dem seine Berühmtheit in diesem Spiegel entgegentrat, lachte über die Vermischungen mit Klaus Groth [Klaus Groth (1819-1899) niederdeutscher Dichter und Schriftsteller] und Graf Strachwitz [Moritz Graf von Strachwitz (1822-1847) war ein bekannter Balladendichter, der „im Tunnel über der Spree" ein Vorbild für Theodor Fontanes Balladendichtung war] herzlich. Wir kamen auch gelegentlich auf unseren alten Gegenstand, die Vererbung, zurück. So sprachen wir einmal über die Verwandtschaft der hohen geistigen Begabungen, zumal der künstlerischen, mit anderen sonderbaren Eigenschaften. „Ja," sagte Storm, „ich habe manchmal darüber nachdenken müssen, meine Brüder sind ja ganz wunderliche Kerls; bei mir ist es nun auf die Dichtkunst geschlagen." Er erzählte dann einige Züge und Charakterbilder seiner von ihm sehr geliebten Brüder.

Otto Storm
(1826-1908)

Johannes Storm
(1824-1906)

Dr. Aemil Storm
(1833-1897)

Ich habe den Bruder Otto, der wohl der am wenigsten begabte war, kaum gekannt. Um so besser die beiden anderen, „Onkel" Johannes und „Onkel" Aemil. Beide waren vortreffliche und kluge Männer; der erstere, zuerst Landwirt, später Holzhändler und Fabrikant, war mehr ein Mann des praktischen Lebens: ein kraftvoller Niedersachse, nachdenklich, wohl unterrichtet, von gutem, derbem Humor; er sah mit Verehrung zu seinem berühmten Bruder auf. Aemil, der Arzt in Husum, allgemeiner Beliebtheit und großen Ansehens, war zwar auch ein Geschäftsmann und sorgsamer Hausvater; zugleich aber nahm er lebhaft an Kunst und Wissenschaft Anteil; er war ein Freund der Malerei und Kupferstecherei, aber auch der schönen Literatur: mit seinem Bruder Theodor teilte er u. a. eine Vorliebe für Dickens [Charles John Huffam Dickens (1812-1870) war ein englischer Schriftsteller], dessen sämtliche Werke (deutsch) in seinem Bücherschranke standen, auch die Neigung zu Beobachtung des Naturlebens, besonders der Tiere; er besaß auch Brehms Tierleben [Brehms Tierleben ist ein Nachschlagewerk, durch das sein Verfasser Alfred Edmund Brehm (1829-1884) weltbekannt wurde] in der großen Ausgabe. Merkwürdig war mir, wie er (in den 70er Jahren) langsam aber fest zu der Überzeugung gelangte, daß es mit der Abstammungslehre, auch in Erstreckung auf den Menschen, seine Richtigkeit habe; die Erkenntnis bewegte ihn tief, obgleich er längst, von seiner ärztlichen Ausbildung her, eine Ansicht hegte, die er wohl in den Worten aussprach „die Seele ist eine Funktion des Körpers". Dennoch ging er in den letzten Jahren seines Lebens gern in die Kirche; wenn ich ihn richtig gekannt habe, so folgte der kluge Mann dabei dem Gedanken der Pascalschen Wahrscheinlichkeitsrechnung[373]. Was Theodor Storm als das „Wunderliche" seiner Brüder meinte, war offenbar nur, daß sie aus eigenem Holze geschnitzt waren, und mehr als bloße Durchschnittsbürger. – Einmal sprachen wir in Westerland auch über Frauen. „Man kann mit Frauen von sehr verschiedener Art leben", sagte Storm. „Meine Erfahrung lehrt es mich; es konnte nicht zwei verschiedenere Frauen geben, als meine erste

Frau und meine zweite Frau. Und doch habe ich mit beiden glücklich gelebt. Beide waren gute Frauen – und das ist die Hauptsache." Aber, sagte er früher mehrmals, eine Frau dürfe nicht „Hypochonder" sein, das sei ein Unglück für den Ehemann und für die Kinder. Er meinte wohl jene Krankheit, die von den Ärzten Hysterie genannt wird, in deren Erkenntnis und Heilung die heutige Neurologie so große Fortschritte gemacht hat.
An dem 70. Geburtsfeste des Dichters habe ich teilgenommen. Er erlebte es in elegischer Stimmung, aber mit dem erhebenden Gefühle, für die Nation etwas zu sein, und dauernde Werte geschaffen zu haben, was freilich durch keine öffentliche Anerkennung zum Ausdruck gelangte. Tief gerührt war der Dichter durch die Ehren, die ihm seine Hademarschner Dorfgenossen erwiesen, und durch das Ehrenbürgerrecht, das ihm die Vaterstadt mit einem feinen Diplom überreichte; ich darf mir schmeicheln, daß es meiner Anregung zu verdanken war. – Ich blieb noch einen Tag nach dem Feste mit Wilhelm Jensen und seiner Tochter in Hademarschen. An dem Abend sprachen wir u. a. über Emanuel Geibel [Franz Emanuel August Geibel (1815-1884) war ein deutscher Lyriker]. Jensen machte dessen gewaltige Stimme nach, mit der er einmal ihn umgebendes Unverständnis für die deutsche Literatur beklagt habe. Ich glaube, daß die starken Töne Storm etwas angriffen. Er ging sinnend auf und ab. „Und welch ein stiller Mann ist der nun geworden", sagte er, und dachte dabei an die „dunklen Gewässer" – mit diesem Gleichnis pflegte er auf das Lebensende anzuspielen.
Im Frühling 1888 reiste ich nach Berlin, und kehrte wie sonst oft, unterwegs noch einmal in Hademarschen ein. Ich fand Storm etwas schwach, aber ziemlich heiter. Ich vermutete nicht, daß ich ihn zum letzten Male gesehen hatte. Nachdem er den „Schimmelreiter" vollendet, wollte er gleichzeitig an der neuen Novelle, deren Gedanke ihn lange beschäftigt hatte, der „Armensünderglocke" und an seinen Lebenserinnerungen arbeiten. Über die Glocke wünschte er Tatsächliches zu erfahren, und fragte mich um Rat. Ich sandte ihn von Berlin Auszüge aus Ottes Glockenkunde, und empfing noch einen Dankbrief von ihm, den letzten der Briefe, die er mir geschrieben hat. Er teilte mir mit, was Heyse und Erich Schmidt in ihren Briefen über den „Schimmelreiter" gesagt hatten, und schloß daran die oben wiedergegebenen Worte. Von der „Armensünderglocke" schrieb er nur „die Arbeit ruht wie für immer". Der Brief war im Mai geschrieben; er lebte dann nur noch wenige Wochen.
Der große Reiz, den Theodor Storm auch als Mensch für mich gehabt hat, beruhte darin, daß er ganz und gar eine dichterische Persönlichkeit war, von einer nicht gewöhnlichen Abrundung und Ganzheit. Er lebte und webte in seiner Kunst, deren Geist und Zauber auch sein Familienleben, sein Arbeits- und Berufsleben, sein Verhältnis zu den Mitmenschen durchdrang; sein Denken und seine Erkenntnis, seine milde, aber tatkräftige Lebensweisheit, fanden darin ihr Ziel. Mehr als einmal hat er mir gesagt, und legte dabei wohl, wie es seine Art war, die Hand auf meinen Arm: „Wenn ich nicht mehr bin, halten Sie mir meine L y r i k hoch, lieber Ferdinand, das andere mag vergänglich sein, aber in meiner Lyrik ist ein gutes Stück von meinem Herzblut darin." Er war auch voll von Zuversicht, daß die Anerkennung dafür durchdringen, daß die Welt ihn um seiner Lyrik willen neben den

früher genannten Dichtern, denen er wohl auch Rückert hinzufügte, unter den ersten der Deutschen nennen und schätzen werde. Diese Voraussicht ist während der dreißig Jahre, die seitdem verflossen sind, in Erfüllung gegangen. Wie hätte man ihm gönnen mögen, daß er es erlebt hätte. Denn das Maß der Anerkennung und Ermutigung, worauf er Anspruch machen durfte, hat er in seinem Leben nicht erfahren.

Anmerkung zu Seite 61 [in diesem Text Seite 198].

Johannes Wedde (1843-1890) war ein feinsinniger Dichter und Gelehrter, der sich als Schriftsteller und besonders auch als Theaterkritiker (Dramaturgische Späne, Hamburgische Theaterberichte 1876 bis 1879) einen Namen machte, und als sozialdemokratischer Redakteur vom Jahre 1880 an einen bitteren Kampf mit der Polizeibehörde in Hamburg führte. Die kleine Schrift „Theodor Storm, einige Züge zu seinem Bilde“ (Zum Preise von 40 Pf. durch Frau A. Wedde, Hamburg 21, Heinrich Hertzstraße 43, beziehbar. Auch die übrigen Schriften Weddes sind in den Verlag der Witwe übergegangen und können unmittelbar daher erhalten werden.) (S. 31), Hamburg 1888, hat dem Dichter nicht geringe Freude gemacht. Wenn ich nicht irre, hatte der Verfasser sich in einem Begleitschreiben als Sozialdemokraten vorgestellt, was Storm lebhaft interessierte. Da er wußte, daß ich, wenn auch kein Genosse, so doch ein Verteidiger der vielgeschmähten Partei war, so hat er, schon früher zuweilen, und auch bei dieser Gelegenheit eingehend mit mir über Demokratie und über Sozialismus gesprochen, und zwar mit der Sympathie eines Menschenfreundes, der kein Politiker sein wollte. Laut Vorrede wollte Wedde besonders auf das hingewiesen haben, „freilich nur in ganz kurzer Andeutung“, was Storm als Vorläufer künftiger Sonnentage unseres Volkes auszeichne, und am Schlusse heißt es: „Daß Storm bis in die Gegenwart hinein ständig weiter vordringen konnte mit seinem Dichten und Schaffen, erklärt sich allein aus dem Bewußtsein des Mannes, trotz aller Anlehnung an die Vorgänger doch kein Nachzügler zu sein, sondern ein Pfadweiser. Echte Poesie steht immer, und so auch bei ihm, in innigster Beziehung zum Gesamtleben der Nation. Wird dieses gesunden, dann wird auch in unserer Dichtung sich wieder ein kräftigerer Flügelschlag regen, und dann wird Storm zu denen gehören, welchen die neue Blüte ihr Keimen verdankt.“ Den Schluß bildet das abgedruckte Gedicht Theodor Storms „Ein Epilog (1850)“. Gerühmt wird (S. 10), daß man nirgendwo eine Krisis in Storms dichterischer Entwicklung, nirgendwo ein Experimentieren auf fremden Bahnen bemerkte. – Diese Stellen aus der kleinen Schrift werden Storms Dankbrief verständlicher machen, den er wenige Wochen vor seinem Hinscheiden an Johannes Wedde gerichtet hat. Der Absatz über Novelle und Drama ist jedoch nicht unmittelbar durch Weddes Schrift veranlaßt.

Der Brief lautet:
„Hademarschen, den 15. Mai 1888.

Sehr geehrter Herr!

Eine stete Kränklichkeit oder vielmehr ein stetes Mißglücken des Wieder-Zurechtlebens nach einem fünfmonatlichen Krankenlager 1886/87 hat mich bis jetzt verhindert, Ihnen Dank und Anerkennung für „einige Züge zu meinem Bilde“ auszusprechen. Wollen Sie diese, wenn auch etwas verspätet, nicht verschmähen.
Zwar kann ich nicht überall mit Ihnen gehen, und darf auch nicht zu hoffen wagen, was Sie als eine späte Wirkung meiner Dichtung aufstellen; aber Sie haben einzelnes, was auch mir von Bedeutung erschien, hervorgehoben, an dem man bisher vorbeigegangen ist, und die Freude und der Mut, mit dem Sie, was ich in dem langen Leben habe ausgehen lassen, betrachten und sich darin versenken, das tut wohl, wenn man fühlt, daß nun doch endlich die Zeit des Kräfteverfalls und Greisentums gekommen ist.
Wenn ich einmal gesagt habe, daß die Novelle die Schwester des Dramas sei, so habe ich dadurch nur mehr die Stellung der ersteren in der Prosa- mit der des letzteren in der Versdichtung vergleichen wollen, und daß beide zu ihrer Vollendung der Knappheit und eines im Mittelpunkt stehenden Konfliktes bedürfen, von dem aus sich das Ganze organisiert. Im übrigen gehört der Epik – cum grano salis – doch wohl mehr das Leiden, der Dramatik die Handlung an.
Daß ich allzeit meinen eignen Weg gegangen bin, dies gute Zeugnis habe ich wohl verdient, wie oft hat man mich zu andern Wegen verlocken wollen; ich bin nie auch nur in Versuchung geraten.
Also noch einmal meinen Dank und meinen herzlichen Gruß.
Ihr ergebener T h. S t o r m.“

Die
Stormstadt Husum

Theodor Storm und Ferdinand Tönnies in Kollage u. Karikatur[374]

Wer über die Beziehung Storm / Tönnies schreibt, muss auch über Karl Storm schreiben. Warum das so ist, erklärt Ferdinand Tönnies gleich im ersten Absatz seiner kleinen Arbeit über den jüngsten Sohn Storms:

„Karl Storm

(1899)

Karl Storm war der dritte und jüngste Sohn des Dichters Theodor Storm. Wer aus dessen Werken den Menschen lieben gelernt, und vollends wer ihm persönlich nahegestanden hat, muß sich auch für diesen seinen Liebling, seinen „armen Jungen", wie er ihn zuweilen nannte, interessieren; er war ein Stück von seinem Leben.

Karl Storm war geboren im Jahre 1853; am 5. Juni [7. Juni], wenn ich nicht irre, war sein Geburtstag. Im Herbst dieses Jahres musste sein Vater, da ihm die Neubestallung als Advokat verweigert wurde, das Land verlassen.

(...) „Und du, mein Kind, mein jüngstes, dessen Wiege
Auch noch auf diesem teuren Boden stand,
Hör´ mich – denn alles andere ist Lüge –
Kein Mann gedeihet ohne Vaterland!

Kannst du den Sinn, den diese Worte führen,
Mit deiner Kinderseele nicht verstehn,
So soll es wie ein Schauer die berühren
Und wie ein Pulsschlag in dein Leben gehen!"

Der Säugling musste die weite Reise nach Potsdam mitmachen; ob er davon Nachteil gehabt hat, weiß ich nicht, aber er muß ein zartes, ja schwächliches Kind gewesen sein. Sein Vater hat mir wohl gesagt, er sei einer von denen, die, wenn sie unter armen Leuten geboren werden, der Todesengel rasch wieder hinwegnimmt; nur die sorgfältigste mütterliche Pflege habe ihn erhalten.

Als ich ihn kennenlernte (in Husum 1865), war er ein hagerer Knabe mit blassen Wangen, im grauen Kittel und Ledergurt, wie damals die meisten von uns trugen; aber er fiel doch auf durch seine kurzen Ärmel, aus denen die mageren Arme herausschauten; in Heiligenstadt war wohl diese Tracht die übliche, wie sie auch bei uns auf dem Lande noch war. Aber „Losche", wie er allgemein genannt wurde, war auch sonst ein besonderer Junge; ich werde nie vergessen, wie er bei heftigen Scheltworten des Lehrers in ein krampfartiges Weinen ausbrach. Damals lebte seine Mutter noch; aber bald darauf nahm das Kindbettfieber, das damals in der Stadt grassierte, sie hinweg.

Karl paßte nicht in die gelehrte Schule und hat auch die oberen Klassen darin nicht erreicht. Sein Vater hat später durch Privatunterricht, den er wohl zum größten Teil selber gab, die Lücken seiner Bildung auszufüllen gesucht. Mehr aber als der Unterricht trugen Theodor Storms harmonische Persönlichkeit und der ästhetische Geist seines Hauses dazu bei. Frühzeitig bestimmte er diesen Sohn für die Musik, worauf dessen Begabung und Neigung hinwiesen. Auch den Musikunterricht erteilte der Dichter meist selber; aber ihm fehlte, was mein guter Karl am meisten brauchte – Geduld; er wurde zuweilen sehr heftig, gleich nachher dann von Reue und innigstem Mitleid ergriffen. „Er hat ganz guten Verstand, aber ihm fehlt die Konzentrationsfähigkeit", hat er mir oft gesagt. In der Tat gab Karl Storm auch als Erwachsener dem Pädagogen und Psychologen ein Rätsel auf. Er war voll seiner Sinnigkeit, von zartem Geschmack, bestimmtem Urteil; er begriff auch subtilere und schwierigere Dinge, – aber er begriff langsam; man musste ihm Zeit lassen, er wurde leicht verwirrt und befangen; es war, als ob die geistige Arbeit in ihm – wenigstens die rezeptive – sich nie ohne eine leise Schmerzempfindung vollzog. So ging es auch mit seiner Berufstätigkeit, mit der Musik. Er hat es nie zum Virtuosen gebracht; aber er spielte doch auch schwerere Sachen – Mozart, Schubert, Brahms –, wenn er sie gehörig geübt hatte, ohne Verstöße, und immer zeichnete er sich aus, durch einen „seelenvollen" Vortrag, der ihm die Pianostellen sonderlich gelingen ließ. – Doch ich will kurz die einfache Geschichte seines Lebens zu Ende erzählen. Im Jahre 1871 bezog er das Leipziger Konservatorium – ich sehe ihn noch, bei seiner Abreise vom Husumer Bahnhof, wie er den Käfig mit seinem Kanarienvogel fest in der Hand hielt und sich nicht wehren konnte gegen die Abschiedsgrüße und guten Wünsche der Freunde, Tanten und Freundinnen –, um einige Jahre später nach der Stuttgarter Musikhochschule überzusiedeln, deren Lehrer er immer gerühmt hat, und besonders die dort geübte „Methode"; auch sagte seiner humoristischen, gemütvollen Art das süddeutsche Wesen zu. „Ich bin ja einmal das Gegenteil von schneidig", sagte er wohl in seiner behaglich-resignierten Weise. Ein großes Ereignis war es nun, als einer seiner Lehrer eine wundervolle Singstimme in ihm entdeckte. Wie war sein Vater glücklich damals – es war noch in den siebziger Jahren –; er glaubte nun seine Zukunft wohlgeborgen, da er als Gesangslehrer ein sicheres Brot haben werde. Die Stimme war nicht groß, aber voll und sehr wohlklingend; auch tönte aus seinem Gesang dasselbe, was sein Klavierspiel belebte: eine tiefe, ganz hingegebene, man konnte wohl sagen: poetische Auffassung. Leider war die Freude nur kurz; eine Krankheit der Bronchien nahm die Stimme gänzlich hinweg. Unterricht im Gesang hat er aber doch vielfach in seiner späteren Stellung gegeben; und sein Unterricht soll sich durch liebevolle Sorgfalt, durch seine Winke ausgezeichnet haben, was jeder, der ihn gekannt hat, glaublich finden wird. Seine übrigen Schicksale sind rasch berichtet. Nach beendetem Studium versuchte er zuerst in der Hauptstadt Oldenburg, bald aber mit besserem Erfolge in der anmutigen Nachbarstadt Varel sein Glück als Musiklehrer; hier ist er auch geblieben und hat sich redlich und fleißig sein Brot verdient, ein geachteter und beliebter Bürger des Städtchens. Einige Jahre später zog seine Schwester Gertrud zu ihm, und die schönen Erträge der Gesamtausgabe der Werke ihres Vaters, von denen die Geschwister ihren Anteil empfingen, erlaubten ihnen sogar, ein Häuschen mit Garten zu erwerben, – dass er es einmal so gut haben werde, hat er sich kaum je träumen lassen. Das hat denn auch – wie es zu gehen pflegt – nicht lange gedauert. In der Nacht vom 17. zum 18. April 1899 starb er, „nach kurzem Kampfe", wie es in der Anzeige heißt. Er ist nicht volle sechsundvierzig Jahre alt geworden.

Der Dichter selber hat diesem Sohn im voraus ein schönes Denkmal gesetzt. „Ein stiller Musikant" (Sämtliche Werke Bd. 4, S. 167 ff.) – das ist unser Karl Storm, in poetisch wahrer, liebevoller Zeichnung. Ein Denkmal – und zugleich ein rührendes Bekenntnis. Der alte „Valentin" [Christian Valentin] erzählt selber, wie es ihm mit dem Vater ergangen sei, von dem er seinen hauptsächlichsten Unterricht (im Klavierspiel) erhalten habe.

„Es wäre vielleicht besser von einem anderen geschehen (...)
Sie werden mich nicht mißverstehen! Mir fehlt nicht das dankbare
Gedächtnis für seine liebevollen Mühen; aber er wurde, wenn
meine Kopfschwäche mich befiel, leicht ungeduldig, heftig, was mich
doch nur ganz verwirrte. Ich habe derzeit viel dadurch gelitten;
jetzt weiß ich's wohl, er konnte nicht dafür; bei seinem raschen Sinn
konnte er nicht verstehen, was in mir vorging; er sah darin nichts
als eine angeborene Trägheit, die nur aufgerüttelt werden müsse.
Aber an einem Tage –"

Und was nun folgt, möge man selber nachlesen. Dies ist geschrieben, als der Dichter noch in Sorgen um die Zukunft des Jünglings war (1874/75). Zehn Jahre später tritt dieser noch einmal in seines Vaters Dichtung auf. Ein Sommerabend daheim in Hademarschen, bei einem der Ferienbesuche, die Vater und Sohn zusammen recht herzlich genossen. „Mein Vetter, der Musiker, der sich die Erlaubnis zu einer langen Pfeife ausgebeten hatte, hielt seine Augen auf die funkelnden Sterne gerichtet und blies schon lange schweigend seine Rauchwolken gen Himmel." Und die Geschichte, die „mein Vetter, der Musiker", dann erzählt – eine rührende, traurige Herzensgeschichte, getaucht in heitere Erinnerungen „vom heiligen Konservatorium in Stuttgart" und in schwäbischen Lokalfarben anmutig ausgeführt –, hat Karl Storm wirklich erlebt und auch im ganzen so erzählt: „Ich habe nur die Fasson dazu getan", so oder ähnlich sagte mir sein Vater. Sie steht in Bd. 5, S. 223 ff. und heißt „Es waren zwei Königskinder".

Ein Stück von einem Poeten war wirklich in meinem Jugendfreunde angelegt. Aber es war in ihm eingeschlossen, wie in Kerkerhaft; nie habe ich die Sage Platos so wahr gefunden, daß die Seele sich hinaussehne aus dem Gefängnis des Leibes; denn sein schwacher, in späteren Jahren so schwerfällig-unbeholfener Körper hatte die Entwicklung seiner schönen Gaben gehemmt. Er hatte das Gemüt eines Künstlers: das Kindliche, Unverwüstliche, Harmlos-Freundliche und dabei eine gewisse selbstsichere Pfiffigkeit, die er den Fährnissen und Schwierigkeiten des Lebens tapfer entgegensetzte.

Er hat – auch in späteren Jahren – zuweilen Verse geschrieben, auch einige Lieder komponiert. Aber das Merkwürdigste, was von ihm herrührt, hat sein Vater in jener Novelle „Ein stiller Musikant" aufbewahrt: zierliche Reime, die der zehnjährige Knabe ganz so, wie sie dastehen, gedichtet hat – Theodor Storm zeigte mir sie schon in den sechziger

Jahren, er hatte sie in den Lederband eingetragen, der seine eigenen Gedichte im Originalmanuskripte enthielt, (...) „es waren nur kindliche, einfältige Verse, und dennoch, wie Frühlingsatmen wehte es mich daraus an":

Du liebe, schöne Gotteswelt,
Wie hast du mir das Herz erhellt!

So schaurig war´s noch kaum zuvor,
Da taucht ein blauer Schein empor;

Der Rasen hauchet süßen Duft,
Ein Vogel singt aus hoher Luft:

„Wer treuen Herzens fromm und rein,
Der stimm´ in meine Lieder ein!"

Da sang auch ich in frohem Mut:
Ich wußte ja, mein Herz war gut.

– „Der ganze Valentin war darin; so kannte ich ihn, so mußte auch der junge einst gewesen sein" (...) Ja, dein Herz war gut. Es war ein Stormsches Herz. Have, pia anima [sei gegrüßt, fromme Seele]!"

Karl (Losche) Storm
(1853-1899)

Ein Denkmal für Ferdinand Tönnies

Mag Franz Oppenheimer (1864-1943) der bislang einzige deutsche Soziologe sein, der auf einer deutschen Briefmarke abgebildet wurde (sein ehemaliger Schüler Ludwig Erhard, der 1925 bei Oppenheimer über „Wesen und Inhalt der Werteinheit“ promovierte, setzte als Bundeskanzler diese Ehrung durch), so ist Ferdinand Tönnies der einzige deutsche Soziologe, dem zwei Denkmäler errichtet wurden.

Bereits am 26. Juli 1990 hatte die seinerzeit 19 Monate alte Kirstine Tönnies zum 135. Geburtstag ihres Urgroßvaters ein von dem Bildhauer Raimund Kittl geschaffenes Denkmal in Ferdinand Tönnies´ Geburtsort Oldenswort enthüllt.

Urenkelin Kirstine Tönnies und Bildhauer Raimund Kittl
1990 in Oldenswort

Die „Husumer Nachrichten“ schrieben: „Ein Denkmal erinnert jetzt in Oldenswort an Prof. Dr. Ferdinand Tönnies. Tönnies gilt als der Begründer der Soziologie in Deutschland und wurde mit seinen Arbeiten weltweit bekannt. Zur Enthüllung des Tönnies-Denkmals in seinem Geburtsort war eine Reihe von prominenten Wissenschaftlern nach Oldenswort gekommen. Den weitesten Weg hatte wohl Shoji Kato, Professor an der Nagoya Universität in Japan, hinter sich [...] Anwesend war unter anderen auch Prof. Dr. Günther Rudolph von der Akademie der Wissenschaften in Ost-Berlin. [...] Geschaffen wurde das Denkmal von Raimund Kittl. Es sei mehr ein Erinnerungsmal als ein Denkmal, sagte Kittl bei der Enthüllung. Deshalb habe er die Form eines alten Pergaments gewählt, auf dem einige Kernsätze aus dem Werk des Soziologen stehen.“ [375]

Der 26. Juli 2005 war nun für alle Freunde und Bewunderer des großen Soziologen Ferdinand Tönnies ein ganz besonderer Tag: Die wissenschaftliche Welt, und nicht nur diese, gedachte des 150. Geburtstages des Nestors der deutschen Soziologie. In zahlreichen Veranstaltungen (Kranzniederlegung, Vorträge, Ausstellung, Zugtaufe, Biografievorstellung etc.) feierte man Ferdinand Tönnies, der sich, ganz seinem unbeugsamen Vorbild Theodor Storm entsprechend, selbst von den Nationalsozialisten, trotz harter Repressalien, nicht hatte brechen lassen.[376]

Vortrag[377]

Zugtaufe[378]

Tönnies-Symposion[379]

Tönnies-Ausstellung[380]

Kranzniederlegung[381]

Tönnies-Biografie[382]

Aktivitäten zum 150. Geburtstag von Ferdinand Tönnies

Eine ganz besondere Ehrung wurde Ferdinand Tönnies in Husum zu Teil. Der Schulleiter der Husumer „Ferdinand-Tönnies-Schule“ Rektor Peter Empen hatte die Idee, unweit des Storm-Denkmals ein Tönnies-Denkmal zu errichten. Zwar verhinderte die Denkmalsbehörde erfolgreich den Einzug des Soziologen in den Husumer Schlosspark und auch eine (ideale) Platzierung rechts vor dem Eingangstor wurde nicht gestattet (das Denkmal würde die Sicht auf das Renaissanceportal aus dem 17. Jh. beeinträchtigen (sic!)). Schließlich einigte man sich auf einen Platz, von dem aus Ferdinand Tönnies auf das elterliche Kavaliershaus schaut und sowohl von Schlosspark- als auch von Schlossbesuchern gesehen werden kann.

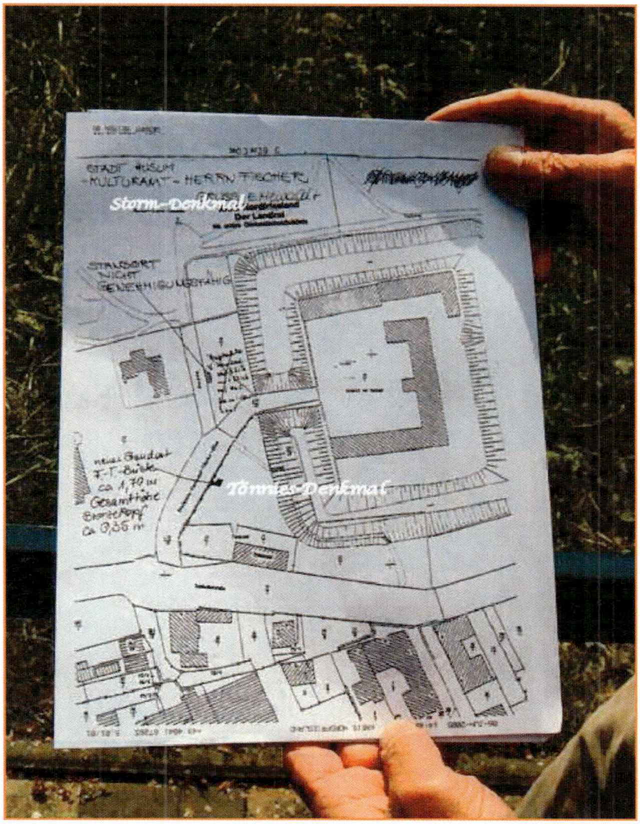

Das Tönnies-Denkmal steht heute an der 2003 unbegreiflicherweise von „Professor-Ferdinand-Tönnies-Allee“ in „König-Friedrich V.-Allee“ umbenannten Zufahrtsstrasse zum Husumer Schloss

Für die Anfertigung der Tönnies-Büste konnte der renommierte Bildhauer Raimund Kittl gewonnen werden, der auch das Tönnies-Denkmal in Oldenswort geschaffen hatte.

Raimund Kittl in seiner Werkstatt am Kaltenhörner Deich bei Tetenbüll auf der Halbinsel Eiderstedt

Über Raimund Kittl und das Tönnies-Denkmal in Husum heißt es in den Husumer Nachrichten vom 13. September 2005:

„Dass ihn kaum jemand kennt, ist Raimund Kittl nicht neu. „Ich bin Naturalist", sagt der 73jährige gebürtige Wiener, als ob das bereits die Erklärung sei. „Ich mache Tierplastiken, die auch kein Mensch kauft." Kein Mensch? Das gilt vielleicht für die Miniaturen von Ochsen, Hirschen und Schafen, die in seiner Eiderstedter Werkstatt herumstehen. Aber da ist noch etwas anderes – zirka 50 Zentimeter hoch, vielleicht 35 breit. Genau lässt sich das nicht sagen, denn wie bei jedem Denkmal, das seiner Bestimmung erst noch übergeben werden soll, ist ein Tuch darüber ausgebreitet. Von der Ferdinand-Tönnies-Gesellschaft hat „Werkstatt-Kittl", wie sich der gelernte Gürtler- und Ziselier-Meister augenzwinkernd nennt, den Auftrag für eine Büste erhalten, die morgen [14. September 2005] um 11 Uhr vor dem Husumer Schloss feierlich enthüllt werden soll.

Anlass dafür ist ein Mann, der vor 150 Jahren und ein paar Tagen nicht weit von Kittls Wahldomizil entfernt das Licht der Welt erblickte und diese mit seinen Forschungen grundlegend verändern sollte: Ferdinand Tönnies (1855-1936), der Begründer der modernen Soziologie. Aber das ist morgen dran. Dieser Tag gehört Raimund Kittl. Im giftgrünen Blaumann mit einer dampfenden Tasse Kaffee in der Hand lässt sich der Künstler in seinen von der Arbeit mit scharfem Material ramponierten ledernen Schreibtischstuhl zurückfallen und plaudert aus seinem ereignisreichen Leben. Nach der Meisterprüfung zum Modellbildhauer schlug sich Kittl zunächst als Restaurateur von Denkmälern durch. Da gab es nach dem Krieg einiges zu tun. „Die Gedenktafeln wurden damals noch gehämmert, nicht wie heute gegossen", blickt er zurück und strahlt: „Wehe, wenn du da mal einen Buchstaben vergessen hast [...]" Ist ihm nie passiert, jedenfalls nicht, wenn es ernst wurde.

Später zog er nach Deutschland, versuchte es eine Weile als freier Bildhauer. Zunächst auch ganz erfolgreich. Eine seiner größten Arbeiten dürfte wohl jeder schon mal gesehen haben – im Original oder auf Papier. Er selbst hat nur noch eine Postkarte davon, und auch in der einschlägigen Literatur wird sein Name als Schöpfer des Deutschen Ecks in Koblenz weitgehend verschwiegen.[383] Doch das ficht Kittl nicht an. Er mag Naturalist sein, aber was die Halbwertzeit der überwiegenden Mehrheit von Kunstwerken angeht, ist er eben eher Realist.

Auf dem Fenstersims seines Ateliers thronen einige Kopfplastiken. Merkwürdig, dass modellierte Menschen-Häupter gleich viel bedeutender aussehen. Man denkt sofort an Staatsmänner oder Künstler von Weltrang. Einer ähnelt ein bisschen Mao Tse Tung: „Das ist ein Fleischfabrikant", widerspricht Kittl, „und der da war mein Steuerberater. Mit denen habe ich 20 Jahre lang Skat gespielt. Sind beide schon tot." Das gilt auch für Hein Hoop[384], „den Penis-Schnitzer" [wie Kittl ihn nennt], der wesentlichen Anteil daran hatte, dass es Kittl und seine Frau nach Norddeutschland zog. „Mit ihm habe ich in Flensburg zusammengearbeitet". Hoop und Kittl verstanden sich, „obgleich ich´s ja eher mit den alten Meistern habe". Und weil er ein leidenschaftlicher Segler war, spielte natürlich auch die Nordsee eine wesentliche Rolle für den Umzug.

Bis zu seiner Pensionierung hatte der Künstler als Leiter der Gießerei an der Düsseldorfer Kunstakademie gearbeitet. „Meine Frau hatte mir dazu geraten – wegen des sicheren Einkommens." Die Bildhauerei als solche war ihm in die Wiege gelegt: „Ich habe schneller einen Kopf geknetet als gezeichnet", sagt Kittl. Die Tönnies-Büste ist sein zweites Werk, das sich mit dem großen Soziologen beschäftigt. Für dessen Geburtsort hat er bereits eine Gedenktafel geschaffen. Die neue Bronze fällt etwas kleiner aus. „Das Format passt sich eben mit der Zeit dem körperlichen Gesamtbefinden an", lacht Raimund Kittl."[385]

Am 14. September 2005 um 11:00 Uhr begann die Feier der „Denkmalsenthüllung". Selbstverständlich war das Datum kein Zufall. Mit der feierlichen Einweihung des Denkmals konnte gleichzeitig der 188. Geburtstag von Theodor Storm begangen werden.

In seiner Begrüßungsansprache sagte der Rektor der „Ferdinand-Tönnies-Schule" Peter Empen u.a.: „Wir meinen es gut mit unseren Söhnen. Nach Ferdinand Tönnies ist in Husum eine Straße und eine Schule benannt." Vor zahlreichen Festgästen, die trotz des „Regens von allen Seiten" gekommen waren (u.a. von der Tönnies-Familie Jan Gerrit Tönnies und Regine Cornelius, MdL Lothar Hay, der Husumer Ehrenbürger Prof. Karl Ernst Laage, Kreispräsident Helmut Wree und Bürgervorsteherin Birgitt Encke) hielt der Geschäftsführer der Ferdinand-Tönnies-Gesellschaft Uwe Carstens die Festansprache.

Rektor Peter Empen bei der Begrüßung der Festgäste am 14. September 2005
v.l.: John Carstens, Peter Empen, Uwe Carstens

Festrede zur Einweihung des Tönnies-Denkmals in Husum am 14. September 2005 um 11:00 Uhr

„Hochgeehrte Versammlung! Ein Festtag ist uns heute erschienen, ein Tag der Weihe, von dem noch unsere Kinder ihren Enkeln erzählen werden; denn auch sie, so dürfen wir hoffen, werden die Züge unseres Dichters mit sinnender Ehrfurcht betrachten, die, von Künstlerhand gemeißelt, heute zum ersten Male auf uns herabschauen sollen – diese Züge, die viele von uns aus eigener Anschauung gekannt haben, von denen wir noch die treue Erinnerung in uns tragen, die mit uns Lebenden vergehen wird, deren Inhalt sich in Worten nur unvollständig überliefern läßt."

Sie werden jetzt denken: „Entweder bin ich auf der falschen Veranstaltung, oder der Redner hat die falsche Rede erwischt!"
Nun: weder noch. Sie sind auf der richtigen Veranstaltung – wir wollen in der Tat das Denkmal von Ferdinand Tönnies einweihen. Aber: Dieser ist bekanntermaßen kein Dichter gewesen – wiewohl er so manches Gedicht schrieb – und Menschen, die die Züge von Ferdinand Tönnies aus eigener Anschauung kennen, wären jetzt immerhin 69 Jahre alt, wenn sie denn als Einjährige in das Gesicht des beinahe 81jährigen Tönnies geblickt hätten. Die Lösung des Rätsels ist denkbar einfach: Die Worte am Anfang stammen von Ferdinand Tönnies selber! Er sprach sie aus Anlass der Einweihung des Theodor Storm-Denkmals am 14. September 1898, also auf den Tag genau vor 107 Jahren und genau 10 Jahre nach dem Tode Storms. Denn Tönnies war – wie ich jetzt beim Tönnies-Denkmal – der Festredner bei der Einweihung des Storm-Denkmals.
Und auch der 14. September ist kein zufälliges Datum. Theodor Storm, der väterliche Freund von Ferdinand Tönnies, wurde am 14. September 1817 in Husum geboren. Mit der Denkmalseinweihung von Ferdinand Tönnies hier am 14. September 2005 vor dem Husumer Schloss feiern wir also gleichzeitig den 188. Geburtstag von Theodor Storm!
Wer nun aber war Ferdinand Tönnies?
Ferdinand Tönnies wurde am 26. Juli 1855 – also vor 150 Jahren – in Oldenswort auf der Halbinsel Eiderstedt als Sohn eines Eiderstedter Bauerns geboren. Die ersten 10 Jahre verbrachte er unter dem riesigen Dach eines „Haubarges" in Sichtweite der Oldensworter Pankratius-Kirche bis sein Vater, der seinen Kindern eine gute Schulbildung ermöglichen wollte, das Kavaliershaus in Husum kaufte und so der Landwirtschaft entsagte. Fortan hieß das Kavaliershaus „Tönnies-Haus".
Tönnies besuchte ab 1865 die Husumer Gelehrtenschule, die er 1872 als 16jähriger mit der Matura abschloss (Notendurchschnitt 1,0).
Er studierte Philologie in Jena, Leipzig, Bonn, Berlin, Kiel und Tübingen, wo er 1877 mit einer lateinischen Dissertation promovierte. Die Habilitation, also die Lehrbefugnis, erfolgte 1881 in Kiel, wo er dann auch als Privatdozent an der „Christian-Albrechts-Uni-

versität“ lehrte. Erst sehr spät – nämlich 1913 wurde Tönnies „Ordentlicher Professor“ d.h. er bekam erst 32 Jahre nach seiner Habilitation einen Lehrstuhl.
Die Gründe für seine späte Berufung lagen in seiner Person: Er hatte stets Schwierigkeiten mit der Obrigkeit – zumal mit der Preußischen – und er ließ sich nicht korrumpieren, auch nicht um seiner Karriere willen.
Seit 1880, längst hatte er sich von der Philologie verabschiedet und sich zunächst der Philosophie in ihrer ganzen Breite und schließlich der Ökonomie und der Jurisprudenz zugewandt, arbeitete er an seinem epochalen Werk „Gemeinschaft und Gesellschaft“, und zwar nur einen Steinwurf von hier drüben im Kavaliershaus. Hierher zog er sich zurück, wenn er von Kiel kam und so mancher Gedanke ist auf seinen ausgedehnten Deichwanderungen entstanden.
Unter dem Druck seines Berliner Hochschullehrers und späteren Freundes Friedrich Paulsen aus Langenhorn veröffentlichte Tönnies 1887 „Gemeinschaft und Gesellschaft“ und lieferte damit das Handwerkszeug für eine neue wissenschaftliche Disziplin: die „Soziologie“, also der Lehre von den gesellschaftlichen Zusammenhängen.
Zwar stammt der Name „Soziologie“ von dem französischen Wissenschaftler August Comtes, aber mit Inhalten hat sie Ferdinand Tönnies gefüllt. Über Comte sagte Tönnies einmal: „Als Soziologie kann weder sein späteres noch sein früheres Werk gelten! Die Soziologie muß in erster Linie die Wirklichkeit und nicht ein Ideal des sozialen Lebens ins Auge fassen!“
Tönnies beließ es auch nicht bei der Theorie. Er war der erste, der Befragungen in Gefängnissen, Irrenanstalten, Arbeitshäusern etc. durchführte. Eine Arbeit dieser Feldforschungen war „Jugendliche Verwahrlosung und Kriminalität“, eine zweite die Arbeit über den „Selbstmord in Schleswig-Holstein“.
Damit wird er zum ersten „Feldforscher“ in der Geschichte der Soziologie. Des Weiteren war er seit der Gründung der „Deutschen Gesellschaft für Soziologie“ im Jahre 1909 bis 1933 – als ihn die Nazis „wegen politischer Unzuverlässigkeit“ aus dem Amt jagten – ihr Präsident. Man kann also mit Leopold von Wiese die Soziologie mit der ersten Auflage von „Gemeinschaft und Gesellschaft“ 1887 beginnen lassen.
Ferdinand Tönnies war ein unerhört fleißiger Wissenschaftler mit einem unglaublichen Wissensspektrum. Neben seiner Tätigkeit als Dozent an der Kieler Universität veröffentlichte er zwischen 1875 und 1936 1.032 Zeitschriften- oder Zeitungsbeiträge, Rezensionen oder Abhandlungen. Davon 45 umfangreiche Monografien. Allein seine Entdeckungen und Publikationen von verschollenen Handschriften des Staatsphilosophen Thomas Hobbes in England hätten ihn berühmt gemacht. So gilt er in der Wissenschaft auch als Klassiker der Hobbes-Forschung.
Ferdinand Tönnies´ Interesse galt aber auch lokalen Ereignissen. Eines dieser Ereignisse betraf Husum:
Als Husumer Bürger 1890 die Idee hatten, aus Dankbarkeit den Stiftern Anna Catharina Asmussen und ihrem Vetter August Friedrich Woldsen ein Denkmal zu errichten, schaltete sich Tönnies in die Diskussion ein und forderte, statt des Denkmals ein „Volkshaus“

für die Husumer Arbeiterschaft zu errichten. Das „Volkshaus" sollte sogar über eine Badeanstalt verfügen. Der Husumer Arzt Dr. Voelkner lehnte dieses Ansinnen mit der Begründung ab, dass „im allgemeinen die hiesige Bevölkerung schwer zur Benutzung von Bädern zu veranlassen sei!"

Um es kurz zu machen: Das Denkmal wurde gebaut und am 5. Oktober 1902 feierlich eingeweiht. Längst schon ist dieses Denkmal als „Tine-Brunnen" ein Wahrzeichen der Stadt Husum geworden. Selbstverständlich nahm Tönnies an der Einweihung teil – er war stets ein guter Verlierer.

Erst nach der Heirat mit Marie Sieck 1894 nahm Ferdinand Tönnies seinen Wohnsitz in Hamburg, dann in Altona und später in Eutin, bis er schließlich nach Kiel zog. Da aber Mutter, Bruder und Schwester im Kavaliershaus wohnten, zog es Tönnies bis zu seinem Tode immer wieder nach Husum.

Ein besonderes Husum-Kapitel ist natürlich die Freundschaft zwischen Ferdinand Tönnies und Theodor Storm. Sie begann, als der kaum 14jährige 1869 von Ernst Storm, der gerade das Abitur bestanden hatte, nach Schülerart Schulbücher kaufen wollte und von dem Dichter aufgefordert wurde, die Stelle seines Sohnes als „Korrekturleser" einzunehmen. In seiner fragmentarischen Autobiografie schreibt Tönnies: „Ich wußte zwar kaum was „Korrekturlesen" bedeutete, aber von der Zeit ging ich regelmäßig in die Wasserreihe und mir wurde aufs anmutigste die deutsche Lyrik erschlossen." Was sich entwickelte war eine Freundschaft wie sie tiefer nicht hätte sein können. Sie dauerte ungetrübt bis zum Tode Storms 1888.

Ja und sie hätte sogar eine familiäre Bindung finden können. Als alter Mann erfuhr Ferdinand Tönnies eher zufällig von der großen Liebe, die Gertrud Storm für ihn hegte. „Dette" Storm, wie sie genannt wurde, heiratete nie und starb am 24. April 1936, nur fünfzehn Tage nach Ferdinand Tönnies.

Wenn wir heute am 14. September das Ferdinand Tönnies Denkmal einweihen, so sind zwei Freunde – wenn auch nur allegorisch – wieder vereint!

Zu seinem 70. Geburtstage 1925 schrieb der Husumer Heimatdichter Felix Schmeißer folgendes Gedicht:

Du schrittest ihm, der in Sankt Jürgens Frieden
So lang schon ruht, zur Seit´ im Morgenlicht –
Des Dichters junger Freund, und das Erlebnis
Macht die Vergangenheit dir zum Gedicht.

Es spricht ihr Zauber aus vergilbten Bänden –
Es war einmal, wie liegst du, Jugend, weit
Doch blieb, was Theodor Storm ins Herz dir pflanzte,
der edle Sinn aufrechter Männlichkeit.

Es war einmal, weitfern, weit, weit dahinten.
Durchs Abendrot Erinn´rung geht mit dir.
Auch dir ruht auf der grauen Stadt am Meere
Der Jugend Zauber lächelnd für und für.

Ferdinand Tönnies blieb sich und seiner aufrechten Gesinnung auch im Alter treu. Ab 1930 begann er publizistisch gegen die Nazis zu kämpfen. Er, der sein Leben lang kein Parteigänger war, trat im selben Jahr demonstrativ in die SPD ein – im Reichbund war er sowieso schon Ehrenmitglied. Es kam, was kommen musste – 1933 wurde Tönnies von den Nazis ohne Bezüge von der Universität gejagt und lernte im Alter das kennen, worüber er als Wissenschaftler empirisch geforscht hatte: die Armut. Im April 1936 ist Tönnies verarmt, aber ungebrochen in Kiel gestorben. Dort auf dem Eichhof liegt er auch begraben. Heute wollen wir ihn ehren: ihn, den aufrechten Menschen und den Begründer der Soziologie!

Ich habe zu danken: den Förderern und Stiftern dieses Denkmals, das der Stadt Husum einen weiteren Anziehungspunkt verschafft: Ich danke sehr herzlich und aufrichtig der Sparkassenkulturstiftung Nordfriesland, der Ede-Sörensen-Stiftung, der Johan van Wouver-Stiftung, der Steinbildhauerin Michaela Hettich und Herrn Klingel von den Gartenbetrieben. Nicht zuletzt der Stadt Husum, die es überhaupt erst möglich gemacht hat, dieses Denkmal hier aufzustellen. Ich danke außerdem den tüchtigen Kräften des Husumer Bauhofes für die Vorbereitung des Platzes!

Aber zwei Besondere dürfen wir nicht vergessen: einmal den Initiator der Denkmalsidee, Rektor der „Ferdinand-Tönnies-Schule" Peter Empen, der als erster die Idee eines Ferdinand Tönnies Denkmals in Husum hatte und vor allen Dingen den Mut und die Ausdauer, diese Idee auch zu verwirklichen, und „last but not least" den Künstler, der dieses Werk erst geschaffen hat: Raimund Kittl. Herr Kittl, der das Kaiser-Denkmal am Deutschen Eck in Koblenz und das Millowitsch-Denkmal in Köln geschaffen hat – um nur zwei zu nennen – hat dieses Denkmal zu einem für uns so günstigen Preis hergestellt, dass dieser nur flüsternd genannt werden darf, um die künftigen Honorare der Bildhauer nicht zu verderben. Sie alle haben beherzigt, dass man gerade in wirtschaftlich schwierigen Zeiten der Kultur Rechnung tragen sollte – denn sie ist so wichtig wie das tägliche Brot.

Ich darf sie nun bitten, nach der Denkmalsenthüllung dem Chor der „Ferdinand-Tönnies-Schule" zu lauschen und dann mit uns einen kleinen Imbiss im Schloss einzunehmen. Und nun bitte ich John Carstens das Tuch zu entfernen, damit wir tatsächlich in das Antlitz von Ferdinand Tönnies schauen können. Ich danke Ihnen."

John Carstens enthüllte das Tönnies-Denkmal und der Chor der
Ferdinand-Tönnies-Schule sang und spielte „Die Gedanken sind frei!“

Die Arbeitstagung „Die Beziehung zwischen Theodor Storm und Ferdinand Tönnies“

Um es gleich vorweg zu nehmen: Dieses Buch hat nicht den Anspruch, die gedanklichen Verbindungslinien zwischen dem wissenschaftlichen Werk des Soziologen Ferdinand Tönnies und dem Lyriker und Novellisten Theodor Storm herauszuarbeiten. Sowohl die Soziologen als auch die Literaturwissenschaftler werden in diesem Buch vergeblich nach einer wissenschaftlichen Analyse der Beziehung zwischen Tönnies und Storm über die rein menschliche hinaus suchen. Diese Untersuchung war einer Arbeitstagung vorbehalten, die am 10. November 1984 im „Storm-Haus“ in Husum stattfand und von der Ferdinand-Tönnies-Gesellschaft (Kiel) und der Theodor-Storm-Gesellschaft (Husum) durchgeführt wurde.[386]

Der Tönnies-Forscher Cornelius Bickel hat die wesentlichen Ergebnisse dieser Arbeitstagung in einem kleinen Bericht zusammengefasst, der hier wiedergegeben werden soll:

„Während draußen ein trüber Novembertag in frühe Dunkelheit überging, im Innern des Hauses die Standuhr mit silbernem Klang die Stunden skandierte, saßen die Vortragenden und Diskutanten um einen Biedermeier-Tisch gruppiert im „Viola-tricolor-Zimmer“ des Storm-Hauses und versuchten, vom genius loci [vorherrschende Atmosphäre, den einzigartigen, innewohnenden Charakter eines Ortes] nicht unbeeinflußt, einigen Aspekten des Themas näher zu kommen.

Der Kieler Literaturwissenschaftler Dieter Lohmeier erhellte zunächst das lebensgeschichtliche Umfeld der Begegnungen und Kontakte zwischen Tönnies und Storm. Er zeichnete den Weg nach, der von der Betrauung des Primaners Tönnies mit dem Korrekturlesen des von Storm herausgegebenen „Hausbuches aus deutschen Dichtern seit Claudius“ über die Briefe des späteren Kieler Privatdozenten für Philosophie an den väterlichen Freund im heimatlichen Husum bis zu den letzten Begegnungen in Hademarschen führte, zu einer Zeit, als Tönnies mit der Fertigstellung seines Jugend- und Hauptwerkes „Gemeinschaft und Gesellschaft“ beschäftigt war und als Storm am „Schimmelreiter“ schrieb. Tönnies hatte in diesen Jahren Gelegenheit, dem Dichter in Gesprächen Einblicke in philosophische und sozialwissenschaftliche Probleme zu geben. In Storm hatte Tönnies das Idealbild des Dichters in seiner Verwurzelung im gemeinschaftlichen „Wesenwillen“ vor Augen. Er sah im letzten Abendlicht einer untergehenden Epoche in Storm den letzten Repräsentanten des alten Bürgertums aus der Zeit vor Hochindustrialisierung, Reichsgründung und Weltpolitik. Storm seinerseits schätzte Tönnies neben Mommsen als „den bedeutendsten jungen Mann“, den er kennen gelernt habe, und ließ keinen Zweifel daran, daß Tönnies „so recht ein Mann nach seinem Herzen“ sei.

Der Hamburger Literaturwissenschaftler Harro Segeberg widmete sich in einem umfangreichen Vortrag unter intensiver Einbeziehung der neueren sozialhistorischen Forschung dem realistischen Blick Storms für die soziale Wirklichkeit. Im Zuge seiner Analysen wurden die nüchternen, skeptischen, sachkundigen Einsichten Storms in die noch wesentlich vom vorindustriellen Handelskapitalismus bestimmten sozialen und ökonomischen Zusammenhänge in der Provinzstadt Husum wie auch in den umliegenden Marschdörfern sehr deutlich herausmodelliert und die Fragwürdigkeit idyllischer, sozialromantisch verharmlosender Deutungen der Stormschen Novellen offen gelegt. In Hinblick auf Tönnies´ Bild von Storm ergab sich der paradox anmutende Aspekt, daß der Soziologe sich unter dem Signum seiner sozialpsychologischen Kategorie des Wesenwillens ein verklärendes Bild vom Dichter gemacht haben könnte, der in Wahrheit den krisenhaften gesellschaftlichen Vorgängen ein stärkeres Augenmerk gewidmet hat.

Sibylle Tönnies untersuchte die Frage der Religiosität von Storm und Tönnies, die beide erklärte Atheisten waren und in ihrem Denken vom philosophischen Monismus[387] bestimmt waren. Für beide blieb die Religion aber ein Problem, und zwar im Sinne der monistischen Vernunft und Wissenschaftsreligion, wie sie dem Geist des positivistischen 19. Jahrhunderts entsprach. In Tönnies´ dichotomischem Denken korrespondiert der Wissenschaft als zentraler Gestalt des analytischen zweckrationalen „Kürwillens“ und seiner sozialen Erscheinungsform in der vom Industriekapitalismus bestimmten „Gesellschaft“ auf der anderen Seite die Religion als wesentliche Erscheinungsform des ganzheitlichen „Wesenwillens“ und seiner Erscheinungsform in der traditionalen „Gemeinschaft“. Tönnies´ sozialethischer Impetus will nun unter den Bedingungen der Gegenwart die Religion wieder zu einer geistigen Potenz werden lassen, was konsequenterweise nur in der Weise einer religiös gestimmten wissenschaftlichen Weltanschauung geschehen kann. Seine in Spinoza und Schopenhauer wurzelnden philosophischen Prämissen trennen ihn jedoch von der optimistisch-harmonistischen Weltansicht des zeitgenössischen Positivismus. Das Fehlen der Transzendenz sowohl bei Storm wie bei Tönnies wurde in der Diskussion dann auch deutlich hervorgehoben.

Auf dem Boden einer von Schopenhauer und Nietzsche ausgehenden philosophischen Ästhetik, unter dem Blickwinkel einer interdisziplinären, typisierend vergleichenden Fragestellung, unter Einbeziehung soziologischer Aspekte unternahm Jürgen Zander einen Vergleich von Tönnies und Storm in Hinblick auf das Zentralthema der sozialen Verlassenheit als Quelle individuellen Unglücks, das als Paradigma für die Analogie von Storms Novellistik und Tönnies´ soziologischer und psychologischer Theorie diente. Das Glück der Menschen in Storms Novellen beruht auf der Sicherheit gemeinschaftlicher Beziehungen, die von den Betroffenen, um mit Tönnies zu sprechen, in ursprünglicher Verbundenheit als Selbstzweck aufgefaßt werden. Das Unglück entsteht durch das Zerbrechen eben dieser vom „Wesenwillen“ getragenen gemeinschaftlichen Beziehungen in die Disparatheit isolierter Interessensubjekte. Storm hat demnach poetisch-anschaulich dasselbe Thema dargestellt, das Tönnies in wissenschaftlichen Begriffen zu erfassen gesucht hat.

Rolf Fechner entschlüsselte aus Tönnies´ Dichotomie der beiden Formen des „Wesen“- und des „Kürwillens“, die als ganzheitliche und als analytisch-zweckrationale Disposition Fühlen, Denken und Handeln der Menschen durch alle Ebenen der historisch-kulturellen Welt hindurch bestimmen, Tönnies´ ästhetische Theorie und sein Bild des

Künstlers. Storm und sein Werk erscheinen unter diesen Grundvoraussetzungen des tönniesschen Denkens gleichsam a priori als Idealtypus des Dichters und der Poesie.

Prof. Dr. Karl Ernst Laage, der Ehrenpräsident der Theodor-Storm-Gesellschaft am Ferdinand Tönnies Denkmal 2008 vor dem Schloss in Husum

Als vorläufiges Resümee lässt sich festhalten, dass der Vergleich von Storm und Tönnies zur Vertiefung und Erweiterung von Einsichten in typische geistesgeschichtliche Zusammenhänge des späten 19. Jahrhunderts dienen kann. Dazu gehört das für Storm wie für Tönnies bezeichnende melancholische Bewusstsein der Verluste, die durch den fortschreitenden Modernisierungsprozeß entstehen, dazu ferner der für beide maßgebliche naturwissenschaftliche Determinismus und der damit verbundene für das späte 19. Jahrhundert charakteristische melancholische Fatalismus von der Macht der Tatsachen. Der Vergleich kann Licht bringen in die wissenschaftsgeschichtlich und theoretisch interessanten Zusammenhänge zwischen einer vom Thema und der Weltansicht her verwandten künstlerischen Produktion und einer auf gleichen philosophischen Prämissen aufbauenden soziologischen Theorie. Der Vergleich kann ferner den Blick schärfen für Storms von Anschauung gesättigtem Realitätssinn gegenüber der sozialen Wirklichkeit seiner Zeit und seiner Umgebung. Der Vergleich kann schließlich zeigen, wie Tönnies´ systematische Theorie der synthetischen Vernunft, die in der künstlerischen und der philosophischen Vernunft ihre höchste Entwicklungsstufe erreicht, und die er als Korrektiv gegen die technischen und ökonomischen Auswirkungen der immer vollständiger sich durchsetzenden analytischen Rationalität ins Spiel bringt (abgesehen von einer Vielzahl geistesgeschichtlicher Voraussetzungen) auch in der lebensgeschichtlichen Tatsache seiner Vertrautheit mit Theodor Storm, dem Dichter und seinem Werk, beruhte."[388]

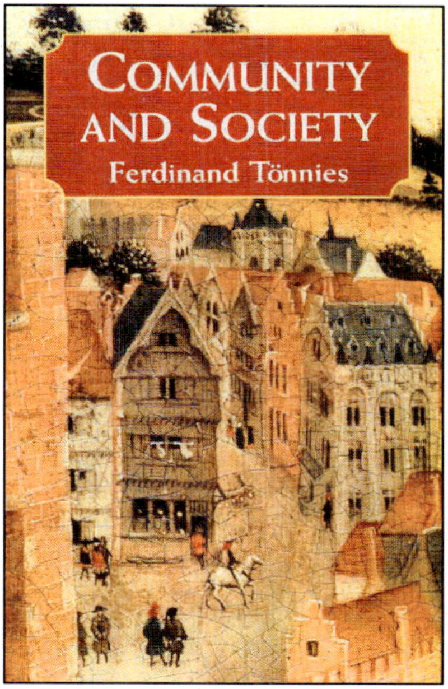

Sowohl Theodor Storm als auch Ferdinand Tönnies
sind heute „international" bekannt

Die „Ferdinand-Tönnies-Medaille"

Während es im Namen des großen Husumer Dichters Theodor Storm längst einen Preis gibt („Storm-Preis der Stadt Husum")[389] war mit dem Namen Ferdinand Tönnies keine vergleichbare Ehrung verbunden. Erst der Initiative des Rektors der Christian-Albrechts-Universität zu Kiel Prof. Dr. Thomas Bauer ist es zu verdanken, dass auch im Namen des Begründers der Soziologie in Deutschland eine Ehrung stattfindet: seit 2008 verleiht die Universität Kiel die „Ferdinand-Tönnies-Medaille".

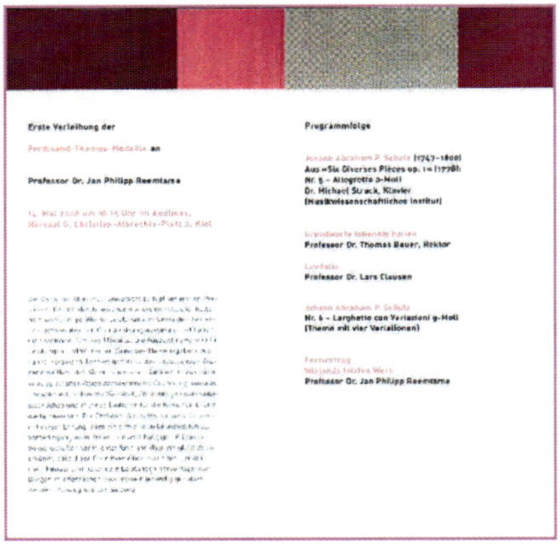

Kein anderer als Ferdinand Tönnies ist nach Überzeugung von Rektor Thomas Bauer besser als Namenspatron für eine Auszeichnung geeignet, mit der die Universität Kiel erstmals beispielhafte Bemühungen um die Freiheit von Forschung und Lehre würdigen will. Demokrat zu sein, erforderte allerdings zu Lebzeiten von Ferdinand Tönnies weitaus mehr Mumm als heutzutage. Bekanntermaßen erhielt der hartnäckige Kritiker des Wilhelminischen Obrigkeitsstaats trotz seiner überragenden wissenschaftlichen Bedeutung erst im September 1913 im Alter von 58 Jahren eine Bestallung zum „Ordentlichen Professor" (Patent als „Titular-Professor" 1891; Bestallung als „Ordentlicher Honorarprofessor" 1908. Habilitiert hatte sich Tönnies bereits 1881). Nach dem Machtantritt der Nationalsozialisten, vor denen Tönnies bereits Ende der 20er Jahre vehement gewarnt hatte, verlor er alle akademischen Funktionen und Versorgungsansprüche. Nicht aber sein Rückgrat: Bis zu seinem Tod 1936 blieb Tönnies nach den Worten von Prof. Bauer ein „völlig integrer Mann", der trotz des hohen persönlichen Preises nie einen Deut von seiner demokratischen Haltung abwich.

Gilt es, Persönlichkeiten zu ehren, die Zivilcourage und mutiges Eintreten für die humanen Grundwerte als entscheidende Vorbedingungen für die Freiheit von Forschung und Lehre beweisen, drängt sich aus Sicht des Universitäts-Rektors eine „Ferdinand-Tönnies-Medaille“ geradezu auf.

Geschaffen wurde die zehn Zentimeter Durchmesser umfassende Medaille aus Bronze von dem Studenten Andreas Peiffer, der damit einen Wettbewerb in der Bildhauerklasse der „Muthesius Hochschule“ bei Professorin Elisabeth Wagner gewann.[390]

„Tönnies-Medaille“ nach einem Entwurf von Andreas Peiffer

Eine an der Kieler Universität eigens eingerichtete „Tönnies-Kommission“ schlägt vor, wer den Preis erhält, der „höchstens einmal jährlich“ (Satzung) vergeben wird. Der Kommission gehören Vertreter aller Fakultäten, der Vorstand des „Allgemeinen Studierendenausschusses“ (AStA) sowie ein Vertreter des Rektorates an. In letzter Instanz entscheidet der Senat der Universität über den Preisträger.

Am 14. Mai 2008 war es dann soweit: die „Tönnies-Kommission“ hatte sich für Jan Philipp Reemtsma als ersten Preisträger der „Tönnies-Medaille“ entschieden. Unter der Überschrift „Courage, wo andere sich ducken“ berichteten die „Kieler Nachrichten“ über die Ehrung des Hamburger Literatur- und Sozialwissenschaftlers durch den Rektor der Kieler Universität Prof. Thomas Bauer:

„Schon aufgrund seiner Dreifachrolle als Wissenschaftler, millionenschwerer Mäzen und politischer Essayist kommt Jan Philipp Reemtsma eine Sonderrolle im Hochschulbetrieb zu. Bezogen auf Kiel gilt das jetzt noch unter einem vierten Aspekt: Gestern Abend erhielt der 55jährige die erstmals verliehene Ferdinand-Tönnies-Medaille der Christian-Albrechts-Universität. Verliehen wurde ihm diese Ehrung „in Würdigung seines mutigen, konsequenten und nachhaltigen Engagements für Recht, Gerechtigkeit und Menschlichkeit". So heißt es im Text der Urkunde, die Universitäts-Rektor Prof. Thomas Bauer während der Feierstunde im Audimax überreichte. Und so ist es nach Bauers Überzeugung genau richtig. Schließlich handele es sich bei der Ferdinand-Tönnies-Medaille um eine Auszeichnung „mit gewollt politischer Schattierung". Um eine Auszeichnung, die Studierende wie Lehrende im Wissenschaftsbetrieb dazu anhalten soll, über den Tellerrand der eigenen Disziplin hinaus zu denken und einen Diskurs „über das, was uns alle verbindet" zu führen.

Rektor Prof. Bauer überreichte Jan Phillipp Reemtsma die „Tönnies-Medaille".
Reemtsma sprach dann über „Wielands letztes Werk"

Ferdinand Tönnies und Jan Philipp Reemtsma weisen unter diesem Aspekt durchaus Gemeinsamkeiten auf. Nicht nur, dass beiden außergewöhnliche Begabung nachgesagt wird und beide von Haus aus Philologen und Philosophen sind, beide teilen auch den Mut, Stellung zu nehmen, wenn andere lieber den Kopf einziehen. Tönnies, der schon vor 1933 vehement vor den Nazis gewarnt und Hitler als „schwachen Geist" bezeichnet hatte, handelte sich für seine Courage gleich im Jahr der Machtübernahme durch die NSDAP den Rausschmiss aus der Universität Kiel ein. Reemtsma, der unter anderem 1995 mit seinem von ihm gegründeten Hamburger Institut für Sozialforschung eine hoch umstrittene Ausstellung zu den Verbrechen der deutschen Wehrmacht herausbrachte und damit nach den Worten von Laudator Prof. Lars Clausen mit einer in zahllosen Familien kultivierten

„Lebenslüge“ aufräumte, musste sich wegen der offensiven Zuwendung zu diesem Thema ärgster Anfeindungen bewegen [erwehren]. Und auch berechtigte fachliche Kritik akzeptieren. Nachdem sich herausgestellt hatte, dass ein Teil der gezeigten Fotos nicht dem Sachverhalt entsprachen, ließ er die Ausstellung überarbeiten, um sie im Einklang mit wissenschaftlichen Fakten auf weitere Wanderschaft zu schicken. Zudem ruft Reemtsma aus Sicht des Soziologen Clausen nicht zuletzt in seiner Rolle als „politikbedachter Publizist“ immer wieder „vielfältigen und auch verschwiegenen Hass“ hervor. Jan Philipp Reemtsma, der bereits eine Vielzahl an Auszeichnungen erhalten hat, aber nach hanseatischer Tradition das Bundesverdienstkreuz ablehnte, mochte gestern dennoch nicht so weit gehen, sich mit dem Namensgeber seiner neuesten Ehrung auf eine Stufe zu stellen. „Da wo man menschlich, politisch oder wissenschaftlich wirklich etwas riskiert, bekommt man keine Medaillen“, merkte er in seiner kurzen Replik auf die Medaillenverleihung an [bevor er dann einen Vortrag über „Wielands letztes Werk“ hielt].“[391]

Rektor Thomas Bauer und Jan Philipp Reemtsma[392]

Ein Fazit

Theodor Storm war für Ferdinand Tönnies ein seine Persönlichkeit prägender Mensch. Neben Friedrich Paulsen, dem Pädagogen und Philosophen aus Langenhorn bei Niebüll, hat wohl kein anderer Zeitgenosse mehr Einfluss auf das Leben des Begründers der Soziologie genommen als Storm. Allerdings ist Niall Bond zuzustimmen, dass „Tönnies seiner Freundschaft zu Paulsen Werdegang, Wissenschaft, maßgebliche Lektüre und Fragestellungen verdankt, doch charakterliche und weltanschauliche Weichen von Storm gestellt wurden".[393] Was aber war Ferdinand Tönnies für Theodor Storm? Hier gibt es eine Vielzahl von Meinungen.

So schreibt z.B. Dieter Lohmeier: „Man könnte den Eindruck haben, Storm habe in Tönnies einen idealen Sohn gesehen, einen Jungen, der im Unterschied zu den leiblichen Söhnen Hans und Karl kein Sorgenkind war, sondern eine frühe, geradlinig sich entwikkelnde Begabung".[394] Lohmeier schreibt aber auch, dass Storm „ein ungetrübtes väterliches Verhältnis anscheinend nur zu begabten jungen Männern hatte, für deren Ausbildung er sich nicht verantwortlich fühlen mußte, wie [...] Ferdinand Tönnies in Husum".[395] Fast überall ist von der „väterlichen Freundschaft", mit der Theodor Storm dem jungen Tönnies begegnete, die Rede.[396] Georg Bollenbeck nennt Tönnies stets „seinen (Storms) jüngeren bzw. jungen Freund".[397] „Eine feste Freundschaft verband die beiden seit dieser Zeit, und der eine war öfter des anderen Reisebegleiter", so Hartmut Vinçon in „Rowohlts Monographien".[398] Karl Ernst Laage nennt den „jugendlichen Freund Tönnies einen zuverlässigen Zeugen gerade für die späteren Jahre".[399] Und Dieter Andresen stellt in seinem Buch „Kraftfeld Heimat" fest, dass „sich eine Freundschaft entwickelt, die bis zu Storms Tod immer tiefer und fester wurde".[400]

Zweifellos ist der Einfluss, den Theodor Storm auf Ferdinand Tönnies´ genommen hat, unschwer zu erkennen. Allerdings lässt er sich nicht nur auf den immer wieder angeführten „Atheismus" reduzieren, nur weil sich beide ohne geistliche Begleitung haben beerdigen lassen. Die stormsche Prägung ist umfassender: Tönnies hatte wie Storm Schwierigkeiten mit der Obrigkeit. Tönnies lehnte einen Eid auf die Obrigkeit ab. Vorgesetzte der Kultusbehörde sind ihm ein Gräuel. Er verweigert jede Einflussnahme auf seinen Lehrstoff; die Freiheit der Lehre ist ihm heilig. Schließlich: Tönnies´ beinahe selbstmörderischer Widerstand gegen den Nationalsozialismus, der ebenfalls ein fernes Echo auf den ihn den menschlichen Anstand lehrenden Storm gewesen sein mag.

Hat Storm Elemente der Tönniesschen Soziologie in seine Werke einfließen lassen? Dieses ist wohl die schwierigste und umstrittenste Frage im Verhältnis Storm / Tönnies überhaupt (siehe dazu auch das zitierte Buch „Der Dichter und der Soziologe" hrsg. von Rolf Fechner). Es besteht kein Zweifel, dass die aktuellen gesellschaftlichen Probleme ihrer Zeit so manches Mal Thema ihrer oft stundenlangen „Deichwanderungen" waren. Tönnies fasst es so zusammen: „Storm war Demokrat in dem Sinne, wie heute selten ein Denkender es nicht sein will; man möchte sagen mehr im ethischen als im politischen Verstande, und das bedeutet auch, daß ihm weniger an der Staatsform als am Staatsinhalt gelegen war, d.h. an volkstümlicher Gesinnung der Regierenden und an volkstümlich wirksamer Gesetzgebung. Man wird in den letzten Werken des Dichters manche Spuren dieser Gedanken und Stimmungen [...] wiederfinden." (S. 61 in den Gedenkblättern). Tönnies, der erst aus einer Protesthaltung gegen den Nationalsozialismus heraus 1930 in die SPD eintrat, hielt auch nicht mit seinen Sympathien für den Sozialismus gegenüber Storm hinter dem Berg: „Da er wußte, daß ich, wenn auch kein Genosse, so doch ein Verteidiger der vielgeschmähten Partei war, so hat er, schon früher zuweilen [...] eingehend mit mir über Demokratie und über Sozialismus gesprochen, und zwar mit der Sympathie eines Menschenfreundes, der kein Politiker sein wollte." (S. 70 in den Gedenkblättern).

Als Storm am 4. Juli 1888 stirbt, ist das Hauptwerk „Gemeinschaft und Gesellschaft" des knapp 32jährigen Tönnies gerade mal ein Jahr alt. Der zeitliche Rahmen von der ersten Erwähnung des Werkes (Brief an Paulsen vom Oktober 1879 über den Plan, ein Buch zur Rechtsphilosophie zu schreiben), bis zum letzten Federstrich (Brief an Paulsen vom Februar 1887 „daß ich fertig bin") umfasst rund sieben Jahre. Sieben Jahre also in denen er, wie er schreibt, unablässig mit dem Stoff ringt: „Die Ausführung beschäftigte mich während der folgenden 6-7 Jahre unablässig, ich darf sagen Tag und Nacht, am Schreibpult und auf Spaziergängen, daheim und auf Reisen. Manche Einfälle und Notizen habe ich bei meinen Husumer Deichwanderungen, manche auf der Insel Sylt [...] manche auf der Eisenbahn in meine Merkbücher eingetragen."[401] Und selbstverständlich hat er den Freund Storm an seinen Gedanken teilhaben lassen. Nur weil die vorhandenen Briefe des Tönnies-Storm-Briefwechsels, der sich, wie erwähnt, nur lückenhaft erhalten hat, keine Diskussionen über das wissenschaftliche Werk Tönnies´ enthalten, kann man doch nicht davon ausgehen, dass sich Tönnies und Storm nicht über solche Themen ausgetauscht hätten. Zu fragen ist nur: Ob und inwieweit haben sich die Gedanken aus „Gemeinschaft und Gesellschaft" in den stormschen Werken niedergeschlagen? Über die allgemeinen soziologischen Befindlichkeiten der stormschen Protagonisten hinaus nach den tönniesschen Kategorien von „Gemeinschaft und Gesellschaft" zu suchen, mag müßig sein. Aber dass ausgerechnet die beiden sozialkritischen Werke Storms („Ein Doppelgänger" (1887) und „Der Schimmelreiter" (1888)) zu einer Zeit erscheinen, in der das tönniessche Hauptwerk, nach etlichen Jahren der Gedankenarbeit, vorgelegt wird, ist ganz bestimmt kein Zufall. Zur Beruhigung der bürgerlichen Kreise sei aber gesagt, dass Storm mit diesen beiden Werken nicht zum Sozialisten wird. Festzuhalten ist allerdings, was Karl Ernst Laage bereits 1999 schrieb: „Theodor Storm erweist sich damit in viel stärkerem Maße, als seinen Lesern gemeinhin bewußt ist, als ein kritischer Beobachter seiner Zeit und als ein Mann mit Gespür für die latenten Gefahren der Epoche. Seine Grundhaltung war entscheidend bestimmt von den demokratischen Idealen der 1848er Revolution. Die Parteien, die Staatsform oder außenpolitische Fragen allerdings interessierten ihn wenig. Aber wo er die Freiheit im Innern bedroht sah, reagierte er empfindlich. Er war kein „unpolitisches Tier", und auch seine Dichtung ist zeitkritischer, als man bisher angenommen hat."[402]

Alle zitierten Aussagen über das Verhältnis Storm / Tönnies sind im Kern zweifellos richtig. Und doch erfassen sie meiner Meinung nach nicht die ganze Bandbreite dieser Beziehung. Die Bedeutung, die Storm für Tönnies gehabt hat, ist viel größer als umgekehrt. Storm schätzte zwar diesen klugen und nachdenklichen jungen Mann sehr, aber im Vergleich zu Paul Heyse oder Wilhelm Jensen war Tönnies eben doch kein Literat und damit in dieser Beziehung ein nur bedingt ebenbürdiger Gesprächs- und Briefpartner. Als der 14jährige Tönnies den Dichter 1869 näher kennenlernte, war Storm schon ein relativ bekannter Lyriker, der auch Prosatexte veröffentlicht hatte (z.B. Marthe und die Uhr 1847, Immensee 1849 und 1868 „Sämtliche Schriften" in 6 Bänden). Tönnies war ungeheuer stolz darauf, diesen berühmten Mann persönlich zu kennen und er bewahrte alle schriftlichen Äußerungen Storms systematisch auf und versah sie mit Erinnerungsnotizen, um sie später ggf. zu veröffentlichen. Anders Storm: Die wenigen Briefe von Tönnies an Storm, die sich erhalten haben, zeugen nicht von einer großen Bedeutung der Korrespondenz für Storm. Aber wie sollte es auch anders sein: Tönnies war ein zwar kluger und als Gesprächspartner und im Umgang angenehmer Freund, aber eben auch nicht mehr. Auf ihren langen Deichwanderungen wird Tönnies eher zugehört als gesprochen haben. Auch Tönnies´ Äußerungen darüber lassen diesen Schluss zu. Die Verehrung, die Tönnies für Storm empfand, drückt sich insbesondere in den Gedenkblättern von 1917 und natürlich auch in der Rede zur Denkmalseinweihung 1898 aus. Von Storm gibt es nichts Vergleichbares über Tönnies. Storm hat seinem jungen Freund kein Gedicht und kein Prosawerk gewidmet (wie z.B. Klaus Groth, Erich Schmidt oder Wilhelm Jensen). Auch in der von Storm beeinflußten Schrift von Paul Schütze über dessen „Leben und seine Dichtung" taucht der Name Tönnies nicht auf. Wären nicht die Äußerungen Storms über Tönnies an Paul Heyse oder Gottfried Keller gewesen, vielleicht hätte die Tönnies-Forschung dieser Beziehung keine so große Bedeutung beigemessen oder sie vielleicht gar nicht erkannt. Aber das wären zweifellos ein großer Verlust und auch ein Fehler gewesen! Denn was bleibt ist das Beispiel, was Storm dem jungen Tönnies vorgelebt und vermittelt hat. Der Gewinn dieser Beziehung liegt also eindeutig bei Tönnies. So gesehen war Tönnies eben doch eher der wohlgeratene Sohn Storms, der dem Dichter im wirklichen Leben versagt blieb. Andererseits war das Fundament einer tiefen und dauerhaften Freundschaft gelegt, das sich mit der Dauer ihrer Beziehung weiter festigte. Wären Storm noch ein paar Jahre vergönnt gewesen, er hätte sich an einem gereiften und erfolgreichen Tönnies erfreuen können, der immerhin als Begründer einer neuen Wissenschaft, der Soziologie, gilt und sich auch als Schriftsteller einen Namen gemacht hat – wenn auch auf dem Gebiet der Philosophie und der Soziologie.

Das Wesentliche, was zu schreiben war, ist geschrieben. Doch gilt es noch etwas ins Postskript zu setzen. Am 2. Februar 1936 schrieb Gertrud Storm an E. O. Wooley:

„Ich hatte viel zu viel Respekt vor meinem Vater, daß ich es gewagt hätte, mich ganz zu Vater auszusprechen über meine kleinen Sorgen und Nöte, über meine Herzensangelegenheiten. Und doch wußte er in letzterer Beziehung alles, ohne daß ich je ein Wort zu ihm gesprochen hätte. Drei Tage vor seinem Tode saßen wir beide in der Dämmerung eines Julitages dem Hause gegenüber unter den jungen Linden. Ein sanfter Sommerregen rauschte herunter, und wie sangen die Vögel! Ich hielt einen Schirm über Vaters geliebtes Haupt und zog meinen Regenmantel aus, um ihn über seine Kniee zu breiten. Erst saß Vater still und sinnend, dann begann er über das zu sprechen – meine Liebe zu Ferdinand Tönnies und anderes; und dann verstand ich, daß es für ihn kein Geheimnis gab von allem, was mich erfreute und allem, was mich bedrückte."[403]

Die „Freundschaftsbande" zwischen Theodor Storm und Ferdinand Tönnies hätten also durchaus „Familienbande" werden können. Es ist anders gekommen. Gertrud Storm, die nie geheiratet hat, starb am 24. April 1936, fünfzehn Tage nach Ferdinand Tönnies.

Personenverzeichnis

Aischylos 32
Alighieri, Dante 13
Aldenhoven, Carl 195, 196
Althusius, Johannes 81
Andresen, Dieter 230
Aristoteles 175
Asmussen, Anna C. 218
Athene 105
Augusta, Herzogin 38
Auvermann, Detlev 3
Avenarius, Richard 77, 81, 82
Bacon, Francis 65
Baechtold, Jakob 150
Baltzer, August 126
Barrault, Marie-Christine 70
Barth, Theodor 195
Barz, Paul 12
Baudissin, Wolf 162
Bauer, Thomas 226, 227, 228, 229
Bickel, Cornelius 222
Brehm, Alfred E. 202
Brinken (Arzt) 122
Besser, Johann H. 19, 193
Biernatzki, Karl L. 183
Biese, Alfred 76, 137, 156, 163
Bismarck, Otto von 68, 105, 126, 131, 201
Blunt, Herbert W. 126
Boeckh, Richard 68
Böhme, Fritz 193, 195
Böttcher, Johann M. 23
Bollenbeck, Georg 230
Bond, Niall 230
Borgards, Roland 104
Boysen, Wilhelm A. 80, 87, 88, 129
Brahms, Johannes 61, 199, 208
Brinken, Matje 113
Brütt, Adolf 12, 159, 162, 163, 173, 174
Burton, Tim 185
Bydekarken, P. 191
Carlyle, Thomas 171, 189
Carstens, Bärbel 13
Carstens, John 13, 220, 221
Carstens, Uwe 216
Caspers, Friedrich 46
Christen, Ada 75
Clausen Lars 212, 228, 229
Comte, August 218
Cornelius, Regine 216
Cornils, Hinrich P. 56, 105
Cottingham, J.G. 67
Cozzi, Alfio 155
Curtius, Karl 195
Dagover, Lill 103
Davies, Theodore L. 116, 118
Delbrück, Berthold 52, 53, 115, 118, 200
Delius, Wilhelm 100
Depp, Johnny 186
Deppe, Hans 144
Descartes, René 64
Deussen, Paul 151
Dickens, Charles J.H. 202
Durkheim, Èmile 126
Ebers, Georg 182
Eichendorff, Joseph von 92, 183, 192
Eckermann, Christian 141
Eggeling, Heinrich, 115, 116, 117, 200
Ekström, Anita 143
Empen, Peter 213, 216, 220
Encke, Birgitt 216
Engel, Ernst 68
Engels, Friedrich 81
Erdmann, Benno 86, 87
Erhard, Ludwig 211
Esmarch, Elsabe 24, 26
Esmarch, Ernst 24
Esmarch, Hermann 26
Esmarch Charlotte 53
Eucken, Rudolf 126
Fechner, Rolf 223, 230
Feddersen, Harro 54, 57, 197
Feldhusen, Hans Jürgen 83
Ferchel, Laura 142
Fischer, Irma 120
Fischer, Kuno 51, 52, 53
Fontane, Theodor 25, 100, 105, 158, 201
Forster, Rudolf 103
Franzen, Johannes 28
Franzos, Karl Emil 72, 73
Freiligrath, Ferdinand 195
Fröbe, Gerd 143, 145
Galuba, Dirk 145
Geibel, Emanuel 105, 137, 203
Gendries, Klaus 145
Gerlach, Arthur von 103
Gerstenberg, Heinrich W. von 23
Gidionsen, Wilhelm 28, 29, 33, 196
Gierke, Otto von 81, 94
Glaevecke, Ludwig 129
Goethe, Johann Wolfgang von 12, 13, 111, 114, 153, 154, 188, 192, 196, 200
Goethe, Walther W. von 111
Goldammer, Peter 74
Gottorf, Friedrich von 38
Gottorf, Johann A. von 38
Gottschall, Rudolf 20, 105, 193, 195
Großkreutz, Christian 28

Groth, Klaus 95, 131, 201, 232
Gumplowicz, Ludwig 126
Gurlitt, Emanuel 30, 80
Hachmann, Gerhard 76
Hague, Esther 102
Hallier, Johann G. 113
Hallier, Julie 102
Harms, Bernhard 127
Hartmann, Paul 103
Haase, Constanze 104
Haase, Lisbeth (Tochter von Ha.) 104
Haase, Lisbeth 104
Hase, Karl 52
Hay, Lothar 216
Hebbel, Friedrich 195
Hebel, Johann Peter 192
Hegewisch, Lotte 93, 95
Heiberg, Hermann 162
Heine, Heinrich 166, 183, 192
Heinrich VIII. 65
Heller, Johannes 65
Herder, Johann G. von 17, 191
Hertz, Wilhelm 100
Hettich, Michaela 220
Heyse, Paul 11, 13, 20, 25, 56, 71, 80, 83, 85, 89, 95, 100, 106, 108, 118, 138, 142, 146, 183, 190, 203, 232
Hitler, Adolf 144, 228
Hobbema, Meindert 190
Hobbes, Thomas 10, 59, 62, 64, 65, 66, 67, 68, 78, 81, 86, 87, 100, 116, 124, 178, 218
Horaz 191
Höffding, Harald 126
Hölderlin, Friedrich 192
Hoffmann, E.T.A. 186
Holm, Johann F. 22
Homer 82, 188
Hoop, Hein 215
Hoppe, Almut 74
Hoppe, Marianne 143
Ihering, Rudolf von 81
Irving, Washington 185
Jackson, David A. 87, 97, 142
Jacobsen, Elke 13
Jacoby, Eduard Georg 120
Jensen, Wilhelm 95, 137, 190, 203, 232
Judt-Stock, Ruth 13
Kalckreuth, Stanislaus von 114, 200
Kallsen, Otto 28, 29, 30
Kant, Immanuel 55, 56, 81
Karl Alexander, Großherzog 114, 200
Kato, Shoji 211
Keck, Karl-Heinrich 30, 32, 33, 34, 50, 76
Keller, Gottfried 11, 12, 71, 81, 82, 88, 90, 102, 105, 119, 137, 142
Kerner, Justinus 19, 193
Kirchner, Hermann 80
Kittl, Raimund 211, 214, 215, 216, 220
Klose, Olaf 120
Klopstock, Friedrich G. 188
Köller, Matthias von 160, 176
Köster, Albert 21
Krause, Adolph 117
Kral, Johann T. 82
Krey, Friedrich 28
Krohn, August 151
Küchmeister, Kornelia 13, 212
Kühlbrandt, Heinrich 28
Kugler, Franz 25, 89
Kuh, Emil 23, 83
Laage, Karl Ernst 38, 75, 76, 129, 216, 224, 230, 231
Laser, Dieter 70
Lassen, Käte 190
Law, John Philip 143, 145
Leibniz, Gottfried W. 116
Liliencron, Detlev von 161
Liliencron, Rochus von 161, 162
Lindau, Paul 139
Lipperheide, Franz von 195
Löwe, Ludwig 100
Löwe, Werner 91
Lohmeier, Dieter 222, 230
Lohmeyer, Julius 60, 198
Lorenzen, Georg 58, 84
Lorenzen, Simon 50
Maine, Henry J.S. 94
Mangels, Adolph 15, 191
Mannhardt, Johann W. 92
Maria, E., Herzogin 38
Marlitt, Eugenie John, 182
Marx, Karl 60, 63, 64, 94
Maß, Heinrich 28
Mattathias 30
Mau, Friedrich 42
Mauke, Wilhelm 19, 193
Menge, Adolf 159, 160, 161, 162, 174, 176
Menzel, Adolph 25, 100
Metzger, Wilhelm 77
Meyer, Heinrich 21
Miehe, Ulf 70, 74
Mill, James 60
Möller, Adolf 138
Mörike, Eduard 18, 119, 183, 184, 188, 192
Molesworth, Wiliam 64, 66, 67
Mommsen, Theodor 11, 23, 45, 88, 100, 183
Mommsen, Tycho 23, 45, 183
Mozart, Wolfgang A. 208
Müllenhoff, Karl 183

Müller, Max 40, 66, 67, 197
Natorp, Paul 115
Neumann, Christian 74, 75
Nietzsche, Friedrich 32, 56, 178, 223
Nissen, C.A. 34, 43
Nitsch, Georg W. 32
Nolde, Emil 135
Oertel, Curt 144
Oppenheimer, Franz 211
Otte, Heinrich 146, 203
Paetel, Elwin 100, 102, 117, 132, 137, 142, 158, 159, 162, 174
Pascal, Blaise 202
Paulsen, Christine 55
Paulsen, Emilie 97, 142
Paulsen, Friedrich 10, 11, 55, 56, 58, 59, 62, 65, 66, 78, 89, 90, 94, 97, 100, 102, 103, 107, 111, 112, 120, 122, 123, 124, 125, 126, 138, 139, 140, 141, 142, 148, 151, 152, 154, 156, 158, 175, 218, 230, 231
Paulsen, Paul Frerck 55
Peiffer, Andreas 227
Perikles 30
Perthes, Friedrich 19, 193
Petersen, Theodor 105
Pietsch, Ludwig 100
Piloty, Carl Theodor von 182
Platon 28, 87, 209
Polko, Elise 20
Pollaczek, Julius 130, 131, 132, 201
Pollock, Frederick 100
Preuschen, Hermione von 91
Pufendorf, Samuel von 81
Raabe, Wilhelm 114, 199, 200
Rantzau, Heinrich 183
Raffael 183
Reemtsma, Jan Philipp 227, 228, 229
Reisland, O.R. 123, 126
Renner, Hermann 83
Reventlow, Agnes zu 84, 93
Reventlow, Emilie 84
Reventlow, Ernst zu 93
Reventlow, Franziska zu 93
Reventlow, Karl zu 93
Reventlow, Ludwig zu 36, 38, 84, 85,95, 97, 108, 129, 137, 138
Reventlow, Ludwig zu (Sohn) 93
Ricardo, David 60
Ricci, Christina 186
Rinckart, Martin 136
Ritschl, Friedrich 32
Robertson, George
Rodenberg, Julius 159
Croom 100, 115, 116, 126
Rodbertus, Johann K. 60
Rothe, Carl 116, 200
Rousseau, Jean Jacques 81
Roscher, Wilhelm 60
Rückert, Friedrich 18
Rudolph, Günther, 211
Sachsen, Carl Alexander von 110
Salis-Seewis, Johann G. 192
Sauermann, Heinrich
Schäffle, Albert 81, 94
Schefer, Leopold 192
Scheffel, Joseph V. von 196
Scherer, Wilhelm, 105
Scherff, Carl 104
Scherff, Ludwig 196
Schiller, Friedrich von 13, 154, 178
Schleiden, Heinrich 94
Schlenther, Paul 114, 200
Schleswig-Holstein, Herzog Ernst Günther zu 159, 160
Schleswig-Holstein-Gottorf, Adolf von 38
Schmeißer, Felix 219
Schmidt, Erich 56, 58, 95, 105 110, 113, 114, 115, 146 150, 159, 200, 203, 232
Schmidt, Friedrich W.A. 192
Schmidt, Wilhelm 51, 52, 53
Schmoller, Gustav 126
Schopenhauer, Arthur 56, 100, 223
Schütze, Paul 136, 142, 153, 154, 179, 182, 187, 188, 190, 232
Schubert, Franz 208
Schwabe, Ludwig 10, 58
Segeberg, Harro 222
Seidel, Heinrich 142
Sieck, Marie (Ehefrau Tö.) 156, 157, 219
Simson, Eduard von 110
Smith, Adam 59
Sophie, Großherzogin 111, 114, 200
Spinoza, Baruch 94
Stammler, Rudolf 126
Stein, Charlotte von 114, 200
Stiebeling, Werner 13
Stifter, Adalbert 95
Stolberg, Fritz 192
Storm, Aemil 26, 53, 54, 84, 97, 121, 129, 147, 202
Storm, Cäcilie (Schwester St.) 24
Storm, Constanze (1. Ehefrau St.) 23, 24, 25, 26, 36, 53, 60, 196

Storm, Dorothea (2. Ehefrau St.) 12, 17, 24, 26, 60, 85, 87, 104, 108, 115, 118, 119, 150, 168, 191, 197
Storm, Elsabe (Tochter St.) 16, 25, 95, 98, 107, 110, 113, 114, 115, 116, 117, 156, 199, 200
Storm, Ernst (Sohn St.) 11, 15, 16, 17, 18, 25, 36, 43, 46, 59, 80, 82, 85, 87, 95, 97, 98, 107, 109,112, 113, 117, 119, 126, 129, 131, 138, 141, 150, 156, 174, 176, 191, 192, 196, 219
Storm, Friederike (Tochter St.) 26, 95, 98, 104, 115, 129, 138, 156
Storm, Friederike 84, 150
Storm, Gertrud (Tochter St.) 26, 42, 90, 95, 98, 104, 120, 133, 136, 138, 147, 149, 156, 195, 208, 219, 232, 233
Storm, Hans (Sohn St.) 16, 24, 25, 26, 43, 58, 60, 87, 95, 98, 115, 119, 120, 198, 230
Storm, Hans (Neffe St.) 15, 135
Storm, Hans Adolph 117
Storm, Johann Casimir (Vater St.) 10, 21, 22
Storm, Johannes (Bruder St.) 84, 142, 150, 202
Storm, Johannes 142
Storm, Karl (Sohn St.) 15, 16, 17, 25, 43, 78, 80, 84, 98, 102, 105, 116, 120, 155, 156, 179, 191, 207-210, 230
Storm, Lisbeth (Tochter St.) 15, 16, 25, 80, 98, 104, 108, 119, 191
Storm, Lucie (Mutter St.) 21, 22, 41, 98
Storm, Lucie (Tochter St.) 16, 25, 80, 85, 87, 107, 129, 130, 132, 133, 201
Storm, Margarethe 129
Storm, Otto (Bruder St.) 113, 202
Strachwitz, Moritz von 131, 201
Straßburg, Gottfried von 108
Stuhr, Friedrich 80
Tast, Hermann 22
Tiedemann, Christoph von 131, 201
Tillisch, Frederik 24
Thackeray, William M. 186
Thiessen, Anna D. 85, 135, 136
Thompson, Maunde 64
Thomsen, Adolf T. 64
Thornton, James 100, 115
Thumann, Paul 182
Tieck, Ludwig 192
Tönnies, August Ferdinand (Vater Tö.) 10, 15, 41, 96, 97
Tönnies, August K. (Bruder Tö.) 34, 35, 79, 109, 174
Tönnies, Carola (Tochter Tö.) 99, 157
Tönnies, Elisabeth (Schwester Tö.) 15, 16, 17, 34, 35, 79, 80, 90, 105, 109, 178, 179, 191
Tönnies, Franziska (Tochter Tö.) 99, 157
Tönnies, Gert (Onkel Tö.) 96, 97
Tönnies, Gerrit (Sohn Tö.) 99, 157
Tönnies, Ida Charlotte (Schwester Tö.) 79, 102, 150
Tönnies, Ida Friederica (Mutter Tö.) 15, 41
Tönnies, Jan F. (Sohn Tö.) 99, 157
Tönnies, Jan Gerrit (Enkel Tö.) 216
Tönnies, Johannes (Bruder Tö.) 47, 49, 63, 65
Tönnies, Kirstine (Urenkelin Tö.) 211, 212
Tönnies, Kuno (Sohn Tö.) 99, 157
Tönnies, Luise (Schwester Tö.) 79, 87, 88
Tönnies, Sibylle (Enkelin Tö.) 223
Tönnies, Trude 13
Tönnies, Wilhelm (Bruder Tö.) 106, 107, 109, 113, 116
Trendelenburg, Friedrich A. 55
Treplin, August 112
Tse Tung, Mao 215
Uhland, Ludwig 192
Vergil 109, 191
Vinçon, Hartmut 74, 230
Voelkner (Arzt) 219
Vogt, Oskar 23
Wachs, Hans Heinrich 201
Wagner, Adolph 68, 81
Wayne, John 145
Wedde, Johannes 68, 69, 70, 72, 73, 74, 75, 76, 77, 204
Wedde, Theodora 76
Weidemann, Ludolph 52
Weidenmann, Alfred 145
Weigert, August 108
Westermann, Georg 27, 36, 102, 108, 113, 114,

115 116, 117, 162, 163, 176, 185, 195, 196, 199
Wieland, Christoph M. 228, 229
Wieman, Matthias 143
Wiese, Alfred 162
Wiese, Leopold von 218
Wilhelm I. 30, 68
Winckelmann, Johann J. 12
Wohlers, Marcus 151
Wolff, Christian 81
Wolff, Eugen 71
Woldsen, August F. 218
Wolgast, Heinrich 60, 198
Wooley, E.O. 232
Wree, Helmut 216
Wundt, Wilhelm 81, 82
Wussow, Alexander von 79
Zander, Jürgen 223
Zeus 105
Zöllner, Karl 100
Zola, Émile 71, 76
Zorn, Philipp 109

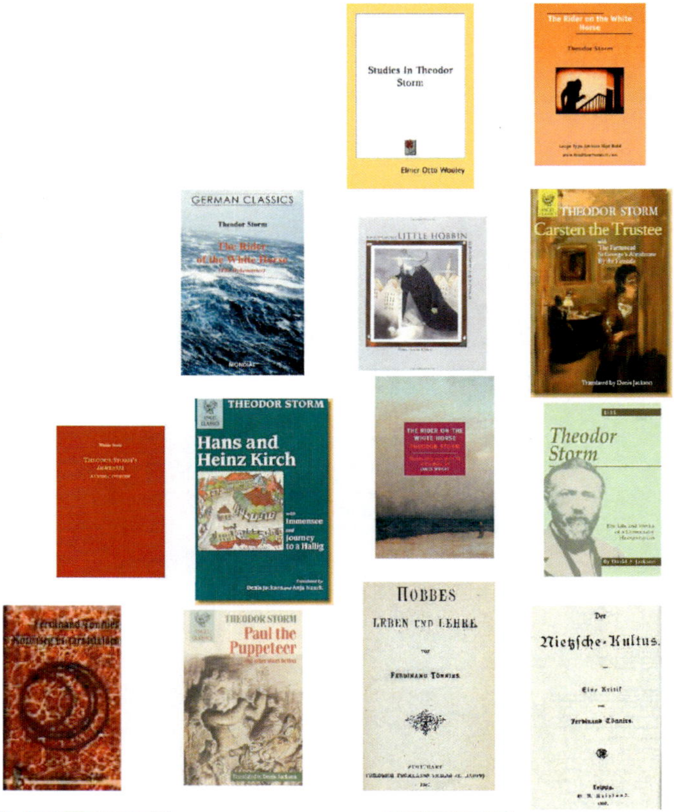

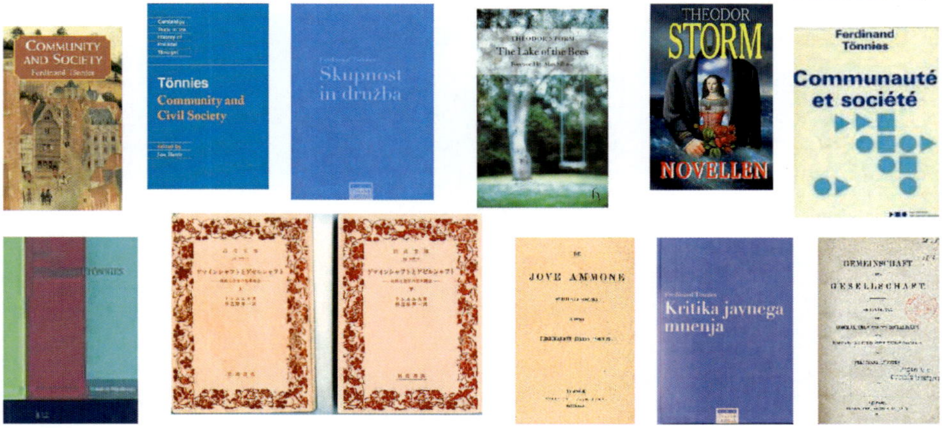

Fußnoten

[1] Diese Bezeichnung für Theodor Storm habe ich bewusst gewählt, weil Storm zu häufig mit dem Attribut „Husumer Dichter" versehen wird, um eine gewisse Provinzialität zu suggerieren, die dem Werke Storms nicht gerecht wird. Siehe dazu auch die großartige Storm Biographie von Karl Ernst Laage, die 1999 im Verlag Boyens erschien: Theodor Storm. Eine Biographie, Heide 1999.

[2] Uwe Carstens, Ferdinand Tönnies. Friese und Weltbürger. Biografie, Norderstedt 2005.

[3] Das Gedicht „Neuer Glaube" fehlt nahezu in allen Werkausgaben des Dichters. Dabei findet man in diesem Gedicht so vieles von dem wieder, was beide so häufig wiederholten: Unser Heil liegt weder im Jenseits noch im materiellen Wohlstand, sondern in der konsequenten Anwendung von Philosophie, Psychologie und eben Soziologie. Abenteuer liegen nicht nur in der Ferne, sondern vor allem in uns selbst. Gemäß dem philosophischen Prinzip der Dialektik bildet sich aus Idealismus und Materialismus der Humanismus. Um es philosophisch-poetisch auszudrücken: Wenn Philosophie soviel heißt wie Liebe zur Weisheit, dann könnte man im Humanismus, als übergeordnete Orientierung verstanden, den „Stein der Weisen" sehen. Für Theodor Storm, der mit zunehmendem Alter der Kirche gegenüber „milder" gestimmt wurde, mag das gelten, was Ernst Esmarch über ihn sagte: „Mit dem Kopf ein Heide, mit dem Herzen ein Christ". Ernst Esmarch, Aus Briefen Theodor Storms 1902/03, S. 63.

[4] Tönnies Nachlass in der Landesbibliothek Kiel, Cb54.32:1.26.

[5] Tönnies unterscheidet auf theoretischer Ebene zwischen zwei Arten kollektiver Gruppierung kraft gegenseitiger „Bejahung" der sozial Handelnden: „Gemeinschaft" einerseits, „Gesellschaft" andererseits. Diese Unterscheidung basiert auf seiner Annahme, dass es für den Einzelnen nur zwei Grundformen willentlicher Bejahung der Anderen geben kann. Diese „Bejahung" ist für Tönnies das Grundproblem und das Thema (der Erkenntnisgegenstand) der Soziologie. Gerade sie ist erklärungsbedürftig, während die gegenseitige „Verneinung" – hierin folgt er Thomas Hobbes und seiner Vorstellung eines natürlichen „Krieges aller gegen alle" – immer voraus gesetzt werden kann. Der Wille zur Bejahung kann analytisch in genau zwei Formen erscheinen, als gemeinschaftlicher *Wesenwille* oder als gesellschaftlich orientierter *Kürwille*. Fühlt sich der Einzelne als Teil eines größeren Ganzen, dann orientiert er sein Handeln an diesem übergeordneten Zweck. Denken und handeln alle so, ist er in einem Kollektiv als einer „Gemeinschaft" zugehörig. Die Form des Willens, welcher die Gemeinschaft bejaht, heißt bei Tönnies *Wesenwille*. Beispiele wären die Deichgenossenschaft, die Familie, das Dorf oder die Kirche (man lebt in der Familiengemeinschaft, aber nicht in der Familiengesellschaft). Oder aber der Einzelne bedient sich der Anderen auf instrumentelle Weise, sie sind ihm Mittel zu seinen eigenen individuellen Zwecken. In diesem Fall hat er am Kollektiv als an einer „Gesellschaft" teil.

Diese nur über eine historische Phase der Individualisierung zur allgemeinen Geltung gelangende Form des Willens heißt bei Tönnies *Kürwille*. Beispiele wären die Aktiengesellschaften oder der neuzeitliche Staat.

[6] Der aus den „Sprüchen" stammende Storm-Text entzieht sich, abgesehen von der „soziologischen Einordnung" in Kür- oder Wesenwille, leicht der Interpretation: Ist der eine der Freie oder der andere? Ist es also Zeichen der Freiheit zu fragen: Was kommt danach? Oder ist es Zeichen der Freiheit, nur zu fragen, ob etwas recht ist? Es ist im Text nicht eindeutig bestimmt, was der Freie und was der Knecht fragt; für mein Verständnis ist es so, dass das ängstliche Schielen auf die Folgen Zeichen der Unfreiheit ist. Ist das so? Nachdenken ist ausdrücklich erlaubt!

[7] Als Deutsch-Dänischer Krieg (auch Zweiter Schleswigscher Krieg oder Zweiter Schleswig-Holsteinischer Krieg in Abgrenzung zum Krieg 1848-1851) wird die militärische Auseinandersetzung um Schleswig-Holstein und vor allem um das Herzogtum Schleswig zwischen dem Deutschen Bund und dem Königreich Dänemark vom 1. Februar bis zum 30. Oktober 1864 bezeichnet.

[8] Ferdinand Tönnies, Theodor Storm. Zum 14. September 1917. Gedenkblätter, Berlin 1917, a.a.O., S. 68.

[9] Mit den beiden anderen Freunden meinte Storm den Graphiker Hans Speckter und den Germanisten Erich Schmidt. Siehe dazu: Clifford Albrecht Bernd (Hrsg.), Theodor Storm / Paul Heyse. Briefwechsel, Bd. 2, Berlin 1969, S. 80. Paul Heyse war seit 1854 mit Storm befreundet. Heyse erhielt 1910 den Nobelpreis für Literatur.

[10] Peter Goldammer, Theodor Storm. Eine Einführung in Leben und Werk, Leipzig 1968, S. 71.

[11] David A. Jackson (Hrsg.), Theodor Storm – Ernst Storm. Briefwechsel, Berlin 2007, S. 59.

[12] Gemeint ist die Schrift des Sozialdemokraten Johannes Wedde (1843-1890), die den Titel "Theodor Storm, einige Züge zu seinem Bilde" trägt.

[13] Paul Barz, Wanderer gegen Zeit und Welt. Theodor Storm. Eine Biographie, Berlin 2004, S. 343.

[14] Der Tönnies-Storm-Briefwechsel ist bisher zweimal veröffentlicht worden. Der seit 1930 am „Rice Institute" in Houston, Texas, lehrende Germanist Heinrich Meyer (1904-1977), der, wie Dieter Lohmeier schreibt, „nach eigenem Bekunden selbst zu Tönnies in einem ähnlichen Verhältnis gestanden hatte wie dieser zu Storm", veröffentlichte 1940 den Briefwechsel in den in Madison, Wisconsin, erscheinenden „Monatsheften für Deutschen Unterricht". Allerdings standen ihm nicht die Originale der Briefe Storms zur Verfügung, sondern nur ein Durchschlag einer Maschinenabschrift. Die zweite und sehr viel bessere Veröffentlichung des Briefwechsels lieferte Prof. Dr. Dieter Lohmeier, der langjährige Direktor der Landesbibliothek Schleswig-Holstein. Aus dieser wurde hauptsächlich zitiert. Dieter Lohmeier, Der Briefwechsel zwischen Theodor Storm und Ferdinand Tönnies, in:

Gerd Eversberg / David A. Jackson / Eckart Pastor (Hrsg.), Stormlektüren. Festschrift für Karl Ernst Laage zum 80. Geburtstag, Würzburg 2000, S. 91-127.

[15] Johann Wolfgang von Goethe, Ungedruckte Winckelmannische Briefe, in: Intelligenzblatt der Jenaischen Allgemeinen Literaturzeitung, Jg. 1804, Nr. 26, Spalten 201-207.

[16] Vgl. dazu Briefwechsel zwischen Schiller und Goethe, Bd. 1-6, Stuttgart 1828/29.

[17] Ferdinand Tönnies überließ seinem Neffen Hartwig Jeß die an ihn gerichteten Stormbriefe, die dieser zu einer Storm-Monographie nutzen wollte: Hartwig Jeß, Theodor Storm. Sein Leben und sein Schaffen. Braunschweig 1917. Der 160 Seiten umfassende Band von Hartwig Jeß (auf dem Titelblatt schreibt er sich Jess) nutzt die Briefe allerdings fast gar nicht. Ferdinand Tönnies wird in dem Band insgesamt nur drei Mal erwähnt. Hartwig Johannes Theodor Wilhelm Jess (1876-1947) studierte Philologie und Philosophie in Heidelberg, Göttingen und Leipzig. Der promovierte Philologe war Studienrat am Staatsgymnasium zu Dresden-Neustadt und am König Albert Gymnasium zu Leipzig. Ab 1929 auch Dozent am Praktischen Pädagogischen Seminar der Universität Leipzig. Alle diese Angaben verdanke ich der Genealogin Frau Trude Tönnies aus St. Peter-Ording.

[18] „Gehe Deinen Weg, und lass die Leute reden!“ Dieses Zitat stammt aus der „Göttlichen Komödie“ von Dante, wo der römische Dichter Vergil den Autor Dante durch die verschiedenen Kreise der Hölle führt. Soll hier heißen: Bei dem Eingang in die Wissenschaft aber, wie beim Eingang in die Hölle, muss die Forderung gestellt werden: „Hier mußt Du allen Zweifelmut ertöten. Hier ziemt sich keine Zagheit fürderhin.“ Auch dieses Zitat stammt ebenfalls aus der „Göttlichen Komödie“. Zweifel und Zagheit, die beim Eingang in die Wissenschaft zu „ertöten“ sind, beziehen sich auf den Umgang mit den Ergebnissen der Analyse: sind sie Ergebnis ernsthafter Forschung, so müssen sie auch vertreten werden, egal wie viele Vorurteile der „öffentlichen Meinung“ verletzt werden.

[19] Ferdinand Tönnies, Theodor Storm. Zum 14. September 1917. Gedenkblätter, Berlin 1917, S. 46. Zur ersten Begegnung von Storm und Tönnies siehe auch: Uwe Carstens, Ferdinand Tönnies. Friese und Weltbürger, a.a.O., S. 33 ff.

[20] Ebd., S. 46. Obwohl Heiner Mückenberger in seiner Arbeit „Theodor Storm – Dichter und Richter“ von 2001 Tönnies´ Schilderung in das Reich der Legende verweist (S. 147-154), steht doch unzweifelhaft fest, „daß Theodor Storm 1864 in Husum zum Landvogt gewählt worden ist, und zwar in einem plebiszitär-demokratischen Akt“, wie Mückenbergers Rezensent Peter Goldammer in einer Buchbesprechung (Schriften der Theodor-Storm-Gesellschaft, Band 51/2002) richtig bemerkt.

[21] Ebd., S. 46f. Dass der zu diesem Zeitpunkt neunjährige Tönnies den Wahlakt nicht aus eigener Anschauung berichten kann, liegt nahe, schränkt den Wahrheitsgehalt aber nicht zwangsläufig ein.

[22] Hans Storm (1852-1913), Sohn von Johannes Storm, sowohl „Hans Bokhorst“ – nach dem Wohnsitz seines Vaters in den 1850er Jahren – als auch „Hans Hademarschen“ genannt, um ihn von Storms ältesten Sohn Hans zu unterscheiden; seit 1884 mit Elisabeth Nölting verheiratet.

[23] Das Backsteingiebelhaus gehörte seit 1810 dem Pastor Ludwig Herr, der es 1830 in eine mildtätige Stiftung einbrachte. Storm mietete das Haus Nr. 12 von der Herrschen Stiftung und wohnte hier bis 1866. Das Haus, in dem hauptsächlich Geistliche der Kirche St. Marien und Lehrer wohnten, ist wahrscheinlich im 16. Jahrhundert erbaut worden, große Steinformate an einigen Außenwänden und die Balkendecke weisen darauf hin. Übrigens hieß die Straße, an der das Haus liegt, wegen der überwiegend geistlichen Bewohner früher „Papenstraat".

[24] Das Jahr 1866 war für Storm von großer Bedeutung: Im Juni war die kirchliche Trauung mit Dorothea Jensen, Storms zweiter Frau, nachdem Constanze Storm, geb. Esmarch, im Mai 1865 im Kindbett gestorben war, durch Pastor Peter Heinrich in Hattstedt (die Kinder waren angehalten, ihre Stiefmutter nur „Tante Do" zu nennen und nicht „Mutter"). Der älteste Sohn Hans nahm im September sein Studium an der Kieler Christian-Albrechts-Universität auf und im Oktober zog die Familie Storm in das erworbene ehemalige Kaufmannshaus, Wasserreihe 31. Schließlich entschied sich Storm im Dezember 1866 die Stelle des Amtsrichters anzunehmen, nachdem durch die preußische Justizreform das Amt des Landvogts aufgehoben worden war.

[25] Horaz (65 v. Chr.-8 v. Chr.), eigentlich Quintus Horatius Flaccus, ist neben Vergil einer der bedeutendsten römischen Dichter der „Augusteischen Zeit", d.h. der Zeit zwischen 43 v. Chr.-14 n. Chr. vom Tod Ciceros bis zum Tode des Augustus.

[26] Theodor Storm, Hausbuch aus deutschen Dichtern seit Claudius. Eine kritische Anthologie von Theodor Storm, Hamburg 1870. Diese „kritische Anthologie" erlebte vier Auflagen. Es ist relativ unbekannt, dass die dritte Auflage, die 1875 erschien, ein reich illustrierter Prachtband war, der eine Reihe von Dichterporträts und zahlreiche Vignetten und Zierrat nach dem Zeitgeschmack enthält. Der aufwendig gestaltete Band wurde durch Zeichnungen des bekannten Malers Hans Speckter ausgeschmückt, mit dem Storm in freundschaftlicher Beziehung stand. Der Briefwechsel zwischen Theodor Storm und Otto und Hans Speckter (Vater und Sohn) erschien 1991 im Rahmen der von der Storm-Gesellschaft angeregten und betreuten Briefbände. Johann Gottfried von Herder (1744-1803) war Dichter, Übersetzer, Theologe und Geschichts- und Kultur-Philosoph der Weimarer Klassik. Er war einer der einflussreichsten Schriftsteller und Denker Deutschlands und zählt mit Christoph Martin Wieland, Johann Wolfgang von Goethe und Friedrich von Schiller zum klassischen „Viergestirn" von Weimar. Siehe auch S. 227)

[27] Ferdinand Tönnies, a.a.O., S. 47ff.

[28] David A. Jackson (Hrsg.), Theodor Storm – Ernst Storm. Briefwechsel, Berlin 2007, S. 59.

[29] David A. Jackson (Hrsg.), Briefe Storms an seinen Sohn Ernst vom 14.6.1870 und 25.6.1870, S. 65 und S. 66. Friedrich Rückert (1788-1866) war Dichter, Übersetzer und einer der Begründer der deutschen Orientalistik. Erschütternd sind seine „Kindertotenlieder", in denen er den frühen Tod (Winter 1833/34) seiner beiden Lieblingskinder beklagt (vertont durch Gustav Mahler). Eduard Friedrich Mörike (1804-1875) war ein deutscher

Lyriker der Schwäbischen Schule, Erzähler und Übersetzer sowie evangelischer Pfarrer. Aus der Phase während des Vikariats, in der er versuchte, als freier Schriftsteller zu arbeiten, stammt u.a, eines der meistzitierten deutschen Gedichte: „Er ist´s" – „Frühling läßt sein blaues Band wieder flattern durch die Lüfte [...]."

[30] Brief an Georg Westermann, in: Hartmut Vinçon, Theodor Storm mit Selbstzeugnissen und Bilddokumenten, Reinbek bei Hamburg 1999, S. 112.

[31] Das Gedicht von Justinus Kerner heißt „Auf das Trinkglas eines verstorbenen Freundes" und wurde von Robert Schumann vertont (Lied Nr. 6, Op. 35). In dem Gedicht heißt es in der letzten Strophe: „Still geht der Mond das Tal entlang, ernst tönt die mitternächt´ge Stunde. Leer steht das Glas! Der heil´ge Klang tönt nach in dem kristallnen Grunde". Justinus Andreas Christian Kerner (1786-1862) war Dichter, Arzt und medizinischer Schriftsteller. Bekannt wurde sein Gedicht „Wohlauf noch getrunken den funkelnden Wein!" von 1809.

[32] Storm hatte das Hausbuch zunächst dem Braunschweiger Verleger Georg Westermann angeboten. Da dieser nicht auf das Angebot einging, wurde es schließlich bei dem Hamburger Verleger Wilhelm Mauke veröffentlicht. Die von Friedrich Perthes und Johann Heinrich Besser gegründete Verlagsbuchhandlung nannte sich ab 1836, nach der Aufnahme von Johann Wilhelm Mauke, „Perthes, Besser und Mauke". Heute gehört die auf Jura spezialisierte Fachbuchhandlung zur Schweitzer Gruppe. Vgl. auch Gerd Eversberg (Hrsg.), „Ich halte übrigens ein großes Stück auf diesen Mann". Briefwechsel zwischen Theodor Storm und dem Verleger Wilhelm Mauke, in: Schriften der Theodor-Storm-Gesellschaft, Band 40/1991, S. 59-82.

[33] Ferdinand Tönnies, a.a.O., S. 51.

[34] Theodor Storm, Hausbuch aus deutschen Dichtern seit Claudius. Eine kritische Anthologie, Hamburg 1870, S. V-XII.

[35] Rudolf Karl Gottschall (1823-1909) war ein deutscher Dramatiker, Epiker, Erzähler, Literaturhistoriker und Kritiker (er wurde 1877 geadelt). Gottschalls fortschrittliches Schaffen war zu seinen Lebzeiten geachtet, seine Dramen (z.B. Ferdinand von Schill) wurden gerne gespielt. Seine Werke zeichneten sich vor allem durch unabhängige Urteilskraft, aber auch durch zeitbezogene Kritik aus, was mit dazu beigetragen hat, dass er nach seinem Tode schnell in Vergessenheit geriet. Siehe dazu: Moritz Brasch, Rudolf von Gottschall. Ein literarisches Portrait, Leipzig 1893.

[36] Von 1864 bis 1888 war Gottschall Herausgeber der „Blätter für literarische Unterhaltung" und „Unsere Zeit" (beide Zeitschriften waren im Besitz des Verlagshauses F. A. Brockhaus). Die Erste brachte Rezensionen literarisch bedeutender Werke, die einer üblichen Praxis der Zeit entsprechend allesamt anonym erschienen. Dennoch bot dieser Umstand gelegentlich Anlass zur Häme, die sich z.B. bei Heinrich Heine in die Worte kleidete: „Diese sind die Höhlen, wo die unglücklichsten aller deutschen Skribler schmachten und ächzen; die hier hinabsteigen, verlieren ihren Namen und bekommen eine Nummer."

[37] Ferdinand Tönnies, a.a.O., S. 51f. Mit der Kriegserklärung Frankreichs an Preußen begann am 19. Juli 1870 der Deutsch-Französische Krieg.

[38] Frank Schnass, a.a.O., S. 63f. Elise Polko (1822-1899) war eine deutsche Dichterin und Sängerin. Außerdem war sie zu Lebzeiten eine sehr erfolgreiche Schriftstellerin und geschäftstüchtige Gartenlaube- und Leihbibliotheksautorin. Sie gab insbesondere für Frauen bestimmte Anthologien und Ratgeber neben ihren Gedichtbänden heraus. Vgl. z.B. Elise Polko, Dichtergrüße. Neuere deutsche Lyrik ausgewählt von Elise Polko mit 16 Dichterbildnissen, Leipzig o.J., dazu Gerhard Ranft, Theodor Storm und Elise Polko, in: Schriften der Theodor-Storm-Gesellschaft (STSG) Band 39/1990, S. 46-68, sowie Peter Goldammer, Theodor Storm und Elise Polko. Ein Nachtrag, in: STSG Band 46/1997, S. 71-75. Mit der „Nipptisch-Bemerkung" bezieht sich Storm auf eine Aussage von Gottschall: „Als Hausbuch der lyrischen Kleinstädterei und Aquarellmalerei mag sie immer bei denen eine Stätte finden, welche ihren geistigen Nipptisch mit niedlichen Bilderchen und Figürchen ausschmücken wollen", in: Volker Griese, Theodor Storm. Chronik seines Lebens, Husum 2002, S. 107.

[39] Heinrich Meyer, Theodor Storm und Ferdinand Tönnies, in: Monatshefte für Deutschen Unterricht, Bd. 32, Heft 8, 1940, S. 358. Mit den „bei Tönnies folgenden Stellen" sind die Berichte über das Hausbuch in den „Gedenkblättern" gemeint, die hier noch ausführlich zitiert werden.

[40] Theodor Storm. Sämtliche Werke, hrsg. von Albert Köster, Bd. 8, Leipzig 1923, Kommentar S. 294-296.

[41] „Am Markt 9": die Nummer nach heutiger Zählung. Bereits 1818 zieht die Familie in das Haus Neustadt 56.

[42] Die jüngste Storm-Forschung hat das von Theodor Storm selbst geschaffene Bild des jungen Storms differenziert. Einen wesentlichen Anteil an dieser Differenzierung hat der 1947 bei Magdeburg geborene Dr. Gerd Eversberg, der seit 1989 Leiter der Storm-Forschungsstelle im Husumer Storm-Haus und Sekretär der 1948 gegründeten „Theodor-Storm-Gesellschaft" ist. Der Herausgeber der seit 1952 erscheinenden „Schriften der Theodor-Storm-Gesellschaft" hat mit seinen Publikationen der Forschung neue Perspektiven eröffnet („Storms erste große Liebe. Theodor Storm und Bertha von Buchan in Gedichten und Dokumenten", Heide 1995 und „Theodor Storm als Schüler. Mit vier Prosatexten und den Gedichten von 1833 bis 1837 sowie sechs Briefen", Heide 2006). Während Storm insbesondere in Briefen an Emil Kuh das Bild eines Dichters vermittelte, der ganz aus dem eigenen Innern heraus dichtete und poetische Muster, nach denen er gearbeitet habe, nie gekannt haben will, reichen Storms literarische Experimente bis in seine Schulzeit zurück. Zwar begnügte sich der junge Poet noch mit den Beispielen der Heimatdichterin Henriette Freese, deren Werke er im „Husumer Wochenblatt" nachempfinden konnte, später waren es vor allem Uhland und Mörike. Seine poetische Begabung, die sich mit der Nachahmung vorhandener Muster entwickelte, wird dabei insbesondere mit der problematischen Beziehung zu der Kindfrau Bertha von Buchan ab

1836 befördert worden sein. Durch diese durchlebte Beziehung wird Storm seinen eigenen lyrischen Stil gefunden haben.

[43] Hermann Tast (1490-1551) gilt im allgemeinen Verständnis als Reformator von Husum. Es gab allerdings keine flächendeckende Einführung der Reformation in den Herzogtümern Schleswig und Holstein, vielmehr wurde sie an verschiedenen Orten durch einzelne Pastoren befördert. Zu Beginn der zwanziger Jahre des 16. Jh. wurde auch in Husum lutherisch gepredigt, zunächst unter freiem Himmel und im Privathaus des Bürgers Matthias Knutzen. Gemeinsam mit Theodoricus Pistorius und Franz Hamer war Tast in Husum daran beteiligt. Zwischen 1524 und 1526 predigte Tast in der Umgebung Husums und in Garding auf Eiderstedt. Erst 1527 wurde die Reformatorische Glaubensrichtung in Husum anerkannt, ein Vertrag mit der Bürgerschaft untersagte die katholische Messe. An der Erarbeitung einer Kirchenordnung für Schleswig war Tast 1537 beteiligt, er übersetzte den Text ins Niederdeutsche. 1538 ernannte der dänische König Christian III. Tast zum Visitator und schließlich zum Superintendenten für das südwestliche Schleswig. Auf das Wirken Tasts ist die Reformation der Husumer Gelehrtenschule zu einer evangelischen Stadtschule zurückzuführen. Vgl. dazu auch Festschrift „Harmen Tast", in: Beiträge zur Husumer Stadtgeschichte, Heft 3/4, 1990/1991, hrsg. im Auftrage der Gesellschaft für Husumer Stadtgeschichte von Günter Klatt.

[44] Vgl. dazu: 1527-1977 Gelehrtenschule – Hermann-Tast-Schule. Zum 450jährigen Bestehen der Schule, hrsg. von Karl Ernst Laage und Volkmar Hand, Husum 1977 sowie: Hermann-Tast-Schule. 475 Jahre Husumer Gelehrtenschule 1527-2002 Festschrift, Husum 2002.

[45] Der Philosoph Rudolf Christoph Eucken (1846-1926) arbeitete nach seiner Promotion von 1867 bis 1871 als Gymnasiallehrer in Husum, Berlin und Frankfurt am Main. 1908 erhielt Eucken *„auf Grund des ernsten Suchens nach Wahrheit, der durchdringenden Gedankenkraft und des Weitblicks, der Wärme und Kraft der Darstellung, womit er in zahlreichen Arbeiten eine ideale Weltanschauung vertreten und entwickelt hat"*, den Nobelpreis für Literatur. Beginnend mit dem Historiker Theodor Mommsen, der den Preis 1902 erhielt, wurden bisher zwölf dem deutschen Sprachraum zuzurechnende Verfasser mit dem Literatur-Nobelpreis ausgezeichnet.

[46] Der Hamburger Geschäftsmann Johann Max Böttcher ließ die unter Denkmalschutz stehende Schule 1995/96 umbauen und eröffnete im April 1996 das Hotel „Altes Gymnasium". Aus Unterrichtsräumen wurden 72 elegante Zimmer und Suiten. Die „Aula", die in ihrem historischen Stil erhalten blieb, wird häufig für kulturelle Veranstaltungen genutzt. Im Oktober 2006 verkaufte Böttcher aus Altersgründen das Hotel an die Unternehmerin Lenka Hansen-Mörck. Zur Geschichte der Gelehrtenschule siehe: Karl Ernst Laage, Von der Husumer Gelehrtenschule zum Hotel „Altes Gymnasium", Heide 2000.

[47] Gertrud Storm, Mein Vater Theodor Storm, Berlin 1922, S. 39f. Emil Kuh (1828-1876) war ein Erzähler, Feuilletonist, Literaturhistoriker und Kritiker (der Sekretär der

Storm-Gesellschaft, Gerd Eversberg, verglich den Kritiker Kuh gar mit dem sog. Literaturpapst Marcel Reich-Ranicki, Husumer Nachrichten 13.11.2007). Ab 1864 war er Professor für deutsche Sprache und Literatur an der Wiener Handelsakademie. Der sechs Jahre andauernde Briefwechsel zwischen dem „Kaiserliche Rath" Emil Kuh und Theodor Storm wurde erst mit dem Tode Kuhs 1876 beendet. Im November 2007 konnte die Schleswig-Holsteinische Landesbibliothek für 41.000 Euro 54 Briefe dieser Korrenspondenz mit Hilfe von Sponsoren beim Berliner Auktionshaus Stargardt ersteigern.

[48] Mit „An Emma" und „An einem schönen Sommerabende" hält Storm seine ersten bisher überlieferten Gedichte 1833 in einem Notizbuch fest. Die erste Gedichtveröffentlichung „Sängers Abendlied" erschien im Juli 1834 im Husumer Wochenblatt. Vgl. hierzu: Volker Griese, Theodor Storm. Chronik seines Lebens, Husum 2002, S. 17f.

[49] Storm bestand am 17. Oktober 1842 in Kiel nach fünfeinhalbjährigem Studium sein juristisches Staatsexamen. Am 28. November 1842 erhielt Storm nach einer entsprechenden Prüfung bei Professor Niels Nikolaus Falck (1784-1850) die Bescheinigung, dass er „das Dänische in guter Aussprache" lesen und übersetzen kann (diese Bescheinigung war damals Voraussetzung für die Ausübung des Juristenberufes in Schleswig-Holstein).

[50] Volker Griese, a.a.O., S. 29. Nach dem Vertrag von Ripen (1460), der die Unteilbarkeit des Landes festschreiben sollte, blieben Schleswig und Holstein bis 1864 in einer Personalunion mit Dänemark verbunden. Der dänische König regierte Schleswig und Holstein also nicht in seiner Eigenschaft als König, sondern als Herzog der beiden Gebiete, wobei Schleswig allerdings ein königlich-dänisches Lehen blieb, während Holstein weiterhin zum „Heiligen Römischen Reich Deutscher Nation" gehörte und damit Reichslehen war. Somit war es für die Ernennung zum Advokaten unerlässlich, dass der „Candidad" die dänische Sprache beherrschte. Der dänische König, bei dem sich Storm um die Zulassung bemühte, war Friedrich (Frederik) VII. Karl Christian (1808-1863). Er war von 1848 bis 1863 König von Dänemark. Friedrich starb unerwartet am 15. November 1863 auf dem schleswigschen Schloss Glücksburg. Sein Nachfolger wurde der Prinz Christian von Glücksburg als König Christian IX. Vgl. dazu: Jann Markus Witt und Heiko Vosgerau (Hrsg.), Schleswig-Holstein von den Ursprüngen bis zur Gegenwart. Eine Landesgeschichte, Hamburg, 2002.

[51] Anfang März 1843 konnte der Leser dem Husumer Wochenblatt entnehmen, dass der „Advocat Woldsen-Storm" (in Unterschied zu seinem Vater nannte er sich jetzt so) „bei dem Agenten Schmidt in der Großstraße" praktizierte. Das war im Hintergebäude des alten Danckwerthschen Hauses in der Großstraße 11. Storm hatte dort ein Kontor mit anschließendem Wohn- und Schlafzimmer gemietet. Anfang November 1845 verließ Theodor Storm seine Wohnung und Rechtsanwaltpraxis in der Großstraße und zog in das Haus Neustadt 56. In diesem Haus verbrachten Theodor und Constanze Storm, die er am 15. September 1846 geheiratet hatte, ihre ersten Ehejahre; hier sind drei ihrer Kinder geboren: Hans, Ernst und Karl – und hier schrieb der Dichter seine Novelle „Immensee".

Allerdings erfuhr Storm auch in diesem Haus, und zwar Ende November 1852, dass ihm der dänische König die Bestallung als Rechtsanwalt entzogen hatte.

[52] Theodor Mommsen (1817-1903) war ein deutscher Historiker und gilt als der bedeutendste Altertumswissenschaftler des 19. Jh. Seine Werke und Editionen zur römischen Geschichte sind noch für die heutige Forschung von grundlegender Bedeutung. Vor allem für seine *„Römische Geschichte"* wurde er 1902 mit dem Literaturnobelpreis geehrt. Beginnend mit Theodor Mommsen, der bei der zweiten Verleihung überhaupt den Preis erhielt, wurden bisher acht deutsche Verfasser mit dem Literaturnobelpreis ausgezeichnet (Eucken 1908, Heyse 1910, Hauptmann 1912, Mann 1929, Hesse 1946, Böll 1972, Grass 1999) Carl Johannes Tycho Mommsen (1819-1900), der wie sein Bruder Theodor in Garding geboren wurde, war ein Altphilologe und von 1848 bis 1850 Lehrer am Gymnasium in Husum. Siehe dazu auch: Prof. Ernst Möller, Geschichte des Hermann Tast-Gymnasiums in Husum nebst Lehrer- und Schüler-Verzeichnis, Husum September 1927, S. 61; auch: Zur Erinnerung an das 400jährige Bestehen des Hermann-Tast-Gymnasiums zu Husum am 9.-12. Sept.1927.

[53] Vgl. dazu Karl Ernst Laage, Liebesqualen. Theodor Storm und Constanze als Brautpaar, Heide 2005.

[54] In Ibsens Schauspiel „Hedda Gabler" findet sich die Bezeichnung „Dreieckiges Verhältnis". In seinen Kommentaren zu den Kupferstichen Hogarths schreibt Lichtenberg 1799 von einem „Glückseligkeits-Triangel". Er nimmt dabei Bezug auf eine ältere italienische Wendung: „Triangolo equilaterato" heißt in Italien das häusliche Glückseligkeitssystem aus Mann, Frau und Amant (Liebhaber).

[55] Theodor Storm und sein Chor. Eine Chronik, hrsg. von Theodor Storms Chor von 1843 mit Unterstützung der Theodor-Storm-Gesellschaft Husum, Husum 1993.

[56] Der Schleswig-Holsteinische Krieg wurde von 1848 bis 1850 geführt. Kriegsparteien waren einerseits die deutsche Bewegung in den Herzogtümern Schleswig und Holstein im Bündnis mit den meisten Staaten des Deutschen Bundes, andererseits der Staat Dänemark. Der Friedensvertrag wurde am 2. Juli 1850 in Berlin geschlossen. Ein wesentliches völkerrechtliches Dokument zur Beendigung des Krieges bildete das Londoner Protokoll vom 8. Mai 1852, das den Fortbestand der dänischen Herrschaft über die Herzogtümer garantierte. – Der Rechtsanwalt Theodor Storm war beim Beginn der Erhebung 30 Jahre alt und nahm durch seine ehrenamtliche Tätigkeit als Sekretär im „Patriotischen Hülfsverein", der von Husumer Bürgern gegründet worden war, um Geld für Kriegsgefangene, Verwundete und für den Bau von Kriegsschiffen zu sammeln, und durch die Unterstützung seines angeheirateten Onkels Heinrich Carl Esmarch, der Obergerichtsrat in Schleswig war und im Mai 1848 in die Frankfurter Nationalversammlung gewählt worden war, durchaus aktiv an der politischen Bewegung teil. Storm, der auf Bitten seines Freundes Theodor Mommsen, der Redakteur der Schleswig-Holsteinischen Zeitung in Rendsburg war, Berichte über Ereignisse und Situationen in Husum schrieb, bezog mit seiner Unterschrift unter die Petition der 257 Husumer vom 14. Mai 1849 eindeutig Stellung gegen den

dänischen König und den Gesamtstaat. Ein halbes Jahr später unterschrieb Storm mit 150 Bürgern Husums eine Protestadresse an den dänischen Landeskommissar Tillisch, die sich gegen die dänisch-preußischen Willkürmaßnahmen der neuen Landesverwaltung richtete. Gerade hier setzten die Vorbehalte der dänischen Seite gegen Storm ein. Vgl. u.a. dazu: Franz Schriewer, Theodor Storm in seiner politischen Welt, in: Schriften der Theodor-Storm-Gesellschaft, Schrift 1, Heide 1952, S. 27-40. Hinzuzufügen ist eine Bemerkung von Theodor Fontane: „Er [Storm] hatte für die Dänen dieselbe Geringschätzung wie für die Preußen!"

[57] Frederik Ferdinand Tillisch (1801-1889) war ein dänischer Jurist und Minister. Er wurde 1844 Kabinettsekretär bei König Christian VIII., was vermutlich dafür ausschlaggebend war, dass jener einen schärferen Ton bei der Durchsetzung der dänischen Sprache im Herzogtum Schleswig anschlug. Nach dem Frieden von Berlin 1850 war Tillisch maßgeblich dafür verantwortlich, dass deutschsprachige Beamte und Juristen aus dem Dienst im Herzogtum entfernt wurden. Das traf eine ganze Reihe notabler Persönlichkeiten, wie z.B. Theodor Storm. Diese „Sprachdekrete" hatten zum Ziel, Dänisch als Kirchen- und Schulsprache einzuführen. Sie waren aber auch ein Instrument, missliebige Personen aus dem Staatsdienst zu entfernen.

[58] An Gottfried Keller schrieb Storm am 7.8.1885: „Meine Novellistik hat meine Lyrik völlig verschluckt". Peter Goldammer (Hrsg.), Der Briefwechsel zwischen Theodor Storm und Gottfried Keller, Berlin 1960, S. 165.

[59] Frithjof Löding bezweifelt allerdings, dass Storm von den Dänen zum Verlassen des Landes gezwungen wurde: „Insgesamt gesehen kann man [...] nicht, wie in der älteren Forschungsliteratur des öfteren geschieht, davon sprechen, daß Storm von den Dänen aus der Heimat vertrieben worden sei. Es war sein freier Entschluß, nicht nachzugeben." Fritjof Löding, Theodor Storm und Klaus Groth in ihrem Verhältnis zur schleswig-holsteinischen Frage. Dichtung während einer politischen Krise, Neumünster 1985, S. 94.

[60] Gertrud Storm, a.a.O., S. 65.

[61] Am 18.8.1856 betrat Theodor Storm zum ersten Mal zusammen mit seinem Vater die kleine, weniger als 5.000 Einwohner zählende Stadt im Eichsfeld. Der Husumer Jurist und Dichter kam nicht ganz freiwillig nach Heiligenstadt: 1852 war seine Anwaltszulassung von den dänischen Behörden nicht verlängert worden, da er in den politischen Auseinandersetzungen zwischen Dänemark und den Herzogtümern auf Seiten der schleswig-holsteinischen Erhebung gestanden hatte. Storm musste deshalb im „Ausland" ein Auskommen suchen und fand dies 1853 in Preußen, zunächst als Assessor beim Potsdamer Kreisgericht. Erst im Juli 1856 erfolgte seine Berufung zum Kreisrichter in Heiligenstadt. Mitte September 1856 zog seine Familie ihm nach, Frau Constanze, die Söhne Hans, Ernst und Karl sowie die Tochter Lisbeth; zwei Töchter, Lucie und Elsabe, wurden erst in Heiligenstadt geboren. Storm nahm zunächst eine Wohnung vor dem Kasseler Tor (heute: Liesebühl 2), auf einem Grundstück gelegen, das seinem Bruder Otto gehörte, der dort eine Gärtnerei betrieb. Ein Jahr später wechselte die Familie in die Wilhelmstraße 73

hinüber. Finanziell gesehen war es keine leichte Zeit; mit 600 Reichstalern konnten die Storms selbst bei bescheidenster Lebensführung nicht auskommen. Der Dichter blieb auch als preußischer Kreisrichter auf die Unterstützung seines Vaters angewiesen. Seine juristische Arbeit umfasste zum einen die Tätigkeit eines Bagatellrichters, bei der er häufig Lokaltermine abzuhalten hatte, die ihn in die Umgebung der Stadt führten und ihn mit Land und Leuten bekannt machten. Zum anderen hatte er regelmäßig Schwurgerichtssitzungen beizuwohnen, in denen Schwerverbrechen verhandelt wurden. Storm pflegte in Heiligenstadt einen Lebensstil, der sich bereits in Husum und Potsdam ausgeprägt hatte: Im Mittelpunkt stand die Familie und eine bildungsbürgerliche Geselligkeit mit Hausmusik, Vorleseabenden, wechselseitigen Besuchen von Freunden sowie Ausflügen in die Umgebung. Storm gründete hier wie in Husum einen Gesangverein, das sogenannte „Singkränzchen", mit dem er anspruchsvolle Chorwerke zur Aufführung brachte. Als Novellist gelang Storm in Heiligenstadt mit „Auf dem Staatshof" (1859), „Im Schloss" (1862) und „Auf der Universität" (1863) der Durchbruch zu einem realistischen Schreibstil. Zudem hat er in Heiligenstadt drei seiner schönsten Märchen geschrieben bzw. konzipiert: „Die Regentrude", „Bulemanns Haus" und „Der Spiegel des Cyprianus". Ende 1863 spitzte sich die politische Lage in Storms schleswig-holsteinischer Heimat erneut zu, als am 15. November der dänische König Friedrich VII. starb und mit ihm die männliche Linie seines Hauses erlosch. In die Streitigkeiten um die legitime Erbfolge in den Herzogtümern mischten sich die Interessen der europäischen Großmächte Preußen und Österreich, die am Ende den Krieg gegen Dänemark beschlossen. Im März 1864, bei noch unklaren politischen Verhältnissen im Lande, kehrte Storm nach Husum zurück, nachdem man ihn dort zum Landvogt gewählt hatte.

[62] Kaum hatten die deutschen Truppen am 1. Februar 1864 die Eider überschritten, am 6. das Dannewerk und am 7. Februar Flensburg erreicht, da wurde auch schon die Neubesetzung der Zivilverwaltung vorbereitet. Priviligierte „Eingesessene" (überwiegend Hofbesitzer von Eiderstedt und dem Amt Husum, also ohne die Stadt Husum) wählten am 8. oder 9. Februar Theodor Storm zum Landvogt. Kurz darauf nahm ein preußischer Zivilkommissar die Personalentscheidung in die Hand, setzte den Eiderstedter Ratsmann Adolf Theodor Thomsen aus Oldenswort zum Amtmann ein und dieser lud Storm und weitere Amtsbewerber zu einem Treffen zwecks Bestallung am 16. Februar nach Husum ein, in dem Storm als Landvogt und der Friedrichstädter Kaufmannssohn Friedrich Feddersen Stuhr (1832-1888) als neuer Bürgermeister von Husum bestätigt wurden. Vgl. dazu: Geschichte Husums. Von den Anfängen bis zur Gegenwart, hrsg. von der Gesellschaft für Husumer Stadtgeschichte, Husum 2003, S. 153 ff. Theodor Storm hatte von Anfang an ein gutes Verhältnis zu Friedrich Feddersen Stuhr. Über seine erste Begegnung mit ihm schrieb er am 14. Februar 1864 an Constanze: „Eben war der Bürgermeister Stuhr bei mir, ein allerliebster Mensch, frisch, hübsch, voller Leben". Und als Storm nach Constanzes Tod im September 1865 zu dem russischen Dichter Iwan Turgenjew (1818-1883) nach Baden-Baden reiste, hat Stuhr (lt. Protokoll der Husumer Landvogtei) den Landvogt Storm

vom 6. bis 22. September 1865 vertreten. Stuhrs Nachfolger war der Eckernförder Bürgermeister Roloff Spethmann, der bis 1872/73 im Amt blieb und dann von dem bekannten Bürgermeister Emanuel Gurlitt abgelöst wurde.

[63] Im Haus Süderstraße 12 wohnte der Dichter von 1864 bis 1866. In diesem Haus traf Storm auch der schwerste Schlag seines Lebens: Am 20. Mai 1865 starb hier seine Frau Constanze nach der Geburt ihres 7. Kindes Gertrud.

[64] Theodor Storm und sein Chor, a.a.O., S. 43.

[65] Das Storm Gedicht „Die Stadt" ist mehrfach vertont worden. Eine der jüngsten Vertonungen findet man auf der CD „Es ist ein Flüstern" („Dragseth Duo" singt Storm) aus dem Jahre 1988 und stammt von Manuel Knortz. Das „Dragseth Duo", das 2008 den „Momsen-Preis" (Kulturpreis des Kreises Nordfriesland) bekam, sind die nordfriesischen Musiker Kalle Johannsen aus Husum und Manuel Knortz aus Witzwort. Der „Momsen-Preis" wird seit 1986 jährlich verliehen und ist nach Hans Momsen (1735-1811) aus Fahretoft benannt, der als Landmesser und Bauer sein Leben lang autodidaktisch als Mathematiker, Astronom und Instrumentenbauer tätig war.

[66] Peter Goldammer, Theodor Storm. Eine Einführung in Leben und Werk, Leipzig 1990, S. 119.

[67] Gertrud Storm, Theodor Storm. Ein Bild seines Lebens, Hildesheim/Zürich/New York 1991, S. 111.

[68] Elsabe Esmarch, geb. Woldsen war die Schwiegermutter von Theodor Storm.

[69] Theodor Storm, der Mitte Oktober 1866 mit seiner Familie und der Landvogtei aus der Süderstraße 12 in die Wasserreihe 31 umgezogen war, musste eine Entscheidung treffen, ob er, wegen der jetzt üblichen Trennung von Verwaltung und Justiz, die Stelle eines Amtmanns (später Landrats) oder die eines Richters antreten wolle. Storm entschied sich für das Richteramt und so wurde der Dichter am 9. Oktober 1866 zum preußischen Amtsrichter ernannt. Storm wurde die zweite Abteilung des neu gebildeten Husumer Amtsgerichts zugewiesen. Der gehörten neben dem Kirchspiel Hattstedt auch die von Mildstedt, Ostenfeld, Schobüll, Schwabstedt und Simonsberg an. Provisorisch war das Husumer Amtsgericht zunächst im Schloss untergebracht. Das heutige Amtsgerichtsgebäude in der Theodor-Storm-Straße wurde erst 1907 errichtet. Wegen Umbauarbeiten im Schloss wurde das Amtsgericht (wieder) provisorisch zunächst in das Haus Norderstraße 54 und dann in das so genannte „Homfeldsche Haus" am Markt verlegt. Erst Anfang Mai 1872 wurden im Husumer Schloss die umgebauten Räume für das Amtsgericht fertig. Der poetische Amtsrichter (oder amtsrichternde Poet) wurde 1874 zum „Oberamtsrichter" und 1879 zum „Amtsgerichtsrat" ernannt. Während seiner „Richterzeit" entstanden 14 Erzählungen und Novellen (z.B. „Pole Poppenspäler", „Viola tricolor", „Eekhof", „Aquis submersus" oder „Carsten Curator"). Vgl. dazu Heiner Mückenberger, Theodor Storm – Dichter und Richter. Eine rechtsgeschichtliche Lebensbeschreibung, Baden-Baden 2001.

[70] Das neue „Theodor-Storm-Zentrum" wurde im Juni 2006 in der Wasserreihe 31-35 in Husum eröffnet. Mit seinen grau gestrichenen Außenmauern und den weißen Fensterrahmen steht das Kaufmannshaus genau wie einst da. Umgebaut und neu angeschlossen wurde das Nachbarhaus Nr. 35, in dem Archiv und Forschungsbibliothek untergebracht sind. Das 1969 von der Stadt Husum erworbene Haus konnte 1972 als „Storm-Museum" eröffnet werden. Im Juni 2008 konnte der Ehrenpräsident der „Storm-Gesellschaft" Prof. Karl Ernst Laage und der Direktor des „Storm-Zentrums" Dr. Gerd Eversberg Frau Irene Hahn als 1 000.000 Gast des Hauses einen Blumenstrauß überreichen.

[71] Rainer Polles (Hrsg.), Ferdinand Tönnies – Lebenserinnerungen aus dem Jahre 1935 an Kindheit, Schulzeit, Studium und erste Dozententätigkeit (1855-1894), aus dem Tönnies-Nachlass hrsg., in: Zeitschrift der Gesellschaft für Schleswig-Holsteinische Geschichte (Hrsg. W. Prange) Bd. 105, Neumünster 1980, S. 187-227.

[72] Christian Großkreutz, geb. 1841 in Friedrichstadt starb als Student; Heinrich Maß (1853-1922) wurde Pastor in Stradam in Schlesien; Johannes Franzen (1851-1916) wurde Schulrat; Friedrich Krey (1851-1923) wurde Geheimer Baurat; Heinrich Kühlbrandt geb. 1853 starb als Student. Geschichte des Hermann Tast-Gymnasiums, S. 70.

[73] Dieter Andresen, Kraftfeld Heimat. Profile des Nordens, Norderstedt 2006, S. 297.

[74] Der Lotse. Hamburger Wochenschrift für Deutsche Kultur, 1901, 1. Jg., Heft 44 vom 3.8.1901, S. 591-597.

[75] Das Lehrerkollegium der HTS im Jahre 1871 vor dem Tönnies-Haus: Von links nach rechts, hintere Reihe: Dr. Eberhard, Dr. Matthiessen II, Möller (Gesangslehrer), Grelstorff (Zeichenlehrer), Kühlbrand, Bandholt, Vierth; zweite Reihe: Dr. Kallsen, Direktor Dr. Keck (auf dem Rohrstuhl sitzend), Rohwedder, Dr. Hennings; vordere Reihe: Dr. Schmidt, Dr. Hoburg, Dr. Rosenberg, Dr. Matthiessen I. Fotograf R. Ström, Quelle: Archiv der HTS.

[76] Rainer Polles (Hrsg.), a.a.O., S. 2001.

[77] Theodor Storm, Sämtliche Werke in vier Bänden, hrsg. von Peter Goldammer, Berlin und Weimar 1967, Band IV, S. 391f. Mattathias war ein jüdischer Priester und Freiheitskämpfer, Vater des Judas Makkabäus und Stammvater der hasmonäischen Könige von Juda.

[78] Nach der Niederlage Frankreichs im deutsch-französischen Krieg 1871 mussten das Elsass und ein Teil von Lothringen im Friede von Frankfurt / Main an das neu gegründete Deutsche Reich abgetreten werden.

[79] Keck kam von der Schleswiger Domschule, an die Gidionsen als Rektor wechselte. Siehe dazu auch das unveröffentliche Manuskript über die Gelehrtenschule von Helmut Quack.

[80] Emanuel Gurlitt (1826-1896) stand rd. ein Vierteljahrhundert an der Spitze der Husumer Verwaltung. Der „Drei-Zentner-Mann" Gurlitt avancierte 1873 nach Roloff Spethmann zum Husumer Bürgermeister. Bekannt wurde er auch durch einige schriftstellerische Arbeiten (z.B. „Weinsprossen", 1875) und Gedichte. Kostprobe: „Husums Hafen hätte längst Weltverkehr, wenn he en beeten natter wär!" Gurlitt starb kurz vor dem Ende

seiner zweiten Wahlperiode. Als Nachfolger folgte ihm von 1897 bis 1903 Adolf Menge (1856-1917).

[81] Husumer Gelehrtenschule. Die 1307 zum ersten Mal urkundlich erwähnte Domschule Schleswig konnte 2007 ihr 700jähriges Jubiläum feiern.

[82] Rainer Polley (Hrsg.), a.a.O., S. 205. Karl Heinrich Keck kam unmittelbar von der Schleswiger Domschule und tauschte quasi mit Gidionsen. Unter dem Pseudonym „Karl Heinrich", wie ihn auch die Pennäler heimlich nannten, verfasste er Gedichte und gab seit 1878 – allerdings unter seinem vollen Namen – den „Meynschen Schleswig-Holstein Kalender" heraus.

[83] Brief Storms an Tönnies vom 23.3.1872, in: Dieter Lohmeier, Der Briefwechsel zwischen Theodor Storm und Ferdinand Tönnies, in: Gerd Eversberg / David A. Jackson / Eckart Pastor (Hrsg.), Stormlektüren. Festschrift für Karl Ernst Laage zum 80. Geburtstag, Würzburg 2000, S. 98. Vgl. auch Heinrich Meyer, Theodor Storm und Ferdinand Tönnies, in: Monatshefte für Deutschen Unterricht 32, 1940, S. 355-380. Zum Briefwechsel Storm / Tönnies ist noch anzumerken, dass Storm die Briefe, die Tönnies an ihn schrieb, nur sporadisch aufgehoben hat, wohingegen Tönnies die an ihn gerichteten Storm-Briefe gewissenhaft aufbewahrte. Tönnies stellte die Briefe, die er mit knappen Erläuterungen versah, seinem Neffen Hartwig Jeß für dessen Monographie über Storm (Hartwig Jess, Theodor Storm. Sein Leben und sein Schaffen, Braunschweig 1917) zur Verfügung. Zum Brief vom 23.3.1872 hatte Tönnies angemerkt: „ist geschrieben am Tage meiner Entlassung von der Husumer Schule, bei der ich eine Rede über die literarischen Bewegungen im Elsaß zur Reformationszeit gehalten hatte". C.A. Nissen (1831-1913) aus Koldenbüttel war Amtsrichter in Husum. Tönnies schrieb einmal über Keck: „Director Keck war ein Mann von lebhaftem Geiste, gescheit und gelehrt, dessen öffentliche Reden aber oft guten Geschmack u. Takt vermissen ließen."

[84] Rainer Polley (Hrsg.), a.a.O., S. 206. Gemeint ist das „Siebenbürgische Jägerlied" (Ich schieß´ den Hirsch im wilden Forst) von Franz von Schober (1798-1882) aus der Liedsammlung von 1843, das von der Burschenschaft „SV Casimiriana" zu Coburg als „Bundeslied" gesungen wird. Das Lied „Kein schön´rer Tod ist in der Welt, als wer vom Feind erschlagen" ist die Umbildung eines Meistergesanges des 16. Jh. und stammt von Friedrich Silcher (1789-1860).

[85] Theodor Storm und sein Chor, a.a.O., S. 24.

[86] Ferdinand Tönnies, a.a.O., S. 53.

[87] Ferdinand Tönnies, a.a.O., S. 55f.

[88] Ferdinand Tönnies, a.a.O., S. 53f.

[89] Ferdinand Tönnies, a.a.O., S. 56. Das von Storm zitierte Märchen heißt „Ferenand getrü un Ferenand ungetrü" und wurde in den Kinder- und Hausmärchen von den Brüdern Grimm veröffentlicht (Bd. 2, Berlin 1815, S. 203-210).

[90] Als Kavaliershaus (frz. chevalier) bezeichnete man ab dem Barock ein Gebäude, das als Teil eines Schlossensembles der Aufnahme des Hofstaats diente. Die eingedeutschte

Bezeichnung des Kavaliershauses leitet sich von den ursprünglich den Reitern, bzw. Rittern vorbehaltenen Gebäuden ab. Später wurde der Name synonym für diejenigen Gebäude einer Schlossanlage verwendet, die nicht direkt durch die jeweilige Fürstenfamilie bewohnt waren. Im Kavaliershaus fanden somit Angestellte des Hofes, hohe Beamte, Kuriere oder Gäste ihren Platz. In Barockanlagen umschließen die Kavaliershäuser zusammen mit dem eigentlichen Schloss häufig den so genannten Ehrenhof, sie können mit dem Hauptschloss durch Galerien verbunden sein oder wie in Husum allein stehen. Es gab keine bindenden Regeln, so dass die Kavaliershäuser manchmal auch im Park des Schlosses ihren Platz fanden. Je nach Umfang, Größe und Bedeutung der jeweiligen Residenz – und ihrer Bewohner – kann ein Kavaliershaus gewissermaßen ein Schloss für sich darstellen oder aber auch eher einem Bürgerhaus ähneln. Die Schreibweise des Kavalier**s**hauses ist grundsätzlich mit einem „s".

[91] Theodor Storm hatte seine Diensträume als Amtsrichter ab Mai 1872 im Husumer Schloss. Der Jurist Ludwig Graf zu Reventlow war 1868 zum Königlich-Preußischen Landrat in Husum ernannt worden, und es standen ihm seither nicht nur Amtsräume für die Verwaltung zur Verfügung, sondern auch Wohnräume für sich und seine Familie.

[92] Karl Ernst Laage, Mit Storm auf Schritt und Tritt. Reisebegleiter durch Husum und Nordfriesland, Heide 2006, S. 34 ff. Seinen Charme erhält das Husumer Schloss auch durch seine Außenanlagen. Zur Zeit der Herzoginnen war die Witwen-Residenz mit einem Lustgarten samt Orangerie und Lusthaus sowie einem Nutzgarten zum Anbau von Obst und Gemüse ausgestattet. Auf der Schlossinsel befindet sich der „Kleine Garten", der auch „Herzoginnen-Garten" genannt wird. Unter Herzogin Maria Elisabeth wurden hier sogar Wein und Edelobst kultiviert. Im Norden der Schlossinsel liegt der „Große Garten", den einst rechtwinklige Wegachsen prägten. Nach dem Übergang des Herzogtums Schleswig-Holstein-Gottorf 1721 an Dänemark verlor das Schloss zunehmend an Bedeutung und die Gärten wurden zu Ackerflächen, Weideland, Pachtgärten oder sie verwilderten. Überregional bekannt ist der Schloss-Park durch seine rund fünf Millionen violetten Krokusse – vermutlich der gärtnerischen Sammelleidenschaft der beiden Herzoginnen zu verdanken. Die Stadt Husum hatte das Areal 1878 gekauft und durch den Hamburger Gartenarchitekten Rudolph Jürgens (1850-1930) in einen naturnahen Park nach englischem Vorbild umwandeln lassen. Jährlich findet im Juni das sog. „Husumer Schlossvergnügen" statt. Gemeinsam bieten die im Schloss ansässigen Einrichtungen viel „Buntes" für die ganze Familie an (Live-Musik, Tanz, Basteln u.ä.). Als neueste Attraktion ist der 380 qm große Dachboden zu einer Galerie umgebaut worden, in der künftig zeitgenössische Kunst des 20. und 21. Jh. zu sehen sein wird. In die Ausstellungsräume gelangt der Besucher durch den Turm des Schlosses, der renoviert nun ebenfalls für Besucher bis in die Spitze zugänglich ist. Nahezu leichtfertig wäre es, einen Besuch im vorzüglichen Schloss-Café zu versäumen. Die freundlichen Bedienungen servieren den besten Kaffee und die leckersten Kuchen an der Westküste. Nicht unerwähnt bleiben sollte die Ausstellung „Die Norddeutschen Realisten – Hommage an Theodor Storm", die allerdings nicht im Schloss,

sondern im NordseeMuseum (Nissenhaus) ab Juni 2008 stattfindet. Elf norddeutsche Realisten (Friedel Anderson, Michael Arp, Brigitta Borchert, Tobias Duwe, Frauke Gloyer, André Krigar, Lars Möller, Ulf Petermann, Nikolaus Störtenbecker, Christoph Thiele und Till Warwas) begaben sich auf die Spuren Storms, um die „Wahrhaftigkeit der Inspiration" umzusetzen.

[93] Landesbibliothek Schleswig-Holstein, 22:1.01-09.

[94] „Philologie", also die „Liebe zum Wort" ist die zusammenfassende Bezeichnung für die Sprach- und Literaturwissenschaft einer Sprache oder eines Sprachzweiges. Als älteste Philologie ist die Klassische Philologie zu betrachten. Diese nennt sich klassisch, da sie sich mit dem als klassisch bezeichneten griechischen und römischen Altertum befasst und sich aus ihr die meisten anderen Philologien entwickelten.

[95] 1871, nach dem deutsch-französischen Krieg, wurde Straßburg vom neu gegründeten Deutschen Reich zur Hauptstadt des Reichslandes Elsass-Lothringen erklärt.

[96] Rainer Polley (Hrsg.), a.a.O., S. 208.

[97] Friedrich Max Müller (1823-1900) war ein deutscher Sprachforscher und einer der Begründer der Sanskrit-Forschung. Müller lehrte seit 1850 in Oxford. Im Sommer 1872 hielt er Vorlesungen in Straßburg. Seine Werke werden noch immer von Studenten der Indologie und der Sanskrit-Forschung in aller Welt benutzt. In Indien ist Müller bis heute populär – darum firmieren die deutschen „Goethe-Institute" in Indien unter dem Namen „Max-Müller Bhavan".

[98] Brief Storms an Tönnies vom 17.4.1872, in: Dieter Lohmeier, Der Briefwechsel zwischen Theodor Storm und Ferdinand Tönnies, a.a.O., S. 99. Max Müller hatte Storm, den er bewunderte, zu dessen Geburtstag am 14.9.1869 zusammen mit Klaus Groth in Husum aufgesucht. Auch als Tönnies im August 1878 zum ersten Mal nach England kam, um über Thomas Hobbes zu forschen, und Müller um Vermittlung bitten wollte, weil er den Zugang zu den Archiven des Herzogs von Devonshire auf Schloss Hardwick suchte, gab Storm ihm ein Empfehlungsschreiben an Müller mit.

[99] Rainer Polley (Hrsg.), a.a.O., S. 208.

[100] Rainer Polley (Hrsg.), a.a.O., S. 208f.

[101] Am 1. Mai 1872 fanden die Feierlichkeiten zur Neugründung der nunmehr deutschen Universität Straßburg statt. Die „Kaiser-Wilhelm-Universität" wurde als Prestigeobjekt des preußischen Deutschlands geschaffen und sollte als Musteruniversität zum Vorbild für die anderen Universitäten des neuen Reiches werden. Großzügige finanzielle Mittel und die Berufung vielversprechender Persönlichkeiten sollten wissenschaftliche Spitzenleistungen garantieren. So haben die späteren Nobelpreisträger für Physik W. Röntgen (1901) und F. Braun (1909) und für Chemie E. Fischer (1902) und A. von Baeyer(1905) alle in Straßburg geforscht. 1919, nach dem Ersten Weltkrieg, kamen mit dem Versailler Vertrag das Elsass und Straßburg und damit die Universität wieder zu Frankreich. Die Abtretung an Frankreich erfolgte gemäß den 14 Punkten von US-Präsident Wilson ohne Volksabstim-

mung. Es ist fraglich, ob ein Referendum zugunsten Frankreichs ausgegangen wäre, denn die Stadt war damals rein deutschsprachig.

[102] Rainer Polley (Hrsg.), a.a.O., S. 209f.

[103] Brief Storms an Tönnies vom 15.5.1872, in: Dieter Lohmeier, Der Briefwechsel zwischen Theodor Storm und Ferdinand Tönnies, a.a.O., S. 99f. Mit der D.sch Geschicht (D.[ethmann]sche Geschichte) ist die für Storm unerfreuliche Geschichte einer Unterschlagung seines Sekretärs Carsten Dethmann gemeint. Karl Storm besuchte seit 1871 das Konservatorium in Leipzig. Hans Storm, der älteste Sohn Storms, studierte von 1866 bis 1877 Medizin.

[104] Heinrich Meyer, Theodor Storm und Ferdinand Tönnies, a.a.O., 361f. Zwätzen war zu Tönnies´ Zeiten ein kleiner Ort an der Saale zwischen Jena und Dornburg gelegen. Heute ist Zwätzen ein Ortsteil im Norden Jenas.

[105] Theodor Storm, Sämtliche Werke in vier Bänden, hrsg. von Peter Goldammer, a.a.O., Bd. IV, S. 532.

[106] Theodor Storm ist in dem „Liederbuch“ mit 44 Gedichten vertreten, von denen die meisten konventionell wirken, einige aber schon einen eigenen Stil erkennen lassen. Insgesamt ist das „Liederbuch“ wohl als eine Art „Poesie-Bilanz“ Storms und der beiden Mommsens aus der Studienzeit zu sehen. Die „Clique“ wollte sich ein poetisches Denkmal errichten.

[107] „Bevor Theodor Storm als Student der Jurisprudenz 1837 von Husum nach Kiel kam, trat er in das Corps „Holsatia“ ein“, heißt es im Buch: Kiel zu Fuß. 17 Stadtteilrundgänge durch Geschichte und Gegenwart, hrsg. von Manfred Lang u.a. Hamburg 1989, S. 67.

[108] Die „Allgemeine Erlanger Burschenschaft auf dem Wels“ wurde 1817 (dem Jahr des „Wartburgfestes“) gegründet. Anlässlich des 300. Jahrestages des Thesenanschlags Martin Luthers (31.10.1517) und im Gedenken an die Völkerschlacht bei Leipzig (16.-19.10.1813) lud die Jenaer Burschenschaft Vertreter deutscher Universitäten am 18.10.1817 auf die Wartburg bei Eisenach ein. Fünfhundert Studenten, das waren etwa ein Achtel der damaligen akademischen Jugend, erschienen; die Burschen kamen aus allen Teilen Deutschlands, die nördlichste vertretene Hochschule war die Universität Kiel. In der Folge des Wartburgfestes einigte man sich auf die Gründung einer „Allgemeinen Deutschen Burschenschaft“ als Gesamtverband. Friedrich Caspers war ein Jugendfreund Tönnies´.

[109] Brief Tönnies an Storm vom 9.6.1872, in: Dieter Lohmeier, Der Briefwechsel zwischen Theodor Storm und Ferdinand Tönnies, a.a.O., S. 100 ff. Der Spruch, den Tönnies zitiert, stammt der Sage nach von der in Katharinenherd (ein kleiner Ort westlich von Tönning/Eiderstedt) geborenen Martje Flohrs (1689-1747) und lautet korrekt „Et gah uns wohl op unse olen Dage“ „Es geh´ uns wohl auf unsere alten Tage“.

[110] Rainer Polley (Hrsg.), a.a.O., S. 211.

[111] Originalbrief in Privatbesitz. Die Hausnummer ist im Brief nicht angegeben.

[112] Brief von Ferdinand Tönnies an seinen Vater vom 10.5.1872, TAN, Sig. V.1.1.

[113] Kümmelblättchen (engl. Three Card Monte) ist ein Falschspielertrick, bei dem der Zuschauer vor ihm liegende Karten im Auge behalten muss (ähnlich dem „Hütchenspiel"). Der Falschspieler mischt die Karten so geschickt, dass das Opfer keine Chance hat zu gewinnen.

[114] Die Saalgasse in Jena war häufig vom Hochwasser bedroht. In der Chronik der Stadt Jena heißt es z.B.: „Am 31.8.1643 führte die Saale derartiges Hochwasser, dass man von der Saalgasse mit dem Boot über den Steinweg fahren könnt". Heute ist die Saalgasse in Saalstraße umbenannt worden und gehört zur Jenaer Fußgängerzone.

[115] Der Landesherr Johann Friedrich I. hatte bereits 1548 ein ehemaliges Dominikanerkloster als „Collegium Jenense" gegründet, aber erst 1558 erhielt die Jenaer „Hohe Schule" das kaiserliche Universitätsprivileg zuerkannt. Zur Zeit Tönnies´ nannte sie sich „Herzoglich Sächsische Gesamt-Universität" und ab 1920 „Thüringische Landesuniversität". Geistesgrößen wie Hegel, Fichte, Schelling, Voß oder die Gebrüder Schlegel und Friedrich Schiller lehrten in der Saalestadt. Novalis, Hölderlin, Brentano, Fröbel oder Arndt saßen in ihren Vorlesungen.

[116] Rainer Polley (Hrsg.), a.a.O., S. 212.

[117] Ferdinand Tönnies. Eutin (Holstein), in: Deutsche Philosophie der Gegenwart in Selbstdarstellungen, R. Schmidt (Hrsg.), Leipzig 1922, S. 200.

[118] Der in Sandewalde bei Guhrau (heute in Polen) geborene Kuno Fischer (1824-1907) galt allgemein als Kenner von Immanuel Kant und Wilhelm Hegel.

[119] Wilhelm Adolf Schmidt (1812-1887) war Mitglied der Frankfurter Nationalversammlung (1848) und von 1874 bis 1876 Mitglied des Reichstages. Er wurde 1851 Professor für Geschichte an der Universität Zürich und ging dann 1860 zur Universität Jena.

[120] Berthold Gustav Gottlieb Delbrück (1842-1922) lehrte seit 1870 an der Universität Jena vergleichende Sprachwissenschaft und Sanskrit, das er selbst aktiv beherrschte. Von 1908 bis zu seiner Emeritierung 1913 war er Rektor der Universität.

[121] Ferdinand Tönnies. Eutin (Holstein), a.a.O., S. 200. Karl August Hase (1800-1890), ab 1883 von Hase, war ein evangelischer Theologe und Professor der Theologie an der Universität Jena und großherzoglich-sächsischer Wirklicher Geheimrat. In seiner Jenaer Zeit war Hase mehrfach Rektor der Universität und Dekan der Theologischen Fakultät. Seine Theologie erstrebte die Versöhnung des kirchlichen Christentums mit der modernen Bildung, wobei im Gegensatz zur Orthodoxie auf das religiöse Bewusstsein des Subjekts und im Gegensatz zum Rationalismus das Hauptgewicht auf die historische Bedeutung der christlichen Kirche gelegt wurde. Gerade diese Art „Theologie" sprach den jungen Tönnies an.

[122] Der 1833 in Husum geborene jüngste Bruder Theodor Storms schrieb seinen Vornamen Aemil und betonte ihn auf der zweiten Silbe gemäß der lateinischen Form „Aemilius", vgl. dazu: Peter Goldammer, „Meine geistige Ergänzung". Theodor Storm und sein Bruder Aemil. Mit zwei unbekannten Briefen des Dichters, in: Storm-Blätter aus Heiligenstadt, Heiligenstadt 1997, hrsg. vom Literaturmuseum „Theodor Storm".

[123] Brief Theodor Storms an Ada Christen vom 26.1.1875. Ada Christen (1839-1901) hieß eigentlich Christiane Rosalia Friederik und war eine österreichische Schriftstellerin.

[124] Rainer Polley (Hrsg.), a.a.O., S. 201.

[125] Gleich die erste Maßnahme der preußischen Regierung war bei ihren neuen Untertanen in Schleswig-Holstein am unbeliebtesten: die Einführung der „Allgemeinen Wehrpflicht“ von drei Jahren, die am 15. Oktober 1866 in den Herzogtümern eingeführt worden war und alle Männer betraf, die nach 1842 geboren worden waren. Wer allerdings ein Gymnasium oder eine Realschule beendet hatte, brauchte nur ein Jahr zu dienen. Die Parlamente wollten damals keine großen Budgets für das Militär genehmigen und die Zahl der Offiziersanwärter sank, daher die Idee, den „Einjährig-Freiwilligen“ in der Armee einzuführen, um sie so an das Heer zu binden und mit ihnen Offiziersstellen aufzufüllen.

[126] Friedrich Paulsen wurde 1878 mit einem Lehrauftrag „Pädagogik“ betraut, der im darauf folgenden Jahr zu einem Extraordinariat erweitert wurde. Paulsen lehnte zahlreiche „Rufe“ von Universitäten, wie z.B. Breslau, München oder Harvard, ab und wurde 1894 auf einen Lehrstuhl für Philosophie und Pädagogik an seine „Hausuniversität“ berufen. Hier avancierte Paulsen in den folgenden Jahren zu einem der einflussreichsten Wissenschaftler seiner Zeit. Schüler von ihm waren u.a. Jonas Cohn, Paul Hinneberg, Edmund Husserl, Herman Nohl, Albert Schweitzer, Eduard Spranger und eben Ferdinand Tönnies.

[127] Der Freund und wissenschaftliche Weggefährte Ferdinand Tönnies schrieb über Paulsen, dass wenige im letzten Menschenalter einen so weitreichenden Einfluss auf die allgemeine Denkungsart im deutschen Sprachgebrauch auszuüben vermochten wie Friedrich Paulsen. Zum 100. Todestag wird im September 2008 in der Schleswig-Holsteinischen Landesbibliothek eine Konferenz über Friedrich Paulsen stattfinden. Die vom Nordfriisk Institut (Prof. Dr. Thomas Steensen) und der Landeszentrale für politische Bildung (Dr. Klaus Kellmann) ausgerichtete Veranstaltung wird u.a. auch das Verhältnis Tönnies / Paulsen zum Thema haben.

[128] Paulsens Jugenderinnerungen „Aus meinem Leben“ sind postum erschienen (Jena 1909) und reichen bis 1877. Das hier erwähnte Zitat steht auf Seite 204.

[129] Olaf Klose / Eduard Georg Jacoby / Irma Fischer (Hrsg.), Ferdinand Tönnies / Friedrich Paulsen Briefwechsel 1876-1908, Kiel 1961, S. 13. Friedrich Paulsen war seit 1877 mit Emilie Ferchel, einer Pflegetochter des Politikers Justus von Gruner verheiratet. Mit ihr hatte er zwei Töchter und zwei Söhne; darunter den späteren Philosophen Rudolph Paulsen. Emilie Ferchel verstarb 1883. Paulsen heiratete 1892 in zweiter Ehe die Schwester seiner verstorbenen Ehefrau Laura Ferchel. Theodor Storm arbeitet zu der angegebenen Zeit in der Tat an einem „Stoff“ aus dem 17. Jh. An seinen Verleger Paetel schrieb er: „An meinem seltsamen Stück aus Anno 1700 arbeite ich zwar täglich; aber Sie wissen, es geht langsam bei mir, und wenn ich es Ihnen Ende Februar abliefere, so müssen sie schon zufrieden sein.“ Volker Griese, Theodor Storm. Chronik seines Lebens, Husum 2002, S. 124. Das seltsame Stück, das Storm meinte, heißt „Renate“ und erschien im April 1878 in der Zeitschrift „Deutsche Rundschau“.

[130] Paul Johann Ludwig von Heyse (1830-1914), geadelt 1910, war ein deutscher Schriftsteller, der 1910 als erster deutscher Autor belletristischer Werke mit dem Nobelpreis für Literatur ausgezeichnet wurde. Paul Heyse kann mit einigem Recht als der letzte wirkliche „Dichterfürst" der deutschen Literatur bezeichnet werden. Heyse bekam vom Verleger Alexander Duncker 1850 ein Manuskript des noch unbekannten Theodor Storms und schrieb begeistert über Storms „Sommergeschichten und Lieder". Dies wurde der Grundstein einer dauerhaften Dichterfreundschaft.

[131] Storm zitiert hier das Geibel Gedicht „Transeat" in dem es schließlich heißt: „Und nun wollst du Grillen fangen, Weil ein Traum in Schaum zergangen? Greif zum Becher und vergiß! Transeat cum ceteris!"

[132] Brief Storms an Tönnies vom 18.4.1878, in: Dieter Lohmeier, Der Briefwechsel zwischen Theodor Storm und Ferdinand Tönnies, a.a.O., S. 103f. Erich Schmidt (1853-1913) war ein deutscher Literaturwissenschaftler, den Storm 1877 in Würzburg kennengelernt hatte. Ernst war der zweitälteste Sohn Storms. Wilhelm der zweitälteste Bruder von Ferdinand Tönnies. Hinrich Peter Cornils (1825-1905) war ein Rechtsanwalt aus Husum.

[133] Pastor Harro Feddersen (1825-1901) war seit 1857 mit Maria Lovisa Christine Esmarch (1828-1906), der Tochter von Johann Philip Ernst Esmarch (1794-1875) und seiner Frau Elsabe Woldsen (1796-1873), verheiratet.

[134] Ferdinand Tönnies, Gedenkblätter, a.a.O., S. 56f. Die Novelle „Aquis submersus" von Theodor Storm, die erstmals 1876 in der Nr. 9 der Zeitschrift „Deutsche Rundschau" (S. 1-49) veröffentlicht wurde und 1877 leicht korrigiert als Buch erschien. Storm war bei einem Besuch in der um 1200 im romanischen Stil erbauten St. Marien- und St. Johanneskirche in Drelsdorf von einem dort hängenden Epitaph inspiriert worden. Es handelt sich um das Bild der Predigerfamilie Bonnix, den so genannten „Bonnix-Epitaph", der bis heute dort hängt. Dem Sohn der Familie war ein weiteres Bild gewidmet mit der Inschrift „Henricus Bonnix, aquis incuria servi submersus obyt Ao 1656, 17 May aetatis 10" (Heinrich Bonnix, infolge der Unachtsamkeit eines Dieners im Wasser versunken und gestorben im Jahre 1656, am 17. Mai, zehnjährig). Storm machte – wohl aus dramaturgischen Gründen – aus der Unachtsamkeit des Dieners (incuria servi) die Schuld des Vaters (culpa patri). Zusätzlich wurde von Storm das Motiv der unerfüllten Liebe eingebaut und aus dem zehnjährigen Heinrich wurde der fünfjährige Johannes. Vgl. dazu Gerd Eversberg in Zusammenarbeit mit Karl Ernst Laage und Dieter Lohmeier (Hrsg.), Theodor Storm: Aquis submersus, Heide 1992. Die Novelle ist zweimal verfilmt worden, zuerst als Spielfilm 1951 (Unsterbliche Geliebte) und 1979 als Fernsehspiel (Wie Rauch und Staub).

[135] Volker Griese, a.a.O., S.123. Hans Storm hatte seinem Vater zunächst verschwiegen, dass er das Examen im März 1877 nicht bestanden hatte, bis er es endlich drei Monate später schaffte. Aber die Zuversicht Storms wurde durch den labilen Sohn alsbald wieder enttäuscht, der zu einer „geregelten Arbeit" unfähig war. Storm schrieb an Erich Schmidt „Ich fühle, daß ich an diesem Leide, das Jahre dauert u. immer schwerer wird, wenn auch nicht bald sterben, so doch am Geist u. Körper zerrüttet werden muß, daß es überdies die

Jugend der Geschwister trübt u. die Gesundheit meiner Frau untergräbt, abgesehen daß ich es pecuniär nicht aushalte." Volker Griese, a.a.O., S. 124.

[136] Ferdinand Tönnies. Eutin, a.a.O., S. 202.

[137] Brief von Ferdinand Tönnies an Friedrich Paulsen vom 26.11.1877, in: Olaf Klose / Ernst Georg Jacoby / Irma Fischer (Hrsg.), Ferdinand Tönnies / Friedrich Paulsen. Briefwechsel 1876-1908, Kiel 1961, S. 5f.

[138] Die amtsangehörige Gemeinde Mildstedt liegt im Kreis Nordfriesland direkt südöstlich von Husum an der Bundesstraße 5. Whist ist ein Kartenspiel für vier Personen, das Whist ist der Vorläufer des Bridge-Spiels.

[139] Ferdinand Tönnies. Eutin, a.a.O., S. 202.

[140] Das Wilde Stiefmütterchen (viola tricolor) wird im Volksglauben folgendermaßen gedeutet: Die fünf bunten Blütenblätter werden von fünf Kelchblättern getragen. Das unterste, große und stark gefärbte Blütenblatt sitzt auf zwei Kelchblättern. Das ist die Stiefmutter. Links und rechts von ihr sitzen ihre zwei bunt gefärbten Töchter jeweils auf einem Kelchblatt. Die zwei oberen meist einfach violettfarbenen Blütenblätter stellen die zwei Stieftöchter dar. Sie müssen sich mit einem Kelchblatt gemeinsam begnügen. In Storms stark unter seinem persönlichen Schicksal gefärbten Novelle von 1873 leidet Ines, die zweite Frau des Gelehrten Rudolf, unter der beständigen Präsenz der verstorbenen ersten Frau ihres Mannes. Ein verwilderter Garten, den Rudolf verschlossen hält, wird zum Symbol seiner Bindung an die Verstorbene. Erst nach der Geburt eines Kindes betritt Rudolf gemeinsam mit Ines den Garten.

[141] Den Anstoß zur Novelle „Pole Poppenspäler" hatte der Schriftsteller und Journalist Julius Lohmeyer gegeben, der von 1873 bis 1893 im Verlag Alphons Dürr, Leipzig, die Zeitschrift „Deutsche Jugend" herausgab. Lohmeyer hatte sich zum Ziel gesetzt, in seiner Zeitschrift geeignete Lesestoffe für Jugendliche anzubieten und hatte zu diesem Zweck bekannte zeitgenössische Schriftsteller zur Mitarbeit aufgefordert. Storm nahm dieses Angebot an und setzte sich unmittelbar nach Vollendung der Novelle „Viola tricolor" an die Arbeit. Das 1874 veröffentlichte Werk zählt heute mit zu den bekanntesten Werken Storms und soll ein Erlebnis des ältesten Sohnes Hans als Ursache haben, der die Familie eines wegen Diebstahlverdachts unschuldig festgenommenen „Zigeuners" zunächst in der elterlichen Familie verköstigt und sich dann erfolgreich für die Unterbringung der mittelosen Menschen im städtischen Armenhaus eingesetzt hat. Die 1984 begründeten „Pole Poppenspäler Tage" in Husum haben sich zu einem der wichtigsten regelmäßigen Treffen deutscher und internationaler Figurentheater entwickelt.

[142] Der Hamburger Sozialdemokrat und Lehrer Heinrich Wolgast (1860-1920) stand unter dem Einfluss der Kunsterziehungsbewegung, die sich gegen den Rationalismus der Industriegesellschaft wandte und eine Erziehung des Menschen durch die Kunst zur Kunst anstrebte. Er veröffentlichte 1896 die Streitschrift „Das Elend unserer Jugendliteratur".

[143] Ferdinand Tönnies, a.a.O., S. 57 ff.

[144] Ferdinand Tönnies, a.a.O., S. 57 ff. Mit über 200 Sololiedern, zahlreichen Chören und mehrstimmigen Liedern ist die Vokalmusik der umfangreichste Bereich unter den Werken von Brahms. Zu einigen seiner schönsten Lieder gehört die Vertonung von Gedichten norddeutscher Dichter, vor allem von Klaus Groth, aber auch von Johann Heinrich Voß, Friedrich Hebbel, Detlev von Liliencron und Theodor Storm.

[145] Brief von Friedrich Paulsen an Ferdinand Tönnies vom 16.8.1878, in: Olaf Klose / Eduard Georg Jacoby / Irma Fischer (Hrsg.), a.a.O., S. 36f.

[146]Brief von Ferdinand Tönnies an Friedrich Paulsen vom 21.8.1878, in: Olaf Klose / Eduard Georg Jacoby / Irma Fischer (Hrsg.), a.a.O., S. 37f .

[147] Brief von Ferdinand Tönnies an Friedrich Paulsen vom 21.8.1878, in: Olaf Klose / Eduard Georg Jacoby / Irma Fischer (Hrsg.), a.a.O., S. 37ff.

[148] Sir William Molesworth (1810-1855) war ein englischer Politiker. 1839 ließ er nach einer umfangreichen Recherche die bis dahin bekannten Schriften des Thomas Hobbes drucken.

[149] Brief von Ferdinand Tönnies an Friedrich Paulsen vom 21.8.1878, in: Olaf Klose / Eduard Georg Jacoby / Irma Fischer (Hrsg.), a.a.O., S. 37ff.

[150] Ebenda

[151] Ebenda, S. 41ff.

[152] Friedrich Max Müller (1823-1900) war von 1854 bis 1875 Professor der vergleichenden Philologie in Oxford und widmete den Rest seines Lebens der großen Ausgabe der „Sacred Books of the East“ (51 Bände). Theodor Storm hatte Tönnies 1872 eine Empfehlung an Max Müller mitgegeben, als dieser eingeladen war, an der neueröffneten Universität Straßburg zu lesen, und der 16jährige Tönnies dort sein Studium beginnen wollte.

[153] Brief Max Müllers an Ferdinand Tönnies vom 27.8.1878 und ein zweiter vom 11.9.1878, bei C. v. Brockdorff, Zu Tönnies´ Entwicklungsgeschichte, Kiel 1937, S. 4f.

[154] Ferdinand Tönnies. Eutin (Holstein), a.a.O, S. 202 f.

[155] Das „Ausnahmegesetz“ enthielt sowohl das Verbot sozialdemokratischer Zusammenschlüsse wie auch ein Verbot der sozialistischen Gewerkschaften, des „Allgemeinen Deutschen Arbeitervereins“ und der Internationalen Gewerkschaften und gab der Regierung die Möglichkeit, sozialistische Zeitungen und Zeitschriften zu verbieten. Agitatoren konnten ausgewiesen werden. Die sozialdemokratische Reichstagsfraktion blieb jedoch bestehen. Die alsbald eingeleitete Gesetzgebung zur Gründung der Sozialversicherung sollte die propagandistischen Möglichkeiten der sozialistischen Agitation gegen den Staat weiter beschneiden. Ein Ergebnis des Sozialistengesetzes war, dass die Reichstagsmandate der Sozialdemokraten 1884 um das Doppelte (gegenüber 1881) stiegen und die staatsfeindliche Einstellung der deutschen Arbeiterschaft vertieft wurde. Bismarck wurde am 20.3.1890 durch den jungen Kaiser Wilhelm II., einem Sohn des nach nur 99tägiger Regentschaft 1888 verstorbenen Kaiser Friedrich III., entlassen. Weitgehend beigelegt wurden die Vorbehalte gegen die Sozialdemokraten (und gegen die Katholiken im

Kulturkampf) mit Beginn des I. Weltkrieges, mit der Thronrede vom 4. August 1914: „Ich kenne keine Parteien mehr, ich kenne nur noch Deutsche".

[156] Dr. Johannes Wedde (1843-1890) war Privatlehrer, Lyriker und Theaterkritiker; er gab seit dem Frühjahr 1881 die dreimal wöchentlich erscheinende „Bürgerzeitung" („Das alleinige Organ der hamburgischen Demokratie") heraus. Zusammen mit dem Juristen Johann Friedrich Voigt engagierte sich Wedde besonders in der Diskussion um Hamburgs Zollanschluss.

[157] Ferdinand Tönnies, Gedenkblätter, a.a.O., S. 61.

[158] Johannes Wedde, Der politische Storm zwischen Bürgertum und Sozialdemokratie, o.O., 1888. Der Naturalismus prägte in Deutschland den Begriff der „Moderne". „Moderne" wurde aus dem Adjektiv „modern" abgeleitet, das bereits in der Frühromantik bei Schlegel auftaucht. Die substantivierte Form „Die Moderne" wurde, als Kontrastbegriff zu „die Antike", von dem Germanisten Eugen Wolff im Jahre 1886 im Rahmen eines Vortrages in dem deutschen Naturalisten-Club „Verein Durch!" eingeführt.

[159] Karl Emil Franzos (1848-1904) war ein in Russisch-Podolien nahe von Czortkow (Galizien) geborener österreichischer Schriftsteller und Publizist. Seine Erzählungen und Romane reflektieren die Welt des osteuropäischen Judentums und die Spannungen, denen er als Jude und Deutscher in Galizien und der Bukowina ausgesetzt war. 1886 übersiedelte er nach Berlin und redigierte bis 1904 die Zeitschrift „Deutsche Dichtung". Sein wichtigstes Werk, der Entwicklungsroman „Der Pojaz", erschien postum 1905.

[160] Johannes Wedde, Theodor Storm. Einige Züge zu seinem Bilde, Hamburg 1888, S. 26f.

[161] Theodor Storm, Ein Doppelgänger, Reclams-Universal-Bibliothek, Stuttgart 1962, S. 70f.

[162] Hartmut Vinçon, Theodor Storm mit Selbstzeugnissen und Bilddokumenten, Reinbek bei Hamburg 1972, 15. Auflage 1999, S. 152.

[163] Peter Goldammer, Theodor Storm, a.a.O., S. 172f.

[164] Almut Hoppe, John Glückstadt. Theodor Storms Novelle „Ein Doppelgänger" in der Verfilmung von Ulf Miehe. Der 1975 erstaufgeführte Film „John Glückstadt" hat den Untertitel *Frei nach Theodor Storms Novelle „Ein Doppelgänger"*. Damit signalisiert Miehe einen freien Umgang mit der literarischen Vorlage. Neben der fehlenden Rahmenhandlung ist insbesondere die Modifikation des Schlusses erwähnenswert. „John Glückstadt" überlebt und fährt – dem Rat des Bürgermeisters folgend – voller Optimismus mit Christine nach Amerika. Mit seiner ersten Filmrolle als „John Glückstadt" gewann Dieter Laser auf Anhieb einen Bundesfilmpreis.

[165] Schriften der Theodor-Storm-Gesellschaft, Storm Archiv, Band 52.

[166] Seit 1966 arbeitete Professor Dr. Karl Ernst Laage 37 Jahre lang ehrenamtlich für die „Theodor-Storm-Gesellschaft", 25 Jahre als wissenschaftlicher Sekretär und weitere 12 Jahre als ihr Präsident. In einer Laudatio zur Verabschiedung aus dem Präsidentenamt im Jahre 2003 heißt es u.a.: „Mit seinem umfangreichen literarischen Werk über Storm hat er

das geschafft, was Thomas Mann begonnen hatte: Storm aus der Ecke der Heimatdichter herauszuholen und ihn und sein Werk in internationale Zusammenhänge zu stellen, ihm „die Weltwürde der Literatur" zuzusprechen."

[167] Karl Ernst Laage, Der kritische Storm, Heide in Holstein 1989, S. 22.

[168] Vgl. dazu: Karl Ernst Laage, Theodor Storm. Eine Biographie, Heide 1999, S. 234 sowie Karl Ernst Laage, Der kritische Storm, a.a.O., S. 54 und der Aufsatz von Karl Ernst Laage, Zur „Storm-Stiftung zum Wohle der Arbeiter" in den Schriften der Theodor-Storm-Gesellschaft, Band 46/1997, S. 99-104.

[169] Alfred Biese (1856-1930) war ein Philosoph und Literaturhistoriker. Als Höhepunkt seiner geistigen Arbeit und als Lebenswerk schrieb er die dreibändige deutsche Literaturgeschichte.

[170] Émile Zola (1840-1902) gilt als einer der großen französischen Romanciers des 19. Jahrhunderts und als Leitfigur der gesamteuropäischen literarischen Strömung des Naturalismus. Zugleich war er ein sehr aktiver Journalist, der sich auf einer gemäßigt linken Position am politischen Leben beteiligte. Unter dem Eindruck des blutig niedergeschlagenen Bergarbeiterstreiks in Anzin von 1884 entstand der Roman „Germinal", der das mühselige, entbehrungsreiche Leben einer Bergbaugemeinde im Kohlerevier Nordfrankreichs beschreibt. Der Titel bezieht sich dabei einerseits auf den Kalender des revolutionären Frankreichs, wo Germinal der Monat des Keimens, des Aufgehens der Saat bedeutet, umgerechnet also Frühling, Mitte März bis Mitte April, andererseits verknüpft sich damit natürlich auch eine Symbolik der Hoffnung, in diesem Fall der Hoffnung auf gesellschaftliche Erneuerung. Objektiv und distanziert beschreibt Zola die trostlosen Lebens- und menschenunwürdigen Arbeitsbedingungen.

[171] Karl Ernst Laage, Theodor Storm. Eine Biographie, a.a.O., S. 234; dazu auch: Karl Ernst Laage, K. H. Keck „Storm-Stiftung zum Wohle der Arbeiter aus Anlaß des `Doppelgängers´ in: Schriften der Theodor-Storm-Gesellschaft Band 46/1997, S. 99-104.

[172] Gerhard Hachmann (1838-1904) war zunächst Rechtsanwalt und seit 1885 „Polizeiherr". Dieses Amt gab er erst ab, als er am 1. Januar 1900 zunächst stellvertretender und wenig später erster Bürgermeister in Hamburg wurde.

[173] Es liegt nahe, dass die „Bürgerzeitung", die inzwischen deutliche sozialdemokratische Positionen vertrat, dem Senat zu lästig geworden war: einerseits wegen ihrer detailierten Berichterstattung über einen Prozess gegen Hamburger Sozialdemokraten, andererseits wegen ihrer Haltung gegen den Anschluss der Hansestadt an das deutsche Zollgebiet.

[174] Theodora Wedde, Johannes Wedde. Gedenkblätter, Hamburg 1891, S. 97.

[175] Richard Avenarius (1843-1896) war Professor für Philosophie in Zürich und Herausgeber der „Vierteljahresschrift für wissenschaftliche Philosophie", mit der er das Programm verfolgte, die Wissenschaftlichkeit der Philosophie durch deren Bindung an die Erfahrung zu sichern. Er bekannte sich in seinem zweibändigen Hauptwerk „Kritik der reinen Erfahrung" (1888-90) zum „Realismus". Ausgehend von zwei „empiriokritizistischen

Axiomen", machte er die von subjektiven Komponenten reine Erfahrung zur Grundlage einer allgemeinen Erkenntnistheorie. Damit wurde er zum Begründer einer als „Empiriokritizismus" bekannten Version des Positivismus.

[176] Brief Friedrich Paulsens an Ferdinand Tönnies vom 1.11.1879, in: Olaf Klose / Eduard Georg Jacoby / Irma Fischer (Hrsg.), a.a.O., S. 64.

[177] Brief Ferdinand Tönnies' an Friedrich Paulsen vom 2.11.1879, in: Olaf Klose / Eduard Georg Jacoby / Irma Fischer (Hrsg.), a.a.O., S. 66.

[178] Brief Storms an Tönnies vom 17.1.1879, in: Dieter Lohmeier, Der Briefwechsel zwischen Theodor Storm und Ferdinand Tönnies, a.a.O., S. 105. Storm teilte am 4.1.1879 seinem Sohn Ernst mit: „Ferdinand T. schrieb mir eine herzliche Karte aus Berlin, wo er bei Professor Paulsen Weihnachten feierte". In den Anmerkungen von Ferdinand Tönnies zu dieser Storm-Postkarte heißt es: „Elisabeth und Ida sind meine Schwestern, ebenso Luise, die damals in Berlin in einer Pension war. Elisabeth war aber da vor Weihnachten mit gewesen, war aber dann nach Weihnachten zu Hause. T. – Landrat von Wussow, ein Freund aus Heiligenstadt, lebte in Berlin, wo ihn Storm 1884 selber besuchte. – Die Bedeutung von Weihnachten für die Stormfamilie ist aus mancher Mitteilung Gertruds genügend bekannt. Siehe bes. ihr *Weihnachten bei Theodor Storm* in dem Jahrbuch *Meerumschlungen*, ed. Rich. Doße, Hamburg 1907." Mit „W.W. Freude" ist die Novelle „Wald- und Wasserfreude" gemeint, die im März 1879 in der Zeitschrift „Deutsche Rundschau" erschien.

[179] Brief Storms an Tönnies vom Juni 1879, in: Dieter Lohmeier, Der Briefwechsel zwischen Theodor Storm und Ferdinand Tönnies, a.a.O., S. 106. Wilhelm August Boysen heiratete später Louise (Luise), die Schwester von Ferdinand Tönnies, und ließ sich als Rechtsanwalt in Kiel nieder.

[180]Brief Storms an Tönnies vom 29.11.1879, in: Dieter Lohmeier, Der Briefwechsel zwischen Theodor Storm und Ferdinand Tönnies, a.a.O., S. 106f. In den Anmerkungen von Ferdinand Tönnies zu diesem Brief heißt es: „Das letzte Weihnachtsfest – es war schon beschlossen, Husum zu verlassen. Lutes guter Hermann: Lucie Storm war verlobt mit einem jungen Apotheker [Hermann Kirchner (1852-1928], es ging nachher zurück. Ernst war im Assessor-Examen. Stutor war ein Verwandter, damals, glaube ich, Staatsanwalt in Kiel [Friedrich Stuhr (1832-1888), seit 1872 Staatsanwalt in Kiel]. Lisbeth hatte einen Wittwer Pastor Haase geheiratet [die Hochzeit mit Gustav Haase (1838-1904), Pastor in Heiligenhafen, hatte am 24.10.1879 stattgefunden]. H[an]s, der älteste Sohn Storms fuhr seit 1879 eine Zeitlang als Schiffsarzt, nachdem er 1877 sein Medizinstudium abgeschlossen und sich durch seine Trunksucht als praktischer Arzt in Heiligenhafen unmöglich gemacht hatte. Gurlitt war der Bürgermeister von Husum: „Auch Dichter" (Emanuel Gurlitt (1826-1896) veröffentlichte 1880 „Von de Nordseestrand. Plattdütsche Gedichte").

[181]Der Pfarrerssohn Wilhelm Maximilian Wundt (1832-1920) erhielt 1864 eine medizinisch-physiologische Professur in Heidelberg. Die Arbeit dort führte ihn zur Psychologie. Professuren in Zürich (1874) und Leipzig (1875) folgten. In Leipzig gründete Wundt das

erste „Institut für experimentelle Psychologie". Die parallel ablaufenden seelischen und körperlichen Prozesse sind für Wundt von unterschiedlicher Qualität und experimentell erforschbar. Er betonte die Bedeutung des Willens und der „schöpferischen Synthese" des Menschen in psychischen Vorgängen. Diese Arbeiten und ihre Verbreitung durch seine Studenten in aller Welt etablierten das Fach Psychologie. Im Jahre 1902 wurde Wundt zum Ehrenbürger der Stadt Leipzig ernannt.

[182] Rainer Polley (Hrsg.), a.a.O., S. 225.

[183] Peter Goldammer (Hrsg.), Der Briefwechsel zwischen Theodor Storm und Gottfried Keller, Berlin 1960, S. 75.

[184] Peter Goldammer (Hrsg.), Briefwechsel Storm / Keller, a.a.O., S. 35f.

[185] Theodor Storm, der eine Umwälzung des ganzen Justizwesens fürchtete („lauter andre Gesetze"), hatte bereits recht früh angedeutet, „noch etwas von meiner armen Seele zu retten" [an Gottfried Keller 18.2.1879] um seinen „Kopf aus der Juristschlinge" herauszuziehen [an Wilhelm Petersen 15.10.1878]. Am 28.4.1880 erhielt er den Bescheid, dass „Seine Majestät der König dem Amtsgerichtsrath Storm in Husum [...] die nachgesuchte Entlassung aus dem Justizdienst ertheile". Zur Höhe der Pension vergleiche: Volker Griese, Theodor Storm, a.a.O., S. 130.

[186] Der Orden wurde Storm von Ludwig II., König von Bayern, als „Auszeichnung für die Erwähltesten Geister der Nation" verliehen. Storm schrieb am 23.12.1882 an seine Tochter Elsabe: „So gleichgültig ein Orden wie der (preußische) Rote Adler ist, der jedem abgehenden Beamten als Alterszeichen aufgeheftet wird, [...] so ist diese – auf Grund des Antrags sachverständiger Männer erfolgende – Auszeichnung doch als eine erfreuliche Anerkennung anzusehen und hat mir wohlgetan." Der Bayerische Maximiliansorden für Wissenschaft und Kunst, der gerne auch als „Bayerischer Nobelpreis" bezeichnet wird, wurde 1853 vom Bayerischen König gestiftet. Nach 1932, also mit Beginn der Nazizeit, wurde der Orden, der bis dahin jährlich verliehen wurde, nicht mehr vergeben. Erst 1980 wurde die hohe Auszeichnung durch den damaligen Ministerpräsidenten Franz-Josef Strauß wieder eingeführt und 1981 erstmals wieder verliehen. Insgesamt wurde die Auszeichnung etwa 185 Mal vergeben, jedoch darf es immer nur 100 lebende Ordensträger geben.

[187] Die unter dem Kartenblatt 7 verzeichnete Parzelle 126/44 in Größe von 42 ar und 4 qm kaufte Storm für 2.750.- Mark. Storm übernahm bereits ab dem 1.11.1878 die auf dem Grundstück ruhenden öffentlichen Kommunalabgaben und Lasten.

[188] Das im Dezember 1851 wohl im Haus Neustadt 56 in Husum entstandene bekannteste Gedicht Storms erwähnt in keiner Zeile, ob es sich bei der „grauen Stadt" tatsächlich um Husum handelt. Zwar sind die Indizien erdrückend (insbesondere „Der Jugend Zauber für und für ruht lächelnd doch auf dir"), aber ein Name fällt nicht. So mag sich z.B. auch der Bürger einer an Nebel nicht eben armen englischen Hafenstadt mit „You grey town by the sea" identifizieren.

[189] Die dörfliche Siedlung Hademarschen entstand um Christi Geburt, der Ortsteil Hanerau erst um 1800, als der Gutsherr hier Industriebetriebe angesiedelt hat. Seit 1888

waren die Ortsteile Hanerau und Hademarschen unabhängig und wurden 1938 zusammengeschlossen. Der Gutsbezirk wurde 1928 aufgehoben. Der Standort des Gutes Hanerau wurde im 12. Jh. als Burg der Holsteiner Grafen begründet – am Rande des alten Handelsweges, der von Lübeck nach Dithmarschen führte. Das Herrenhaus wurde 1784 abgebrochen und Flächen des Gutsbetriebes wurden verkauft. Die Restflächen des Gutes übernahmen 1799 Anna und Johann Wilhelm Mannhardt vom dänischen König und betrieben neben Land- und Forstwirtschaft auch eine Fabrik für Tuche (nach ihm wurde die „Mannhardtstraße" benannt). Die Gebäude auf der Gutsinsel wurden im neuklassizistischen Stil zwischen 1835 und 1837 von seinem Sohn Hinrich Gysbert Mannhardt errichtet.

[190] Zitiert nach dem Buch von Max Suhr, Theodor Storm in Hademarschen und Hanerau. Zum Gedenken an den 100. Todestag des Dichters am 4. Juli 1988, hrsg. von der Gemeinde Hanerau-Hademarschen 1988, S. 16f.

[191] Dieses Argument mag nicht recht überzeugen, da Frau Do noch im Sterbejahr Storms die Altersvilla verließ und nach Kiel zog.

[192] Frank Schnass, Bittersüßer Lebenstrank, a.a.O., S. 108f.

[193] „Und wie das Haus nun fertig stand und wir am 4ten Mai 81 einzogen und Alles so wohnlich und behaglich war, da sah Vater uns wohl mit einem triumphierenden Blick an und sagte: „Na, war´s nicht gut, daß ich so lang den Riß zeichnete?" Peter Goldammer, „Ist es nicht langweilig?" fragte Vater. Aufzeichnungen von Theodor Storms jüngster Tochter Friederike, in: Schriften der Theodor-Storm-Gesellschaft, Band 44 / 1995, S. 54.

[194] Brief Ferdinand Tönnies´ an Friedrich Paulsen vom 11.10.1880, in: Olaf Klose / Eduard Georg Jacoby / Irma Fischer (Hrsg.), a.a.O., S. 92f. Gemeint ist Agnes zu Reventlow, die im 19. Lebensjahr stand. Franziska (Fanny), mit der Tönnies später ebenfalls befreundet war, war zu diesem Zeitpunkt erst 9 Jahre alt.

[195] Postkarte Storms an Tönnies vom 25.10.1880, in: Dieter Lohmeier, Der Briefwechsel zwischen Theodor Storm und Ferdinand Tönnies, a.a.O., S. 107f. Die Novelle „Die Söhne des Senators" erschien im Oktober 1880 in der Zeitschrift „Deutsche Rundschau" und war also zum Zeitpunkt des Briefes ganz aktuell. Über „Die Söhne des Senators" sagte der Literaturkritiker Marcel Reich-Ranicki auf der Frankfurter Buchmesse 2003 bei der Vorstellung seines „Literatur-Kanons" auf die Bemerkung eines Stern-Reporters, dass Storm bei den Erzählungen prominent vertreten, aber heute doch wohl kaum noch präsent und provinziell sei: „Es fragt sich, ob das Provinzielle schlecht ist. Und der Storm steht ja auch für eine Zeit, zwischen 1850 und 1880, als die deutschen Schriftsteller ihrer Umwelt im Roman nicht mehr gewachsen waren. Und ich will Ihnen noch was sagen: Die Erzählung „Die Söhne des Senators" ist in meinem Kanon, weil sie zeigt, wo Thomas Mann für seine „Buddenbrooks" gelernt hat." (Meldung vom 7.10.2003 Unterhaltung „Stern").

[196] Brief Ferdinand Tönnies´ an Friedrich Paulsen vom 27. 3.1881, in: Olaf Klose / Eduard Georg Jacoby / Irma Fischer (Hrsg.), a.a.O., S. 119.

[197] Die jüngste Schwester von Ferdinand Tönnies, Louise, heiratete 1882 den Rechtsanwalt Wilhelm August Boysen. Sie hatten zwei Töchter: Elsa Boysen (1883-1963) und Marie

Luise (1884-1960). Marie-Luise Boysen heiratete den Oberleutnant zur See Erich Edgar Schulze, den sie 1906 in Kiel kennen gelernt hatte. Da Marie Luise nicht „Schulze“ heißen mochte, nannten sich die Vermählten, damals noch ungewöhnlich, „Schulze-Boysen“. Am 2. September 1909 wurde der Sohn Harro Schulze-Boysen in Kiel geboren. Harro Schulze-Boysen war aber nicht nur mit Ferdinand Tönnies verwandt, Harros Großmutter Olga Schulze war die ältere Schwester des von Kaiser Wilhelm II. zum Staatssekretär im Reichsmarineamt ernannten Admirals Alfred von Tirpitz. Harro Schulze-Boysen wird später zu den führenden Köpfen jener Berliner Freundschafts- und Widerstandsgruppe gehören, die von der Gestapo der „Roten Kapelle“ zugeordnet wurde. Harro Schulze-Boysen war 33 Jahre alt, als er und seine Frau Libertas Haas-Heye 1942 hingerichtet wurden. Vgl. dazu Hans Coppi / Geertje Andresen (Hrsg.), Dieser Tod paßt zu mir. Harro Schulze-Boysen Grenzgänger im Widerstand, Berlin 1999.

198 Theodor Storm / Ernst Storm. Briefwechsel, hrsg. von David A. Jackson, a.a.O., S. 393.

199 Peter Goldammer (Hrsg.), Der Briefwechsel zwischen Theodor Storm und Gottfried Keller, Berlin 1960, S. 89f.

200 Mit „Dichterfürst“ ist Heinrich Hart gemeint: Peter Goldammer (Hrsg.), Der Briefwechsel zwischen Theodor Storm und Gottfried Keller, a.a.O., S. 113f. Heinrich Hart (1855-1906), Bruder von Julius Hart, war Autor und naturalistischer Literatur- und Theaterkritiker. Neben seiner publizistischen Tätigkeit (Berliner Monatshefte, Kritisches Jahrbuch, Moderne Dichtercharaktere) war Heinrich Hart auch literarisch produktiv. Im Jahr 1872 erschien z.B. sein erster Gedichtband „Weltpfingsten. Gedichte eines Idealisten“.

201 Jens Stüben, Haffkrug – Schleswig – Westerland – Hademarschen. Paul Heyses Schleswig-Holstein-Reise 1881, in: Schriften der Theodor-Storm-Gesellschaft, Band 41/1992, S. 55-67.

202 Franz Theodor Kugler (1808-1858) war ein deutscher Historiker, Kunsthistoriker und Schriftsteller. Kugler wurde 1835 ordentlicher Professor an der Berliner Akademie der Künste. Anschließend schlug er die Beamtenlaufbahn ein: Er wurde 1843 Kunstreferent im preußischen Kultusministerium. Bereits 1830 erschien sein „Skizzenbuch“ und darin das bis heute bekannte, volksliedhafte Werk „An der Saale hellem Strande“.

203 Jens Stüben, Haffkrug – Schleswig – Westerland – Hademarschen. Paul Heyses Schleswig-Holstein-Reise 1881, a.a.O., S. 65, Fußnote 55.

204 Jens Stüben, Haffkrug – Schleswig – Westerland – Hademarschen. Paul Heyses Schleswig-Holstein-Reise 1881, a.a.O., S. 60.

205 Olaf Klose / Eduard Georg Jacoby / Irma Fischer (Hrsg.), Ferdinand Tönnies / Friedrich Paulsen Briefwechsel, a.a.O., S. 152.

206 Peter Goldammer, „Ist es nicht langweilig?“, a.a.O., S. 54.

207 Gertrud Storm, Mein Vater Theodor Storm, Berlin 1922, S. 95.

[208] Auch der Kieler Literaturhistoriker und Storm-Freund, Professor Alfred Biese (1856-1930) wurde von Storm an diesen „Lieblingsplatz“ des Dichters geführt: „Wir wandelten am düsteren Weiher entlang, letzte Lichter spiegelten über den Moosteppich, dann umfing uns dichtes Tannendunkel, und plötzlich standen wir auf einem von Nadelholz ringsumrahmten Friedhofe der kleinen Mennonitengemeinde. Voll Wehmut neigte sich mein Begleiter [Storm] zu einem Grabhügel hernieder, unter dem man erst vor kurzem eine holde Mädchenblüte (die Tochter des Dr. Wachs) zu ewigem Schlummer hinabgesenkt hatte. Und hier im Kreise der Toten ward die Erinnerung an das Vergangene, an die eigene Kindheit, an alle die, deren Augen über seine Kindheit gewacht hatten, an seine Heimatstadt Husum immer lebendiger.“ Vgl. Alfred Biese, Erinnerungen an Theodor Storm, in: Schriften der Theodor-Storm-Gesellschaft, Band 30/1981, S. 77-88. Gertrud Storm berichtete über einen Besuch von Paul Heyse in Hademarschen: „Es gehörte zu den heimlichen Freuden meines Vaters, seine Gäste zu einem kleinen, im Park von Hanerau verborgenen Mennonitenkirchhof zu führen. Durch das anmutige, im Schatten alter Kastanien gelegene Dorf Hanerau ging es über Wiesen und lauschige Waldwege, durch ein lebendiges grünes Tor zu diesem friedlichen Fleckchen Erde. Wenn dann unser Gast, ganz vertieft im Gespräch, aufblickend, sich plötzlich auf einem stillen grünen Friedhof erblickte, war meinem Vater die Überraschung wieder einmal gelungen. Natürlich wurde auch Paul Heyse hierhergeführt, und wir durften nichts verraten. Der Friedhof ist noch heute [1922] dort zu finden. Die Gräber sind alle mit grünem Rasen bedeckt. Nur eine kleine, graue Steinplatte verrät den Namen, das Geburts- und Todesjahr; als winziger Schmuck blüht auf einigen Gräbern ein weißer Rosenstrauch. Vorm Eingang zum Friedhof stand eine Bank, auf der die beiden Dichterfreunde Platz nahmen; wir andern standen natürlich und lauschten wieder Paul Heyses Erzählungen, die so sanft und anmutig von seinen Lippen flossen.“ Gertrud Storm, Vergilbte Blätter aus der grauen Stadt, Regensburg und Leipzig 1922, S. 88f.

[209] Hermione von Preuschen (1854-1918) war die Tochter des Oberkonsistorial- und Regierungsrates Freiherr von Preuschen. Nach der Ausbildung an der Karlsruher Malerakademie bei Ferdinand Keller unternahm sie viele Reisen nach Sizilien, Rom, Paris und Berlin. Die Malerin gilt als Begründerin des so genannten „Historischen Stilllebens“. Allerdings wurde sie durch den Skandal um ihr Bild „Mors Imperator“, einer Persiflage auf den altersschwachen Wilhelm I., das 1887 von der Berliner Kunstausstellung zurückgewiesen wurde, wegen Majestätsbeleidigung angeklagt. Aber der Kaiser schaltete sich ein und ließ verlautbaren, dass er keine Bedenken gegen das Bild habe. Dennoch lehnte die Akademie die Ausstellung ab. Erbost über die Entscheidung der Jury mietete Hermione prompt ein Lokal und stellte das umstrittene Bild auf eigene Faust aus. Am Eröffnungstag standen Hunderte von Berlinern vor der Tür, um das Bild zu sehen, auf dem ein Herrscher mit Totenkopf abgebildet war. Seit dieser Zeit war die Malerin in aller Munde und ihre Bilder wurden zu Höchstpreisen gehandelt. Neben Gedichten schrieb sie etliche feinsinnige Romane und Novellen, die von ihren Eindrücken im Ausland beeinflusst sind. Vgl. auch

Gerhard Ranft, Theodor Storms Briefe an Hermione von Preuschen, in: Schriften der Theodor-Storm-Gesellschaft, Band 22/1973, S. 55-94. Theodor Storm war von ihren Gedichten wenig begeistert. Hermione von Preuschen hatte Storm den Gedichtband „Regina vitae" im Jahre 1888 gewidmet. Storms Antwort darauf war deutlich: „Sie haben mir mit Ihren Gedichten einen großen Schmerz verursacht. Hätte ich die Gedichte vorher gekannt, ich hätte die Widmung nimmer angenommen. Das sind ja keine abgerundeten harmonischen kleinen Kunstwerke. – Jedes Lied ist ein ungebändigter verwerflicher Naturschrei, und ich bin tief darüber erschrocken. Wie können Sie diese Ausbrüche elementarer Leidenschaft mir, dem abgeklärten Lyriker widmen? Gewiß, Ihr Talent ist ein großes, gewaltiges, es berechtigt eben darum zu den höchsten Anforderungen. Das ist das Stammeln wilder Leidenschaft, in abgerissenen Tagebuchblättern, nimmermehr aber vollendete, abgeklärte Kunst. Ja, liebe Hermine (!), Ihr alter Freund ist tief traurig über Sie." Gerhard Ranft, S. 55.

[210] Gerhard Ranft, Theodor Storms Briefe an Hermione von Preuschen, a.a.O., S. 64f.

[211] Brief Ferdinand Tönnies´ an Friedrich Paulsen vom 14.10.1881, in: Olaf Klose / Eduard Georg Jacoby / Irma Fischer (Hrsg.), a.a.O., S. 139f. Charlotte Hegewisch war die Tochter des Etatsrats und Professors der Medizin Franz Hermann Hegewisch (1783-1865) und dessen Frau Caroline, die in Kiel als Institution für das Kulturleben galten. In ihrem Testament vermachte sie 1887 ihr Grundstück in Düsternbrook, das sie nach dem Gut ihrer Eltern „Klein Elmeloo" nannte, dem Kieler Kunstverein, der dort die Kieler Kunsthalle bauen ließ. Das Grundstück mit dem 1986 erweiterten Gebäude gehört zum Korporationsvermögen der Universität. Verwalter der Kunsthalle blieb bis zum Zweiten Weltkrieg der Kunstverein, danach übernahm die Universität die Verwaltung.

[212] Ferdinand Tönnies. Eutin (Holstein), a.a.O, S 204.

[213] Brief Ferdinand Tönnies´ an Friedrich Paulsen vom 10.5.1882, in: Olaf Klose / Eduard Georg Jacoby / Irma Fischer (Hrsg.), a.a.O., S. 154.

[214] Toftlund liegt an der Westküste Dänemarks in Südjütland.

[215] Brief Storms an Tönnies vom 5.12.1882, in: Dieter Lohmeier, Der Briefwechsel zwischen Theodor Storm und Ferdinand Tönnies, a.a.O., S. 109. Ernst Storm war 1881 Amtsrichter in Toftlund in Nordschleswig geworden; er und Maria Krause heirateten am 1. August 1883. Hans Storm war seit April 1881 Arzt in Frammersbach bei Lohr am Main, am Rande des Spessarts. Storms dritte Tochter Elsabe war in Heiligenhafen zur Pflege ihrer ältesten Schwester Lisbeth, die am 24. Oktober 1882 eine Tochter (Constanze) geboren hatte. In Adalbert Stifters Erzählung „Das alte Siegel" fordert der Vater vom Sohn, das die Tat nur gut sein müsse und „einer Abendrede wert".

[216] Brief Ferdinand Tönnies´ an Friedrich Paulsen vom 8.5.1883, in: Olaf Klose / Eduard Georg Jacoby / Irma Fischer (Hrsg.), a.a.O., S. 183f.

[217] Brief Ferdinand Tönnies´ an Friedrich Paulsen vom 31.5.1883, in: Olaf Klose / Eduard Georg Jacoby / Irma Fischer (Hrsg.), a.a.O., S. 185.

[218] Siehe dazu Uwe Carstens, Ferdinand Tönnies. Friese und Weltbürger. Eine Biografie, Norderstedt 2005, S. 94–100.

[219] Brief Ferdinand Tönnies´ an Friedrich Paulsen vom 21.1.1884, in: Olaf Klose / Eduard Georg Jacoby / Irma Fischer (Hrsg.), a.a.O., S.195.

[220] Ferdinand Tönnies trat im Frühjahr 1884 seine zweite Reise nach England an, die der Edition der beiden von ihm wiederhergestellten Werke des Thomas Hobbes gewidmet war.

[221] Der Schotte George Croom Robertson (1842-1892) war bereits mit 24 Jahren Professor der Philosophie geworden und gab bis kurz vor seinem Tode die große philosophische Zeitschrift „Mind" heraus.

[222] Brief Ferdinand Tönnies´ an Friedrich Paulsen vom 11.5.1884, in: Olaf Klose / Eduard Georg Jacoby / Irma Fischer (Hrsg.), a.a.O., S. 199.

[223] Brief Ferdinand Tönnies´ an Friedrich Paulsen vom 23.9.1884, in: Olaf Klose / Eduard Georg Jacoby / Irma Fischer (Hrsg.), a.a.O., S. 201.

[224] Frank Schnass, Bittersüßer Lebenstrank, a.a.O., S. 144f.

[225] Postkarte Storms an Tönnies vom 23.7.1884, in: Dieter Lohmeier, Der Briefwechsel zwischen Theodor Storm und Ferdinand Tönnies, a.a.O., S. 111. In der Tat reiste Storm Ende Juli 1884 nach Schleswig und besuchte Wilhelm Petersen. Die Reise nach Damp galt dem Grafen von Qualen, der mit Storms Freund Graf zu Reventlow verschwägert war und am 2. August seinen 60. Geburtstag feierte.

[226] Postkarte Storms an Tönnies vom 13.10.1884, in: Dieter Lohmeier, Der Briefwechsel zwischen Theodor Storm und Ferdinand Tönnies, a.a.O., S. 111. Tönnies schrieb dazu: „Mein Bruder Wilh. und ich waren zur Hochzeit von Storms Neffen, Hans Storm, in Hamburg. „Hans Hademarschen" war unser Schulkamerad gewesen." Er heiratete Elisabeth Nölting (1861-1931), eine Tochter des Hamburger Kaufmanns Paul Nölting. Esther Hague war eine Tante der Braut. Julie Hallier (1834-1907) war eine Nichte von Storms Freund, dem Theologen Heinrich Schleiden (1809-1890), der in Hamburg eine Privatschule geleitet hatte. Bei ihm wohnte Storm üblicherweise, wenn er nach Hamburg kam.

[227] Siehe dazu Louis Gerrekens „Und hier ist es" – Die verwirrende Fiktion erzählerischer Objektivität in Storms Novelle „Zur Chronik von Grieshuus", in: Schriften der Theodor-Storm-Gesellschaft, Band 47/1998, S. 47-72.

[228] Brief Friedrich Paulsens an Ferdinand Tönnies „am Weihnachtstag 1884" in: Olaf Klose / Eduard Georg Jacoby / Irma Fischer (Hrsg.), a.a.O., S. 203.

[229] Brief Ferdinand Tönnies an Friedrich Paulsen vom 8.1.1885, in: Olaf Klose / Eduard Georg Jacoby / Irma Fischer (Hrsg.), a.a.O., S. 205.

[230] Am 7. Juli 1886 machten Carl Scherff und seine Braut ihren Abschiedsbesuch bei Storm in Hademarschen. Sie wanderten Mitte Juli nach Auckland, Neuseeland, aus. Über dieses Bild schreibt Theodor Storm am 27. Juli 1886 an seinen Sohn Ernst: „Dagegen erhälst Du eine Photographie, die wir hier machen ließen, als Carl Scherff mit Braut hier

Abschied nahmen, die Du leicht herausfindest [...] Dodo muß auf dem Bild durch die Lupe besehen werden; ich sagte sie sollte nach den Baumwipfeln sehen."

231 Literaturwissenschaftliches Kolloquium am 24. Mai 2006, PD Dr. Roland Borgards (Gießen) „Wolfs-Notstand. Storms „Zur Chronik von Grieshuus" als Ausrottungsgeschichte".

232 Brief Storms an Ferdinand Tönnies vom 26.12.1884, in: Dieter Lohmeier, Der Briefwechsel zwischen Theodor Storm und Ferdinand Tönnies, a.a.O., S. 112. Der 1815 in Lübeck geborene Emanuel Geibel war gerade am 6. April 1884 verstorben. Geibel gehörte zu den Spätromantikern, deren Werke einem klassizistischen Schönheitskult folgten. Bekannt aber wurde vor allem von ihm das Schlagwort „Am deutschen Wesen soll die Welt genesen", aus Geibels Gedicht „Deutschlands Beruf" von 1861 (genau heißt es: „Und es mag am deutschen Wesen Einmal noch die Welt genesen"). Sein wohl bekanntestes Werk ist das Gedicht „Burschenlust", auch bekannt als „Der Mai ist gekommen", das er 1841 auf Schloss Esacheberg verfasste. Die Verse erschienen zuerst im 2. Jahrgang des von Franz Dingelstedt begründeten, nachher von Friedrich Oetker redigierten „Salon" in Kassel am 4. Mai 1842 und wurden 1843 von J. Wilhelm Lyra vertont. Vgl. dazu Christine Göhler, Emanuel Geibel, Schellhorn 1992, S. 79. Thomas Mann setzte Geibel in den Buddenbrooks in der Figur des Jean-Jaques Hoffstede, des Dichters der Stadt, der bei der Hauseinweihung „nicht umhin konnte" ein Gedicht zu verfassen, ein literarisches Denkmal. „Gottschalls Triumph" bezieht sich auf Rudolf Gottschalls Kritik des Stormschen Hausbuches. Theodor Petersen (geb. 1851), war seit 1880 Rektor der Schule in Tönning.

233 Unter dem Titel „John Riew – Ein Mädchenschicksal" wurde die 1885 veröffentlichte Novelle (ursprünglich „Eine stille Geschichte") mit Käthe Dorsch als Annas Mutter und Hermann Vallentin als Kapitän John Riew verfilmt. Unter der Regie von Walter Schmidthässler wurde 1917 mit John Riew zum ersten Mal ein „Stoff" von Theodor Storm in die Kinos gebracht. Mit aktuell über dreißig realisierten Verfilmungen gehört der Autor Theodor Storm zu den meist adaptierten Schriftstellern des bürgerlichen Realismus. Über achtzig Jahre umfasst der Zeitraum der Kino- und Fernsehproduktionen Stormscher Werke und reicht demnach von der Kaiserzeit, der Weimarer Republik, dem Dritten Reich, der Bundesrepublik Deutschland, der Deutschen Demokratischen Republik, bis hin ins wieder vereinte Deutschland. Vgl. dazu Günter Spurgat, Theodor Storm im Film. Die Kino- und Fernsehverfilmungen seiner Werke, Lübeck 1987.

234 Theodor Storm, Sämtliche Werke zweiter Band, hrsg. von Christian Jenssen, Wiesbaden o.J., S. 444-494. Siehe auch Eckart Pastor und Luis Gerrekens, Storms späte Novelle „John Riew" oder „Wie alles gut wurde", in: Schriften der Theodor-Storm-Gesellschaft, Band 55/2006, S. 99-116. Mit „ruge klas" (rauer Klaus) ist „Knecht Ruprecht" beschrieben.

235 Hans Storm war 1883 von Frammersbach nach Wörth am Main umgezogen. Dort führte ihm seine Schwester Lucie zwei Jahre lang den Haushalt; seit dem Frühjahr 1884 gemeinsam mit der Schwester Elsabe.

[236] Postkarte Storms an Ferdinand Tönnies vom 21.5.1885, in: Dieter Lohmeier, Der Briefwechsel zwischen Theodor Storm und Ferdinand Tönnies, a.a.O., S. 113f.

[237] Ferdinand Tönnies steht mit seiner Kritik über das „äußerlich unschöne Haus" Storms nicht alleine da. Die Tochter Friederike Storm hatte ebenfalls ein negatives Urteil gefällt: „Von außen ist das Haus freilich nicht schön geworden, ein großer Würfel an dessen Südostseite Veranda und Terrasse liegen und der an den Wetterseiten mit Schiefer bekleidet ist. Ein junger Vetter der vo´m Politechnikum aus Hannover uns zu besuchen kam, nannte es eine architektonische Sünde; aber was kümmerte das uns, es ließ sich doch so schön in dieser Sünde leben." „Ist es nicht langweilig?" fragte Vater, Aufzeichnungen von Theodor Storms jüngster Tochter Friederike, in: Schriften der Theodor-Storm-Gesellschaft, Band 44/1995, S. 51-55. Gertrud Storm hat sich ebenfalls mehrfach über das Haus geäußert: „Mein Vater ließ sich, seiner amtlichen Tätigkeit müde, im Frühjahr 1880 pensionieren, um sich in Hademarschen, einem großen, waldumsäumten Kirchdorf anzubauen. Die schöne waldige Gegend und besonders der Umstand, daß dort ein Bruder von ihm wohnte, hatten ihn bestimmt, gerade diesen Ort als Heimstätte seines Alters zu wählen. Unter seinen Augen wurde das Haus gebaut, zu welchem er selbst den Riß entworfen hatte. Anfangs war es ein großer, plumper, schieferumkleideter Kasten, später aber deckte die häßliche Schieferwand schöner amerikanischer Wein, der zwar niemals trug, unseren Vater aber deshalb nicht weniger entzückte. Die Veranda und Terrasse des Hauses wurden von jungen Linden überschattet, und die vielen Tannen ragten bald bis zum Dach des Hauses." Gertrud Storm, Vergilbte Blätter aus der grauen Stadt, Regensburg und Leipzig 1922, S. 141.

[238] David A. Jackson (Hrsg.), Theodor Storm – Ernst Storm, a.a.O., S. 273.

[239] Brief Paulsens an Tönnies vom 2.6.1885, in: Olaf Klose / Eduard Georg Jacoby / Irma Fischer (Hrsg.), a.a.O., S. 215.

[240] Storm änderte zu „in Frankreichs Zunge".

[241] Knorr war Lehrer am Gymnasium in Eutin.

[242] Postkarte Storms an Tönnies vom 9.10.85, in: Dieter Lohmeier, Der Briefwechsel zwischen Theodor Storm und Ferdinand Tönnies, a.a.O., S. 114. Gottfried von Straßburg (gest. 1215) war einer der bedeutendsten deutschen Dichter des Mittelalters. Er war Zeitgenosse von Hartmann von Aue, Wolfram von Eschenbach und Walther von der Vogelweide. Er verfasste um 1210 den Versroman „Tristan", eine Bearbeitung des „Tristan und Isolde"- Stoffes.

[243] Die 7. Auflage der „Gedichte" erschien 1885.

[244] Brief Storms an Tönnies vom 9.12.1885, in: Dieter Lohmeier, Der Briefwechsel zwischen Theodor Storm und Ferdinand Tönnies, a.a.O., S. 115. „Platons Symposion" hatte Storm von Tönnies ausgeliehen. In seiner „Theodor Storm Biographie" von 1999 schreibt Karl Ernst Laage im Kapitel „In den Regalen: Welt-Literatur" dazu: „Als Schüler der Husumer Gelehrtenschule und des Katharineums in Lübeck, altsprachlicher Gymnasien also, kannte Storm natürlich die Klassiker der griechischen und römischen Literatur

[...] Ein Band mit Platons Dialogen „Phädrus" und „Gastmahl" [...] ist heute noch in Storms Büchernachlaß vorhanden. Er trägt auf dem Vorsatzblatt den handschriftlichen Namenszug „Ferd. Tönnies". Es handelt sich um den Band, den Tönnies Storm „geliehen" hatte. [...] In dem Band haben sie gemeinschaftlich gelesen bzw. lesen wollen, wie Storms Brief an Tönnies vom 9. Dezember 1885 zeigt [...] Ein kurioser Zufall will es, daß zwischen den Blättern des Bandes zwei vergilbte Lesezeichen liegen geblieben sind: Ein nicht näher identifizierbarer abgerissener Zettel im „Phädrus"-Text und ein Abriß eines Briefumschlags im „Gastmahl"-Text (Fußnote 12: Storms Lesezeichen liegen zwischen den Seiten 68 und 69 (Platons „Phädrus", Kap. 59/60: über die Bedeutung der Malerei und der Schrift) und zwischen den Seiten 90 und 91 (Platons „Gastmahl", Kap. 9/10: über den Eros). Ganz offensichtlich handelt es sich um Lesezeichen, die Storm selbst hineingelegt hat. Denn von dem Briefumschlag haben sich der gedruckte Absender (Herm. Kern, Weinhandlung, Itzehoe" – Itzehoe liegt 15 km von Hademarschen entfernt) und ein Teil der Briefmarke erhalten: Danach ist der Brief am 30.3.1882 in Itzehoe abgeschickt worden. Es ist also anzunehmen, daß Storm Platons Dialoge wirklich „gelesen" hat." Karl Ernst Laage, Theodor Storm. Eine Biographie, Heide 1999, S. 153f.

245 David A. Jackson (Hrsg.), Theodor Storm – Ernst Storm, a.a.O., S. 278.

246 Storm hatte mehrere Gründe, im Mai 1886 nach Weimar zu fahren. Einmal sollte seine Tochter, die damals 27jährige Elsabe, auf dem dortigen Konservatorium ihr Klavierspiel vervollkommnen, damit sie in „gute Häuser" eingeführt werden konnte; zweitens wollte Storm den ihm bekannten Leiter des Weimarer Goethe-Archivs Professor Erich Schmidt wieder sehen und schließlich wollte Storm an der Generalversammlung der neugegründeten Goethe-Gesellschaft teilnehmen, deren Mitglied er geworden war.

247 Postkarte Storms an Tönnies vom 7.4.86, in: Dieter Lohmeier, Der Briefwechsel zwischen Theodor Storm und Ferdinand Tönnies, a.a.O., S. 115f.

248 Wolfgang Götz, 50 Jahre Goethe-Gesellschaft, Weimar 1936 und Karl-Heinz Hahn, Die Goethe-Gesellschaft in Weimar. Geschichte und Gegenwart, Weimar 1989.

249 Postkarte Storms an Tönnies vom 16.4.86, in: Dieter Lohmeier, Der Briefwechsel zwischen Theodor Storm und Ferdinand Tönnies, a.a.O., S. 116.

250 Brief Storms an Tönnies vom 20.4.1886, in: Dieter Lohmeier, Der Briefwechsel zwischen Theodor Storm und Ferdinand Tönnies, a.a.O., S. 117.

251 Johann Gottfried Hallier (1804-1882) war Schleidens Schwager. Seine beiden Töchter, Frl. Julie und Maria, die Witwe des Kieler Professors Junghans, wohnten zusammen in Hamburg.

252 David A. Jackson (Hrsg.), Theodor Storm – Ernst Storm, a.a.O., S. 282.

253 David A. Jackson (Hrsg.), Theodor Storm – Ernst Storm, a.a.O., S. 282f.

254 Ferdinand Tönnies, Theodor Storm. Zum 14. September 1917. Gedenkblätter, Berlin 1917, S. 61ff. Die Gedenkblätter sind Elisabeth Tönnies gewidmet. Tönnies trat (lt. Auskunft der Goethe-Gesellschaft) 1885 der Goethe-Gesellschaft bei und wurde als zah-

lendes Mitglied von 1887 bis 1893 geführt (GSA 149/201) Mit 1894 erfolgt das Ende der Einträge.

255 Gertrud Storm, Mein Vater Theodor Storm, a.a.O., S. 93f.

256 Paul Natorp (1854-1924) war ein deutscher Philosoph und Pädagoge, der als Mitbegründer der Marburger Schule des Neukantianismus bekannt ist.

257 Der Verleger James Thornton, den Tönnies über den Professor für Philosophie George Croom Robertson kennen lernte, hatte sich bereit erklärt, die von Tönnies entdeckten Hobbes-Werke „The Elements of Law, Natural and Politic" und „Behemoth or the Long Parliament", drucken zu lassen – rührte dann aber keinen Finger mehr. Die Bände erschienen erst 1889, als Tönnies die Auflagen beider Bücher von der Druckerei erwarb (Thornton war „zahlungsunfähig") und durch einen Kommissionsverlag ausliefern ließ.

258 George Croom Robertson (1842-1892), geborener Schotte, mit 19 Jahren Master of Arts with highest honours (summa cum laude) in classics and philosophy, mit 24 Jahren Professor der Philosophie, University-College London, und bis kurz vor seinem Tode Herausgeber der großen philosophischen Zeitschrift „Mind", hat sich um Tönnies´ Hobbes-Studien durch hilfreiche Teilnahme verdient gemacht. Er selber verfasste nur den Artikel „Hobbes" in der „Encyclopaedia Britannica" sowie ein kurzes Buch für die Serie „Blackwood´s Philosophical Classics", das ohne Vorwissen von Tönnies 1886 erschien.

259 George Croom Robertson zeigte sich bereit, den Text des Briefes im „Mind" erscheinen zu lassen. Tönnies schrieb dazu ein paar Erläuterungen, wie stark der Einfluss von Hobbes auf Leibniz gewesen sei. Allerdings wurde der Brief selber nicht abgedruckt, doch erschien im „Mind" Vol. XIII (1888), S. 312-14 eine ausführliche Notiz mit Hinweis auf die Veröffentlichung in den Philosophischen Monatsheften Bd. 23 (1887), S. 557-73.

260 Es handelt sich hier um Theodore Llewelyn Davies und nicht um Charles Llewelyn Davies, wie Dieter Lohmeier in Fußnote 157 (S. 118 in den Stormlektüren) schreibt. Theodore war ein Neffe von George Croom Robertson. Seinem Andenken und seinen Geschwistern widmete Tönnies die 3. Auflage (1925) seines Hobbes-Buchs.

261 Es handelt sich um Hans Adolph Storm, dem Sohn von Ernst Storm und seiner Frau Maria, der am 18. Mai 1886 geboren wurde.

262 Carl Rothe (1848-1921) war mit Tönnies während seiner Studienzeit befreundet. Rothe wurde später Staatsminister in Weimar.

263 Der Jenaer Universitätskurator Heinrich Eggerling war ein Schwiegersohn von Storms Verleger Georg Westermann in Braunschweig.

264 Brief Tönnies an Storm Anfang September 1886, in: Dieter Lohmeier, Der Briefwechsel zwischen Theodor Storm und Ferdinand Tönnies, a.a.O., S. 118f.

265 George Westermann (1810-1879) war ein deutscher Verleger und Gründer des noch heute in Braunschweig bestehenden und nach ihm benannten Verlages, der mittlerweile ein Teil der Westermann Druck- und Verlagsgruppe ist. In seinem Verlag erschienen ab 1865 viele Erstdrucke der Novellen (Westermanns Monatshefte); ab 1868

Storms „Sämmtliche Schriften". George Westermann starb im September 1879, ein halbes Jahr nach seiner Frau Blanca. In der Leitung der Firma folgte ihm sein 1840 geborener Sohn Friedrich. Unter seiner Leitung und später unter der seines Sohnes Georg und dessen Nachfolger wurde der Verlag auf der Grundlage des „Diercke-Weltatlasses" und einiger weiterer erfolgreicher Buchausgaben zu einem der erfolgreichsten Verlage für Schulbücher bis in die heutige Zeit. Elwin Paetel (1847-1907) war Storms Verleger in Berlin. In seinem Verlag kamen ab 1873 die Miniaturausgaben und die ersten Buchausgaben der Novellen heraus, ab 1875 erschien dort auch ein Teil der Erstdrucke.

[266] Westermann hatte 1878 die 4. Auflage des „Hausbuches aus deutschen Dichtern seit Claudius" herausgebracht, das zuvor von Wilhelm Mauke (Leipzig) betreut worden war. Zu einer neuen Auflage kam es nicht mehr.

[267] Brief Storms an Tönnies vom 17.9.1886, in: Dieter Lohmeier, Der Briefwechsel zwischen Theodor Storm und Ferdinand Tönnies, a.a.O., S. 119f.

[268] Frank Schnass, Bittersüßer Lebenstrank, a.a.O., S. 158 ff.

[269] David A. Jackson (Hrsg.), Theodor Storm – Ernst Storm, a.a.O., S. 286.

[270] Frank Schnass, Bittersüßer Lebenstrank, a.a.O., S. 159.

[271] Hans Storm, der eigentlich das Lieblingskind seines Vaters war, starb mit 38 Jahren am 5.12.1886 in Aschaffenburg. Die Anlage seines Sohnes Hans zur Trunksucht, davon ist Storm überzeugt und davon hat er mehrfach gesprochen, ist ein Erbteil von der großelterlichen Seite her. Storm sah seine Schuld darin, dass er diese Erbanlage, die in Johann Casimir Storm und in Storm selbst nicht zum Ausbruch gekommen ist, an seinen Sohn Hans weitergegeben hat. Diese „culpa patris" hat Storm intensiv in der Novelle „Carsten Curator" thematisiert. Vgl. dazu auch: Karl Ernst Laage, „Culpa patris". Zur Frage nach der Schuld des Vaters in Storms Novelle „Carsten Curator", in: Schriften der Theodor-Storm-Gesellschaft, Band 46/1997, S. 7-12.

[272] Peter Goldammer (Hrsg.), Der Briefwechsel zwischen Theodor Storm und Gottfried Keller, a.a.O., S. 170.

[273] Gertrud Storm, Weihnachten bei Theodor Storm, in: Christmas Magazine, o.J.

[274] Heinrich Meyer, Theodor Storm und Ferdinand Tönnies, in: Monatshefte für Deutschen Unterricht, Bd. 32, Heft 8, 1940, S. 375.

[275] Gertrud Storm, Mein Vater Theodor Storm, a.a.O., S. 98f. Peter Goldammer kommt indes zu einem ganz anderen Schluss. In der kleinen Arbeit „Meine geistige Ergänzung" über Aemil Storm heißt es u.a.: „Am 4. und 5. April 1887 war Aemil Storm in Hademarschen und beriet sich dort mit dem Hausarzt Dr. von Brinken. Theodor Storm trug dies am 6. April in sein sogenanntes Braunes Taschenbuch ein, hinzufügend: „Man sagte mir, die Diagnose sei nicht ganz sicher; ich halte das für Schonung". Zu Pfingsten des Jahres fand dann die von Gertrud Storm so genannte „Scheinuntersuchung" durch Aemil Storm und dessen Schwiegersohn Ludwig Glaevecke statt, von der bis heute angenommen wird, sie habe dem Dichter die Furcht vor dem baldigen Tod genommen und somit die Vollendung der „Schimmelreiter"-Novelle ermöglicht. Daß Theodor Storm gleichwohl

wußte, wie es um ihn stand, geht aus einem Brief hervor, den er am 12. März 1888 an den Bruder schrieb und in dem es heißt: „Mit Krebs-Gedanken quäl´ ich mich eben nicht; aber wenn nah am Herzen eine Geschwulst, einerlei welche, uns tagelang drückt, so denkt man wohl, daß sie wachsen und uns schließlich ersticken könne. Du kennst ja aber meinen leichteren Sinn; trübselig macht mich auch das nicht. Nachdem `Der Schimmelreiter´ erledigt ist, gehe ich jetzt an `das Armesünder-Glöcklein´ [...]" Zum letzten Male sind sich die Brüder zu Pfingsten 1888 in Hademarschen begegnet. „Aemil", heißt es unter dem 23. Mai im Braunen Taschenbuch, „war sehr lieb gegen mich, fast als müßte noch die Zeit gewahrt werden." Peter Goldammer, „Meine geistige Ergänzung" – Theodor Storm und sein Bruder Aemil. Mit zwei unbekannten Briefen des Dichters, in: Storm-Blätter aus Heiligenstadt 1997, S. 27 – 33.

[276] Brief Ferdinand Tönnies an Friedrich Paulsen vom 21.2.1887, in: Olaf Klose / Eduard Georg Jacoby / Irma Fischer (Hrsg.), a.a.O., S. 230.

[277] Soziologie von heute, ein Symposion der ZVpS, Leipzig 1932, S. 104.

[278] Brief Friedrich Paulsens an Ferdinand Tönnies vom 19.8.1887, in: Olaf Klose / Eduard Georg Jacoby / Irma Fischer (Hrsg.), a.a.O., S. 234.

[279] Brief Ferdinand Tönnies an Friedrich Paulsen vom 3.9.1887, in: Olaf Klose / Eduard Georg Jacoby / Irma Fischer (Hrsg.), a.a.O., S. 235f.

[280] Die genannten Rezensionen finden sich im „Tönnies-Forum", 1/98, 7. Jg.

[281] Ferdinand Tönnies. Eutin (Holstein), Werkverzeichnis 0725/592, S 206.

[282] TAN, Sig. V.5.2.2.

[283] Bernhard Harms, Ferdinand Tönnies. Tischrede gehalten zum 70. Geburtstag, überreicht zum 80. Geburtstag, 26. Juli 1925 und 1935, in: Hans Buske (Hrsg.), Reine und angewandte Soziologie. Eine Festrede für Ferdinand Tönnies zu seinem 80. Geburtstage am 26. Juli 1935, Leipzig 1935, S. 377-382.

[284] Der Literaturhistoriker und Storm-Freund Alfred Biese schreibt in seinen Erinnerungen über den Storm-Geburtstag: „In Hademarschen, das vielfach Flaggen und Kränze aufwies, stand an dem Gartentore eine Ehrenpforte mit der Inschrift: „Dem Guten", die von den Dorfbewohnern errichtet war. Die Vaterstadt Husum überreichte den Ehrenbürgerbrief, Tönnies sein Werk: „Gemeinschaft und Gesellschaft", ich, „Die Entwicklung des Naturgefühls in Mittelalter und Neuzeit"." Vgl. Alfred Biese, Erinnerungen an Theodor Storm, in: Schriften der Theodor-Storm-Gesellschaft, Band 30/1981, S. 77-88.

[285] Brief Storms an Tönnies vom 20.4.1886, in: Dieter Lohmeier, Der Briefwechsel zwischen Theodor Storm und Ferdinand Tönnies, a.a.O., S. 120.

[286] Karl Ernst Laage, Theodor Storms letzte Reise und seine „Sylter Novelle", Heide 2000, S. 11.

[287] Dr. Julius Pollaczek stammte aus Ungarn. Er war zuerst in Hamburg als beeidigter deutsch-ungarischer Dolmetscher sowie als Redakteur verschiedener Zeitungen tätig. Im Jahre 1884 hat er dann das Westerländer Strandbad „mit Zubehör" für 365.000 Mark er-

worben und leitete es bis 1891 als „Badedirektor". Er war verheiratet mit Elise Tiedemann, die seit den 60er Jahren mit Storms Tochter Lucie befreundet war.

[288] Nach seiner Ankunft in Munkmarsch (kleiner Ort auf Sylt, wo Kutschen zum Transport nach Westerland bereitstanden) hat Pollaczek Storm in das Haus des Badedirektors gebracht, das direkt an den Westerländer Dünen lag. Christoph Willers von Tiedemann (1836-1907) war preußischer Beamter und Politiker. Er studierte Jura und Volkswirtschaft in Kiel. Nach dem Staatsexamen wechselte er 1862 als Anwalt nach Segeberg. 1865 wurde er zum Polizeimeister der Stadt Flensburg ernannt, später war er Landrat von Mettmann. Im Jahre 1878 berief ihn Reichskanzler Otto von Bismarck zum Chef der neu gegründeten Reichskanzlei. Bereits drei Jahre später wechselte er als Regierungspräsident ins westpreußische Bromberg, wo er bis 1899 blieb. In dieser Funktion war Tiedemann einer der maßgebliche Befürworter einer Stärkung des Deutschtums im Osten über die Ansiedlung von Kolonisten. 1883 wurde er in den Adelsstand erhoben. Er gehörte über 25 Jahre lang von 1882 bis 1903 dem Preußischen Abgeordnetenhaus an, zusätzlich von 1898 bis 1906 dem Deutschen Reichstag.

[289] Ferdinand Tönnies, Theodor Storm. Zum 14. September 1917. Gedenkblätter, a.a.O., S. 65. Moritz Graf von Strachwitz (1822-1847) war ein bekannter Balladendichter, der im „Tunnel über der Spree" ein Vorbild für Theodor Fontanes Balladendichtungen war. Sein bekanntestes Gedicht ist „Das Herz von Douglas", aus dem noch gelegentlich zitiert wird: Sie ritten vierzig Meilen fast / und sprachen Worte nicht vier und: kurz ist die schottische Geduld / und lang ein schottisch Schwert!

[290] Brief Storms an Ernst Storm vom 11.8.1887, in: David A. Jackson (Hrsg.), Theodor Storm – Ernst Storm, a.a.O., S. 290f.

[291] Karl Ernst Laage schreibt in dem „Sylt-Buch", dass Storm möglicherweise durch die intensive Erkundung der Insel das Gefühl hatte, dass er für die „Sylter Novelle" genügend Anschauungsmaterial gesammelt und für den „Schimmelreiter" genügend Nordsee-Atmosphäre in sich aufgenommen habe und deshalb die Insel früher als geplant verließ. Auch mag Heimweh nach seiner Frau in Hademarschen ein Grund dafür gewesen sein. Heinrich Meyer zitiert in dem Storm / Tönnies Briefwechsel in der Fußnote 36 auf Seite 375 aus einem Brief Tönnies´ an Friedrich Paulsen vom 3.9.1887: „Storm ist schon längst fort, ihn erfaßte am rauhen Gestade das Heimweh, mir ist der Aufenthalt ziemlich gut bekommen." Auch Laage zitiert diesen Satz im „Sylt-Buch" auf der Seite 57 Fußnote 56. Im Tönnies / Paulsen Briefwechsel von Klose / Jacoby Fischer gibt es zwar einen Brief vom 3.9.1887 von der Insel Sylt an Friedrich Paulsen auf der Seite 235f, aber das von Meyer erwähnte Zitat sucht man in dem Brief vergeblich.

[292] Postkarte Storms an Tönnies vom 6.9.1887, in: Dieter Lohmeier, Der Briefwechsel zwischen Theodor Storm und Ferdinand Tönnies, a.a.O., S. 120f.

[293] Postkarte Tönnies an Storm vom 8.9.1887, in: Dieter Lohmeier, Der Briefwechsel zwischen Theodor Storm und Ferdinand Tönnies, a.a.O., S. 121.

[294] Postkarte Storms an Tönnies vom 10.9.1887, in: Dieter Lohmeier, Der Briefwechsel zwischen Theodor Storm und Ferdinand Tönnies, a.a.O., S. 121.

[295] Briefkarte Storms an Tönnies vom 11.9.1887, in: Dieter Lohmeier, Der Briefwechsel zwischen Theodor Storm und Ferdinand Tönnies, a.a.O., S. 122.

[296] Brief Storms an Ernst Storm vom 30.8.1887, in: David A. Jackson (Hrsg.), Theodor Storm – Ernst Storm, a.a.O., S. 291f.

[297] Der Schreibtisch stammt aus der damals bedeutsamen Werkstatt des Möbelfabrikanten und Holzbildhauers Heinrich Sauermann (1842-1904) in Flensburg, die – ganz im Sinne der Gründerzeit – Stilelemente der Renaissance wiederbelebten und kunsthandwerklich beim Möbelbau verwertete. Von 1884 bis 1888 arbeitete hier als Bildhauerlehrling der junge Emil Hansen aus dem Dorf Nolde, der später als Emil Nolde Weltruhm erlangen sollte. Er schnitzte – wie er in seiner Biographie angibt – die „vier tiefsinnigen Eulen", die den Oberteil des Stormschen Schreibtisches tragen. Vgl. hierzu Karl Ernst Laage, Storm-Haus Geschichte(n), Heide 1997, S. 60ff., und Karl Ernst Laage, Theodor Storms Welt in Bildern, Heide 1987, S. 177.

[298] Gertrud Storm, Mein Vater Theodor Storm, a.a.O., S. 99 ff.

[299] Ferdinand Tönnies, Theodor Storm. Zum 14. September 1917. Gedenkblätter, a.a.O., S. 67f. Es sollte noch erwähnt werden, dass Theodor Fontane es ablehnte, ein Gedicht zum 70. Geburtstage Storms zu verfassen. Schuld war der Herausgeber der deutschen Monatszeitschrift „Nord und Süd", Paul Lindau, der im Bismarck-Jahr 1885 (70. Geburtstag) Fontane um ein Bismarck-Gedicht gebeten hatte. Ohne Fontane zu informieren, fragte Lindau auch bei Theodor Storm, Ernst Wildenbruch, Wilhelm Jensen, Klaus Groth und Felix Dahn an. Fontane, der sein Gedicht „Jung Bismarck" eingereicht hatte, fühlte sich düpiert. Storm hatte die Bismarck Eloge gleich abgesagt, die anderen aber hatten ebenfalls geliefert. In Erinnerung an diese Geschichte schrieb Fontane an Storm einen erklärenden Brief: „[...] Lindau ist schuld. Der forderte mich vor 2 Jahren zu einem Bismarckgedicht auf, und ich schrieb es, trotzdem ich im Bett lag. Und was war der Ausgang? Als endlich das betr. Aprilheft erschien, war ich samt andern in den April geschickt und es „ritten sieben Ritter frei, mit Schilden und Speeren" in Nord u. Süd auf, um „des Königs Kind zu ehren". Es hatte sich um eine durch Lindau inszenierte Wettdichterei gehandelt! Da verschwor ich es" (Brief Fontane an Theodor Storm vom 17.9.1887, HFA IV, 3, S. 564, in: Roland Berbig / Bettina Hartz, Theodor Fontane im literarischen Leben, Berlin 2000, S. 240f.

[300] Peter Goldammer (Hrsg.), Der Briefwechsel zwischen Theodor Storm und Gottfried Keller, a.a.O., S. 172f.

[301] Alfred Biese, Lebenserinnerungen, in: Volker Griese, Theodor Storm. Chronik seines Lebens, a.a.O., S. 156f.

[302] Ludwig Christian Detlev Friedrich Graf zu Reventlow wurde nach dem Sieg Preußens und Österreichs über Dänemark 1864 zunächst Amtmann in Fehmarn. Der Sieg Preußens über Österreich bei Königgrätz 1866 brachte die „Einverleibung" Schleswig-

Holsteins in das Königreich Preußen und Ludwig Reventlow wurde ab 1866 zunächst Amtmann von Husum und Oberstaller der Landschaft Eiderstedt westlich von Husum, und ab 1868 erster preußischer Landrat des Amtes Husum. Er „residierte“ auf dem Husumer Schloss. Diese Stellung hatte er bis zu seiner Pensionierung 1889 inne, da ihm wegen seiner wohl etwas unpreußischen Amtsführung zwar die Freundschaft von Storm einbrachte, aber keinen weiteren Aufstieg. Verheiratet war er seit 1860 mit Emilie zu Rantzau. Über Ludwig Graf zu Reventlow hatte Storm an P. Heyse geschrieben: „[...]ein Mensch, schroff, brunnentief und von bedeutendem Geist und Wissen“(Brief vom 22.10.1879). Gegenseitige Besuche der beiden Husumer (einer aus der „Wasserreihe“ einer vom „Schloss“) haben sich in Storms Gedicht niedergeschlagen.

[303] Brief Friedrich Paulsen an Ferdinand Tönnies vom 8.10.1887, in: Olaf Klose / Eduard Georg Jacoby / Irma Fischer (Hrsg.), a.a.O., S. 238.

[304] Brief Ferdinand Tönnies an Friedrich Paulsen vom 22.10.1887, in: Olaf Klose / Eduard Georg Jacoby / Irma Fischer (Hrsg.), a.a.O., S. 238.

[305] Brief Ferdinand Tönnies an Friedrich Paulsen vom 12.1.1888, in: Olaf Klose / Eduard Georg Jacoby / Irma Fischer (Hrsg.), a.a.O., S. 244.

[306] Gertrud Storm, Mein Vater Theodor Storm, a.a.O., S. 106f.

[307] Frank Schnass, Bittersüßer Lebenstrank, a.a.O., S. 173.

[308] Brief Storms an Tönnies vom 16.3.1888, in: Dieter Lohmeier, Der Briefwechsel zwischen Theodor Storm und Ferdinand Tönnies, a.a.O., S. 122.

[309] Brief Ferdinand Tönnies´ an Friedrich Paulsen vom 1.3.1888, in: Olaf Klose / Eduard Georg Jacoby / Irma Fischer (Hrsg.), a.a.O., S. 246.

[310] Ferdinand Tönnies, Theodor Storm. Zum 14. September 1917. Gedenkblätter, a.a.O., S. 68.

[311] In der Buchausgabe heißt diese Stelle jetzt: „Das Jahr ging weiter, aber je weiter es ging und je ungestörter die neugelegten Rasen durch die Strohdecke grünten, um so unruhiger ging oder ritt Hauke an dieser Stelle vorüber, er wandte die Augen ab, er *ritt hart an der Binnenseite des Deiches*; ein paarmal, wo er dort hätte vorüber müssen, ließ er sein schon gesatteltes Pferd wieder in den Stall zurückführen; dann wieder, wo er nichts dort zu tun hatte, wanderte er, um nur rasch und ungesehen von seiner Werfe fortzukommen, plötzlich und zu Fuß dahin; manchmal auch war er umgekehrt, er hatte es sich nicht zumuten können, die unheimliche Stelle aufs neue zu betrachten; *und endlich, mit den Händen* hätte er alles wieder aufreißen mögen, denn wie ein Gewissensbiß, der außer ihm Gestalt gewonnen hatte, lag dies Stück des Deiches ihm vor Augen. Und doch, seine Hand konnte nicht mehr daran rühren; und niemandem, selbst nicht seinem Weibe, durfte er davon reden.“

[312] Brief Storms an Tönnies vom 7.4.1888, in: Dieter Lohmeier, Der Briefwechsel zwischen Theodor Storm und Ferdinand Tönnies, a.a.O., S. 123f.

[313] Paul Schütze wurde am 12. Dezember 1858 im „Pastorenhause“ zu Wieck bei Greifswald geboren und war zwei Semester (1886 bis 1887) als Privatdozent für deutsche

Sprache und Literatur in Kiel tätig. Schütze, der die „Festschrift" nicht mehr selbst überreichen konnte, starb überraschend mit nur 29 Lebensjahren wenige Tage nach Storms Geburtstag. In seinen „Nachgelassenen Blättern" (Deutsche Rundschau, Bd. 57, S. 341-346) schrieb Storm über Schütze: „Der Verfasser, mein junger Freund, konnte nicht dabei sein; ein Blutsturz hatte ihn wenige Tage vorher aufs Krankenbett geworfen und zwei Tage nach meinem Feste [am 14.9.87] starb er an einer Wiederholung dieses Übels. Ein tiefer Schatten ist über den frohen Tag gefallen, und die Hoffnungen, die wir an dieses so früh geschlossene Leben knüpften, sind erloschen." Gertrud Storm schreibt über Paul Schütze: „Schütze gehörte zu den jungen Freunden meines Vaters und war ein oft und gern gesehener Gast im Dichterhause zu Hademarschen. Sein Buch erscheint deshalb wertvoll, weil es im Manuskripte von meinem Vater durchgesehen und gebilligt war. Auch gab er dem Verfasser manchen Wink und Rat für seine Arbeit." (Gertrud Storm, Theodor Storm. Ein Bild seines Lebens (Jugendzeit), Berlin 1912, S. 8). Etwas erstaunlich ist, dass Paul Schütze Ferdinand Tönnies in seinem Buch mit keinem Wort erwähnt.

[314] Dr. Paul Schütze, Theodor Storm. Sein Leben und seine Dichtung, hrsg. von Edmund Lange, Berlin 1907, S. 273.

[315] David A. Jackson, Theodor Storm. Dichter und demokratischer Humanist. Eine Biographie, Berlin 2001.

[316] Storm unterbrach die Arbeit am „Schimmelreiter" für die Arbeit an der Novelle „Ein Doppelgänger" etwa von August bis September 1886 und für „Ein Bekenntnis" etwa von März bis Ende Mai 1887.

[317] Die „Deutsche Rundschau" ist eine literarische und wissenschaftliche Zeitschrift, die 1874 von Julius Rodenberg (1831-1914) gegründet wurde. Sie hat die deutsche Politik sowie Literatur und Kultur maßgeblich beeinflusst und galt als eine der „bestgelungenen Journalgründungen" in Deutschland.

[318] Eine Rezension des Filmes von 1933 haben Schüler 2008 vorgenommen: „Bevor die ersten schwarz-weißen Bilder zu sehen sind, wird per eingeblendetem Text die damalige Gefahr eines Deichbruches und die Angst der Bevölkerung erläutert. Der Film beginnt zu Haukes Zeiten als Kleinknecht unter Ole Peters. Nach fünf ereignislosen Minuten kehrt Elke von einer zweijährigen Reise zurück und findet den smarten Hauke beim Holzhacken vor. Bei dieser Gelegenheit werden erste viel sagende Blicke getauscht. Nach fünfzehn Minuten hat man die Dorfgemeinschaft einmal singen, den alten Deichgrafen fünfmal essen und einmal sterben gesehen. Das alles ist zwar ziemlich langweilig, bleibt aber wenigstens originalgetreu. In diesem Stil geht es weiter. Der einzige Unterschied zur Novelle: Wienke wird nicht erwähnt. Fazit: Wer die Geschichte des Schimmelreiters kennen lernen möchte, sollte lieber die Novelle lesen. Das ist spannender und ohne grausame Musikuntermalung."

[319] „Ein Gespenst, eine Novelle und ein Film", in: Daheim 70, 1933/34, Nr. 20, S. 3.

[320] Theodor Storm, Der Schimmelreiter, in: Theodor Storm. Sämtliche Werke, zweiter Band, hrsg. von Christian Jenssen, S. 814.

[321] Heinrich Otte, Glockenkunde, Leipzig 1858 (1. Aufl.).

[322] Ferdinand Tönnies, Theodor Storm. Zum 14. September 1917. Gedenkblätter, a.a.O., S. 68. „Excito Torpentem – Miserum Castigo Nocentem – Crimine Detentis Annuncio Tempora Mortis" („Den Trägen wecke ich – den elenden Schuldigen züchtige ich – den verhafteten Verbrechern kündige ich die Todesstunde") Inschrift einer „Armesünderglocke".

[323] Brief Storms an Tönnies vom 9.5.1888, in: Dieter Lohmeier, Der Briefwechsel zwischen Theodor Storm und Ferdinand Tönnies, a.a.O., S. 125.

[324] TAN, Sig., V.5.9.1.

[325] Gertrud Storm, Mein Vater Theodor Storm, a.a.O., S. 113.

[326] Brief Ferdinand Tönnies´ an Friedrich Paulsen vom 22.8.1888, in: Olaf Klose / Eduard Georg Jacoby / Irma Fischer (Hrsg.), a.a.O., S. 253.

[327] Ferdinand Tönnies, Theodor Storm. Zum 14. September 1917. Gedenkblätter, a.a.O., S. 69.

[328] Die „Storm-Woldsen-Gruft" auf dem Friedhof St. Jürgen zu Husum (Theodor Storm liegt hier nicht allein begraben, vielmehr handelt es sich um das Erbbegräbnis der alteingesessenen Husumer Familie Woldsen) erhielt ihre heutige Gestalt im Jahre 1937. Der Vorstand des Gasthauses zum Ritter St. Jürgen, der bis dahin für die Pflege des Friedhofes insgesamt zuständig war, beschloss im November 1936 mit Zustimmung des ältesten der noch lebenden Storm-Kinder, Elsabe Storm (seit 1889 verheiratet mit dem Baurat Friedrich Krey aus Posen) in Rödemis bei Husum, die Pflege des Storm-Grabes an die Stadt Husum abzugeben. Das „Topographische Grabbuch" verzeichnet die Bestattung lapidar: „1888, Juli, 7. [gestorben am 4. Juli] der Amtsgerichtsrath a.D. Theodor Storm, 71 Jahre alt, gest. in Hademarschen. Vor der Einsenkung dieser Leiche wurde das Gewölbe gereinigt, die Gebeine in einen Sarg gelegt." Vgl. dazu Klaus Schumacher, Theodor Storms Grab auf St. Jürgen zu Husum, Husum 2001, S. 33.

[329] Gertrud Storm, Mein Vater Theodor Storm, Berlin 1922, S. 114.

[330] Dieter Lohmeier vermutet, dass es sich bei dem „Berliner Bild" (siehe Seite 101 in diesem Buch) um das Foto von E. Vogelsang, Berlin aus dem Jahre 1884 handelt. Vgl. auch Gerd Eversberg, Storm-Portraits. Bildnisse von Theodor Storm und seiner Familie, Heide 1995, S. 40.

[331] Erstmals erschien die fragmentarisch gebliebene Novelle „Die Armesünderglocke" im Anhang von Gertrud Storms Schrift „Theodor Storm. Ein Bild seines Lebens" (1912). Gertrud Storm steigerte den Originalitätsanspruch ihrer Schriften dadurch, dass sie sie mit Erstveröffentlichungen ihres Vaters würzte. Allerdings ist der Text, den Gertrud Storm aus den handschriftlichen Notizen ihres Vaters abdrucken ließ, an einer Stelle unvollständig, wie Dieter Lohmeier auf Grund des handschriftlichen Entwurfes ermitteln konnte. Auch stimmen Zeitangaben bei Gertrud Storm nicht immer.

[332] Brief Do[rothea] Storms an Tönnies vom 12.8.1888, in: Dieter Lohmeier, Der Briefwechsel zwischen Theodor Storm und Ferdinand Tönnies, a.a.O., S. 126f.

[333] Schon zu Lebzeiten von Theodor Storm war der Verkauf des Hauses in Hademarschen erwogen worden. Storm hatte bereits 1884 konkrete Schritte zum Verkauf der Altersvilla eingeleitet und eine Verkaufsannonce geschaltet. An Wilhelm Petersen schrieb er: „Ich werde nun jedes Frühjahr so annonciren, vielleicht erleb ich´s dann noch." Die Absicht, sein Haus zu verkaufen, unterbreitete Storm seinem Freunde Paul Heyse am 28. April 1885: „So suche ich auch der Kinder wegen meinen jetzt wirklich schönen u. so behaglichen Landsitz zu verkaufen, um mich in Kiel, Lübeck oder Hambg anzusiedeln." Der Besuch Storms bei seinem Freunde Reventlow und seinem Bruder Aemil in Husum, wo inzwischen auch Sohn Ernst praktizierte, lässt ihn in einem Brief an Tochter Lisbeth konkreter werden: „In Husum war´s mir, als sei neues Blut in die Stadt gekommen, für mich besonders, durch Onkel Aemils junge Freunde, unsern Ernst und Dr. med. Barthels mit ihren Frauen." Und noch ein Argument gibt es für Husum. Storm schrieb am 16. Februar 1888 an Erich Schmidt: „Ich denke mitunter an einen Rückzug nach Husum, zumal ich als Ehrenbürger frei von Communallasten bin, die sonst dort über 1.000 M. für mich betragen würden." Vgl. dazu Max Suhr, Umzugsgedanken, in: Schriften der Theodor-Storm-Gesellschaft, Band 41 / 1992, S. 83 ff. Hier irrte Storm allerdings. Die Ehrenbürgerwürde befreite keineswegs von den „Communalsteuern", wie ihm in einem Brief vom Magistrat mitgeteilt wurde.

[334] Max Suhr, Umzugsgedanken, in: Schriften der Theodor-Storm-Gesellschaft, Band 41 / 1992, S. 84.

[335] Max Suhr, Umzugsgedanken, in: Schriften der Theodor-Storm-Gesellschaft, Band 41 / 1992, S. 85.

[336] Max Suhr, Umzugsgedanken, in: Schriften der Theodor-Storm-Gesellschaft, Band 41 / 1992, S. 88.

[337] Brief Ferdinand Tönnies´ an Friedrich Paulsen vom 15.3.1889, in: Olaf Klose / Eduard Georg Jacoby / Irma Fischer (Hrsg.), a.a.O., S. 263f.

[338] Brief Friedrich Paulsens an Ferdinand Tönnies vom 22.3.1889, in: Olaf Klose / Eduard Georg Jacoby / Irma Fischer (Hrsg.), a.a.O., S. 264.

[339] Als „Dreikaiserjahr" ging das Jahr 1888 in die deutsche Geschichte ein. Auf Wilhelm I., der am 9. März verstarb, folgte sein an Kehlkopfkrebs erkrankter Sohn Friedrich Wilhelm als Friedrich III., der nach 99 Tagen Regentschaft am 15. Juni starb. Ihm folgte am selben Tag sein ältester Sohn Friedrich Wilhelm als deutscher Kaiser und König von Preußen als Wilhelm II.

[340] Ferdinand Tönnies, Theodor Storm. Ein Gedenkblatt, in: Nord und Süd. Eine Monatsschrift hrsg. von P. Lindau, Bd. 47, Breslau 1888, S. 197-210.

[341] Brief Friedrich Paulsens an Ferdinand Tönnies vom 3.11.1888, in: Olaf Klose / Eduard Georg Jacoby / Irma Fischer (Hrsg.), a.a.O., S. 255.

[342] Dass Storm seiner Heimatstadt durchaus kritisch gegenüber stand, hat Karl Ernst Laage in einem kleinen Aufsatz eindrucksvoll nachgewiesen. (Karl Ernst Laage, Theodor

Storm und seine Vaterstadt. Ein Beitrag zum Neuverständnis des Dichters, in: Schriften der Theodor-Storm-Gesellschaft, Schrift 17/1968, S. 19-24.)

[343] TAN, Sig., V.5.2.

[344] Alfred Biese war ein Philosoph und Literaturhistoriker. Er wurde am 25. Februar 1856 in Putbus geboren. Alfred Biese besuchte die Hochschulen in Bonn, Kiel und Greifswald und promovierte 1878. Danach arbeitete er als Gymnasiallehrer in Kiel und Schleswig, ab 1913 leitete er in Frankfurt am Main ein Gymnasium. In jungen Jahren pflegte Biese den Kontakt im Kreise der Dichter und Denker von Theodor Storm, Klaus Groth, Detlev von Liliencron und dem Mecklenburger Heinrich Seidel. Ganz in der Tradition der großen deutschen Philosophen zu Ende des Jahrhunderts, erschien 1893 von Biese „Die Philosophie des Metaphorischen". Als Höhepunkt seiner geistigen Arbeit und als Lebenswerk schrieb er die dreibändige deutsche Literaturgeschichte. Biese arbeitete hochgeschätzt für das „Freie Deutsche Hochstift" und die „Gesellschaft der Goethefreunde". Während einer nochmaligen Umarbeitung seiner Literaturgeschichte starb Alfred Biese am 7. März 1930.

[345] Brief Ferdinand Tönnies´ an Friedrich Paulsen vom 26.11.1888, in: Olaf Klose / Eduard Georg Jacoby / Irma Fischer (Hrsg.), a.a.O., S. 256f.

[346] Ferdinand Tönnies trat erst am 1. April 1930 gemeinsam mit seiner Frau in die SPD ein. Dieses wollte er als sichtbares Zeichen gegen den aufkommenden Nationalsozialismus verstanden wissen.

[347] Brief von Elwin Paetel an Ferdinand Tönnies vom 19.2.1897. TAN, Sig. V.5.12. Theodor Storm hatte zwei Hauptverleger: die Gebrüder Paetel in Berlin und den Verlag Westermann in Braunschweig (siehe dazu Seite 117).

[348] Brief Friedrich Paulsens an Ferdinand Tönnies vom 3.4.1897, in: Olaf Klose / Eduard Georg Jacoby / Irma Fischer (Hrsg.), a.a.O., S. 322f.

[349] Brief Ferdinand Tönnies´ an Friedrich Paulsen vom 17.4.1897, in: Olaf Klose / Eduard Georg Jacoby / Irma Fischer (Hrsg.), a.a.O., S. 323.

[350] Brief von Elwin Paetel an Ferdinand Tönnies vom 15.8.1898. TAN, Sig. V.5.13. Julius Rodenberg (1831-1914) war ein Dichter und Schriftsteller. Der als Julius Levy in Rodenberg (Kurhessen) geborene Mitinitiator des Storm-Denkmals war über 40 Jahre Herausgeber der literarischen und wissenschaftlichen Zeitschrift „Deutsche Rundschau", in der auch Ferdinand Tönnies publizierte. Bürgermeister Adolf Menge (1856-1917) aus Osterode im Harz verkörperte mit seinem vorwärts drängenden Wesen den wilhelminischen Zeitgeist. Viele Neuerungen setzte er in seiner nur sechsjährigen Amtszeit von 1897 bis 1903 durch. Bald nach seinem Weggang nach Wilhelmsburg benannte man eine Straße in Husum nach ihm. Um dem großen Sohn der Stadt ein Denkmal setzen zu können, hatte sich bereits Anfang 1898 ein Ortsausschuss unter dem Vorsitz von Bürgermeister Adolf Menge gebildet. Dieses Gremium sammelte auch mit Hilfe Berliner Freunde 7.000 Mark, eine ausreichende Summe für das geplante Vorhaben. Der Hamburger Fotograf John Thiele hielt die Feierlichkeit im Schlossgarten in einer Reihe von Fotos fest.

[351] Cornelius Steckner, Der Bildhauer Adolf Brütt. Schleswig-Holstein, Berlin, Weimar. Autobiographie und Werkverzeichnis, Heide 1989, S. 209.

[352] Vgl. dazu Felix Schmeißer, Alt Husumer Bilderbuch, Husum 1939.

[353] Husumer Nachrichten vom 15. September 1898.

[354] Georg Friedrich Daumer (1800-1875) war Religionsphilosoph und Lyriker. Als Lyriker trat Daumer vor allem mit Liebesgedichten und mit Übersetzungen orientalischer Gedichte (u.a. von dem persischen Dichter und Mystiker Hafis (1320-1390)) hervor. Über 50 seiner Gedichte und Übersetzungen wurden von Johannes Brahms vertont. Bekannt wurde er auch als Erzieher von Kaspar Hauser.

[355] Theodor Storm. Festrede zur Einweihung des Storm-Denkmals in Husum am 14. September 1898, in: Ferdinand Tönnies, Theodor Storm zum 14. September 1917, Gedenkblätter, Berlin 1917, S. 25-38.

[356] Husumer Nachrichten vom 17. September 1898.

[357] Ferdinand Tönnies, Theodor Storm. Festrede zur Einweihung des Storm-Denkmals am 14.9.1898, in: Ethische Kultur. Wochenschrift für sozial-ethische Reformen (Gizycki, G.v. [Begründer]), 6. Jg., Berlin 1898, S. 333-336.

[358] Brief Friedrich Paulsens an Ferdinand Tönnies vom 19.10.1898, in: Olaf Klose / Eduard Georg Jacoby / Irma Fischer (Hrsg.), a.a.O., S. 336.

[359] Brief von Ferdinand Tönnies an Friedrich Paulsen vom 25.10.1898, in: Olaf Klose / Eduard Georg Jacoby / Irma Fischer (Hrsg.), a.a.O., S. 337f.

[360] Uwe Carstens, Ferdinand Tönnies. Friese und Weltbürger. Biografie, Norderstedt 2005, S. 224 ff.

[361] Ferdinand Tönnies, Theodor Storm zum 14. September 1917, Gedenkblätter, Berlin 1917, S. 4.

[362] Mit dem „Skizzenbuch" wurde Irving der erste amerikanische Schriftsteller, der sich im Ausland einen Namen machen konnte; zudem brachte es ihm später den Ruf ein, „Erfinder" der amerikanischen Kurzgeschichte zu sein. Die Kurzgeschichte „Die Legende von Sleepy Hollow" ist im Grunde ein Plagiat; sie ist Gottfried August Bürgers „Leonore" und einem von Johann Karl August Musäus gesammelten Märchen nachempfunden. Bei seiner Reise entlang des Rheins (1806) dürfte Irving auf das zwischen Bergischem Land und Eifel verbreitete Motiv des „Kopflosen Reiters" gestoßen sein. Diese Sagenfigur ist eine dort wohl bekannte Spielart des Wiedergängers, also eines Untoten. William Makepeace Thackeray (1811-1863) war ein englischer Schriftsteller und gilt neben Charles Dickens und George Eliot als bedeutendster englischsprachiger Romancier des Viktorianischen Zeitalters. Ernst Theodor Amadeus Hoffmann (1776-1822) hieß eigentlich Ernst Theodor Wilhelm. In Anlehnung an den von ihm bewunderten Wolfgang Amadeus Mozart nannte er sich um. Er war ein Schriftsteller der Romantik, Jurist, Komponist, Kapellmeister, Musikkritiker, Zeichner und Karikaturist.

[363] Thomas Carlyle (1795-1881) war ein schottischer Essayist und Historiker, der im viktorianischen Großbritannien sehr einflussreich war. Der von Tönnies zitierte „Spruch"

heißt vollständig: „Wenn du tief genug dich schaust, sieht Musik, das Herz der Natur, die überall Musik ist."

[364] Friedrich Leopold Graf zu Stolberg-Stolberg (1750-1819) war Schriftsteller, Diplomat und Verwaltungsbeamter.

[365] Johann Peter Hebel (1760-1826) war ein deutscher Dichter insbesondere der alemannischen Mundart; Johann Gaudenz von Salis-Seewis (1762-1834) war ein Schweizer Dichter; Friedrich Wilhelm August Schmidt (1764-1838), genannt „Schmidt von Werneuchen", war Pastor und Dichter märkischer Idyllen; Friedrich Hölderlin (1770-1843) war ein deutscher Lyriker; Ludwig Tieck (1773-1853) war Dichter, Schriftsteller und Übersetzer romantischer Texte.

[366] Johann Heinrich Wilhelm Mauke (1791-1859) war ein deutscher Verlagsbuchhändler. Er trat 1811 als Gehilfe in die Hamburger Buchhandlung Friedrich Perthes und seinem Kompagnon Johann Heinrich Besser ein. Ab 1836 nannte sich die Firma „Perthes, Besser & Mauke.

[367] „Lieder zu Schutz und Trutz. Gaben deutscher Dichter aus der Zeit des Krieges im Jahre 1870", hrsg. v. F. Lipperheide, 194 S., 1870.

[368] Joseph Victor von Scheffel (1876 geadelt) war indirekter Begründer des Begriffs „Biedermeier". Scheffel war ein im wilhelminischen Deutschland viel gelesener Autor. Er vereinigte in seinen Werken die beiden Grundströmungen des damaligen Zeitgeistes, bürgerliche Bildungsbeflissenheit und nationale Begeisterung. Seine historischen Epen und Erzählungen haben wahrscheinlich nicht unwesentlich zu dem seit der Bismarckzeit aufkommenden Selbstbildnis der Deutschen als einer altfränkisch biederen, ungekünstelt zuverlässigen und ernsthaft strebsamen Nation beigetragen. Die stets zum Nachteil ausfallende Gegenüberstellung des deutschen Nationalcharakters mit den Repräsentanten klassischer europäischer Geisteskultur ist am stärksten im „Trompeter von Säckingen" ausgeprägt. Dieses Versepos erfreute sich zu Scheffels Lebzeiten so großer Beliebtheit, dass Bronzefiguren des „Trompeters" zahlreiche bürgerliche Speisezimmer zierten. Scheffels Studentenlieder („Alt-Heidelberg, du feine"; „Wohlauf, die Luft geht frisch und rein"; „Als die Römer frech geworden"), die in die Kommersbücher eingegangen sind, haben das Bild vom lebenslustigen und humorvollen Dichter Scheffel mitgeprägt, das seine Lebensrealität nicht richtig erfasst, die von Enttäuschungen (dem Scheitern der deutschen Revolution von 1848 und seiner vergeblichen Werbung um Emma Heim 1851), Isolation und Resignation gezeichnet war. Bekannt ist auch die Redewendung: „Behüt´ dich Gott, es wär zu schön gewesen, behüt´ dich Gott, es hat nicht sollen sein" aus Scheffels „Trompeter von Säckingen".

[369] Der Volksschullehrer Heinrich Wolgast (1860-1920) veröffentlichte 1896 die Streitschrift „Das Elend unserer Jugendliteratur. Ein Beitrag zur künstlerischen Erziehung der Jugend". Wolgast wollte zur literarischen Geschmacksbildung der unteren Sozialschichten beitragen. Er sprach sich gegen eine spezifische Kinder- und Jugendliteratur aus, da er in ihr eine allein aus wirtschaftlichen Erwägungen produzierte Massenware ohne jeden poeti-

schen Wert sah. Bücher, die religiöse, moralische oder politische Überzeugungen vermittelten, bezeichnete er als „Tendenzschriften" und lehnte sie ebenso wie „Unterhaltungsschriften" ab.

[370] Wilhelm Raabe, Pseudonym: Jakob Corvinus, (1831-1910) war ein deutscher Erzähler und einer der wichtigsten Vertreter des poetischen Realismus, besonders bekannt für seine gesellschaftskritischen Erzählungen, Novellen und Romane.

[371] Stanislaus von Kalckreuth (1820-1894) war ein deutscher Maler. Er wurde 1859 vom preußischen König Friedrich Wilhelm IV. zum Professor ernannt und als solcher war er 1859 in Weimar maßgeblich an der Gründung der Kunstschule beteiligt.

[372] Christoph Willers von Tiedemann (1836-1907) war ein preußischer Beamter und Politiker. Tiedemann hatte Jura und Volkswirtschaft studiert und wurde 1865 zum Polizeimeister der Stadt Flensburg ernannt, später war er Landrat von Mettmann. Im Jahre 1878 berief ihn Reichskanzler Otto von Bismarck zum Chef der neu gegründeten Reichskanzlei. Bereits drei Jahre später wechselte er als Regierungspräsident ins westpreußische Bromberg, wo er bis 1899 blieb. Er wurde 1883 in den Adelsstand erhoben und gehörte über 25 Jahre lang dem Preußischen Abgeordnetenhaus an, zusätzlich von 1898 bis 1906 dem Deutschen Reichstag.

[373] Die Geschichte der Wahrscheinlichkeitsrechnung oder Stochastik beschreibt die Entwicklung eines gleichzeitig alten und modernen Teilgebiets der Mathematik, das sich mit der mathematischen Analyse von Experimenten mit unsicherem Ausgang befasst.

[374] Von links oben: Benedikt Dolbin, Uwe Carstens, Kollage Uwe Carstens, Uwe Carstens, Uwe Carstens, unbekannter Künstler, Kollage Uwe Carstens, Schülerin oder Schüler der Ferdinand-Tönnies-Schule in Husum, Uwe Carstens.

[375] Husumer Nachrichten vom 28. Juli 1990.

[376] Siehe dazu Uwe Carstens, Ferdinand Tönnies. Friese und Weltbürger. Biografie, Norderstedt 2005.

[377] Am 26. Juli 2005 referierte der Präsident der Ferdinand-Tönnies-Gesellschaft Prof. Dr. Lars Clausen zum 150. Geburtstag von Ferdinand Tönnies im Kieler Ferdinand-Tönnies-Haus in der Freiligrathstrasse.

[378] Die mittlerweile 16jährige Urenkelin Kirstine Tönnies taufte am 15. August 2005 im Kieler Hauptbahnhof einen Zug der Nord-Ostsee-Bahn auf den Namen ihres Urgroßvaters.

[379] Im Audimax der Christian-Albrechts-Universität zu Kiel fand am 14. und 15. Oktober 2005 das V. Internationale Tönnies Symposion statt. Das von der Ferdinand-Tönnies-Gesellschaft und dem Kieler Institut für Soziologie veranstaltete Symposion hatte die „Neuordnung der Sozialen Leistungen" zum Thema.

[380] In der Landesbibliothek in Kiel fand vom 13. Oktober bis zum 8. November 2005 eine Ausstellung über Ferdinand Tönnies statt. Die von Dr. Kornelia Küchmeister zusammengestellte Ausstellung sollte ursprünglich nur bis zum 23. Oktober geöffnet sein, wurde aber wegen des „unerwarteten Interesses" verlängert.

[381] Am 26. Juli 2005 ehrten die Kieler Christian-Albrechts-Universität, die Ferdinand-Tönnies-Gesellschaft und zahlreiche Gäste aus dem In- und Ausland den Begründer der deutschen Soziologie mit einer Kranzniederlegung. Am Grab sprach der Präsident der Ferdinand-Tönnies-Gesellschaft Prof. Dr. Lars Clausen.

[382] Ebenfalls am 26. Juli 2005 stellte der Geschäftsführer der Ferdinand-Tönnies-Gesellschaft Dr. Uwe Carstens die von ihm verfasste Tönnies-Biografie vor.

[383] Das Deutsche Eck ist eine Landzunge an der Mündung der Mosel in den Rhein in Koblenz. Hier wurde 1897 ein monumentales Reiterstandbild Kaiser Wilhelms I. errichtet. Kurz vor Ende des Zweiten Weltkriegs, am 16. März 1945, wurde das Reiterstandbild durch eine amerikanische Artilleriegranate beschädigt: zwar nicht direkt, aber die Druckwelle stieß das Denkmal vom Sockel. Kittl wurde damit beauftragt, das Reiterstandbild wieder in den alten Zustand zurückzuversetzen. Im Mai 1992 traf das neue Reiterstandbild an Bord der MS Futura über den Rhein in Koblenz ein und der größte fahrbare Gittermastkran Europas hievte das Reiterstandbild wieder auf den Denkmalssockel.

[384] Hein Hoop (1927-1986) war Maler, Bildhauer, Schriftsteller, Journalist und Aktionskünstler (Tür im Watt). Der vielseitige Künstler schuf zahlreiche plattdeutsche Gedichte und Geschichten.

[385] Husumer Nachrichten vom 13.9.2005.

[386] Wer sich mit dieser Thematik auseinander setzen möchte, dem seien folgende Schriften empfohlen: Harro Segeberg, Ferdinand Tönnies´ Gemeinschaft und Gesellschaft und Theodor Storms Erzählwerk. Zur literarischen Spiegelung eines Epochenumbruchs, in: Vierteljahresschrift für Literaturwissenschaft und Geistesgeschichte 59, 1985, S. 474-496; Ralf Bartoleit, Das Verhältnis von Ferdinand Tönnies´ „Gemeinschaft und Gesellschaft" zu Theodor Storms Erzählwerk: Über die Fragwürdigkeit einer naheliegenden Interpretation, in: Schriften der Theodor-Storm-Gesellschaft, Schrift 36/1987, S. 69-82; Harro Segeberg, Noch einmal: Storm – Tönnies. Eine Duplik, in: Schriften der Theodor-Storm-Gesellschaft, Band 38/1989, S. 73-79; Dieter Lohmeier, Plädoyer für sozialpsychologische Untersuchungen über Theodor Storm, in: Schriften der Theodor-Storm-Gesellschaft, Band 42/1993, S. 95-101.

[387] Der Monismus (gr. mónos: allein) ist die philosophische oder metaphysische Position, wonach sich alle Vorgänge und Phänomene der Welt auf ein einziges Grundprinzip zurückführen lassen. Der Monismus bezieht damit die Gegenposition zum Dualismus und Pluralismus, die zwei oder viele Grundprinzipien annehmen.

[388] Cornelius Bickel, Dichtung und Wissenschaft. Ein Resümee, in: Rolf Fechner (Hrsg.), Der Dichter und der Soziologe. Zum Verhältnis zwischen Theodor Storm und Ferdinand Tönnies, Hamburg 1987, S. 112 ff.

[389] Die Stadt Husum vergibt seit 1998 alle vier Jahre den „Theodor-Storm-Preis". Der Storm-Preis ist mit einer Geldsumme verbunden. Mit diesem Preis soll das Werk eines Wissenschaftlers, eines zeitgenössischen Dichters oder eines bildenden Künstlers ausgezeichnet werden. Der Preis soll demjenigen zuerkannt werden, durch dessen Werk die

großen Leistungen Theodor Storms als Künstler, als „poetischer Realist" im besonderen Maß gewürdigt, besser verstanden und für weitere Kreise aktualisiert werden können (gilt auch für die weibl. Schreibweise). Gefördert werden u.a. wissenschaftliche, neue Aspekte aufzeigende Untersuchungen, Druck von Übersetzungen Stormscher Werke in anderen Sprachgebieten, Novellen und Romane, Essays, Bilder-Zyklen, Standbilder, Büsten usw. Zuletzt (2006) bekam Dr. Malte Stein für seine literaturpsychologischen Studien zum Geschlechter- und Generationskonflikt im erzählerischen Werk Theodor Storms diesen Preis überreicht. Die Laudatio hielt die Leiterin des Heiligenstädter Literaturmuseums „Theodor Storm", Dr. Regina Fasold.

[390] Der 1983 geborene Kunststudent Andreas Peiffer wurde am 8.2.2007 in Bonn mit dem Förderstipendium für einen Aufenthalt in der Villa Vigoni ausgezeichnet. Peiffer zeigte in Bonn die Installation „Schacht" und seine Performance-Maschine „ohne Titel". Er studiert seit 2004 an der „Muthesius Kunsthochschule" in Kiel bei der Professorin Elisabeth Wagner. Die Villa Vigoni ist ein 1986 gegründetes Deutsch-Italienisches Zentrum im Besitz der Bundesrepublik Deutschland, das in zwei historischen Villen inmitten eines botanischen Gartens am Comer See residiert. Zu den Aufgaben zählt die Förderung der deutsch-italienischen Zusammenarbeit, insbesondere auf den Gebieten Kultur, Kunst und Wissenschaft.

[391] Martin Geist in den Kieler Nachrichten vom 15. Mai 2008. Christoph Martin Wieland (1733-1813) war ein deutscher Dichter, Übersetzer und Herausgeber zur Zeit der Aufklärung. Wieland war – neben Gotthold Ephraim Lessing, Georg Christoph Lichtenberg und Immanuel Kant – der bedeutendste und reflexionsmächtigste Schriftsteller der Aufklärung im deutschen Sprachgebiet und der Älteste des klassischen Viergestirns von Weimar (Herder, Goethe, Schiller, Wieland).

[392] Gemäß dem neuen Hochschulgesetz von Schleswig-Holstein, das seit März 2008 gültig ist, werden Universitäten nicht mehr von einem Rektorat, sondern von einem Präsidium geleitet. Der Präsident kann viele Entscheidungen allein treffen, die zuvor an anderer Stelle lagen. So kann er etwa neue Lehrende berufen, was bisher Sache des Ministeriums war. Seit dem 1. Juni 2008 steht nun der Präsident Prof. Dr. Gerhard Fouquet für sechs Jahre als Nachfolger von Rektor Prof. Dr. Thomas Bauer an der Spitze der CAU. Als Vizepräsidenten sind die Professoren Dr. Frank Kempken und Dr. Siegfried Wolffram für drei Jahre vom Senat gewählt worden.

[393] Niall Bond, Storm und Tönnies. Eine Wahlverwandtschaft, in: Tönnies-Forum Nr. 2/95, 4. Jg., S. 23-43.

[394] Dieter Lohmeier, Der Briefwechsel zwischen Theodor Storm und Ferdinand Tönnies, a.a.O., S. 95 ff.

[395] Dieter Lohmeier, Plädoyer für sozialpsychologische Untersuchungen über Theodor Storm, in: Schriften der Theodor-Storm-Gesellschaft, Band 42/1993, S. 98.

[396] Cornelius Bickel, Ferdinand Tönnies. Soziologie als skeptische Aufklärung zwischen Historismus und Rationalismus, Opladen 1991, S. 50.

[397] Georg Bollenbeck, Theodor Storm. Eine Biographie, Frankfurt a.M. 1988, S. 131, 293, 318.

[398] Hartmut Vinçon, Theodor Storm mit Selbstzeugnissen und Bilddokumenten, Reinbek 1999, S. 111.

[399] Karl Ernst Laage, Theodor Storm. Eine Biographie, Heide 1999, S. 121.

[400] Dieter Andresen, Kraftfeld Heimat. Profile des Nordens, Norderstedt 2006, S. 298. Dieses unbedingt lesenswerte Buch beinhaltet neben vielen interessanten Geschichten (z.B. über Friedrich Paulsen) auch zwei über Ferdinand Tönnies: „Ein großer Sohn Eiderstedts" (S. 291-324) und „... sub specie aeternitatis: Ferdinand Tönnies und die Theologie" (S. 452-476).

[401] Ferdinand Tönnies. Eutin (Holstein), S. 204.

[402] Karl Ernst Laage, Theodor Storm, a.a.O., S. 122.

[403] Heinrich Meyer, Theodor Storm und Ferdinand Tönnies, a.a.O., S. 380. Elmer Otto Wooley war ein bekannter Storm-Forscher, der eine Reihe Bücher über Storm veröffentlichte (z.B. „Studies in Theodor Storm" (1943), „Storm and Bertha v. Buchan" (1951),"Theodor Storm´s World in Pictures" (1954)).

In fast jeder größeren deutschen Stadt gibt es eine „Theodor-Storm-Strasse". Eine „Ferdinand-Tönnies-Strasse" findet man nur in Husum, Kiel und Eutin

Literaturverzeichnis

Andresen, Dieter, Kraftfeld Heimat. Profile des Nordens, Norderstedt 2006,

Barz, Paul, Wanderer gegen Zeit und Welt. Theodor Storm. Eine Biographie, Berlin 2004,

Bammé, Arno (Hrsg.), Ferdinand Tönnies. Soziologe aus Oldenswort, München Wien 1991,

Berbig, Roland / Hartz, Bettina, Theodor Fontane im literarischen Leben, Berlin 2000,

Berbig, Roland u.a. (Hrsg.), Theodor Storm – Gebrüder Paetel. Briefwechsel, Berlin 2005,

Bernd, Clifford Albrecht (Hrsg.), Theodor Storm / Paul Heyse. Briefwechsel, Bd. 2, Berlin 1969,

Bickel, Cornelius, Ferdinand Tönnies. Soziologie als skeptische Aufklärung zwischen Historismus und Rationalismus, Opladen 1991,

Bollenbeck, Georg, Theodor Storm. Eine Biographie, Frankfurt a.M. 1988,

Borzikowsky, Holger, Husum in alten Bildern, o.O., o.J.

Coppi, Hans / Andresen, Geertje (Hrsg.), Dieser Tod paßt zu mir. Harro Schulze-Boysen Grenzgänger im Widerstand, Berlin 1999,

Brasch, Moritz, Rudolf von Gottschall. Ein literarisches Portrait, Leipzig 1893,

Carstens, Uwe, Ferdinand Tönnies. Friese und Weltbürger. Biografie, Norderstedt 2005,

Clausen, Lars / Schlüter, Carsten (Hrsg.), Hundert Jahre „Gemeinschaft und Gesellschaft". Ferdinand Tönnies in der internationalen Diskussion, Opladen 1991,

Erdmann-Degenhardt, Antje (Hrsg.), Weihnachten mit Storm, Berlin 2002,

Esmarch, Ernst, Theodor Storm – Ernst Esmarch. Briefwechsel. Kritische Ausgabe. In Verbindung mit der Theodor-Storm-Gesellschaft hrsg. v. Arthur Tilo Alt, Berlin 1979,

Eversberg, Gerd, in Zusammenarbeit mit Karl Ernst Laage und Dieter Lohmeier (Hrsg.), Theodor Storm: Aquis submersus, Heide 1992,

Eversberg, Gerd, Storm-Portraits. Bildnisse von Theodor Storm und seiner Familie, Heide 1995,

Eversberg, Gerd, Storms erste große Liebe. Theodor Storm und Bertha von Buchan in Gedichten und Dokumenten, Heide 1995,

Eversberg, Gerd (Hrsg.), Dichter und ihre Photographien. Frühe Photos aus der Storm-Familie und aus dem Freundeskreis, Heide 1999,

Eversberg, Gerd / Segeberg, Harro, Theodor Storm und die Medien, Zur Mediengeschichte eines poetischen Realisten, Husumer Beiträge zur Storm-Forschung, Band 1, Berlin 1999,

Eversberg, Gerd / Jackson, David A. / Pastor, Eckart (Hrsg.), Stormlektüren. Festschrift für Karl Ernst Laage zum 80. Geburtstag, Würzburg 2000,

Eversberg, Gerd, Theodor Storm als Schüler. Mit Prosatexten und Gedichten aus der Schulzeit, Heide 2006,

Fasold, Regina (Hrsg.), Theodor Storm. Hundert Gedichte, Leipzig 2003,

Fasold, Regina, Theodor Storm, Stuttgart 2006,

Fechner, Rolf (Hrsg.), Der Dichter und der Soziologe. Zum Verhältnis zwischen Theodor Storm und Ferdinand Tönnies, Hamburg 1987,

Gesellschaft für Husumer Stadtgeschichte (Hrsg.), Geschichte Husums. Von den Anfängen bis zur Gegenwart, Husum 2003,

Goldammer, Peter (Hrsg.), Der Briefwechsel zwischen Theodor Storm und Gottfried Keller, Berlin 1960,

Goldammer, Peter (Hrsg.), Theodor Storm, Sämtliche Werke in vier Bänden, Berlin und Weimar 1967,

Goldammer, Peter, Theodor Storm. Eine Einführung in Leben und Werk, Leipzig 1980,

Goldammer, Peter, Theodor Storm. Werke, 1988,

Göhler, Christine, Emanuel Geibel, Schellhorn 1992,

Götz, Wolfgang, 50 Jahre Goethe-Gesellschaft, Weimar 1936,

Griese, Volker, Theodor Storm. Chronik seines Lebens, Husum 2002,

Hahn, Karl-Heinz, Die Goethe-Gesellschaft in Weimar. Geschichte und Gegenwart, Weimar 1989,

Hamer, Hans-Ulrich, Die schleswig-holsteinische Erhebung im Leben von Harro Harring, Heide 1998,

Jacoby, Eduard Georg, Die moderne Gesellschaft im sozialwissenschaftlichen Denken von Ferdinand Tönnies. Eine biographische Einführung, Stuttgart 1971,

Jackson, David A., Theodor Storm. Dichter und demokratischer Humanist. Eine Biographie, Berlin 2001,

Jackson, David A. (Hrsg.), Theodor Storm – Ernst Storm. Briefwechsel, Berlin 2007,

Jess, Hartwig, Theodor Storm. Sein Leben und sein Schaffen, Braunschweig 1917,

Klose, Olaf / Jacoby, Eduard Georg / Fischer, Irma (Hrsg.), Ferdinand Tönnies / Friedrich Paulsen Briefwechsel 1876-1908, Kiel 1961,

Köster, Albert, (Hrsg.), Theodor Storm. Sämtliche Werke, Leipzig 1923,

Kubitschek, Brigitta, Franziska Gräfin zu Reventlow. Leben und Werk. Eine Biographie und Auswahl zentraler Texte von und über Franziska Gräfin zu Reventlow, München, Wien 1998,

Laage, Karl Ernst, Das Storm-Haus. Eine Führung durch das Museum, Heide 1980,

Laage, Karl Ernst, Theodor Storms Welt in Bildern, Heide 1987,

Laage, Karl Ernst, Der kritische Storm, Heide in Holstein 1989,

Laage, Karl Ernst, Theodor Storm und Iwan Turgenjew. Persönliche und literarische Beziehungen. Einflüsse, Briefe, Bilder, Liechtenstein 1989,

Laage, Karl Ernst, Theodor Storms Dichter-Welt, Heide 1995,

Laage, Karl Ernst (Hrsg.), Thomas Mann: Theodor Storm, Heide 1996,

Laage, Karl Ernst, Storm-Haus Geschichte(n), Heide 1997,

Laage, Karl Ernst, Theodor Storm. Eine Biographie, Heide 1999,

Laage, Karl Ernst, Von der Husumer Gelehrtenschule zum Hotel „Altes Gymnasium", Heide 2000,

Laage, Karl Ernst, Theodor Storms letzte Reise und seine „Sylter Novelle", Heide 2000,

Laage, Karl Ernst, Unterwegs mit Theodor Storm. Ein literarischer Reiseführer, Heide 2002,

Laage, Karl Ernst (Hrsg.), Theodor Storm. Der Schimmelreiter. Text, Entstehungsgeschichte, Quellen, Schauplätze, Aufnahme und Kritik, Heide 2002,

Laage, Karl Ernst, Theodor Storms Schimmelreiterland, Heide 2003,

Laage, Karl Ernst, Theodor Storms Halligwelt und seine Novelle „Eine Halligfahrt", Heide 2004,

Laage, Karl Ernst, Liebesqualen. Theodor Storm und Constanze als Brautpaar, Heide 2005,

Laage, Karl Ernst, Mit Storm auf Schritt und Tritt. Reisebegleiter durch Husum und Nordfriesland, Heide 2006,

Laage, Karl Ernst, Theodor Storm – Leben und Werk, Husum 2007,

Laage, Karl Ernst, Theodor Storm. Neue Dokumente, neue Perspektiven, Berlin 2007,

Laage, Karl Ernst, Theodor Storms öffentliches Wirken. Eine politische Biographie, Heide 2008 (ist noch nicht erschienen, aber zu empfehlen!),

Löding, Fritjof, Theodor Storm und Klaus Groth in ihrem Verhältnis zur schleswig-holsteinischen Frage. Dichtung während einer politischen Krise, Neumünster 1985,

Lohmeier, Dieter, Der Briefwechsel zwischen Theodor Storm und Ferdinand Tönnies, in: Gerd Eversberg / David A. Jackson / Eckart Pastor (Hrsg.), Stormlektüren. Festschrift für Karl Ernst Laage zum 80. Geburtstag, Würzburg 2000,

Meyer, Heinrich, Theodor Storm und Ferdinand Tönnies, in: Monatshefte für Deutschen Unterricht, Bd. 32, Heft 8, 1940,

Möller, Prof. Ernst, Geschichte des Hermann Tast-Gymnasiums in Husum nebst Lehrer- und Schüler-Verzeichnis, Husum September 1927,

Mückenberger, Heiner, Theodor Storm – Dichter und Richter. Eine rechtsgeschichtliche Lebensbeschreibung, Baden-Baden 2001,

Otte, Heinrich, Glockenkunde, Leipzig 1858,

Polko, Elise, Dichtergrüße. Neuere deutsche Lyrik ausgewählt von Elise Polko mit 16 Dichterbildnissen, Leipzig 1806,

Polles, Rainer (Hrsg.), Ferdinand Tönnies – Lebenserinnerungen aus dem Jahre 1935 an Kindheit, Schulzeit, Studium und erste Dozententätigkeit (1855-1894), aus dem Tönnies-Nachlass hrsg., in: Zeitschrift der Gesellschaft für Schleswig-Holsteinische Geschichte (Hrsg. W. Prange) Bd. 105, Neumünster 1980,

Pump, Günter, Storm-Stadt Husum. Husum, ein Rundgang auf den Spuren des Dichters, Husum 2003,

Schmeißer, Felix, Alt Husumer Bilderbuch, Husum 1939,

Schnass, Frank, Theodor Storm. Bittersüßer Lebenstrank. Ein Dichterleben in Selbstzeugnissen, Briefen und Aufzeichnungen, Ebenhausen bei München 1952,

Schumacher, Klaus, Theodor Storms Grab auf St. Jürgen zu Husum, Husum 2001,

Schütze, Dr. Paul, Theodor Storm. Sein Leben und seine Dichtung, hrsg. von Edmund Lange, Berlin 1907,

Spurgat, Günter, Theodor Storm im Film. Die Kino- und Fernsehverfilmungen seiner Werke, Lübeck 1987,

Steckner, Cornelius, Der Bildhauer Adolf Brütt. Schleswig-Holstein, Berlin, Weimar. Autobiographie und Werkverzeichnis, Heide 1989,

Stein, Malte, „Sein Geliebtestes zu töten". Literaturpsychologische Studien zum Geschlechter- und Generationskonflikt im erzählerischen Werk Theodor Storms, Husumer Beiträge zur Storm-Forschung, Band 05, Berlin 2005,

Storm, Gertrud, Mein Vater Theodor Storm, Berlin 1922,

Storm, Gertrud, Vergilbte Blätter aus der grauen Stadt, Regensburg und Leipzig 1922,

Storms, Chor, Theodor Storm und sein Chor. Eine Chronik, hrsg. von Theodor Storms Chor von 1843 mit Unterstützung der Theodor-Storm-Gesellschaft Husum, Husum 1993,

Storm, Theodor, Hausbuch aus deutschen Dichtern seit Claudius. Eine kritische Anthologie von Theodor Storm, Hamburg 1870,

Storm, Theodor, Durch die Stille braust das Meer. Ausgewählt nach Thomas Mann, Hamburg 2006,

Suhr, Max, Theodor Storm in Hademarschen und Hanerau. Zum Gedenken an den 100. Todestag des Dichters am 4. Juli 1988, hrsg. von der Gemeinde Hanerau-Hademarschen 1988,

Tönnies, Ferdinand, Theodor Storm. Zum 14. September 1917. Gedenkblätter, Berlin 1917,

Tönnies, Ferdinand, Ferdinand Tönnies. Eutin (Holstein), in: Deutsche Philosophie der Gegenwart in Selbstdarstellungen, R. Schmidt (Hrsg.), Leipzig 1922,

Tönnies, Ferdinand, Gemeinschaft und Gesellschaft. Grundbegriffe der reinen Soziologie, sechste und siebente Auflage, Berlin 1926,

Vinçon, Hartmut, Theodor Storm mit Selbstzeugnissen und Bilddokumenten, Reinbek bei Hamburg 1999,

von Brockdorff, Baron Cay, Zu Tönnies´ Entwicklungsgeschichte, Veröffentlichung der Hobbes-Gesellschaft, Kiel 1937,

von Hielmcrone, Ulf, Das Schloss vor Husum, Husum o.J.,

Wedde, Johannes, Der politische Storm zwischen Bürgertum und Sozialdemokratie, o.O., 1888,

Wedde, Johannes, Theodor Storm. Einige Züge zu seinem Bilde, Hamburg 1888,

Wedde, Theodora, Johannes Wedde. Gedenkblätter, Hamburg 1891,

Wendt, Gunna, Franziska zu Reventlow. Die anmutige Rebellin, Berlin 2008,

Witt, Jann Markus und Vosgerau, Heiko (Hrsg.), Schleswig-Holstein von den Ursprüngen bis zur Gegenwart. Eine Landesgeschichte, Hamburg, 2002,

Zander, Jürgen, Ferdinand Tönnies (1855-1936). Nachlass, Bibliothek, Biographie, Kiel 1980,

zu Solms, Freda Gräfin (Hrsg.), Max Graf zu Solms. Ein Lebensgang. Briefe, Selbstzeugnisse, Berichte, Marburg 1982.

Schriften der Theodor-Storm-Gesellschaft

Grundsätzlich sind die Bände der „Schriften der Theodor-Storm-Gesellschaft“ von der „Schrift 1“ 1952 bis heute zu nennen. Insbesondere:

Bartoleit, Ralf, Das Verhältnis von Ferdinand Tönnies´ „Gemeinschaft und Gesellschaft“ zu Theodor Storms Erzählwerk: Über die Fragwürdigkeit einer naheliegenden Interpretation, in: Schriften der Theodor-Storm-Gesellschaft, Schrift 36/1987, S. 69-82,

Biese, Alfred, Erinnerungen an Theodor Storm, in: Schriften der Theodor-Storm-Gesellschaft, Band 30/1981, S. 77-88,

Goldammer, Peter, „Ist es nicht langweilig?“ fragte Vater. Aufzeichnungen von Theodor Storms jüngster Tochter Friederike, in: Schriften der Theodor-Storm-Gesellschaft, Band 44 / 1995, S. 54,

Gerrekens, Louis „Und hier ist es“ – Die verwirrende Fiktion erzählerischer Objektivität in Storms Novelle „Zur Chronik von Grieshuus“, in: Schriften der Theodor-Storm-Gesellschaft, Band 47/1998, S. 47-72,

Laage, Karl Ernst, Zur „Storm-Stiftung zum Wohle der Arbeiter“ in den Schriften der Theodor-Storm-Gesellschaft, Band 46, 1997, S. 99-104,

Laage, Karl Ernst, „Culpa patris“. Zur Frage nach der Schuld des Vaters in Storms Novelle „Carsten Curator“, in: Schriften der Theodor-Storm-Gesellschaft, Band 46/1997, S. 7-12,

Laage Karl Ernst / Eversberg, Gerd: 50 Jahre Theodor-Storm-Gesellschaft. Eine Chronik (1948-1998), in Schriften der Theodor-Storm-Gesellschaft, Band 47/1998, S. 129-183,

Lohmeier, Dieter, Plädoyer für sozialpsychologische Untersuchungen über Theodor Storm, in: Schriften der Theodor-Storm-Gesellschaft, Band 42/1993, S. 95-101,

Ranft, Gerhard, Theodor Storms Briefe an Hermione von Preuschen, in: Schriften der Theodor-Storm-Gesellschaft, Band 22 / 1973, S. 55-94,

Segeberg, Harro, Ferdinand Tönnies´ Gemeinschaft und Gesellschaft und Theodor Storms Erzählwerk. Zur literarischen Spiegelung eines Epochenumbruchs, in: Vierteljahresschrift für Literaturwissenschaft und Geistesgeschichte 59, 1985, S. 474-496,

Segeberg, Harro, Noch einmal: Storm – Tönnies. Eine Duplik, in: Schriften der Theodor-Storm-Gesellschaft, Band 38/1989, S. 73-79,

Suhr, Max, Umzugsgedanken, in: Schriften der Theodor-Storm-Gesellschaft, Band 41 / 1992, S. 84,

Stüben, Jens, Haffkrug – Schleswig – Westerland – Hademarschen. Paul Heyses Schleswig-Holstein-Reise 1881, in: Schriften der Theodor-Storm-Gesellschaft, Band 41/1992, S. 55-67.

Tönnies-Forum

Bond, Niall, Storm und Tönnies: Eine Wahlverwandtschaft, in: Tönnies-Form Nr. 2/95, 4. Jg., S. 23-43,

Pressespiegel zum 150. Geburtstag von Ferdinand Tönnies, in: Tönnies-Form Nr. 3/2005, 14. Jg., S. 15-62.

Eine ganze Reihe von Schulen tragen den Namen von „Theodor Storm".
Eine „Ferdinand-Tönnies-Schule" gibt es nur in Husum

Bildnachweis

Archiv Uwe Carstens: 22, 27, 30, 31, 35, 37, 38, 41, 44, 49, 52, 53, 57, 63, 65, 70, 72, 75, 77, 82, 83, 86, 87, 91, 92, 96, 101, 106, 107, 112, 121, 132, 135, 139, 143, 144, 145, 151, 155, 173, 187, 190, 194, 205, 206, 212, 213, 214, 216, 221, 224, 228, 229, 233, 238

Ferdinand-Tönnies-Gesellschaft: 18, 24, 82, 88, 95, 99, 110, 130, 140, 149, 157, 177, 178, 211, 225, 226, 227, 238

Hauke Koopmann: 21

Heimatverein Steglitz: 55

Internet: 60, 103

Landesbibliothek S-H: 14, 16, 18, 19, 24, 28, 29, 32, 33, 45, 47, 51, 54, 58, 79, 86, 93, 118, 122, 123, 127, 128, 134, 206, 210

NordseeMuseum (Nissenhaus): 147, 159, 164

S-H Landeszeitung 147

Theodor-Storm-Gesellschaft: 15, 16, 21, 41, 53, 71, 73, 83, 85, 89, 98, 104, 115, 117, 131, 137, 148, 160, 161, 162, 163, 168, 174, 175, 176, 202

Trude Tönnies: 35

Werner Löwe: 91

Uwe Carstens: Ferdinand Tönnies. Friese und Weltbürger

Verlag: Books on Demand GmbH, Norderstedt 2005

372 Seiten, 38.- Euro, ISBN 3-8334-2966-6